Storie di uomi

Hans Killian

Attacco a Caporetto

Traduzione di
Flavia Paoli

LEG

Titolo originale
Hans Killian,
Wir stürmten durchs Friaul
Neckargemünd 1978
Kurt Vowinckel Verlag

Prima ristampa
© Luglio 2017
Leg edizioni Srl Unipersonale
Via Vittorio Veneto, 101 - 34170 - Gorizia
www.leg.it

Grafica
Ferruccio Montanari

Impaginazione
Enter, Marano Lagunare (Ud)

Stampa
Tipografia Sartor, Pordenone

Commento alle immagini,
supervisione storico-militare,
toponomastica e schieramento
di battaglia a cura di
Sergio Chersovani

ISBN 978-88-6102-420-5

Appendice

HANS KILLIAN A CAPORETTO

"Un altro libro su Caporetto" è il probabile commento che ci si può attendere dal lettore a proposito del volume che stiamo presentando, il quale potrebbe apparire come un futile tentativo di ingombrare altri scaffali sull'immensa letteratura che già è apparsa su questo evento. Eppure siamo ben lontani da questa intenzione perché su quella importante battaglia dell'autunno 1917 non è stata detta l'ultima parola, nonostante i fiumi di inchiostro versati in merito. Prova ne sia che la polvere che copre i documenti della Commissione d'Inchiesta su Caporetto è stata lasciata accumularsi tranquillamente per ottant'anni prima che qualcuno cominciasse a rovistare tra quelle carte. Lo dimostra anche il fatto che questa edizione italiana della testimonianza di Hans Killian appare soltanto 88 anni dopo gli eventi che narra, in sintonia con il ritardo della storiografia italiana, ben noto ai lettori: ci sono voluti infatti cinquant'anni perché venisse dato alle stampe il terzo tomo del IV volume della Relazione Ufficiale italiana, dedicato agli avvenimenti dell'autunno 1917. Eppure gli studi degli anni '30 e le polemiche tra i protagonisti avevano già aperto un forte dibattito sulla battaglia che non era stata ben compresa né serenamente studiata.

Anche la storiografia austro-tedesca ha stentato a trovare la via della pubblicazione in Italia ancora per qualche anno: da pioniere, Francesco Fadini pubblicò nel 1974 il diario personale del generale Otto von Below, comandante della 14ª Armata tedesca, ma soltanto nel 1981 ha visto la luce la traduzione italiana della versione ufficiale tedesca del Capo di Stato Maggiore dell'armata, che pure giaceva da decenni all'Ufficio Storico dello Stato Maggiore dell'esercito. Negli ultimi anni sono quindi apparsi altri volumi, studi e testimonianze tradotte, come quello di Alfred Krauss, comandante del I Corpo austro-ungarico e le memorie di Helmut Schittenhelm, per finire con l'attesa ristampa di un classico della letteratura militare e cioè lo studio di Rommel sull'impiego della fanteria per i tipi di questo editore, che dedica buona parte del libro alle vicende di Caporetto.

Tra la non ricchissima letteratura di parte tedesca mancava questa testimonianza di Hans Killian, che fu pubblicata soltanto nel 1978, da una casa editrice specializzata nella storia militare e soprattutto nelle vicende delle forze armate tedesche, tanto da titolare una collana *Die Wehrmacht im Kampf* (La Wehrmacht nella lotta).

Hans Killian era nato il 5 agosto 1892 da un medico divenuto direttore della clinica otorinolaringoiatra Berlin-Charité e si era apprestato a seguire le orme paterne dopo un periodo di volontariato militare dal 1911 al 1912 nella I batteria del 76º Reggimento artiglieria campale per poter diventare ufficiale della riserva, quando lo scoppio della guerra lo strappò ai suoi progetti. Fu mobilitato come sottufficiale e inviato ad un reparto di sanità; tuttavia Killian si mise a rapporto già il 2 agosto, chiedendo di essere impiegato nell'arma che conosceva, e quindi combatté la seconda battaglia di Mühlhausen e in Alta Alsazia fino alla fine del 1914 in artiglieria.

Divenuto ufficiale di un reparto bombarde, Killian rimase in servizio in quella specializzazione fino alla fine della guerra, partecipando con quell'incarico a numerose operazioni tra il 1915 e il 1916, e ricevendo l'ambita Croce di Ferro di I classe per le operazioni intorno all'Hartmannsweilerkopf, una collina nei Vosgi meridionali alta 956 metri che vide combattimenti molto aspri, tanto che secondo alcuni autori vi caddero 30.000 soldati d'ambo le parti.

Vale la pena di ricordare che già nel 1914 l'esercito tedesco era all'avanguardia in questa arma di cui già disponeva in qualche misura, a differenza degli altri belligeranti; Cadorna riuscirà nell'agosto 1916 a prendere il Sabotino, Gorizia e il Carso anche grazie al primo impiego sistematico di bombarde.

Comandò quindi diversi reparti di bombarde e, avendo acquisito una considerevole esperienza nell'impiego di queste armi nella guerra in montagna, fu distaccato nel 1917 a Strasburgo presso il Gruppo d'armate Albrecht e qui posto a disposizione dell'ufficiale di Stato Maggiore presso il reparto bombarde n. 3.

L'invio di Killian al fronte italiano va quindi visto come un tributo all'esperienza che egli aveva accumulato nella guerra in montagna; in veste di ufficiale presso il comando ebbe così modo di partecipare alle attività preparatorie dell'offensiva che portò allo sfondamento di Caporetto, comprese le numerose ricognizioni del fronte di attacco. La sua carriera subì un'importante svolta a seguito della ferita del comandante della compagnia bombarde 175ª G, che gli fece prendere il comando dell'unità per poi assemblare tutte le bombarde dell'*Alpenkorps* sotto il suo comando e dirigerne l'impiego sul massiccio del Grappa nella preparazione dell'attacco al monte Spinoncia.

Dopo l'esito negativo della fase finale della campagna in Italia, Killian fu mandato in retrovia verso la fine di dicembre del 1917 e il 10 febbraio 1918 ricevette l'ordine di rientro al fronte occidentale. Qui chiese di poter riprendere il comando della sua compagnia schierata sulla posizione dell'Hartmannsweilerkopf e fu accontentato; fu protagonista delle fasi finali delle operazioni della Grande Guerra, le offensive tedesche nelle Fiandre, presso Cambrai e Monchy, nonché delle battaglie difensive tedesche che seguirono in quella fine estate del 1918.

Oltre alla citata Croce di Ferro di I classe, Killian fu decorato anche con quella di II classe e ricevette altre decorazioni sia tedesche, come l'*"Orden vom Zähriger Löwen mit Schwertern"* di II classe e la *"Lippische Kriegsverdienstkreuz"*, sia estere, come dall'Austria-Ungheria ma più tardi anche dalla Jugoslavia e dalla Romania, quest'ultima guadagnata per le cure praticate alla regina madre rumena Maria.

Dopo l'armistizio Killian fu congedato a fine novembre, quindi riprese i suoi studi di medicina che portò a compimento nel 1921, sostenendo gli esami per la professione ed iniziando a praticare, orientandosi però a proseguire la specializzazione. Questo non gli impedì tuttavia di partecipare con altri reduci del fronte alla costituzione, come avveniva del resto in altre parti della Germania, di una milizia di difesa cittadina che aveva lo scopo di difendere con le armi l'ordine costituito contro le insorgenze rivoluzionarie. Le formazioni paramilitari del periodo ebbero un ruolo fondamentale nel rispondere alle tensioni interne ma anche alle aggressioni dall'esterno, consentendo in un paio d'anni la ripresa faticosa della vita civile nella nuova repubblica tedesca.

Esaurite le emergenze del dopoguerra, Killian riprese la sua carriera di medico entrando dapprima in una clinica a Monaco e successivamente nell'Istituto Robert Koch per due anni e mezzo per acquisire una formazione più ampia in campo batteriologico e quindi diventare chirurgo. I suoi studi proseguirono in altri istituti ma le sue risorse economiche e il tempo disponibile erano insufficienti per seguire tutto l'iter che egli avrebbe voluto, compresa l'esperienza in anatomia patologica a cui teneva. In ogni caso nel 1930 riuscì a diventare chirurgo a

Friburgo ma non prima di avere tenuto nel 1928 due conferenze negli Stati Uniti ove era stato invitato dalla Società americana per l'analgesia e la narcosi.

Il suo lavoro di abilitazione sull'embolia fu pubblicato e costituì a lungo un testo di riferimento. Nel prosieguo della carriera Killian fu nominato professore nel 1936 e divenne famoso assai più per le sue pubblicazioni in campo medico piuttosto che per questo libro su Caporetto.

Intanto nella primavera del 1933 era entrato nell'organizzazione paramilitare dello *Stahlhelm* e successivamente nelle SA (*Sturmabteilungen*) dove aveva fatto rapidamente carriera, che però aveva dovuto abbandonare per gli eccessivi impegni, divenendo comunque successivamente, nel 1936, membro del partito nazionalsocialista. Nel dopoguerra giustificò questa sua scelta come una necessità, asserendo la propria avversione alle SS con le quali era in contrasto.

Nel 1923 sposò Luise Impekoven, ma il matrimonio rimase senza figli, cosicché in seconde nozze Killian sposò la dottoressa Trude Bornhauser, specialista in otorinolaringoiatria.

Appassionato di musica e di pittura, l'antico comandante delle bombarde pensò nel 1940 di lavorare alle sue memorie di guerra, provvisoriamente intitolate *Wir kämpften im Elsass* (abbiamo combattuto in Alsazia). Infatti, nonostante i notevoli successi in campo professionale, Killian non dimenticava la sua esperienza militare, tanto da non disdegnare di proporsi come ufficiale di complemento per entrare a far parte dei 100.000 della *Reichswehr* e pur non riuscendoci fu tenuto in ruolo come ufficiale medico. Assai prima quindi della reintroduzione del servizio di leva fu richiamato per tre volte dal 1933 in poi, senza che lo scoppio della guerra lo vedesse peraltro chiamato in prima linea come era suo desiderio. Fu invece fu mobilitato presso la clinica di Friburgo dove come unico chirurgo occupò posizioni rilevanti e fu particolarmente impegnato nel soccorso delle vittime dei bombardamenti aerei già dal 1940.

Da qui fu trasferito a Strasburgo alla direzione di un ospedale da campo della riserva per costituirvi il reparto chirurgico. Ma presto fu chiamato a svolgere il suo incarico presso la 16ª Armata schierata sul fronte orientale, dove però non rimase per sua fortuna oltre il 1943. In quell'anno fu chiamato a ricoprire il ruolo di direttore della clinica universitaria a Breslau, ma la città fu perduta nel corso delle offensive sovietiche costringendo Killian al trasferimento come consulente chirurgo nella zona di Halle, ove rimase fino alla fine del conflitto lavorando ad un reparto di riabilitazione chirurgica di un ospedale per feriti di guerra.

Chiuso l'ospedale, Killian rimase senza occupazione, ricevendo un incarico di ricerca dal ministero della sanità di Berlino. L'esperienza bellica più appagante per Killian appare quindi quella della Grande Guerra piuttosto che quella del secondo conflitto mondiale, dove ormai l'esperienza di rilievo maturata nel suo campo lo poneva nella necessità di operare a livelli tali da restare lontano dal fronte e dall'impiego al fuoco, pur venendo continuamente a contatto con le conseguenze più orribili della guerra.

Come abbiamo visto, l'opera di Killian si fonda sulle sue memorie dell'epoca dei fatti, riprese nel 1940 ma completate soltanto dopo la guerra, quando ormai un flusso consistente di volumi aveva raccontato le vicende di Caporetto in Italia come all'estero. Fuori della Penisola fu proprio il nome della cittadina di Caporetto, nota con questo nome italiano più che con l'improbabile Kobarid e l'assai meno usato Karfreit, a rendere nota la grande battaglia e il fronte italiano. Caporetto rimase l'unica battaglia del fronte italiano che meritasse una menzione in ogni storia della Prima guerra mondiale, naturalmente spesso narrata con approssimazioni e imprecisioni inaccettabili; e questo anche se le ricerche più recenti come il libro *Isonzo* di John Schindler dimostrano come il fronte isontino sia stato altrettanto sanguinoso della Somme o di Verdun.

Del resto però su questi fatti in Italia non si è mai fatta completamente luce e ogni contributo che spieghi gli eventi attraverso testimonianze, narrazioni, analisi, specialmente di parte avversa, contribuisce a ricostruire una pagina di storia patria che necessita di essere collocata definitivamente nel suo luogo storico.

In questo senso il libro di Killian è un contributo importante sul versante tedesco, non molto ricco peraltro, che ha in sé due aspetti essenziali: la personale esperienza dell'autore su cui si innesta un inquadramento successivo per il quale l'autore ha tenuto conto di alcune fonti italiane, facendo riferimento anche al diario del comandante von Below già pubblicato in Italia; e la ricostruzione storica la quale, benché meritoria nei suoi intenti di dare al lettore (tedesco nell'edizione originale, naturalmente) il quadro della situazione, non regge nei confronti dell'assai più rilevante testimonianza dello specialista delle bombarde, presente in molte situazioni critiche nel corso della preparazione alla campagna come ad episodi di un certo rilievo in tempi successivi. Più che novità assolute, il testo di Killian ci offre preziose conferme come quella della lettura del traffico radio italiano, che aveva messo in condizione gli attaccanti di conoscere piuttosto bene la situazione italiana, almeno fino a livello divisionale, con l'aggiunta del particolare che il cambio del cifrario italiano a ridosso dell'offensiva era stato superato con il provvidenziale intervento di uno specialista di crittografia, definito nel testo un "professore".

Questo quadro era completato dalle efficienti ricognizioni aeree che avevano fornito il resto della situazione dello schieramento italiano, mentre a Cadorna e ai comandi italiani la visione d'insieme era rimasta confusa da troppe notizie contrastanti, risultato di un'opera sofisticata di intossicazione, come hanno messo in luce gli studi di Antonio Sema sulla guerra sul fronte dell'Isonzo. Il paragrafo che Killian dedica alle conoscenze di cui erano in possesso gli italiani sull'offensiva in preparazione è infatti corretto, tuttavia occorre tener conto del fatto che queste notizie erano pervenute frammiste assieme ad altre altrettanto rilevanti ma del tutto fuorvianti, in un quadro di disinformazione magistralmente riuscito.

La testimonianza di Killian è più dettagliata nelle fase preparatoria quando descrive con accuratezza di particolari le sue ricognizioni sul fronte per poter disporre l'impiego delle bombarde nella maniera più efficace possibile. Partecipa alle riunioni dei più alti ufficiali della 14ª Armata, conosce direttamente Krafft von Dellmensingen; il "signor sottotenente", come lo chiamano, si reca quindi fino a qualche decina di metri dalle trincee italiane, subisce persino il fuoco delle armi avversarie e non si limita ad un'osservazione fatta con il cannocchiale, e questo per diversi giorni, indice di quella accurata, seria e metodica preparazione che fu uno degli elementi fondamentali del successo austro-tedesco.

Come gli disse incoraggiandolo il comandante della 3ª Brigata da montagna austriaca: "molto dipende dal suo giudizio": l'impiego delle bombarde secondo Killian era piuttosto innovativo come ebbe ad accorgersi parlando con ufficiali di Stato Maggiore esperti dell'arma che però avevano una preparazione balistica insufficiente, tanto che nelle sue note l'autore non risparmia divertite critiche al tipo di ufficiale della Guardia più attaccato alla propria prosopopea elitaria che alla competenza delle operazioni.

Alcuni incontri fatti nel corso di queste faticose escursioni sono di particolare interesse perché forniscono le impressioni di questo ufficiale tedesco sulle truppe e gli ufficiali dell'esercito imperialregio; per esempio l'incontro con Alfred Krauss comandante del I Corpo austro-ungarico e parte integrante dell'armata attaccante conferma le impressioni positive che questo ufficiale di solito destava, pur senza con questo dargli ragione nelle argomentazioni che lo portavano a discutere concetti di attacco con i responsabili della 14ª Armata e segnatamente con il Capo di Stato Maggiore Dellmensingen, che Killian ebbe modo di conoscere e ammirare. Del resto l'opera di questo generale bavarese è presente come un sottile filo rosso nella ricostruzione degli eventi di Killian, né poteva essere altrimenti dato che i due volumi di Dellmensingen sono l'opera basilare tedesca sulla campagna italiana della 14ª Armata tedesca.

Altri personaggi sono un po' caricaturali, soprattutto gli austro-ungarici, come il vecchio territoriale tirolese che chiama il signor sottotenente Killian per fargli constatare l'assenza di azione di comando degli ufficiali austro-ungarici sulla truppa. Episodio forse vero, forse forzato, il vecchio tirolese rimane una autentica icona della letteratura post bellica di lingua tedesca.

Il racconto di Killian getta comunque una luce importante e scevra di orpelli propagandistici sui rapporti tra tedeschi e austro-ungarici, interessanti da studiare perché paradigmatici di belligeranti diversi in una coalizione, in genere tendenti a mettere in luce gli aspetti di fraterna alleanza piuttosto che le incomprensioni e le rivalità derivanti non solo da diversi approcci e mentalità, ma anche dai diversi obiettivi di guerra che in genere muovono stati diversi. Il parallelo è presto fatto non solo con il caso dell'alleanza tra Italia e Germania nella Seconda guerra mondiale, ma anche con altre coalizioni dove la competitività ha svolto ruoli tuttora da studiare.

Ma torniamo a quanto di fondamentale emerge dalla testimonianza del nostro ufficiale bombardiere: egli ci offre un'immagine dettagliata della preparazione più che dello svolgimento della campagna, e questo è affidato forzatamente più alla descrizione generale delle operazioni, basata sulla relazione di Dellmensigen, sulla testimonianza di Rommel ma anche sulle opere di alcuni autori italiani per il versante dell'avversario. Le note personali invece sono più scarne, probabilmente perché la frenetica avanzata non consentiva a Killian di prendere accuratamente nota degli avvenimenti e di riferire compiutamente ogni episodio.

La testimonianza di Killian quindi non ci porta nuovi particolari rimasti nascosti bensì preziosi dettagli di una battaglia i cui contorni sono abbastanza noti ma che rimangono sempre difficili da spiegare compiutamente nei loro meccanismi. Diciamo abbastanza noti perché a ben vedere le unità combattenti coinvolte furono talmente tante che un'analisi dei singoli episodi e combattimenti non è mai stata tentata, sicché anche sul piano dello studio delle operazioni abbiamo un quadro complessivo accettabile ma manchiamo di molti dettagli.

Quello che con più forza emerge dalle vicende vissute nella preparazione è che la formula della penetrazione tedesca, l'infiltrazione, presa sovente forse in maniera eccessiva a giustificazione dalla letteratura italiana per spiegare il successo nemico, non è sufficiente a spiegare la rapidità dello sfondamento, come non lo spiega la teoria del tradimento; si tratta in realtà, accanto agli errori italiani, di una impostazione mentale che Killian riassume bene con la frase "il grande piano d'attacco non viene organizzato a tavolino, ma viene messo a punto solo dopo una precisa conoscenza delle difficoltà della zona, un esame di tutte le condizioni locali e degli obiettivi d'attacco e ponderando tutti i pericoli". Vale a dire il contrario dell'assoluta impreparazione alla battaglia difensiva, dell'improvvisazione disorganizzata o della fiducia nello "stellone" d'Italia che troppo spesso suppliva alle carenze strutturali dello strumento militare della media potenza che era l'Italia. Come avvertiva Rino Alessi, un "ottimismo facilone purtroppo genera le delusioni più amare"; a volte questo doveva supplire alla mancanza di professionalità dei quadri, o anche alla loro mentalità meno avezza alla sistematicità di lavoro rispetto a quella dei colleghi tedeschi.

Alessandro Massignani

NOTA SULLA TOPONOMASTICA

I toponimi citati nel testo originale si rifanno alla cartografia austriaca, tedesca e italiana dell'epoca e quindi molti nomi di località slovene, sia di qua che di là dell'attuale confine di Stato, sono riportati nell'antica dizione italiana o tedesca. Parimenti, alcuni toponimi del Friuli e di alcuni monti hanno subìto nel tempo alcune modifiche lessicali. Allo scopo di facilitare il lettore nell'individuazione delle località oggetto della presente narrazione, nella traduzione italiana i toponimi delle località e dei monti ubicati nel territorio della Repubblica di Slovenia sono riportati con la grafia della lingua slovena desunta dalle attuali edizioni cartografiche in scala 1:50.000 del *Geodetski Zavod Slovenije* (Istituto topografico sloveno). Fanno eccezione solo poche località slovene storicamente acquisite nella dizione italiana come Caporetto, Plezzo, Tolmino, Bainsizza, ecc. I toponimi delle aree d'influenza linguistica slovena ubicate in territorio italiano (alte valli del Torre e del Natisone) sono stati invece ridotti nella forma italiana secondo la cartografia delle edizioni Tabacco in scala 1:100.000 e 1:25.000. Questa separazione toponomastica è stata adottata anche per evitare involontarie confusioni nel caso di ricorrenti omonimie tra alcuni toponimi come ad esempio il monte Hum (1.015 m) che si trova sopra Caporetto e il Monte Hum (912 m) che si trova invece in Italia nella catena del Kolovrat e che si chiama anche "Cum".

La ricerca toponomastica è stata coordinata, per la parte storica e di comparazione cartografica, da Sergio Chersovani e da Paolo Geotti della Sezione goriziana del C.A.I., che ha curato in modo particolare l'adeguamento alla toponomastica corrente.

LO SPIEGAMENTO E L'ANTEFATTO

Si va a sud

Verso la mezzanotte del 14 settembre 1917 a Strasburgo. Allo scalo merci saliamo sulla tradotta che devo comandare. Una sola carrozza passeggeri è stata inserita tra i carri merci aperti sui quali sono saldamente fissati le nostre auto ed altri automezzi. Pochi ufficiali sono sistemati nei compartimenti, tra loro uno dello Stato Maggiore del Genio: il tenente colonnello Blum con due ufficiali che lo accompagnano, l'aiutante dell'ufficiale di Stato Maggiore dell'unità bombarde n. 3, il piccolo, biondo sottotenente Widmann, ed io. C'è anche Hils, il mio fedele attendente.

Il tenente colonnello Blum è un uomo tarchiato dai capelli neri, molto riservato e taciturno. Certo un segreto circonda lui ed i suoi accompagnatori, almeno questa è la mia opinione, ma non gli faccio domande, non potrebbe parlare. In tasca ho l'ordine di trasporto, in busta chiusa e sigillata, che posso aprire solo dopo la partenza del treno. Il tenente colonnello probabilmente conosce il tragitto del treno, noi non ne abbiamo idea e, nonostante tutto il lavoro per caricare, siamo naturalmente molto curiosi.

Finalmente dobbiamo salire e chiudere le porte. Nessuno ci segue con lo sguardo o ci fa un cenno quando il treno si mette in movimento. Un ultimo sguardo al profilo della cattedrale nella pallida luce della luna ed è arrivato il momento di aprire la busta con l'ordine segreto. Immagino che andremo nel nord della Francia per una qualche impresa speciale, o forse in Turchia. Deve esserci qualcosa di particolare, altrimenti non sarebbe stato mobilitato l'ufficiale di Stato Maggiore della unità bombarde n° 3, tenente colonnello barone von Rössing, il mio superiore, con tutto il suo Stato Maggiore e non sarei stato richiesto come specialista di montagna per impieghi speciali delle bombarde. Con la montagna qualcosa deve averci a che fare – penso – ed infine apro la busta, leggo e non credo ai miei occhi. La meta finale del nostro viaggio è Kranj, in Slovenia tra Bled e Lubiana. Si va dunque sul fronte dell'Isonzo in Italia, una sorpresa fantastica. Il sottotenente Widmann non è sorpreso quanto me, ma anch'egli si rallegra del cambiamento di fronte e della grande avventura che certo ci attende. Nell'ordine sono indicati anche il percorso, le località nelle quali riceveremo il vettovagliamento ed altre cose simili. Poi la nostra tradotta passa per Stoccarda-Ulm-Monaco-Rosenheim, prosegue attraverso l'Austria, Salisburgo-Maria Saal-Klagenfurt-Jesenice ed infine raggiunge Kranj.

Viaggiare tre giorni attraverso la regione senza preoccupazioni e per di più con un tempo magnifico è una splendida sensazione e dunque in questo memorabile viaggio nell'ignoto ci lasciamo andare e passiamo il tempo divertendoci. Se splende il sole tutto il gruppo si siede nelle auto aperte sul treno che viaggia a 30-40 chilometri all'ora e prende il sole coperto solo del berretto. Nel Württemberg ci regalano frutta ed altro. Quando poi arriviamo in terra austriaca, la nostra tradotta desta ovunque grande sensazione. Dappertutto la gente ci viene incontro con straordinaria cordialità, riceviamo ancora molti regali. Affascinanti ragazze austriache, alcune con il costume tradizionale, corrono lungo il treno, ci fanno dei cenni e gridano: "Dai – prendetemi con voi!"

Dopo tre assolati giorni di viaggio, verso mezzogiorno, facciamo una sosta in un paesino nei pressi di Maria Saal. La nostra carrozza si ferma proprio davanti al basso edificio della stazione che ha un giardino pieno di fiori colorati. Nel giardino c'è una ragazza molto carina, una bionda ed affascinante creatura che ci guarda stupita dalla staccionata. Con grande naturalezza mi chiede:

"Ehi, ma dove andate?"

Rispondo: "In cielo".

Mi guarda sbalordita, un po' turbata, ma poi si rasserena e dice:

"Ah – speriamo che non diventi così tragica. Sono sorella Susi, – e se uno di voi viene ferito, fatevi trasferire all'ospedale di Maria Saal, *bittschön*, e chiedete di sorella Susi. Vengo e vi faccio guarire".

Ha un fratello a Berlino nei Granatieri della Guardia, chissà se anche loro alla fine verranno qui sul fronte, le piacerebbe saperlo. Naturalmente non lo sappiamo. Si prosegue in direzione di Klagenfurt.

Lentamente il treno si rimette in movimento mentre Susi ci accompagna con cenni della mano. Peccato che non si sia fermato un po' più a lungo.

Allora non avevamo idea dei piani del Comando Supremo. Solo più tardi venimmo a sapere qualcosa dei fatti che hanno preceduto questa grande impresa.

L'antefatto della battaglia di sfondamento nelle Alpi Giulie

Il 23 maggio 1915 il poco fidato alleato italiano dichiarò guerra all'Austria-Ungheria perché si riprometteva dei vantaggi. Ora si doveva rinforzare sensibilmente tutto il fronte austriaco isontino-tirolese debolmente presidiato, finora difeso da unità territoriali. Gli ottimi veterani tirolesi avevano resistito valorosamente al primo assalto del nemico, ma per bloccare pericolose irruzioni in Tirolo il Comando dell'esercito tedesco aveva costituito l'*Alpenkorps* agli ordini del generale d'artiglieria Krafft von Dellmensingen. L'*Alpenkorps* risolse molte situazioni difficili.

Il Tirolo meridionale era solo uno degli obiettivi delle ambizioni italiane. Essi miravano soprattutto a Gorizia e Trieste e per raggiungere questo scopo avevano ottenuto dall'Intesa molte armi offensive modernissime.

In dieci sanguinose battaglie([1]) gli italiani erano avanzati nel settore del basso Isonzo e, dopo una lotta accanita attorno all'altura del Podgora, erano riusciti a conquistare la città di Gorizia. Artiglieria e bombarde avevano procurato pesantissime perdite alle truppe austriache nella regione del Carso, ma la via per Trieste rimaneva preclusa al nemico. Per questo il comando italiano tentava ora di scardinare il fronte sul corso inferiore del fiume difeso dalla *Isonzoarmee*, attaccando di sorpresa più a nord in un'11ª battaglia nella zona dell'altopiano della Bainsizza. Speravano di costringere il fronte austriaco a vacillare ed a ritirarsi liberando la via per Trieste. Le divisioni di Cadorna riuscirono a conquistare tutta la sponda sinistra centrale dell'Isonzo tra Selo e Tolmino, il Monte Santo ed anche alcune parti dell'altopiano della Bainsizza, ma lo sfondamento non riuscì perché il Monte San Gabriele, che domina tutta la valle del Vipacco, resistette e funse da bastione, anche se venne accerchiato ed attorno ad esso si svolsero aspri combattimenti. Anche la testa di ponte di Tolmino, Sveta Marija sul Mengore e Santa Lucia di Tolmino rimasero in possesso degli austriaci, una grande fortuna.

Da parte austriaca allora ci si attendeva che gli italiani in una 12ª battaglia dell'Isonzo tentassero di raggiungere finalmente un successo definitivo nella zona carsica dell'altopiano della Bainsizza-Santo Spirito. Si nutrivano grandi preoccupazioni sulla capacità di resistere delle truppe già così provate da pesanti perdite. Si cercava una via d'uscita.

Il maggiore generale austro-ungarico von Waldstätten venne inviato al Quartier Generale tedesco e propose una controffensiva comune di alleggerimento sul fronte italiano, le forze austriache disponibili sembravano troppo deboli per un'azione di questo tipo. Erano in discussione due piani: una nuova puntata offensiva dai Sette Comuni (Arsiero ed Asiago) verso il Veneto o un attacco nei punti adatti del fronte isontino.

Il generale Ludendorff era preoccupato per le perdite elevate nelle Fiandre e si mostrò poco incline a venire incontro alle richieste degli Alleati. Hindenburg invece propose di inviare in ricognizione sul fronte italiano, sia in Tirolo che nella zona di Tolmino sull'Isonzo, il generale Krafft von Dellmensingen, comandante dell'*Alpenkorps*. Il consiglio di von Krafft fu di non attaccare nel settore del Gruppo Armate Tirolo Conrad von Hötzendorf, ma di rischiare piuttosto una puntata offensiva dalla conca di Tolmino verso la pianura friulana. Poiché l'ala nord della 2ª Armata italiana era presidiata molto debolmente, suggerì di sostenere l'attacco attraverso l'Isonzo e la dorsale del Kolovrat con un assalto secondario dalla conca di Plezzo attraverso il Monte Stol da affidare al I Corpo austro-ungarico (generale Krauss). Il grosso dei Corpi d'Armata italiani, come si sapeva, si trovava nella parte meridionale del fronte isontino fino al mare (2ª e 3ª Armata italiana). Qui il fronte italiano era molto forte e disponeva di un'enorme quantità di cannoni e bombarde (molto più di 3.000).

Cedendo alle pressioni degli alleati austro-ungarici, Hindenburg e Ludendorff accettarono il piano di Krafft von Dellmensingen nonostante la sua audacia.

Per questa offensiva venne formata la 14ª Armata comandata da Otto von Below. Sotto il formale comando supremo di Sua Maestà l'Imperatore Carlo, il Gruppo Armate Tirolo Conrad von Hötzendorf, cioè l'11ª Armata austro-ungarica e il XX Corpo, per il momento dovevano restare fermi, pronti al combattimento. Tutto il fronte isontino venne riunito in un Comando supremo del fronte sud-occidentale agli ordini dell'arciduca Eugenio, un tipico Asburgo lungo come una pertica. Ne facevano parte la 10ª Armata austro-ungarica al comando del feldmaresciallo barone von Krobatin, la 14ª Armata costituita da unità tedesche ed austriache sotto il comando del generale di fanteria Otto von Below ed il Gruppo d'armate austro-ungarico Boroević con le sue 1ª e 2ª *Isonzoarmee*. Il peso maggiore dell'attacco toccò alla 14ª Armata. Le armate dell'Isonzo sarebbero intervenute più tardi a seconda della situazione. Alla 14ª Armata vennero assegnati il III Corpo d'Armata bavarese comandato dal generale barone von Stein, che i soldati chiamavano "*Riesenhummer*" (gambero gigante) per i suoi lunghi baffi, ed il LI Corpo d'Armata per scopi speciali con il tenente generale von Berrer. Delle truppe combattenti tedesche vennero scelti l'*Alpenkorps*, la 200ª Divisione prussiana (figlia dell'*Alpenkorps*), la 5ª brandenburghese, la 12ª slesiana, la 26ª württemberghese e la 117ª Divisione. A questi si aggiunsero il celebre battaglione da montagna württemberghese (in forza di reggimento) comandato dal maggiore Sproesser, al quale apparteneva il tenente Erwin Rommel, ed anche artiglieria pesante, due battaglioni bombarde, genieri ed unità speciali.

Il nostro viaggio prosegue attraverso la catena montuosa delle Caravanche verso Jesenice, situata in un paesaggio magnifico. Il sole scompare dietro i monti, ombre profonde coprono lentamente la pianura, il crepuscolo si trasforma in notte. Ci ritiriamo nei compartimenti per dormire un po'. Monotono il rollio delle ruote risuona in duri colpi ritmici ad ogni nuova rotaia.

Alle prime luci del mattino del 17 settembre 1917, tra le 3 e le 4, la tradotta improvvisamente rallenta la velocità ed entra nella stazione di Kranj, la nostra destinazione. Subito impartisco gli ordini per scaricare i veicoli e tutto il bagaglio. La nostra carrozza viene spinta su un binario laterale, per il momento servirà da alloggio di fortuna per gli ufficiali dello Stato Maggiore dell'Armata che si sta costituendo. Chi ci riesce può dormire ancora un po', senza dubbio ci attende molto lavoro.

Sono sulla banchina e rabbrividisco perché fa molto fresco quando un vecchio *Schütze* tirolese della territoriale mi corre incontro. Non riesce a capacitarsi che tedeschi del *Reich* siano comparsi qui, sul fronte italiano. Parlo un po' con lui e vengo a sapere alcune cose. Non ha peli sulla lingua e si lamenta aspramente della situazione.

"*Bitt' schön*, signor sottotenente, venga a dare un'occhiata!"

Mi accompagna dietro l'edificio della stazione e mi mostra un battaglione di *Schützen* accampato nella piazza davanti alla stazione di smistamento.

"Son lì da due giorni! Nessuno si occupa di loro".

"Ma dove sono gli ufficiali?", gli chiedo.

"Quelli –, quelli sono in paese".

Il brav'uomo mi racconta poi delle terribili perdite sul fronte isontino.

"Signor sottotenente, là i nostri reggimenti si dissanguano".

I primi raggi del sole raggiungono il fondovalle e cadono sulle case della cittadina di Kranj, circondata da alti monti. Mi metto in cammino e vado in centro a cercare il comando austro-ungarico. Dopo alcuni inutili sforzi trovo sì il comando austriaco, ma non riesco ad ottenere alcuna informazione utile sul comando della 14ª Armata o sull'alloggio del tenente colonnello von Rössing. Me ne vado a casaccio in giro per il paese finché arrivo davanti ad un edificio scolastico abbastanza grande. Noto che lì davanti dei soldati tedeschi si arrampicano sui pali del telefono ed allacciano dei cavi. Uno sprazzo di luce! Mi avvicino ad uno dei pali e grido all'uomo che sta lavorando lassù:

"Ehi – per chi mettete le linee telefoniche?"

Il soldato delle trasmissioni interrompe il suo lavoro, guarda giù verso di me e mi grida:

"Per il comando della 14ª Armata, signor sottotenente!"

"Allora sistemano in questa scuola gli uffici dello Stato Maggiore?"

"Signorsì, signor sottotenente!"

Ora è tutto chiaro. Entro subito nell'edificio ed alcuni soldati mi dicono che tutto il reparto operazioni verrà alloggiato qui, anche l'ufficiale di Stato Maggiore delle unità bombarde.

Improvvisamente compare Franz Hils, il mio attendente. Gli avevo chiesto di cercare intanto un alloggio adatto per noi. Ha avuto fortuna, ha trovato un'abitazione molto spartana, ma adatta, vicinissima alla scuola. Il comfort non ci interessa. Tutti i pensieri sono concentrati sugli avvenimenti che ci attendono.

Dopo circa un'ora compaiono in zona il barone von Rössing ed il capitano Wandelsleben. Mi riconoscono subito, si avvicinano e mi salutano vivacemente. Sono arrivati a Kranj già il giorno prima con l'auto ed hanno trovato una buona sistemazione. Ci sarà subito una riunione.

Nei primi giorni si vedono pochissimi ufficiali importanti al Comando della 14ª Armata. Ogni tanto notiamo il capo di Stato Maggiore, sua Eccellenza Krafft von Dellmensingen che, molto sostenuto e taciturno, conscio del suo grande compito, se ne viene verso il nostro

Quartier Generale. Non riusciamo a vedere il nostro comandante in capo, Otto von Below. Si fanno vivi prestissimo, invece, il maggiore barone von Willisen Capo dell'Ufficio Operazioni dello Stato Maggiore ed il maggiore generale von Berendt. In seguito compaiono *"Durchbruch-Müller"* (Müller-sfondamento)([2]) ed il professor August Borchard, il famoso chirurgo berlinese che conosco già. Gli è toccato il ruolo di chirurgo consulente della 14ª Armata. Tra gli ufficiali dello Stato Maggiore ed il chirurgo c'era allora un bellissimo rapporto di fiducia, si stava molto assieme e si dividevano tutte le preoccupazioni.

A Kranj in quei primi giorni si trova solo un gruppo molto piccolo di ufficiali del reparto operazioni con l'incarico di stendere il progetto del previsto attacco dalla conca di Tolmino. Il grande piano d'attacco non viene organizzato a tavolino, ma viene messo a punto solo dopo una precisa conoscenza delle difficoltà della zona, un esame di tutte le condizioni locali e degli obiettivi d'attacco e ponderando tutti i pericoli.

Già mentre il nostro treno si muoveva in direzione di Monaco-Kranj si era svolta una seconda riunione decisiva tra il Comando Supremo austro ungarico del fronte sud-occidentale e quello della 14ª Armata. Finora era stato chiarito il "dove" di un'offensiva sul fronte italiano, ora però si doveva decidere il "come". Il Capo dello Stato Maggiore austriaco, maggiore generale Konopicky, ed il nostro Capo di Stato Maggiore, generale d'artiglieria Krafft von Dellmensingen si incontrarono il 15 settembre per accordarsi sul comando dell'attacco e sulle sue precise finalità.

Mentre Konopicky pensava solo ad un'offensiva di alleggerimento con obiettivo limitato, Krafft von Dellmensingen mirava ad un attacco più ampio. Voleva almeno uscire dalle montagne, meglio ancora riuscire a raggiungere il Tagliamento ed aggirare abilmente il grosso dell'esercito italiano a sud fino all'Adriatico, ma anche a nord nella Zona Carnia e costringerlo alla ritirata dall'Isonzo e magari anche dal Friuli. L'attacco del I Corpo austro-ungarico dalla conca di Plezzo doveva proteggere sul fianco l'offensiva a valle da Tolmino a Caporetto ed oltre nella valle del Natisone e raggiungere Breginj passando per il Monte Stol.

Allora non si parlava ancora di una "tenaglia di Plezzo". Il giorno previsto per l'attacco doveva essere il 22 ottobre.

Il nostro comando era allora molto preoccupato che ancor prima dell'inizio dell'offensiva gli italiani riuscissero ad irrompere in profondità in direzione di Trnovo ad est di Gorizia o addirittura verso Čepovan attraverso l'altopiano della Bainsizza, questo avrebbe avuto gravi conseguenze militari, morali e politiche.

Verso mezzogiorno il barone von Rössing si rivolge improvvisamente a me: "Si tenga pronto. Oggi pomeriggio andiamo a Podbrdo al XV Corpo austro-ungarico (gen. Scotti) per conoscere più da vicino la situazione del fronte. Il capitano Wandelsleben andrà in ricognizione alla testa di ponte vicino a Tolmino. Lei andrà alla 50ª Divisione austro-ungarica a Grahovo e si guarderà bene tutto il settore montano. I particolari li sapremo al XV Corpo. Si faccia dare subito una carta della zona del fronte nell'ufficio del reparto operazioni e poi torni da me. Una mensa ufficiali non c'è ancora quindi andremo insieme in paese per mangiare prima qualcosa. Partenza alle 13 in punto. Domande?"

"No, signor tenente colonnello, tutto chiaro".

Mi reco subito all'Ufficio operazioni dello Stato Maggiore, mi faccio dare una carta sinottica della zona Kranj-Lubiana con indicata la linea del fronte e le do un'occhiata. Mi percorre un brivido di paura quando vedo la forza delle posizioni nemiche al di là dell'Isonzo. Gli italiani hanno costruito un sistema di postazioni scaglionato in profondità dall'Isonzo fino alla cresta montuosa e più indietro. Quando ritorno, il barone von Rössing sorride soddisfatto:

"Siamo i primi a vedere le postazioni più avanzate. Per domani sera dobbiamo aver tutto chiaro e dopodomani mattina dobbiamo presentare al reparto operazioni un esatto piano d'impiego di tutte le bombarde. Intenda il suo incarico di ricognizione *in toto*, non si limiti solo all'impiego delle nostre unità, alla divisione degli obiettivi tra artiglieria e bombarde, ma esamini anche le possibilità di trasporto. Be' – lei è specializzato per l'impiego dell'artiglieria in montagna e riuscirà a valutare al meglio tutte le difficoltà".

"Agli ordini, signor tenente colonnello".

Prima ricognizione sulla Sleme, Mrzli e Vodel

Ho ricevuto un incarico molto ampio, non solo limitato all'impiego della nostra arma speciale. Devo esaminare le possibilità d'attacco sul posto, individuare le posizioni migliori e poi considerare la distribuzione degli obiettivi tra artiglieria e bombarde. Il risultato avrà una notevole influenza nell'impostazione del piano d'attacco generale. Veramente – penso – si tratta di un incarico adatto ad un esperto ufficiale di Stato Maggiore piuttosto che ad un piccolo sottotenente della riserva in forza nell'arma dell'artiglieria. Ma il barone von Rössing ed il maggiore Willisen hanno fiducia nella mia esperienza in montagna ed io non intendo deluderli.

Dopo aver sistemato tutto il necessario nel nostro ufficio, in quattro andiamo nella parte vecchia di Kranj per cercare una trattoria. Non è facilissimo, la gente parla solo sloveno, lingua che nessuno capisce ed alcuni sono veramente scortesi. Alla fine però troviamo una piccola osteria dove ci danno qualcosa da mangiare. Verso le 13 ci separiamo dal sottotenente Widmann, l'aiutante, ed in tre andiamo in direzione di Škofja Loka, proseguiamo poi per Selca e Zali Log fino a Podbrdo, il Quartier Generale del XV Corpo austro-ungarico del generale Scotti.

Attraversiamo un magnifico, soleggiato paesaggio autunnale. I boschi hanno già perduto il verde vivo, ingialliscono. I campi di mais sono disseccati e fa capolino il giallo oro delle pannocchie.

Al comando del XV Corpo ci accolgono amichevolmente, gli ufficiali dello Stato Maggiore ci invitano subito a prendere un ottimo caffè. Chiacchieriamo allegramente, ma poi passiamo allo studio serio delle carte delle postazioni. Dobbiamo stabilire l'orario preciso delle ricognizioni. La cosa più opportuna è che il barone von Rössing ed il capitano Wandelsleben (dell'11° Battaglione bombarde) rimangano a dormire qui perché il mattino dopo devono andare in ricognizione nella conca di Tolmino, sul Pan di Zucchero, alla testa di ponte, a Sveta Marija sul Mengore ed a Santa Lucia di Tolmino. Io ricevo l'incarico di perlustrare tutto il settore montano a nord di Tolmino, cioè tutta la zona del fronte della 50ª Divisione austro-ungarica con la 3ª e la 15ª Brigata da montagna, quindi le postazioni sul Vodel vrh (*vrh* è il termine sloveno per cima), sul Mrzli vrh fin su a Planina Sleme a circa 1.500 metri. A causa dei lunghi tratti in montagna, la mia ricognizione dura molto più a lungo e devo partire subito per guadagnare tempo. Poiché le postazioni austriache si estendono dalla conca di Tolmino fino alle montagne, propongo di raggiungere la sera stessa Planina Sleme, il punto più elevato della mia ricognizione, e di trascorrere la notte presso la 3ª Brigata da montagna in modo da poter esplorare nella discesa tutte le postazioni. Appuntamento: la sera, di nuovo al XV Corpo. La mia proposta viene approvata, la 50ª Divisione austro-ungarica, la 3ª e 15ª Brigata da montagna vengono informate telefonicamente dell'arrivo di un ufficiale tedesco. Prima mi devo presentare al maggiore generale Gerabek della 50ª Divisione austro-ungarica e poi ai comandanti della 3ª e 15ª Brigata. Vicino Sv. Peter, ai piedi del Vodel, sul sentiero Stöger-Steiner, vengono tenuti pronti dei cavalli per salire in montagna. Poiché gli italiani non devono assolutamente individuare un ufficiale tedesco in ricognizione, per mimetizzarmi mi danno un berretto da montagna austriaco come quello che portano i *Kaiserschützen*. Nei Vosgi usavo una giacca a vento sull'uniforme, la indosso anche ora per migliorare la mia mimetizzazione. Nelle ricognizioni tutto lo Stato Maggiore deve subire questo mascheramento.

Mi attende una Austro-Daimler del XV Corpo con un abile autista. Per questa immane ricognizione non c'è molto tempo. Mi congedo come prescritto, ci stringiamo le mani. "Buona fortuna", dice von Rössing. In piedi sull'auto lo saluto di nuovo e parto.

Comincia un viaggio verso valle molto vario, per strade strette tra pareti di roccia, lungo profondi e tortuosi baratri in direzione di Hudajuzna, Grahovo, Kneža, Tolmino.

A Grahovo, lo Stato Maggiore della 50ª Divisione è alloggiato in una casa abbastanza grande sulla strada principale. Mi accompagnano subito dal comandante di divisione, maggiore generale Gerabek, al quale mi presento come prescritto. Il generale, un uomo tarchiato dall'aspetto abbastanza scontroso, seduto alla sua scrivania, mi squadra diffidente per un po', poi si alza lentamente. Mi sembra irritato, forse questo è il motivo di quest'accoglienza abbastanza scortese.

"Signor sottotenente, sono naturalmente informato della sua visita", mi investe, "tuttavia vorrei sapere per ordine di chi ed a quale scopo intende visitare il mio settore".

Gli do una risposta evasiva:

"Signor generale, per ordine del comando della 14ª Armata e del XV Corpo austro-ungarico devo farmi un'idea della situazione nella parte montana del fronte dell'Isonzo e del settore di combattimento della 3ª e 15ª Brigata da montagna, devo conoscere la situazione in prima linea per uno scambio di esperienze. Sono stato a lungo nei Vosgi".

Al generale la faccenda non piace, forse mi considera una spia.

"Le ripeto, signor sottotenente", dice in tono brusco,"quale incarico ufficiale la porta da noi? – precisamente, se posso chiedere. Non le permetterò di andare nella mia zona di combattimento se non sarò informato delle sue intenzioni fin nei particolari".

Correttamente, ma in modo altrettanto caustico rispondo:

"Signor generale, ho solo l'incarico ufficiale di esaminare la zona di combattimento della sua 50ª Divisione. Non sono autorizzato a parlare d'altro. Se il signor generale desidera saperne di più, la prego cortesemente di mettersi immediatamente in contatto con il XV Corpo austro-ungarico. Il signor generale può comunque stare sicuro che eseguirò senza indugio l'ordine ricevuto in alto loco".

Sono sull'attenti, saluto correttamente, mi giro e scompaio. Il generale rimane allibito, non è abituato ad un atteggiamento così energico. Mi lascia andare per la mia strada senza opporsi. Lo sento inveire nel suo ufficio ancora per un po', ma questo non cambia la situazione. Probabilmente questo singolare comportamento nei confronti di un ufficiale tedesco è dettato solo dalla sensazione di essere scavalcato, ma forse c'è anche un altro motivo per la sua diffidenza: disertori e spie.

La sera percorriamo la tortuosa strada a valle di Ljubinj, Prapetno, lasciamo Tolmino sulla sinistra e, passando per Poljubinj, arriviamo alla chiesa di Sv. Peter ai piedi del Vodel, il punto stabilito per l'incontro. L'autista ferma l'auto in un posto riparato e parcheggia. Rimarrà qui fino alla sera del giorno dopo. Percorro a piedi un breve tratto in salita fino all'inizio del sentiero Stöger-Steiner dove dovrebbero aspettare i cavalli.

Per la prima volta vedo la conca di Tolmino circondata dalle alte cime carsiche delle Alpi Giulie dove si svolgeranno gli avvenimenti futuri. Il paese di Tolmino, pesantemente danneggiato, è immerso nella pacifica luce serale. Venendo dalla valle di Caporetto, l'Isonzo serpeggia dietro Tolmino al di qua di Sveta Marija (la testa di ponte) per scomparire in una stretta gola. Il vecchio ponte di pietra è stato distrutto dai bombardamenti, sono rimasti quasi solo i piloni. In lontananza pareti rocciose s'innalzano come quinte fino a raggiungere il massiccio del Monte Matajur che sovrasta e domina la valle dell'Isonzo nei pressi di Caporetto. Di quando in quando delle detonazioni interrompono il silenzio su Dolje e Tolmino. La loro eco risuona a lungo attraverso le valli ed i monti.

Nel posto stabilito mi attende un soldato con due cavalli. Mi avvicino, gli rivolgo la parola, ma non ricevo risposta. L'uomo non conosce una parola di tedesco, certamente è ceco, rumeno od ungherese. Infine pronuncia il mio nome ed è tutto chiaro. Mi mostra il mio cavallo, mi regolo le staffe, saliamo in sella e partiamo. Tutto procede a meraviglia, solo un particolare pregiudica la mia cavalcata sui monti ed anche il mio umore eccellente: sulla mia spalla sinistra è spuntato un orribile ascesso. Mi procura forti dolori e malessere. Certamente ho anche la febbre. Ma non posso occuparmene.

Il sentiero accidentato è ripido, i cavalli sono molto sudati. Il crepuscolo è ancora sopportabile, ma presto si fa buio e freddo. Procediamo dietro le postazioni del Vodel. Tolmino si trova esattamente a 178 metri sul livello del mare. Il posto di comando della 15ª Brigata da montagna, invece, è a circa 1.000 metri, dobbiamo superare un dislivello di più di 800 metri. Dalla valle la strada di montagna s'inerpica in ripidi tornanti. Di tanto in tanto passiamo davanti a ricoveri ed accampamenti. Si fa più buio rapidamente e presto ci avvolge l'oscurità. Non si può far luce. Così faccio andare avanti la mia guida che conosce la zona, il mio cavallo segue con le briglie allentate.

Verso le 10 il mio accompagnatore improvvisamente si ferma e scende. Nell'oscurità qualcuno con accento austriaco grida il mio nome.

"Qui", rispondo.

Risuona un impetuoso saluto e da un riparo situato in un posto protetto mi corre incontro un gruppo di ufficiali delle truppe da montagna che mi accoglie con grande cordialità, entusiasta perché sono il primo ufficiale tedesco sul quel fronte. Qui è alloggiato il colonnello Koschak con il Quartier Generale della sua Brigata da montagna. Il colonnello mi dà un caloroso benvenuto nella cerchia dei suoi ufficiali. Scendo da cavallo e mi presento come prescritto; il colonnello, contento, mi stringe vigorosamente la mano poi mi prende per un braccio e mi accompagna nella sua piccola mensa ufficiali. Mi danno qualcosa da mangiare e da bere. I colleghi sono tutti affascinanti e gentili come solo gli austriaci, e soprattutto i montanari, sanno essere. Naturalmente mi tempestano di domande, ma per il momento non posso rispondere a tutte. Un capitano, capo di Stato Maggiore della brigata, che è stato parecchio tempo sul fronte occidentale tedesco per aggiornamento, ha molto da raccontare e si cambia argomento. In breve, grazie anche all'alcool, siamo tutti molto allegri. Io non esagero perché questa notte devo proseguire verso la montagna. In un momento propizio prendo in disparte il medico della brigata, un assistente della clinica universitaria di Vienna, ed insisto perché estirpi il brutto foruncolo sulla mia spalla sinistra. Andiamo velocemente nel suo ambulatorio, apre il brutto affare e mi fa una fasciatura. Ritorniamo tra gli ufficiali e continuiamo a festeggiare.

Dopo circa un'ora mi alzo e spiego:

"Signori miei, purtroppo devo proseguire, mi dovrei congedare".

Mi metto d'accordo con il colonnello Koschak per incontrarci il giorno dopo, il 18 settembre, alle 13, in prima linea, al limite settentrionale del suo settore di combattimento. Lo ringrazio molto cordialmente per l'amichevole accoglienza riservatami. Tutti mi accompagnano fuori. Montiamo in sella, salutiamo ancora e riprendiamo a salire nella notte.

Non conosco la zona che stiamo attraversando, noto solo che il nostro sentiero si snoda lungo erte pareti rocciose e che giù nella valle profonda, sulla destra, rumoreggiano dei torrenti. Dopo circa un'ora e mezza arriviamo ad una stazione della teleferica, i suoi piloni sono riconoscibili nella luce dei razzi illuminanti. Senza dubbio siamo vicinissimi al fronte montano. Improvvisamente delle esplosioni attorno a noi, siamo incappati in un attacco dell'artiglieria italiana. È penoso trovarsi nella notte allo scoperto, su un cavallo da strapazzo. Saltiamo giù e come possiamo spingiamo i cavalli verso la parete rocciosa. Del pietrisco ci cade addosso, grandi massi volano sulle nostre teste nel profondo della valle. L'attacco a fuoco dura un quarto d'ora. Poi è tutto finito. Non saliamo più in sella, ma continuiamo la salita a piedi su uno stretto sentiero tirando i cavalli dietro di noi. Il mio accompagnatore conosce il suo mestiere e mi guida con grande sicurezza.

Infine raggiungiamo la cosiddetta Sorgente "Golz" dietro la prima linea sulla sella tra il Mrzli e Planina Sleme, un angolo abbastanza ventoso. La nostra mulattiera ci conduce su a Planina Sleme. Là, in posizione protetta, c'è una costruzione, il posto di comando della 3ª Brigata da montagna. È l'una di notte. Dalla porta s'intravede della luce, un ufficiale esce a salutarmi. È l'aiutante di brigata, un collega molto simpatico. È rimasto alzato ad aspettarmi. Il colonnello von Tlaskal, il comandante, un ufficiale dello Stato Maggiore che per avvicendamento ha assunto di nuovo un comando al fronte, dorme già. Al mio arrivo si sveglia e scende rapidamente dalla sua baracca, così mi presento. Molto contento ed aperto, si informa della mia cavalcata e chiede astutamente che cosa mi porta alla sua brigata. Rispondo prudentemente che devo appunto perlustrare il fronte quassù in montagna. Naturalmente capisce subito com'è la situazione e dice:

"E sì, avrà certo il suo incarico. Ma prima dormiamo un po' e domani mattina alle 5 cominciamo la ricognizione. Buon riposo!"

Si ritira subito. Noi naturalmente non intendiamo andare a dormire. L'aiutante sveglia un paio di commilitoni e musicisti ungheresi per festeggiare il mio arrivo come si deve. A uno a uno si presentano dicendo:

"Dai – diamoci del tu", com'è abitudine per gli austriaci. Non ho più dolori, mi sento meglio. Verso le 3 del mattino ho però un gran bisogno di riposare un po' e gli uomini lo capiscono benissimo. Mi indicano una stanza minuscola dove posso dormire.

Al mattino, ancora nel buio profondo, veniamo brutalmente svegliati. Rapidamente ci prepariamo per la prima ricognizione così decisiva.

Quando il colonnello von Tlaskal, il suo aiutante, il suo ufficiale d'ordinanza ed io usciamo all'aperto rabbrividiamo perché durante la notte si è fatto davvero molto freddo. I nostri occhi si abituano lentamente all'oscurità. I particolari non si riconoscono ancora. Il cielo è coperto da grandi nuvole. Suppongo che ci troviamo su un ripido pendio dietro le postazioni in cresta degli austriaci.

Improvvisamente il colonnello mi dice:

"Penso che la cosa migliore sia salire lo stretto sentiero che porta a Planina Sleme perché là c'è il panorama migliore".

In silenzio ci mettiamo in cammino e saliamo l'angusto sentiero roccioso a zig-zag. Verso le 6 raggiungiamo la cresta di Planina Sleme a 1.448 metri. Questa dorsale rocciosa prosegue in direzione nord fino al Rdeči rob (Croda Rossa, 1.916 m), al Maselnik (1.906 m) ed all'altopiano del Krn, noto anche come Monte Rosso (Batognica) a circa 2.070 m. La cima del Krn (2.245 m) – gli italiani la chiamano Monte Nero – è in mano nemica. Lentamente si fa più chiaro, ma con nostro grande rammarico c'è una nebbia così fitta che non riusciamo a vedere i monti e le postazioni italiane ed austriache. Comunque riesco a notare che la cresta è relativamente stretta e che la parete rocciosa scende molto ripida verso l'Isonzo. Il colonnello von Tlaskal ci conduce in una postazione austriaca sul margine occidentale della cresta e spiega che le trincee nella roccia e le opere di difesa italiane si trovano sullo stesso ripido pendio 150-200 metri più in basso. Poiché la visibilità non è ancora sufficiente, chiedo una carta delle postazioni, ci sediamo su uno spuntone di roccia davanti alla carta aperta e studiamo le linee nemiche. Improvvisamente i lembi di nebbia si sfilacciano, diventa chiaro ed a tratti riusciamo ad individuare i pendii in parte rocciosi verso valle ed i brulli monti rocciosi verso nord, il Rdeči rob ed il Maselnik. Mi sporgo dal parapetto più avanzato di una trincea e con il binocolo studio attentamente le trincee italiane di prima linea e gli ostacoli sulla china della valle dell'Isonzo. Mi faccio spiegare ogni dettaglio.

Dalla prima linea principale italiana sono state spinte su per il pendio lunghe trincee d'approccio. Le teste delle trincee sono state ben consolidate e munite di piazzole per mitragliatrici e sbarramenti in filo spinato molto larghi. Alcune delle postazioni nella roccia più avanzate sono di particolare importanza. Qui il nemico ha evidentemente piazzato anche alcuni cannoni. Il colonnello lo conferma. In caso di attacco questi forti capisaldi vanno naturalmente distrutti o almeno tenuti a bada in modo da impedirne la difesa.

Il mio cervello comincia a lavorare intensamente perché ora si tratta non solo di stabilire i possibili punti di sfondamento, ma di valutare quali obiettivi siano più adatti all'artiglieria e quali alle bombarde e quante bombarde ci serviranno per battere questi capisaldi. Calcolo: su Planina Sleme una compagnia dovrebbe bastare. Dal punto di vista balistico il cannoneggiamento mi sembra molto difficile. Le postazioni italiane sono molto più in basso di quelle austriache sul pendio ripido, dobbiamo sparare sopra la cresta rocciosa. A occhio e croce la linea italiana principale si trova sul pendio a quota 1.200 - 1.250 metri. Planina Sleme è alta in media 1.440 metri. Sparando verso il basso la dispersione è sempre più grande. Piuttosto spiacevole. Che cosa si può fare? Chiaro, dobbiamo installare le nostre bombarde sul pendio austriaco da questa parte circa alla stessa altezza delle postazioni italiane, quindi circa a quota 1.200 metri, in modo da compensare la differenza di altitudine. Rapidamente prendo il compasso che porto sempre con me e controllo se in queste condizioni la distanza dall'obiettivo diventa troppo grande. È tra i 700 e gli 800 metri. Va bene. Così si può ridurre la dispersione ed evitare un enorme consumo di munizioni.

In base alle nostre esperienze sui Vosgi il consumo di munizioni aumenta considerevolmente sparando verso il basso su un pendio così ripido rispetto ad obiettivi che si trovano in pianura. Le carte ingannano, le aree da battere sono molto più grandi di quanto sembra nelle carte. Non si è mai visto niente di simile nelle regole di tiro!

Senza dubbio questi obiettivi ravvicinati in alta montagna si possono combattere efficacemente solo con le bombarde, l'artiglieria austriaca o tedesca potrebbe fare poco o nulla. Nel mio taccuino annoto: una compagnia bombarde per il settore Planina Sleme. È dubbio che si possano impiegare quassù bombarde pesanti, sarebbe meglio bombarde medie integrate da bombarde leggere. Inoltre mi sembra necessario informare i comandanti di tutte le compagnie in territorio montano che devono tener conto di un forte pericolo di caduta pietre. Ogni colpo andato a segno a monte delle trincee nemiche è sempre comunque un guadagno perché le trincee vengono riempite di detriti, ma ogni colpo che passa sopra l'obiettivo non ha alcun effetto e va perduto. In questo caso sia le schegge dei proiettili che i molti massi volano giù nella valle dell'Isonzo.

"Signor colonnello, per favore, dove si trova la seconda linea nemica?"

Con il binocolo premuto sugli occhi, mi spiega l'andamento della seconda linea, mi mostra importanti trincee di collegamento e capisaldi arretrati particolarmente forti.

"Guardi là, su quel piccolo altopiano roccioso. Là c'è un caposaldo degli italiani particolarmente pericoloso, circa a quota 1.250 metri, ci ha già dato molto da fare".

Adesso è abbastanza chiaro e limpido per poter riconoscere tutti i particolari.

Ora ho un'idea precisa della situazione su Planina Sleme ed elaboro anche un piano di distribuzione del fuoco che annoto brevemente nel mio taccuino.

"Signor colonnello", mi rivolgo nuovamente a lui, "in che modo e per quali vie approvvigiona le sue unità combattenti quassù? Immagino che sia abbastanza faticoso e complicato".

"Ha ragione. Oltre al sentiero Stöger-Steiner, per il quale lei ieri è salito a cavallo, da valle abbiamo a disposizione una teleferica. Forse ha notato la stazione a monte".

"Certo, signor colonnello: proprio là sono incappato in un attacco d'artiglieria . Ma non è successo nulla".

"Lo vedo. – Di là il trasporto prosegue con i muli su piccoli sentieri di montagna. Molti pesi devono venire portati anche dagli uomini. Non c'è altro modo".

Un lavoro pesante aspetta i nostri uomini, andare in posizione quassù con compagnie bombarde non è una sciocchezza. Ma dobbiamo farcela.

Dalla coltre di nuvole penetrano i primi raggi di sole nella valle dell'Isonzo ed illuminano un panorama grandioso. Non vediamo solo il fiume argenteo che serpeggia giù in fondo lungo il Pan di Zucchero, fino alla conca di Tolmino ed attorno a Sveta Marija, vediamo le rovine del ponte in pietra sull'Isonzo ed anche, dall'altra parte, tutti i monti ripidi e quasi brulli. Il colonnello mi indica il Monte Hum, lo Ježa, la quota 1.114, tutta la dorsale del Kolovrat. L'occhio segue i frastagliati ammassi di rocce su fino alla cima del Monte Matajur. Che vista magnifica. Dietro la cresta dei monti dall'altra parte ci sono ancora catene importanti che scendono verso la pianura italiana del Friuli. La pianura stessa rimane nascosta ai nostri sguardi, Planina Sleme non è abbastanza alta per poterla vedere.

"Segua le postazioni più avanzate degli italiani sotto la Sleme. Vede come si spingono sempre più vicino alle nostre trincee?", dice il colonnello.

"Sissignore".

"Bene. Là sulla cima gli italiani hanno costruito una postazione ben rinforzata. Un obiettivo importante", dice il colonnello.

La stessa compagnia bombarde che ho previsto per Planina Sleme può assumersi il compito di sparare anche contro questa postazione.

Nel frattempo sono scomparsi gli ultimi lembi di nebbia, la visuale è così chiara che sui pendii spogli si possono riconoscere nel terreno le tracce dell'11ª battaglia dell'Isonzo. A giudicare dal terreno pieno di crateri di bombe la linea sulla sella tra la Sleme ed il Mrzli ha sofferto pesantemente sotto il fuoco dell'artiglieria italiana.

"Signor colonnello, il nemico ha attaccato qui?"

"Sì, più volte, per venire dietro il Mrzli. Ma abbiamo respinto tutti gli attacchi".

"Perdite?"

"Purtroppo abbastanza pesanti".

Un ripido sentiero ci conduce per un tratto giù dietro il fronte, poi comincia di nuovo una dolce salita verso la linea sulla sella della Sleme.

Lentamente si è sparsa la voce che il comandante di Brigata ispeziona la prima linea con un ufficiale tedesco. A poco a poco compaiono tutta una serie di comandanti di settore e comandanti di compagnia austriaci ed anche ufficiali di collegamento dell'artiglieria, che ci accompagnano. Una fila abbastanza lunga di ufficiali si snoda ora attraverso le trincee austriache più avanzate. Tutti sono estremamente cordiali e curiosi. Non tradisco i miei pensieri e le mie intenzioni nemmeno con una parola, ma mi limito a farmi mostrare le nostre postazioni e quelle nemiche, naturalmente soprattutto i capisaldi più importanti. Nel frattempo ci raccontiamo storie divertenti.

Andiamo a trovare un comandante di settore che ha il suo bunker qui sul pendio nord. Il maggiore, un corpulento ungherese, è seduto nel suo rifugio con la camicia aperta ed un amuleto sul petto nudo e ci riferisce con estrema vivacità scene drammatiche dell'11ª battaglia dell'Isonzo. Racconta con molta fantasia. Mi accorgo che i colleghi più giovani sul fondo ascoltano sghignazzando. All'inizio mi hanno dato tutti del lei, perché sono un ufficiale tedesco, ma già dopo i primi dieci minuti e un paio di barzellette cominciano a darmi del tu. Dunque mi accettano ed è molto importante perché solo avendo un buon rapporto posso sperare di conoscere com'è veramente la situazione quassù e non sentire solo delle fiabe.

Anche il colonnello Tlaskal ascolta sorridendo le colorite relazioni. Ringrazio calorosamente, lasciamo il rifugio e continuiamo a salire verso le trincee. Subito si avvicinano alcuni giovani sottotenenti austriaci e dicono che la relazione del signor maggiore è stata fantasiosa, come sempre.

In caso di attacco questa postazione sulla sella tra la Sleme e il Mrzli è un obiettivo di importanza decisiva. In questo punto infatti, dopo un abbondante fuoco di preparazione circa alla stessa quota, si può fare irruzione nelle postazioni italiane sulla Sleme e travolgerle. Qui le bombarde trovano postazioni molto ben protette dietro il pendio e le condizioni balistiche sono molto più favorevoli che su altri tratti del fronte. Le possibilità di osservazione sono eccellenti. La principale via di collegamento con il fronte austriaco arriva vicinissima alla sella e questo facilita notevolmente i trasporti.

Proseguiamo ora verso le trincee più avanzate e, salendo lentamente, arriviamo al punto cruciale di tutto il fronte del Mrzli vrh([3]). Le postazioni si snodano sulla ripida zona rocciosa completamente brulla davanti al Mrzli vrh fino a quota 1.350 metri e le trincee italiane si spingono a cuneo fino a 30 metri da quelle austriache. Qui si è formata una linea ravvicinata per una lunghezza di circa 200 metri. Chiaro: quassù si deve concentrare il fuoco delle bombarde pesanti per poter irrompere nelle trincee italiane ed infine sfondare.

Di nuovo tiro fuori il mio taccuino e segno l'impiego di un intero battaglione di bombarde per tutto il settore da Planina Sleme al Mrzli, una compagnia deve e può essere impiegata vicino a Planina Sleme, una compagnia contro la postazione sulla sella della Sleme, due compagnie di bombarde contro questa zona di linea ravvicinata.

Seguendo l'andamento del terreno gli italiani hanno approntato alcuni bastioni avanzati. Mi mostrano il "gruppo di rocce" inferiore, poi il "gruppo di rocce" superiore ed infine la "linea ravvicinata" vera e propria dietro la quale si nasconde un "gruppo di trincee d'approccio". Uno dei comandanti di compagnia austriaci mi fa notare anche un "fortino di sacchi a terra" al di sotto della prima linea su di una massa rocciosa isolata. Il fronte del nemico si disgrega in capisaldi singoli che sono collegati da camminamenti debolmente guarniti. Si trovano tutti ad altezze differenti e questo crea delle difficoltà tecnico-balistiche.

Per l'avanzata attraverso la valle dell'Isonzo in direzione di Caporetto bisogna assolutamente eliminare le postazioni su Planina Sleme, sul Mrzli e sul Vodel sfruttando la sorpresa: di qui, infatti, non solo ci si accorge dell'attacco a valle, ma lo si può anche disturbare sensibilmente. Sapere che da questi monti si vede avanzare ogni uomo giù in fondo, è una sensazione sgradevole.

Anche sul Mrzli e sul Vodel la distruzione degli ostacoli e delle fortificazioni tocca alle bombarde, l'artiglieria qui non riesce a combinare niente.

"Signor colonnello, è possibile avere una carta precisa delle postazioni?"

"Volentieri, certo".

L'aiutante mi porge una carta molto utile con le curve di livello e tutti i capisaldi importanti. Rifletto in silenzio sulla distribuzione del fuoco ed esamino su quali obiettivi si potrebbe spostare il fuoco delle bombarde dopo il tiro di demolizione. La soluzione è facile: dietro, sulle postazioni italiane di seconda linea molto più arretrate e sui loro capisaldi.

L'impiego di un intero battaglione di bombarde in questa zona di montagna mi sembra consigliabile anche per avere un comando unico.

Su, nella postazione vicina, gli italiani si accorgono improvvisamente di noi. Anche se siamo stati prudenti ed abbiamo parlato sottovoce notano l'agitazione nelle vicine postazioni austriache e subito iniziano la loro benedizione. Sparano con granate da fucile. Cerchiamo riparo come possiamo. Per fortuna il martellamento non dura a lungo e non ci sono perdite. Facciamo una stretta curva in direzione sud e seguiamo la linea in cresta del Mrzli. Qui i colleghi austriaci mi fanno notare una particolarità. Mi spiegano che nel fortino italiano di sacchi a terra lontano circa 60-80 metri si possono vedere cannoni in caverna. Nel dialetto austriaco suona pressappoco così:

"*Governengeschitze – bitteschön*"

" Accidenti! – Fantastico, devo assolutamente vedere".

Uno dei colleghi mi accompagna ad una feritoia. Lo spavento mi penetra nelle ossa quando, di fronte, vedo vicinissima la bocca di due cannoni, istintivamente tiro indietro la testa. Rassicurante il mio gentile accompagnatore mi spiega:

"*Kamerad*, devi guardare fuori con prudenza, i cannoni sono sempre carichi e se il *Katzelmacher* nota qualcosa, spara"([4]).

Penso tra me e me: 'e gli uomini hanno sopportato questa smisurata insolenza degli italiani!'

Torniamo indietro di qualche passo e mi sfugge l'osservazione:

"Da noi sul fronte occidentale cose così non capitano".

Tutti sono molto orgogliosi di avermi mostrato un particolare molto interessante. Grazie a Dio non notano l'ironia nelle mie parole. Uno addirittura dice:

"*Bitt schön, Kamerad*, laggiù nelle trincee ravvicinate puoi vedere molto di meglio".

Proseguiamo lungo tutte le postazioni in quota sui pendii spogli del Mrzli. Qui non hanno ancora fatto le nostre amare esperienze con postazioni così avanzate che in caso d'attacco diventano indifendibili dal tiro diretto dell'artiglieria. Altri importanti obiettivi d'attacco: una postazione incavernata per mitragliatrici con trincea d'approccio a 1.200 metri, ad est di questa un fortino di sacchi a terra, dietro probabilmente la postazione di mortai italiani, un "gruppo trigonometrico" ed un bastione di roccia ben costruito a circa 100 metri da questo, tutti obiettivi per le bombarde sul Mrzli.

Mi accompagna sempre il colonnello von Tlaskal. Superiamo il punto più alto della linea sul Mrzli (1.360 m), dietro ci sono la stazione a monte della teleferica dalla val Zastena ed un grande accampamento per le unità di riserva. Naturalmente mi informo sulla portata della teleferica per il trasporto delle nostre munizioni e del materiale. Dobbiamo portare faticosamente le bombarde in vetta percorrendo il sentiero Stöger-Steiner, per gli ultimi tratti dobbiamo smontarle e metterle in posizione con bestie da soma e con la truppa. Un lavoro enorme da cominciare quanto prima.

Madidi di sudore e stanchi finalmente verso mezzogiorno arriviamo al limite del settore della 3ª Brigata. Qui il colonnello Koschak aspetta già con alcuni ufficiali della sua 15ª Brigata. Ringrazio calorosamente il colonnello von Tlaskal per la sua guida. Mi porge la mano piuttosto serio:

"Faccia del suo meglio, signor sottotenente, molto dipende dal suo giudizio", mi sussurra.

Il suo sguardo d'intesa incontra il mio, un'ultima stretta di mano, poi saluto ufficialmente tutti i colleghi della 3ª Brigata da montagna e mi avvio verso il colonnello Koschak.

La mia marcia di ricognizione prosegue senza pausa giù, attraverso le trincee ed i capisaldi quasi infiniti della 15ª Brigata da montagna sulla china del Vodel. Là la situazione è ancora più difficile che sul Mrzli. Entrambe le linee, l'austriaca e la nemica, si trovano sul pendio che scende ripido verso l'Isonzo, le trincee ed i capisaldi italiani nascosti in parte nella rada boscaglia tra le rocce carsiche. Si riconoscono benissimo dai larghi ostacoli di filo spinato. Le postazioni austriache si trovano più in alto sul pendio del Mrzli e del Vodel, a seconda delle circostanze. Le due cime sono separate da una piccola gola. In questo punto gli italiani si sono faticosamente avvicinati alle trincee austriache ed hanno allestito forti capisaldi per mitragliatrici. Anche qui, dunque, una postazione vicina che si può contrastare efficacemente solo con le nostre bombarde e potrebbe anche diventare un altro punto d'irruzione.

Ma come si possono portare in questa postazione avanzata bombarde medie, necessarie per la distruzione degli ostacoli di filo spinato? Un problema nel problema. L'unico accesso è quella piccola gola, non c'è altro modo. Anche qui le bombarde devono essere smontate e trascinate a pezzi in posizione. L'esposizione particolare sul pendio avanzato non si può modificare.

Il colonnello Koschak mi spiega tutti i punti importanti e quelli minacciati del suo fronte che scende fino a fondovalle sull'Isonzo. Cerca non solo di mostrarmi tutto il sistema di postazioni degli italiani, ma anche di informarmi sull'effetto dell'artiglieria nemica. Da un buon posto d'osservazione studio tutta la conformazione orografica e contemporaneamente rifletto su quante bombarde ci serviranno per questo settore. Più adatto allo scopo mi sembra l'impiego di una compagnia da montagna di bombarde. Dovrò parlare personalmente con il suo comandante.

Da quello che posso vedere, la compagnia che verrà impiegata qui dovrà anzitutto far tacere tre grandi capisaldi per dare agli attaccanti il vantaggio della sorpresa al momento dell'assalto.

Si fa sempre più tardi, ma la ricognizione non finisce. Il tramonto si sta avvicinando. Gentilmente un comandante di compagnia ci dà qualcosa da bere. Tutto questo arrampicare e strisciare ci ha sfinito. Infine il colonnello Koschak ritiene che io abbia visto a sufficienza, sulla sua ala sinistra a fondovalle non c'è più niente di particolare e riprendiamo il sentiero per raggiungere il ricovero della 15ª Brigata che ho visto ieri notte. Arriviamo verso le 19, ci ripuliamo e ci riposiamo mangiando e bevendo bene. Naturalmente vengo di nuovo tempestato di domande, ma non posso rispondere perché i nostri colleghi per ora non devono sapere nulla sulle nostre intenzioni d'attacco. C'è un'atmosfera molto allegra, ma verso le 20 devo mettermi in marcia. Tutti mi accompagnano fuori. Monto a cavallo, salutiamo e con grandi cenni della mano scendiamo rapidamente verso valle.

Già da molto si è fatto buio. Verso le 21.30 raggiungiamo il fondovalle. Cerco la mia auto dove l'avevo lasciata, ma non la trovo, continuo a cercare e con sgomento mi trovo davanti ad una carcassa. Gli italiani l'hanno distrutta a cannonate. L'autista non c'è. Mi si avvicina un soldato austriaco e mi conferma che l'auto ha preso fuoco. L'autista ha tentato di portarla al sicuro in un altro posto, ma inutilmente. A lui non è accaduto nulla. È corso via per procurare un altro mezzo. Non mi resta altro che aspettare vicino all'auto distrutta. Per fortuna dopo pochi minuti compare il mio autista con un altro mezzo. Vista la necessità, la 50ª Divisione ha messo a disposizione un'auto di riserva. Partiamo subito perché la sera stessa devo incontrare il tenente colonnello von Rössing e Wandelsleben al XV Corpo a Podbrdo. Partiamo verso Žabče-Poljubinj, la strada non è in buone condizioni, ed imbocchiamo poi la valle verso Kneža, Grahovo, Podbrdo.

Stiamo attraversando nell'oscurità Hudajužna quando qualcuno urla il mio nome. Accidenti – chi può essere?

"Fermo!" grido al mio autista. Non si può sbagliare, è la voce del capitano Wandelsleben. Scendo dall'auto e torno indietro di corsa. Mi accoglie con grandi saluti. Mi balla attorno come invasato e mi batte sulle spalle raggiante di gioia.

"Ragazzo – fantastico – abbiamo vinto!"

Non capisco una parola – ha bevuto, penso. "Signor capitano, cos'è successo?"

"Vedrà subito. Venga con me".

Mi tira in un piccolo ingresso buio, mi trascina su per una scala stretta, mi mostra una camera:

"Qui può darsi una ripulita in fretta, è tutto sporco ed impolverato".

"Per forza. Sono stato tutto il giorno in giro per le trincee".

Attende impaziente.

"Ora venga. Ci sono tutti gli ufficiali del reparto operazioni: il Quartiermastro Jochim, il generale von Berendt, il tenente colonnello von Rössing , il maggiore von Willisen e gli ufficiali del XV Corpo austro-ungarico. La aspettiamo già da ore. Rössing ha raccontato quali impegnative ricognizioni ha dovuto effettuare oggi. Ha detto che lei sarebbe stato di nuovo qui verso sera. Gli austriaci hanno dichiarato che è assolutamente impossibile, "*Kamerad*! – impossibile – *bitte schön*, non ce la farà mai". Ne abbiamo discusso molto, ma von Rössing continuava ostinatamente ad affermare: "Killian arriva, vedrete". Ed abbiamo scommesso cinque bottiglie di spumante.

Mi lavo e scendiamo di corsa le scale buie. Wandelsleben spalanca la porta e mi spinge in una stanzetta piena di fumo. Tutti gli ufficiali di Stato Maggiore del XV Corpo austro-ungarico – il generale Gerabek della 50ª Divisione austro-ungarica che mi aveva creato delle difficoltà e gli ufficiali dello Stato Maggiore della 14ª Armata – sono seduti ad un lungo tavolo illuminato dalle candele. Mi accolgono con grandi saluti, naturalmente guardo abbastanza stupito la tavolata piuttosto allegra. Il barone von Rössing mi viene incontro sorridendo soddisfatto e, raggiante, mi stringe la mano, il generale von Gerabek, che mi riconosce subito, ora avrà le informazioni che voleva. Non dice una parola – si limita a sogghignare ed io sogghigno di rimando, ma poi mi porge amichevolmente la mano.

Il mio capo dice: "Ora si sieda, c'è qualcosa da mangiare e del buon vino e poi lo spumante".

Nella stessa mattinata von Rössing e Wandelsleben hanno effettuato la ricognizione nel settore principale della testa di ponte di Tolmino. Tutti e due sono naturalmente terribilmente curiosi di sentire quello che ho da riferire. Li aggiorno brevemente.

Trascorriamo la serata in un'atmosfera molto allegra fino a tarda notte solo verso le 2 ci mettiamo in marcia per tornare a Kranj. Completamente gelati raggiungiamo i nostri alloggi nelle prime luci del mattino. Due ore di riposo ed una colazione improvvisata devono bastare. Alle 9.30 dobbiamo cominciare puntualmente lo studio dei risultati delle ricognizioni e a elaborare un piano per la distribuzione delle forze sui punti di sfondamento di tutto il fronte da Planina Sleme fino all'estremità meridionale della testa di ponte di Tolmino. Bisogna stabilire un'esatta suddivisione degli obiettivi tra artiglieria e bombarde. Come ho verificato nel mio settore montano, anche nella zona della testa di ponte la distruzione delle linee e dei capisaldi nemici più avanzati e l'apertura di passaggi attraverso gli ostacoli di filo spinato, profondi più di 50 metri, possono essere affidati solo alle bombarde nella maggior parte dei punti di sfondamento.

Il piano di suddivisione delle bocche da fuoco è un compito estremamente interessante ed importante. Questa volta, a differenza che nei Vosgi, abbiamo libertà d'iniziativa.

Durante l'elaborazione dei piani d'impiego delle formazioni di bombarde cerco di informare dettagliatamente il tenente colonnello von Rössing sulla situazione in montagna avvalendomi delle carte delle postazioni che ho portato con me. Gli faccio notare più volte che dal Krn, da Planina Sleme e dal Mrzli ci si può rendere conto perfettamente del nostro attacco a valle e che gli italiani dispongono di eccellenti punti d'osservazione per l'artiglieria.

"Signor tenente colonnello, il grosso dell'artiglieria italiana ad est dell'Isonzo si trova nella zona delle montagne del Kožljak e nelle gole retrostanti. I punti d'osservazione dell'artiglieria sono sulle cime dei monti. Bisogna assolutamente eliminarli prima e durante l'attacco a valle verso Caporetto. Il Krn sovrasta tutto".

"Sull'altopiano del Krn – il monte Rosso – c'è, come hanno raccontato i colleghi austriaci, una linea di trincee ravvicinata. La cima vera e propria del Krn è più alta e più indietro ed è in mano italiana. Là si trova il punto d'osservazione principale di tutta l'artiglieria nemica. Per favore mi permetta di effettuare una ricognizione".

Faccio anche una seconda proposta al mio superiore: "Signor tenente colonnello, le condizioni balistiche nel settore montano Mrzli, Planina Sleme e Vodel sono così difficili che le formazioni di bombarde devono prima venire istruite sul tiro in montagna. Mi sembra anche indispensabile predisporre tabelle grafiche di tiro per i mortai ed i pezzi d'artiglieria. Le chiedo il permesso di calcolarle ed abbozzarle per poterle riprodurre. Tutti gli ufficiali dei reparti bombarde, ogni capo pezzo devono avere una tabella di questo tipo per facilitare il tiro". Il barone von Rössing capisce subito che cosa intendo.

"Eccellente. Faccia naturalmente queste tabelle, avrà ogni appoggio. Ha bisogno di disegnatori?"

"Per il momento non ancora, ma più tardi quando gli schizzi saranno pronti".

"D'accordo!"

Terminato il nostro piano d'impiego per le bombarde, il tenente colonnello mi porta con sé dal maggiore von Willisen per parlare della ricognizione sul Krn. Vuole che spieghi più dettagliatamente anche a lui la situazione in montagna. La scena si ripete:

"Signor maggiore, l'importanza del Krn per l'attacco a Caporetto è determinante. Si deve assolutamente eliminare il centro d'osservazione dell'artiglieria nemica. Le chiedo il permesso di effettuare una ricognizione sul Krn".

Von Willisen dà un'occhiata a von Rössing.

"D'accordo", dice. "Ha il suo incarico. Avvertirò del suo arrivo il I Corpo austro-ungarico quando sarà stabilita la data".

Nel frattempo, a quanto apprendiamo, von Below con il maggiore von Willisen ed il colonnello von Pohl, capo di Stato Maggiore del XV Corpo austro-ungarico (Scotti) hanno ispezionato il Monte Kobala a quota 1.007 metri per avere un'idea generale di tutto il fronte dell'attacco. La vista da lassù è così impressionante che il giorno dopo il maggiore von Willisen ha ripetuto la ricognizione con tutti gli ufficiali dello Stato Maggiore.

Poiché lc nostre divisioni sono in arrivo, l'imperatore Carlo – spinto chiaramente dall'energica augusta consorte Zita – ha inviato appositamente un generale austro-ungarico a tranquillizzare la popolazione locale nella zona di spiegamento della nostra 14ª Armata. Lo chiamiamo semplicemente il *"Bedrückungsgeneral"* (generale-repressione). Non ha niente da fare e si annoia.

Lo spiegamento delle nostre bombarde sull'Isonzo

In totale avevamo a disposizione il 5° e l'11° Battaglione bombarde (con 7 compagnie) ed inoltre le compagnie bombarde di 6 divisioni

tedesche ed i loro reparti bombarde leggere di reggimento. In aggiunta aspettavamo ancora alcune compagnie della riserva.
Dopo aver accuratamente esaminato diversi piani decidemmo infine, il 19 settembre, la seguente distribuzione delle formazioni bombarde sui tre Gruppi Stein, Berrer e Scotti.

Per la zona dello Sleme, Planina Sleme e del Mrzli prevedemmo il 5° Battaglione (Buddeberg) con 4 compagnie. Sul Vodel sarebbero stati impiegati la 173ª Compagnia ed il reparto bombarde medie 320. Molto più giù nella valle vicino a Dolje e sul Pan di Zucchero di Tolmino avrebbe seguito la 12ª Compagnia. Su Sv. Marija, la testa di ponte, le due compagnie dell'*Alpenkorps* sarebbero entrate in azione contro Volče e Sv. Danijel, mentre più a sud tutto l'11° Battaglione (Wandelsleben) con 3 compagnie avrebbe anch'esso distrutto gli ostacoli e le trincee davanti a Volče. La 5ª e la 26ª Compagnia rinforzate da mortai leggeri ed artiglieria sarebbero state aggregate al Gruppo speciale Spiess([5]) per annientare le postazioni con ostacoli molto ampi davanti a Čiginj. Era previsto l'impiego di tutti i reparti leggeri dei reggimenti.

Per l'area del I Corpo austro-ungarico (Krauss) avevamo intenzione di formare con 4 compagnie un battaglione al comando del capitano Pagenstecher da impiegare contro il fronte a valle di Plezzo.

A Tolmino sarebbero entrate in azione 42 bombarde pesanti, 104 medie e quasi 300 leggere. Si attendevano altre quattro compagnie, la 117ª, 347ª, 301ª e 145ª, ma il barone von Rössing intendeva utilizzarle solo in un secondo momento.

Naturalmente calcolammo anche il fabbisogno di munizioni delle bombarde nelle particolari condizioni di montagna. Secondo la mia esperienza, la dispersione del fuoco, molto maggiore in montagna, e l'aumento delle superfici d'attacco accrescevano il fabbisogno del 30-50 per cento rispetto alla pianura.

Un tratto di 8-10 chilometri del fronte d'attacco e specialmente i punti di sfondamento erano stati affidati solo alla preparazione delle bombarde, cosa mai successa prima in questa misura. In quest'occasione, in effetti, venne dimostrata l'indubbia efficacia delle bombarde come artiglieria d'appoggio. Le circostanze costrinsero a concordare subito tutti i particolari con il comandante dell'artiglieria, maggiore generale von Berendt. Poiché, inoltre, le bombarde dovevano venire installate in prima linea molto in avanti, era ovvio che sulle due strade di avanzata le formazioni bombarde e le rispettive colonne di munizioni precedessero le batterie. Queste decisioni erano contenute nel piano di marcia della 14ª Armata, elaborato fin nei minimi dettagli. L'uso delle poche strade di montagna attraverso i passi doveva avvenire nelle due direzioni e questa era una ulteriore difficoltà. Per tutti questi motivi il barone von Rössing, in qualità di Ufficiale di Stato Maggiore delle unità bombarde, fu subito favorevole alla subordinazione tattica al comandante dell'artiglieria per la battaglia di sfondamento nelle Alpi Giulie.

Questa decisione fu per me motivo di grande soddisfazione, si era infine imposta l'opinione che a suo tempo, nei Vosgi, avevo caparbiamente sostenuto nelle discussioni con il barone von Rössing.

Una discussione

Il 20 settembre il generale Krauss, comandante del corpo austro-ungarico, fece visita per la prima volta al Comando della 14ª Armata a Kranj perché voleva avere le idee chiare sugli obiettivi ed i compiti del suo attacco nella conca di Plezzo e voleva esporre la sua opinione. Dopo che il Comando della 14ª Armata aveva trasferito a nord il fulcro dell'operazione, l'attacco nel settore di Plezzo aveva acquistato maggiore importanza.

Il generale Krafft von Dellmensingen dichiarò che non ci si doveva accontentare di obiettivi limitati come l'alleggerimento, ma che si doveva tentare di avanzare almeno fino al Tagliamento, al Piave o addirittura all'Adige. Il nostro capo di Stato Maggiore riteneva che il I Corpo austro-ungarico, una volta raggiunta la pianura del Friuli, dovesse essere mandato in montagna per intercettare gli italiani della Zona Carnia in ritirata e tagliare loro la via verso la pianura.

Questo non piacque affatto al generale Krauss (come egli stesso scriverà più tardi). Egli fece notare che in alta montagna le fatiche erano di solito grandi, ma la gloria minima. Si rischiavano ingenti perdite. La sua proposta era di chiudere a nord con un impiego minimo di forze e di puntare poi con ogni forza a sud, in pianura, per spingere le unità italiane verso il mare.

Krafft von Dellmensingen gli rispose che anch'egli aveva riflettuto a fondo su quest'idea, ma era giunto alla conclusione che gli italiani in difficoltà, appoggiati sul Monte Joanaz, avrebbero aperto con estrema energia un secondo fronte nella zona di Cividale. In questo caso probabilmente il I Corpo austro-ungarico insieme con l'ala destra del Gruppo Stein si sarebbero trovati a decidere le sorti della battaglia.

Il generale Krauss si mostrava ottimista, credeva che si potesse avanzare tanto rapidamente ed energicamente che gli italiani non avrebbero più avuto il tempo di organizzare una seconda linea nella zona di Cividale.

"Signor generale", disse Krafft von Dellmensingen, "ricordi che gli italiani hanno a disposizione fortissime riserve nelle retrovie e che con la ferrovia o con automezzi possono far confluire molto rapidamente unità combattenti fresche. Un successo ottenuto grazie alla velocità è certo auspicabile, ma non sicuro".

Krauss dovette rassegnarsi, ma sembra che non abbia mai abbandonato l'idea di far avanzare al momento opportuno il suo I Corpo a sud, nella pianura. Ciò nonostante fu profondamente impressionato dall'atmosfera e dal metodo di lavoro brillante e preciso del reparto operazioni del Comando della 14ª Armata.

L'arciduca Eugenio

Il 20 settembre 1917 ci fu un'altra sorpresa. Al mattino l'arciduca Eugenio comparve al Quartier Generale della 14ª Armata. Fummo subito chiamati nell'atrio dell'edificio per essere presentati. Eravamo otto, dieci ufficiali d'ordinanza più giovani ed ufficiali con compiti speciali nel reparto operazioni come me. L'arciduca Eugenio, il comandante del Gruppo d'Armate, colpiva per il suo aspetto prestante, ma soprattutto per il suo atteggiamento nello stesso tempo semplice e regale. Tipico Asburgo, era gentilissimo, la presentazione di ogni ufficiale si trasformò in una tranquilla chiacchierata condotta con talento e stile. L'arciduca Eugenio era alto quasi due metri, come me, e fu visibilmente soddisfatto di non dover guardare un ufficiale dall'alto in basso come gli succedeva di solito.

Per assicurare un comando unitario venne proposto che d'ora in poi il I Corpo austro-ungarico (Krauss) venisse sottoposto alla 14ª Armata. L'arciduca Eugenio fu subito d'accordo. Si chiese anche il rafforzamento dell'ala destra della 2ª *Isonzoarmee* perché la situazione sull'altopiano della Bainsizza rimaneva pericolosa. Venne richiesto che le due Armate dell'Isonzo attaccassero contemporaneamente alla 14ª Armata, ma questo non piacque affatto al generale Boroević. Egli preferiva far avanzare la 14ª Armata e poi seguire. Comunque era d'accordo che almeno l'ala destra della 2ª *Isonzoarmee* attaccasse in sincronia con l'ala sinistra delle nostra Armata.

Il comando austro-ungarico continuava a pensare prevalentemente ad un miglioramento delle posizioni e non ad un'impresa in profondità e sperava di poter raggiungere la linea Cividale-Korada, un obiettivo ben modesto rispetto ai piani tedeschi che miravano ad annientare le Armate italiane dell'Isonzo ed a raggiungere il Tagliamento od addirittura il Piave.

Venne reso noto un ordine orientativo sulle intenzioni della 14ª Armata dal seguente contenuto:

"L'obiettivo è il raggiungimento del vecchio confine imperiale, se possibile del Tagliamento, mediante il contemporaneo attacco di tutte le Armate interessate.

Compito della 14ª Armata è lo sfondamento tra lo Ježa, Tolmino ed il Monte Matajur e la conquista delle alture a nord-ovest di Cividale (confine imperiale) ed a nord-ovest del Korada.

Il I Corpo d'Armata di Krauss avanza, dalla zona di Plezzo e da quella della 55ª Divisione austro-ungarica, e copre il fianco destro della 14ª Armata.

La 2ª *Isonzoarmee* attacca con l'ala destra il Monte Santo.

La 1ª *Isonzoarmee* impegna con attacchi le forze nemiche e segue in un secondo momento".

Arrivano le unità

In quei giorni il nostro comando aumentava rapidamente. Arrivavano sempre nuovi ufficiali, un ufficiale di Stato Maggiore dell'artiglieria campale, il comandante delle unità aeree ed i responsabili della contraerea, delle munizioni, quello dei palloni frenati e l'intendente Philip. Molti altri mancavano ancora. A Kranj si stava formando un circolo eletto di ufficiali famosi. Un aiuto essenziale per il generale von Berendt era costituito dal colonnello Schmidt e dal tenente colonnello Werner, austro-ungarici, entrambi artiglieri da montagna molto esperti.

Intanto cominciava il lavoro alle tabelle grafiche di tiro che dovevano assicurare un rapido aggiustamento del tiro sul fronte montano.

Fino a notte fonda rimanevo nel nostro ufficio e lavoravo sulle tabelle di tiro originali delle bombarde e dei pezzi d'artiglieria che avevo a disposizione. In base ad esse si potevano ricostruire benissimo le traiettorie dei nostri proiettili secondo i principi fisico-matematici delle curve di lancio ed anche completarle per gli obiettivi che si trovavano 200-300 metri più in basso dei pezzi. Il barone von Rössing veniva spesso a trovarmi e si fermava a guardare mentre lavoravo. Sembrava molto soddisfatto.

Il mio lavoro venne bruscamente interrotto il 21 quando il 5° Battaglione bombarde arrivò per primo nell'area di raccolta. Anche le nostre divisioni d'assalto si stavano lentamente avvicinando. Si acquartierarono nelle valli della Sava e della Drava. La Divisione austro-ungarica *Edelweiss* e la 22ª Divisione *Schützen* di Graz, la 55ª Divisione austro-ungarica ed una divisione *Jäger* tedesca che si stava costituendo si sistemarono nell'area di Villaco, la 12ª Divisione e la 26ª Divisione del Württemberg nella valle della Drava e nei pressi di Klagenfurt. A sud di queste si raccolsero le truppe dell'*Alpenkorps* attorno a Velden. Vicine, nella valle di Bruhloch trovarono alloggio altre unità dell'armata. La 200ª Divisione venne a Kamnik, ad est di Kranj, a sud successivamente le nostre 5ª e 117ª Divisione nella regione di Lubiana. Ancora più a sud si acquartierarono la 33ª e la 4ª Divisione di fanteria austro-ungariche. Di fronte ad esse la 13ª Divisione *Schützen* austro-ungarica, già molto avanti, nei pressi di Cerkno e sul passo omonimo.

Dappertutto sulle strade si vedevano solo colonne in marcia. Tutti i paesi dei dintorni vennero preparati per accogliere i diversi reparti, una forte contraerea proteggeva dagli attacchi aerei italiani le stazioni ed i punti di scarico.

Il 21 arrivò il maggiore Buddeberg, un energico, attempato ufficiale del Genio, che comandava il 5° Battaglione bombarde. I soldati lo temevano. Era considerato irascibile ed ombroso perché nei momenti critici perdeva facilmente le staffe. Di tecnica di tiro, di balistica e cose simili non capiva molto, ma grazie alla sua forte personalità teneva saldamente unito il suo battaglione e lo portava a risultati eccellenti. Personalmente non ho mai avuto difficoltà con lui. Tutt'al più lo si poteva considerare un originale.

A differenza del maggiore, il capitano von Wandelsleben comandava il suo 11° Battaglione con serenità. Era piccolo, slanciato, un'abile soldato di prima linea, sempre disposto agli scherzi, un comandante che sapeva trascinare la sua truppa. Mai, nemmeno quando si arrabbiava, diventava offensivo. Rimaneva sempre di buonumore, qualche volta un po' impertinente nel tono soprattutto se doveva impartire ordini con un fondo tragico. Appunto per questo nel suo battaglione le cose andavano, per così dire, da sole. Ufficiale del Genio, von Wandelsleben era ancora abbastanza giovane per potersi convertire alle bombarde. Anche se gli mancava una base di studio per l'artiglieria, capiva istintivamente la particolarità ed il compito delle bombarde utilizzate come artiglieria d'appoggio. Sicuramente von Wandelsleben fu uno dei migliori comandanti di bombarde della Prima guerra mondiale.

Il biondo, slanciato, attivo tenente Wirz dalla divisa impeccabile con funzioni di capitano nello Stato Maggiore del 5° Battaglione, era stato mandato avanti dal maggiore Buddeberg per assumere informazioni sulla situazione e sui compiti del suo battaglione. Si rivelò un ufficiale molto caparbio. Ci intrattenemmo sui problemi legati all'impiego delle bombarde su un fronte montano come questo, ma il suo atteggiamento ostile ed ambizioso conferì spesso a queste conversazioni un tono più aspro del dovuto. Avevo l'impressione che l'ambizione di Wirz fosse superiore alle sue doti ed alle sue capacità.

Il giorno dopo, 22 settembre, per incarico dello Stato Maggiore delle unità bombarde n. 3 andai con lui ed un altro accompagnatore alla 50ª Divisione austro-ungarica per introdurlo nel settore della 15ª e 3ª Brigata da montagna austro-ungarica nel settore di combattimento del 5° Battaglione bombarde ed esporgli tutte le difficoltà tecniche di tiro. Con un auto aperta scendemmo a Tolmino attraverso il passo di Škofja Loka, la strada era tutta una curva. Avevo preso posto davanti, vicino all'autista. Dopo Kneža, stavamo aggirando una sporgenza rocciosa con una curva stretta, quando mi accorsi che l'artiglieria italiana al di sopra della strada sparava in una gola, ma che le detonazioni risuonavano stranamente attutite. Potevano essere solo granate a gas. Passammo lo spuntone e vedemmo nuvole di gas scendere lungo la gola sopra la nostra strada. Gridai:

"Attenzione! Gas!" ed ordinai all'autista di sfrecciare via perché era troppo tardi per mettere la maschera. Corremmo attraverso la nuvola di gas trattenendo il fiato e fummo felici quando dall'altra parte sentimmo di nuovo aria buona nei polmoni.

Come per la mia prima ricognizione salimmo a cavallo fino alla 3ª Brigata da montagna su Planina Sleme e fummo festeggiati con una bevuta di vino ungherese. La baldoria durò fino alle 3 di notte. Con un tempo fantastico, il mattino dopo andai subito con il tenente Wirz alle postazioni bombarde delle compagnie del 5° Battaglione che avevo scelto. Gli spiegai tutti gli obiettivi d'attacco da Planina Sleme fino al Mrzli.

Wirz non era abituato alla montagna e le nostre ricognizioni lo provarono molto. Sul Mrzli letteralmente crollò. Fummo costretti a fare una pausa non prevista perché potesse riprendersi. Per la strada gli avevo esposto le difficoltà balistiche, gli avevo fatto proposte precise per l'impiego più favorevole delle bombarde e per la suddivisione degli obiettivi, ma non credo che avesse capito molto. Era troppo preso dalle sue mire e troppo convinto delle sue capacità. Il maggiore Buddeberg però si attenne rigorosamente alle mie proposte d'impiego ed al mio piano di distribuzione del fuoco che sfruttava condizioni di dispersione favorevoli al tiro d'infilata. Nonostante le enormi difficoltà di trasporto volle che tutti i suoi pezzi pesanti e medi venissero impiegati sui monti e la spuntò. Un'impresa immane.

Il tenente Wirz si riprese e la sera scendemmo a cavallo a Tolmino da dove partimmo subito per far ritorno a Podbrdo dove avremmo pernottato. Con il treno del mattino dovevamo raggiungere Kranj attraverso il lungo tunnel di Jesenice.

Mi attende l'ordine di effettuare il 24-25 la ricognizione del massiccio del Krn.

In questo viaggio mi accompagnano il tenente Blum, non so con quale incarico, ed un ufficiale d'ordinanza. Scopro che Blum è solo uno scalatore appassionato e viene con me come volontario, lassù non ha alcun compito da assolvere.

Ricognizione sul Krn, il Monte Nero

Di buon mattino, con un tempo freddo-umido, partiamo in quattro con l'auto, andiamo prima a Bled, costeggiamo il magnifico lago ed arriviamo a Bohinjska-Bistrica, di qui la strada attraverso i boschi si inerpica con ripide curve fino alle montagne. Nel bosco ai piedi del Monte Bogatin c'è un accampamento. Andiamo alla stazione a valle di una teleferica pesante Bleichert che porta direttamente in cima superando 600 metri di parete rocciosa quasi verticale. Tra le 7 e le 8 di mattina sgattaiola dall'accampamento una dolce, allegra fanciulla in profondissimo negligé ed attraversa la strada davanti a noi. A tutto, ma non a questo siamo preparati. Fermi in auto, con gli occhi spalancati seguiamo questa gazzella. Evidentemente gli austriaci nelle retrovie hanno impiegato donne e ragazze per i lavori d'ufficio. Quando ci siamo ripresi dal colpo diamo ordine all'autista di aspettarci qui fino alla sera dopo. Corriamo alla teleferica, entriamo in una specie di tinozza e risaliamo la parete rocciosa. Durante il tragitto godiamo di una magnifico panorama sui monti. Arrivati in cima vediamo che una seconda teleferica più leggera, con un'unica fune traente e portante, sale ancora per alcuni chilometri tra le rocce del Monte Bogatin. Utilizziamo anche questa risparmiando molto tempo. Alla stazione superiore di questa seconda teleferica gli austriaci hanno allestito in un posto protetto un accampamento di montagna per le truppe di riserva e per il materiale di tutto il settore del Krn. Si vedono molti *Schützen*, *Jäger* e bosniaci.

In tre cominciamo la salita verso il Krn. In infinite serpentine il sentiero ci porta sempre più in alto tra le rocce. In alcuni punti si vedono distaccamenti di bosniaci, lunghi come pertiche, al lavoro per posare un grosso cavo telefonico.

Finalmente, dopo una marcia di quattro ore, arriviamo in una zona di detriti rocciosi ai cui margini superiori sono riconoscibili delle baracche. Sono protette dal massiccio roccioso del Krn e sono la nostra meta provvisoria, lì, infatti, si è annidato il comandante del settore di combattimento del IV Battaglione dell'80° Reggimento di fanteria austroungarico (50ª Divisione). Verso le 17 raggiungiamo il suo posto di comando e veniamo salutati con grande cordialità dall'ottimo comandante; non ha mai avuto ufficiali tedeschi ospiti del suo settore. Ci danno un alloggio, da mangiare e da bere e subito dopo iniziamo un'interessante conversazione sulle difficili condizioni di combattimento sul Krn. Ci portano le carte delle postazioni in modo che possiamo aver un'idea dell'andamento del fronte sull'altopiano del Krn (Batognica), della cima del Krn e delle postazioni adiacenti verso nord e verso sud.

Durante il colloquio un giovane ufficiale ungherese della *Honvéd* mi colpisce per i suoi modi allegri ed aperti e per le sue osservazioni argute. È ufficiale d'ordinanza presso lo Stato Maggiore. Sono ansioso di dare uno sguardo alla valle dell'Isonzo ed alla catena delle Alpi Giulie dalla cresta del massiccio del Krn e gli chiedo sottovoce:

"È possibile già oggi dare un'occhiata alla valle dell'Isonzo da un buon punto d'osservazione?"

"Certo, certo", dice vivacemente, "vieni con me".

E così ce la svigniamo, lasciamo gli altri alle bevande e seguiamo un piccolo sentiero roccioso su fino alla cresta del massiccio del Krn, un bastione di roccia. La vista sulla valle e l'impressione di questo imponente paesaggio montano è sconvolgente. Alla nostra sinistra le creste rocciose scendono verso il Maselnik e il Rdeči Rob (Croda Rossa). Si vedono la Sleme, le brulle dorsali del Mrzli e del Vodel e giù in fondo la conca di Tolmino con il nastro argenteo dell'Isonzo. Gli occhi seguono le anse del fiume e la strada verso Caporetto dall'altra parte. È vero, qui un attacco a valle si nota subito e si può contenere molto efficacemente con il tiro d'infilata dell'artiglieria.

Dalle postazioni di cresta austriache le pareti rocciose scendono quasi verticali per centinaia di metri. Ci troviamo nella grandiosa solitudine che solo l'alta montagna può offrire. A destra una cresta porta all'altopiano del Krn che di qui però non si può vedere interamente. Molto più sotto, nelle gole che vanno verso l'Isonzo, si riconoscono alcuni villaggi di montagna. Il nostro accompagnatore mi spiega che dietro ad un gruppo di rocce più grande del Kožljak si sono annidate numerose batterie italiane. Con il binocolo studio il monte per scoprire linee telefoniche che portino ai posti d'osservazione dell'artiglieria italiana.

Sull'altro lato della valle dell'Isonzo i monti, in basso ricoperti di boschi, salgono ripidi e si innalzano a formare la cresta della dorsale del Kolovrat che termina nell'enorme cono roccioso del Matajur. La sua cima è già coperta da una bianca cappa di neve scintillante. Siamo abbastanza alti per poter vedere sopra la dorsale del Kolovrat e del Monte Kuk l'infinita ampiezza del Friuli e della pianura veneta. Tra i contrafforti della montagna si riconosce Cividale. Nella pianura rischiarata dal sole, offuscata da una delicata, leggera foschia, emergono piccoli punti bianchi, fattorie e piccoli villaggi. Ancora più avanti in lontananza si vede una città più grande. Deve essere Udine. Il mio collega ungherese lo conferma.

Questo è dunque l'obiettivo del nostro attacco. Non ho mai visto prima d'ora un panorama più imponente, dai monti alla vastità della pianura. Questa immagine si lega al desiderio ardente che il nostro attacco riesca. Siamo diventati tutti e due silenziosi. Seduti su una piccola roccia guardiamo fisso giù nella lontananza. Sono convinto che questo sia uno dei più grandi momenti della mia vita. Dai miei occhi, dalla mia capacità di afferrare la situazione qui sopra, forse dipende il destino di migliaia di commilitoni della nostra 14ª Armata.

Per una mezz'ora restammo seduti là sopra, in silenzio, lontani da tutto, poi chiesi al mio accompagnatore:

"Senti – credi che sia possibile superare i monti là in fondo?"

Tace a lungo, poi mi guarda e dice:

"Camerata tedesco, non so se ci siano soldati in grado di scalare le potenti postazioni italiane lassù e di sfondare. Ma mi devi promettere che se avete intenzione di fare qualcosa qui, mi prendi con te!" Ed io glielo promisi.

Ritornammo alla baracca del comandante. Si trattava ora di stabilire un esatto programma di ricognizione per il settore del Krn, soprattutto per l'altopiano. Perciò chiedo:

"Signor tenente colonnello, da dove si possono vedere meglio le postazioni sul Krn?"

Ci pensa un attimo.

"È meglio che tu vada prima sul "Condor", il punto d'osservazione dell'artiglieria. Si trova su una cima rocciosa isolata. Di là hai il miglior panorama di tutto l'altopiano del Krn e di tutte le postazioni italiane fino al Monte Vrata".

"E quanto prevede mi ci vorrà per questa ricognizione?"

"Un paio d'ore sicure. Sai una cosa? Ti accompagnerò io al Condor. A mezzogiorno puoi essere di nuovo qui".

"Davvero molto gentile da parte Sua, signor tenente colonnello. Molte grazie".

Mi alzo e mi congedo.

La torre di roccia sulla quale è allestito il posto d'osservazione dell'artiglieria "Condor" si staglia libera nel cielo fino a 2.178 metri (Monte Peški). Poiché l'altopiano del Krn è alto solo 2.078 metri, di là si deve poter vedere bene l'altopiano con tutte le postazioni. Stando alla carta, l'altopiano è diviso dalla cima del Krn da una fenditura. La cima del Krn è alta 2.245 metri, quindi più alta del Condor.

La giornata sarà certamente molto faticosa – ne sono convinto. Ma non fu solo faticosa.

Il 26 settembre 1917, alle 6 del mattino, comincia la mia ricognizione più interessante, ma anche più pericolosa. Il comandante è già sveglio. Mangiamo qualcosa e ci mettiamo in marcia.

Avvolti da una nebbia fitta e dall'oscurità, camminiamo in silenzio lungo un ripido sentiero sassoso in direzione dell'altopiano del Krn. Fa veramente freddo. Dobbiamo tenerci rigorosamente sul sentiero, perché potremmo perderci facilmente. Ogni tanto la mia guida si ferma incerta, cerca la strada giusta nell'oscurità. Si fa un po' più chiaro. Arriviamo ora ad una biforcazione.

Il tenete colonnello spiega:

"Il sentiero là a sinistra va direttamente all'altopiano del Krn. Noi giriamo a destra. La strada ci porta su fino all'accesso del Condor" – e dopo un po' aggiunge – "Sottotenente, ti ci vuole fortuna. Finché dura la nebbia gli italiani dalle loro postazioni nella roccia di fronte non ti possono riconoscere, ma quando il velo di nebbia si dissolve si accorgono subito di te. Il *Katzelmacher*(4) può contare i bottoni della tua uniforme – ed è molto pericoloso. Nelle ripide pareti di roccia gli italiani hanno installato dappertutto cannoni in caverna. Sono sempre carichi. Quando è chiaro puoi vederli ad occhio nudo. Gli artiglieri sparano granate su ogni uomo che intenda arrampicarsi sul Condor".

"Andrà tutto bene, signor tenente colonnello" – dico fiducioso. Continuiamo a camminare.

Lentamente la luce penetra tra i delicati veli di nebbia, ora è molto più chiaro. Finalmente il sentiero roccioso arriva ad una sella ai piedi di un conoide detritico. Là il tenente colonnello improvvisamente si ferma.

"Ora prosegui da solo. Fino al punto d'accesso nella roccia non puoi più sbagliare. Di là ti devi arrampicare fino al Condor".

Mi porge la mano per congedarsi. Lo ringrazio. Ci salutiamo.

"Buona fortuna", mi grida dietro mentre proseguo da solo.

In fondo sono contento di essere solo e completamente libero da condizionamenti. Nelle ricognizioni difficili l'ho sempre preferito. Sulla roccia mi muovo abbastanza bene, accelero il passo e dopo pochi minuti arrivo al punto d'accesso.

Lo sguardo vaga in alto lungo la parete. Sono stati tagliati dei gradini e nella parete si vedono anche dei ganci. Comincio ad arrampicarmi quando il sottile strato di nebbia che mi proteggeva scompare improvvisamente, il cono roccioso del Condor diventa visibile in tutta la sua grandezza, ed anch'io sono completamente abbandonato alla vista degli osservatori italiani. Una brutta faccenda. Mi giro rapidamente e con terrore vedo nelle pareti rocciose al di là di un avvallamento una serie di aperture nere, senza dubbio caverne delle postazioni italiane. E nelle macchie scure individuo ad occhio nudo delle canne di cannone. Distanza 1.000-1.200 metri.

Conscio del pericolo, provo la stessa tensione del cacciatore davanti alla selvaggina. Di appiglio in appiglio mi arrampico per arrivare velocemente al "Condor", sempre pronto ad una brutta sorpresa.

Ecco che improvvisamente la parete rocciosa di fronte lampeggia. Istintivamente mi lascio cadere in una fessura alla mia sinistra. Nello stesso momento una granata esplode pochi metri sopra di me. Schegge e massi mi volano sopra e precipitano a valle. Solo ora l'eco dello sparo e della detonazione rotola lugubre giù per la valle e si rompe sui monti di fronte.

Gli osservatori dell'artiglieria italiana mi hanno dunque individuato – bel guaio.

Sono appiattito sulla roccia sotto gli occhi degli artiglieri italiani. Basta che il puntatore dall'altra parte giri un po' il suo cannocchiale panoramico per inquadrarmi e con un granata mi schiaccia alla parete come una cimice.

Mi prende un'ira incontenibile. Finalmente ho lasciato il brutto fronte occidentale, spero di vivere qualcosa di diverso e mi trovo ora in questa penosa situazione. Tra me e me impreco senza ritegno, adesso che comincia la grande avventura, i ragazzi qui magari mi colpiscono.

Non muovo un muscolo, ma penso: forse con la giacca a vento mi mimetizzo, è abbastanza grigia. Se mi fingo morto forse quelli là smettono di sparare. Sono tutte riflessioni che faccio nella frazione di un secondo mentre tendo l'orecchio alla prossima, decisiva granata che mi liquiderà irrimediabilmente. Ho la testa piegata a sinistra, riesco a sentire il ticchettio dell'orologio al polso e conto: 5 secondi, 6 secondi, 10 secondi. Se il capopezzo là nella caverna è in gamba, ha fatto caricare di nuovo il cannone. Mi immagino come, soddisfatto, mi stia studiando con il binocolo. Accanto a lui c'è probabilmente un tenente: il comandante di plotone. Sicuramente mi osservano attentamente mentre sono sdraiato nella fessura e chiacchierando si chiedono se sono morto.

Non mi muovo, oso appena respirare, controllo di nuovo l'ora: 30 secondi, 40 secondi, niente. Quelli di là forse stanno riflettendo – penso – le mie possibilità aumentano un po'. 50 secondi, 60 secondi, ancora nessuno sparo. Mi hanno perso di vista o mi considerano veramente morto. Continuo a non muovermi. Rimango immobile 5 minuti ed altri 10 minuti, poi giro molto cautamente e lentamente la testa per studiare la situazione di lato e controllare come posso togliermi da questa situazione pericolosissima. Vedo che pochi metri sotto di me comincia un canalone detritico che scende ripido. All'occorrenza potrei saltare giù. Un'idea utilizzabile. Dipende se riesco a scendere dalla roccia di sorpresa ed a lasciarmi cadere su questi detriti così velocemente che gli osservatori italiani con i loro binocoli ed i puntatori non possano seguirmi. Ho preso la mia decisione, ma l'occhio scivola di nuovo giù lungo i detriti rocciosi. Sul bordo inferiore compare inaspettatamente una sentinella sbucata dal monte e guarda in su in direzione dell'accesso al Condor. Rimane fuori solo una frazione di secondo e scompare di nuovo velocissima in una specie di galleria. Ora so cosa fare. Respiro a fondo ancora un paio di volte e con tutte le forze mi butto giù velocemente sui detriti rocciosi. Pezzi di roccia mi passano accanto a destra e a sinistra crepitando mentre corro con balzi giganteschi in direzione della galleria. Funziona! Trovo l'ingresso e scompaio nel buio del corridoio. I camerati austriaci là dentro trasaliscono spaventati, si precipitano verso di me e mi sommergono di domande. Si accorgono che sono un ufficiale.

"Ma, signor sottotenente, ma com'è capitato qui?"

Riprendo fiato e cerco di spiegare loro la situazione.

Mi chiedono se sono ferito.

"No, non è successo niente, mi fanno male solo le gambe, ma passa". Tutti mi si stringono attorno, mi danno qualcosa da bere.

"Be', è andata bene anche questa volta, ma che ne sarà della mia ricognizione? Devo salire sul Condor". Così chiedo e vengo a sapere dai colleghi austriaci che ci si può arrivare anche da un'altra parte – da sud – ma anche questo lato della parete può essere scorto dagli italiani che dall'altopiano del Krn lo tengono sotto il tiro delle mitragliatrici.

Provo un'altra volta a salire sul Condor, da sud, e questa volta ho fortuna perché il Condor è di nuovo temporaneamente avvolto da lembi di nebbia. Dopo circa un quarto d'ora arrivo al posto d'osservazione dell'artiglieria, c'è grande eccitazione. – Si stanno prendendo cura di un soldato che è appena stato gravemente ferito – un portaordini che scendeva per la stessa via per la quale avevo iniziato a salire. Mentre ci avvicinavamo uno all'altro i veli di nebbia si erano dileguati e gli osservatori italiani si erano accorti di noi. Un cannone in caverna aveva tirato una granata tra noi e ferito il collega. È stato un miracolo che si sia salvato e non sia precipitato.

Io non avevo subito danni. Lo curammo alla meno peggio ma non potevamo ancora trasportarlo.

Il tenente colonnello aveva ragione, valeva la pena di salire sul Condor. Di là si ha un panorama magnifico di tutto il massiccio, delle postazioni austriache sull'altopiano del Krn e di quelle italiane che si snodano sulla cima del Krn verso nord fino al Monte Vrata. La visibilità migliora, l'osservatore dell'artiglieria austriaca, un sottotenente, mi spiega ogni dettaglio. A lungo, appoggiato al parapetto di roccia, studio attentamente con il binocolo i capisaldi nemici.

L'altopiano del Krn ha una larghezza di circa 80-100 metri ed una lunghezza di circa 300 metri. Dall'altra parte una ripida parete rocciosa scende quasi verticale per centinaia di metri, si trasforma poi in frastagliati picchi rocciosi ed in valli che arrivano giù fino all'Isonzo. Un po' più della metà dell'altopiano è in mano austriaca, la parte più a nord è in mano italiana. Lo si riconosce benissimo dalle trincee e dai possenti sbarramenti di filo spinato. Qui si è sviluppata una linea ravvicinata nella roccia che corre trasversalmente sull'altopiano. Si possono individuare anche parecchie trincee d'approccio scavate nella roccia e ben protette da reticolati. Gli ufficiali austriaci mi raccontano che su questo altopiano si era svolta una guerra di mine vera e propria. Qualche tempo prima gli italiani avevano iniziato a minare le postazioni austriache sull'altopiano per farle saltare in aria. I genieri austriaci in tutta segretezza avevano preparato una contromossa. Improvvisamente sul lato nemico cessarono gli assordanti rumori di trivellazione, questo è sempre un segnale abbastanza sicuro che il nemico sta iniziando il caricamento della mina. I genieri austriaci attesero l'oscurità, penetrarono nella camera di mina, tagliarono la miccia e sgomberarono tutte le cariche di dinamite. Quando gli italiani decisero di accendere la miccia, la delusione fu grande – la loro mina non deflagrò. Anche gli *Jäger* ed i genieri austriaci prepararono a loro volta un'esplosione. In alcune di queste gallerie in roccia sotto l'altopiano si devono essere svolti anche dei combattimenti corpo a corpo.

Sono sempre sdraiato con il binocolo sul parapetto ed esamino attentamente l'andamento delle postazioni italiane sulla cima del Krn per decidere la suddivisione del fuoco. Chiaro: l'artiglieria non può combattere le linee vicine sull'altopiano. Si tratta di un incarico importante per le bombarde. Ci vorrà almeno una compagnia. Il bombardamento con bombarde medie deve far tremare le postazioni italiane sull'altopiano e fare a pezzi gli ostacoli per travolgerli poi al momento dell'attacco. Trovare delle buone postazioni per i nostri pezzi sui pendii rocciosi retrostanti non è difficile. Anche le condizioni d'osservazione quassù sono molto favorevoli, ma si devono potenziare la forza di fuoco e l'efficacia con l'impiego d'infilata. Decido di cercare personalmente, già durante il ritorno, delle postazioni favorevoli per le bombarde sul terreno roccioso e di riportarle con precisione nella mia carta in modo che il comandante della compagnia alla quale verrà affidato questo compito vi si possa attenere senza problemi.

Il mio sguardo si sposta di nuovo dall'altopiano verso nord per studiare la cima conica del Krn. Lassù individuo chiaramente delle costruzioni italiane e grossi cavi telefonici particolarmente numerosi. Evidentemente qui c'è uno dei punti d'osservazione principali dell'artiglieria italiana. La cima del monte è a circa 1.200-1.500 metri dalla linea austriaca più avanzata, le nostre bombarde medie non possono raggiungerla – le pesanti non sono da prendere in considerazione – tanto più che il dislivello è di circa 200 metri. Per eliminare la cima si devono impiegare delle batterie da montagna. Non ci si può affidare a Giove Pluvio. Chi può dire se al momento dell'attacco la cima del Krn sarà avvolta nelle nuvole e nella nebbia e quindi nascosta alla vista del nemico? È evidente che tutta la linea del Krn deve essere tenuta impegnata e soffocata fin dall'inizio della battaglia o, meglio ancora – presa.

Mentre rifletto mi viene un'idea del tutto diversa. Non sarebbe molto più opportuno accerchiare tutto il massiccio del Krn con un audace puntata offensiva più a nord, nella valle dell'Isonzo, e con un'avanzata a valle arrivare alle spalle del nemico? Quest'idea mi convince sempre più, al mio ritorno devo esporla e spiegarla a von Rössing.

Da più di un'ora sono sul Condor, sarebbe tempo di passare dall'altra parte, sull'altopiano roccioso, ma la visibilità è buona e per il momento devo aspettare in compagnia di un comandante. Appena una nuvola avvolge il Condor scendiamo giù rapidamente e percorriamo di corsa il sentiero roccioso che porta ai camminamenti sull'altopiano del Krn. Dei camerati austriaci mi vengono incontro salutando cordialmente. Evidentemente sono stati informati della mia visita.

Camminiamo in fila attraverso tutta la linea austriaca più avanzata – roccia e filo spinato – un caos che si è trasformato in un rigido fronte. Nella prima linea cerco dei buoni punti d'osservazione avanzati. Non si può sapere se le bombarde impiegate qui avranno abbastanza tempo per aggiustare accuratamente il tiro sulla prima linea dell'altopiano del Krn, se nebbia o magari nevischio li costringeranno ad effettuare un tiro programmato. Lo sguardo vaga sulla valle dell'Isonzo fino ai monti dall'altra parte. Sul Monte Matajur la bianca cappa di neve si è ingrandita. Non ci vorrà molto perché anche qui sul Krn cada la neve. Tra pochi giorni inizia l'ottobre.

Ora ho visto abbastanza e mi congedo dagli ottimi colleghi, molto soddisfatto, ma stanco per tutte le arrampicate, scendo per il sentiero roccioso fino alla baracca del comandante dei gruppi combattenti. Il tenente Blum ed il suo accompagnatore sono già rientrati da una ricognizione. A mezzogiorno mangiamo con gli ufficiali austriaci e posso così ottenere informazioni importanti sulle condizioni di trasporto, la portata e la potenza delle due teleferiche. Da queste due funivie dipende il destino di tutto il fronte sul Krn. Sono così potenti che possono trasportare le bombarde medie smontate fino alla stazione a monte. Grandi difficoltà ci saranno invece per l'ulteriore trasporto sull'altopiano del Krn. Ci vorranno degli aiuti, una Compagnia bombarde da sola non può farcela.

Verso le 13 partenza. Ringraziamo e prendiamo congedo molto cordialmente. Mentre sto stringendo la mano al comandante arriva di corsa uno *Jäger* con una stella alpina appena colta e ce la regala. Un gesto gentile.

Ci vogliono ore di cammino per scendere alla stazione a monte della teleferica, lì ci caricano nei carrelli, saliamo poi sulla seconda teleferica più grossa che ci porta giù lungo l'alta parete rocciosa. Da lontano vediamo il nostro autista con l'auto, scendiamo, attraversiamo l'accampamento ed istintivamente ognuno di noi si guarda intorno in cerca della bella ragazza che la mattina precedente era sgattaiolata sulla nostra strada. Peccato – non riusciamo a vederla.

Il motore si avvia, l'auto scende verso valle in ripide curve. Costeggiamo il lago di Bohinj, passiamo il paese di Bohinjska Bistrica, arriviamo infine al magnifico lago di Bled con il santuario sull'isola e proseguiamo in direzione di Kranj. Fa molto freddo, siamo congelati.

Il mio superiore attende già con impazienza il nostro ritorno. Curioso com'è, vuole sapere quella notte stessa i risultati della mia ricognizione. Seduti nel suo alloggio, sorseggiamo un buon bicchiere di vino rosso e ci chiniamo sulle carte delle linee del Krn che ho portato con me. Lo informo di ogni dettaglio di questa ricognizione così importante. Il lavoro agli ordini di questo comandante dà soddisfazione perché non richiede di attenersi strettamente all'argomento, gli piace una descrizione libera della bellezza delle regioni rocciose lassù e solo dopo si interessa della situazione militare, del risultato della mia ricognizione speciale, delle difficoltà tecniche. Gli racconto anche della mia brutta avventura sul Condor. Spaventato, von Rössing solleva la testa, ammutolisce un momento e poi dichiara:

"Ordine di servizio, non si esponga più a cose del genere! Non posso rinunciare a lei".

Il pensiero è gentile, ma come si può obbedire ad un ordine simile? Anche il nemico è della partita.

Prendiamo delle decisioni. La mia proposta di impiegare una compagnia bombarde sull'altopiano del Krn e di provvedere affinché l'intervento sulla cima del Krn tocchi all'artiglieria viene accettata. Il barone von Rössing vuole anche darsi da fare perché durante la preparazione dell'attacco il trasporto dei proiettili sulle due teleferiche abbia la precedenza.

La tenaglia di Plezzo

È finalmente giunto il momento di occuparsi delle mie riflessioni tattiche sull'offensiva:

"Signor tenente colonnello, bisogna tenere occupato il nemico sull'altopiano del Krn e costringerlo sulla difensiva perché la sua attenzione sia sviata dalla nostra avanzata a valle. Meglio ancora sarebbe espugnare, dopo la preparazione delle nostre bombarde, la parte italiana dell'altopiano e della cima del Krn, così le riserve degli italiani non potrebbero intervenire. Però ho anche un'altra idea che mi è venuta durante la ricognizione mentre guardavo giù dal Condor. Non possiamo sapere se un attacco sul Krn avrà successo. Sarebbe forse meglio aggirare tutto il massiccio del Krn e del Vrata a nord – meglio nella valle dell'Isonzo – tornare indietro e, passando per Žaga, sferrare un attacco a valle a sud in direzione di Caporetto ed isolare così il fronte montano italiano con una manovra a tenaglia. Dopo tre giorni certamente gli italiani, affamati, scenderebbero dal massiccio del Krn e cadrebbero nelle nostre mani".

Il barone von Rössing è indubbiamente molto impressionato da quest'idea. Guardiamo la carta. Incalzo e dico:

"A nord del Krn sul Vrata, circa a quota 2.000 metri, c'è un'altra linea ravvicinata. Là un attacco è molto più difficile che a valle vicino a Plezzo dove, a quanto so, si è comunque deciso di attaccare".

Le postazioni austriache a nord del Krn formano un grande arco ed incontrano di nuovo le linee nemiche solo sul Vrata, le linee italiane scendono attraverso il Vrata, la dorsale del Vršič e Krasji vrh fino nella valle dell'Isonzo. Si snodano però anche attraverso la dorsale del Polovnik verso Žaga. Partendo da Tolmino e Plezzo si dovrebbe accerchiare e bloccare tutto il massiccio del Krn. Trascorriamo il resto della serata ad approfondire quest'idea.

"Domani mattina andremo subito all'Ufficio operazioni dello Stato Maggiore per riferire gli importanti risultati della ricognizione e lei esporrà al maggiore von Willisen i suoi interessanti punti di vista", disse ancora il tenente colonnello prima che ci congedassimo.

Mi sembrò molto corretto da parte del barone von Rössing non limitarsi semplicemente ad inoltrare la mia comunicazione, ma permettere che illustrassi personalmente al maggiore von Willisen i dettagli della mia ricognizione sul Krn. Era fatto così.

Quando il mattino dopo andammo al reparto operazioni e feci la mia relazione, il nostro superiore si mostrò molto impressionato dalla mia descrizione. Seguì attentamente sulla carta la formazione della tenaglia attorno al massiccio, si informò sui dettagli della linea del Krn e fu subito d'accordo con i nostri piani per le bombarde. L'idea dell'accerchiamento l'aveva affascinato, rimase a lungo in silenzio riflettendo. L'operazione della valle di Plezzo, finora pensata solo come attacco secondario e difesa dei fianchi, acquistava ora notevole importanza. Ne scaturì la decisione (secondo me il 26.9.1917) di trasformare l'attacco dell'ala destra dell'armata in un attacco principale della stessa importanza dell'operazione di Tolmino.

"Signor maggiore", interrompo i suoi pensieri, "Le chiedo l'autorizzazione di effettuare una ricognizione delle postazioni nei pressi di Plezzo nella zona del I Corpo austro-ungarico, se il signor tenente colonnello von Rössing è d'accordo".

Entrambi alzano gli occhi e danno il loro consenso.

Evidentemente subito dopo questa conversazione, il maggiore von Willisen ha fatto rapporto al capo di Stato Maggiore, Sua eccellenza Krafft von Dellmensingen. L'idea dell'accerchiamento rientrava perfettamente nei suoi piani per la conca di Plezzo.

Ma non tutto andava liscio, ci furono anche delle difficoltà. Tre divisioni austro-ungariche si sarebbero dovute concentrare come riserva dietro alla nostra ala sinistra, ma il comando austro-ungarico le dispose in maniera dispersa, una di esse molto a sud sulla costa per difendere Trieste. La decisione suscitò dure rimostranze.

Il 26, sua eccellenza von Below incontrò di nuovo i generali von Stein e von Berrer dietro il fronte del XV Corpo austro-ungarico, nei pressi di Podmelec. Cavalcarono fino a Sela nad Podmelcem e salirono sul Kobilja glava (1.475 metri), dalla cui cima si godeva la miglior veduta d'insieme di tutto il fronte d'attacco. L'intenzione era di allestirvi un osservatorio dell'armata. Il grandioso panorama arrivava dal Monte Cristallo fino alle Alpi Carniche (Monte Peralba). Udine era avvolta nella foschia della pianura, ma in lontananza si vedeva scintillare l'Adriatico. Improvvisamente otto aerei italiani spararono sul gruppo di ufficiali che dovettero nascondersi tra i cespugli. Gli italiani avevano sbagliato i loro conti, subito entrarono in azione i nostri caccia ed in pochi minuti abbatterono tre aerei nemici che precipitarono a valle in fiamme. Nell'urto esplosero tutte le bombe di uno degli aerei. Si trattava probabilmente di Caproni, questi aerei le portavano a file sotto le ali.

Da questo momento il Comando della 14ª Armata mostrò il più grande interesse per l'operazione all'estrema ala destra.

Il mattino del 28 settembre il nostro comandante in capo, sua eccellenza von Below, si recò a Kranjska Gora allo Stato Maggiore del I Corpo austro-ungarico, al comando del generale Krauss e del suo capo di Stato Maggiore Primavesi per proseguire con lui alla volta della conca di Plezzo. Venne accompagnato al miglior posto d'osservazione ai piedi dello Svinjak. Di qui si poteva vedere non solo tutta la conca di Plezzo, la località e la valle dell'Isonzo giù fino a Žaga ed al Monte Stol (1.688 m), ma anche la piccola collina del Rabelnik all'inizio della valle. A destra si innalzava il massiccio del Rombon (2.208 m), dietro a sinistra la catena montuosa del Krasji vrh con gli antistanti pendii dello Slatnik, il Veliki vrh e la dorsale del Polovnik (1.472 m). Il generale Krauss fece notare a von Below i molti cannoni in caverna (circa 80) sui pendii rocciosi del Rombon; essi costituivano un grande pericolo per l'attacco a valle e si dovevano colpire uno a uno. Gli mostrò l'andamento della seconda linea italiana circa 3 chilometri dietro Plezzo ed infine anche la terza davanti a Žaga. In fondo si ergeva il massiccio del Monte Hum e del Monte Stol che chiudeva la valle. Da Žaga una strada tortuosa, passando per il Monte Hum, faceva il giro della cima del Monte Stol (1.450 m).

In quell'occasione Krauss spiegò al comandante d'armata il suo piano d'attacco. Egli riteneva che non fosse possibile un'avanzata rapida lungo le pareti rocciose ed attraverso i monti ai due lati della conca di Plezzo. Come accade sempre in montagna, un attacco di questo tipo si sarebbe disgregato in singole azioni che da regola comportavano molte perdite. Intendeva sfondare di slancio in val d'Isonzo fino alla terza linea italiana e verso Žaga per non lasciar tempo agli italiani di riposizionarsi. Un attacco della 59ª Brigata da montagna della vicina 10ª Armata austro-ungarica contro Sella Nevea (1.152 m) e, sul Rombon, l'avanzata della 216ª Brigata con il colonnello von Spiess verso il valico di Sella Prevala (2.063 m) avrebbero appoggiato l'ala destra del I Corpo austro-ungarico.

In quel tempo un'avanzata a valle era considerata quasi inimmaginabile, non ortodossa – quasi folle (come più tardi venne confermato da parte italiana). Per noi questo progetto non era una novità, perché anche la nostra 12ª Divisione brandenburghese dalla conca di Tolmino sarebbe dovuta avanzare di slancio attraverso la valle dell'Isonzo fino a Caporetto ed oltre, nella valle del Natisone, nonostante le postazioni montane del nemico.

Ma cosa ne sarebbe stato del fronte montano tra il Krn e Plezzo? Qui ci si accontentava di attaccare dal Lipnik attraverso Malga Zaprikraj (1.208 m) e la località di Drežniške Ravne e di prendere contemporaneamente il Monte Vrata (2.014 m) con dei reggimenti bosniaci. Si sperava così di poter scendere direttamente a Caporetto passando sulla strada per Drežniške Ravne.

Il generale Krauss non aveva intenzione di logorare le sue forze alla Sella Prevala, difesa da Alpini valorosi, pensava piuttosto di arrivare per Uccea ed il Monte Nische a San Giorgio di Resia, dietro il fronte montano italiano verso la Carinzia – la Zona Carnia – e di costringerlo a cedere bloccando le vie di ritirata.

Per raggiungere questi obiettivi aveva a disposizione solo tre divisioni austro-ungariche, la 3ª Divisione *Edelweiss*, al comando del generale Heinrich Wieden von Alpenbach, la 22ª Divisione *Schützen* di Graz con il generale Rudolf Müller e la 55ª Divisione con il generale principe Felix Schwarzenberg. Riteneva che fosse troppo poco e chiese a von Below una quarta divisione. Fu accontentato. Con i sette battaglioni *Jäger* tedeschi della riserva arrivati nella conca di Plezzo (battaglioni *Garde-Res.-Jäger*, *Garde-Res.-Schützen*, *Res.-Jäger* 12, 8, 20 e 21) si formò la Divisione *Jäger* germanica al comando del colonnello von Wodtke, che d'ora in poi avrebbe appoggiato e rinforzato l'ala destra della 14ª Armata (comandante dell'artiglieria diventa il colonnello von Reutter con 433 pezzi, tra i quali 5 batterie di mortai Skoda da 30, 5 cm ognuna con 2 pezzi). Questa divisione doveva rimpiazzare l'8ª Divisione della riserva bavarese promessa dal Comando Supremo tedesco che fu invece necessario mandare nelle Fiandre. Si congedarono cordialmente.

Ma ci fu una difficoltà imprevista.

Dalle annotazioni del generale Krauss risulta che questi allora avesse scelto la 22ª Divisione *Schützen* del maggiore generale Rudolf Müller, un eccellente comandante, per sfondare nella valle dell'Isonzo fino a Žaga e salire sul Monte Stol. Questi nutriva forti perplessità per il destino dei suoi uomini, riteneva di non potersi assumere la responsabilità di un'avanzata a valle tanto audace e che contraddiceva ogni tattica di guerra in montagna attuata finora e, irritato, rifiutò. Krauss tentò di convincere il suo compagno d'armi della validità del suo piano audace (che del resto corrispondeva a quello da attuare nei pressi di Tolmino), gli parlò a lungo, ma senza persuaderlo e concluse che era meglio dargli ancora 24 ore per riflettere e poi prendere una decisione. In caso di rifiuto definitivo il generale Krauss era deciso ad affidare il comando ad un altro. La notte stessa il generale Müller si convinse dell'originalità del piano d'attacco e della grande possibilità offerta da un violento attacco a valle ed il mattino dopo si dichiarò pronto ad assumere la responsabilità del comando.

Un po' alla volta stavano arrivando le compagnie bombarde delle divisioni e quelle della riserva dell'armata, ora era venuto il momento di scegliere per la zona di Plezzo quelle che si potevano riunire a formare un gruppo speciale, circa della forza di un battaglione. Nessuno però sapeva quante bombarde ci volevano. Una ricognizione nella conca di Plezzo diventava sempre più urgente.

Finalmente il 1° ottobre ricevetti l'ordine di esplorare la conca di Plezzo.

Viaggio nella conca di Plezzo

Il mattino presto con il tenente colonnello barone von Rössing ci recammo, passando per Bled e Jesenice, al Comando del I Corpo austro-ungarico a Kranjska Gora per prendere contatto con il generale Krauss ed il suo capo di Stato Maggiore tenente colonello von Primavesi e per discutere l'impiego dei mortai nei pressi di Plezzo. Il generale ci accolse subito molto amichevolmente. Di corporatura robusta, rappresentava il tipico ufficiale delle truppe di montagna, con occhi chiari, intelligenti e modi schietti. Mi colpì molto. Fu necessario pernottare a Kranjska Gora e durante l'allegra serata i colleghi austriaci ci diedero molte notizie utili, dettagli sul fronte di Plezzo, soprattutto sulle condizioni di trasporto estremamente sfavorevoli e difficili. Munizioni e vettovagliamento si dovevano trasportare in gran parte con una linea ferroviaria elettrica a scartamento ridotto di 6 chilometri che attraversava la galleria mineraria di Raibl, sotto il passo del Predil (1.156 m), la cui uscita si trovava solo 4-5 chilometri dietro il fronte, sotto il tiro nemico. Con molta eccitazione attendemmo il giorno seguente.

Da Kranjska Gora, nel primo mattino del 2 ottobre, salimmo la stretta strada per il passo del Vršič che con tornanti poco rassicuranti raggiunge i 1.800 metri per poi scendere, seguendo il ripido pendio, sempre più in basso, nella valle dell'Isonzo. Nei pressi di Na Logu la strada fa un angolo acuto e corre a sud-ovest verso la località di Soča e più avanti, fino ad unirsi con la strada principale che viene da Tarvisio attraverso Cave del Predil ed il passo del Predil ed arriva nella conca di Plezzo. All'inizio attraversammo zone montuose ancora coperte di boschi, ma poi tutta la vegetazione scomparve. Non mi era mai capitato di vedere una valle più desolata, circondata da monti rocciosi e da canaloni detritici. Non si vedevano alberi o cespugli e solo molto in basso, nel fondovalle vicino al fiume, crescevano alcuni ciuffi d'erba.

La parte superiore della valle dell'Isonzo assomiglia all'inferno dantesco, a quel mare di pietra che si estende tra Mori e Riva, località sul Lago di Garda. Alla nostra sinistra torreggia il massiccio del Tricorno (2.864 m), a destra le ripide pareti rocciose del Monte Rombon e del Monte Canin.

L'auto avanza nella valle fino alla località di Malnik e viene messa al sicuro in una stretta gola dietro le postazioni austriache. Procediamo a piedi.

Davanti a Plezzo la valle dell'Isonzo si allarga. Qui finalmente è di nuovo il verde. Alberi e boschetti non mancano. Attraversando un rado bosco di abeti arriviamo su una altura, il Rabelnik. Lassù c'è un posto d'osservazione dal quale si ha una vista grandiosa su tutta la valle dell'Isonzo, su Plezzo e sui monti ai due lati. Le postazioni austriache ed anche le postazioni italiane più avanzate attraversano il fondovalle ancora prima di Plezzo e proseguono poi a nord sull'erto pendio del Rombon (2.208 m). Si vedono molto bene larghi ostacoli di filo spinato, balaustre di roccia, capisaldi, postazioni per mitragliatrici, si individuano anche caverne nella roccia armate di cannoni.

Da uno studio molto accurato della carta delle postazioni nemiche risulta che i punti di sfondamento potrebbero essere le trincee e le fortificazioni campali appena 150-200 metri a sud della strada per Plezzo e, a nord di essa, le trincee fino ai piedi dei monti. Vicino al fiume Isonzo il terreno è molto accidentato, attraversato da gole e pieno di capisaldi e postazioni per mitragliatrici distribuiti regolarmente. Un attacco frontale qui porterebbe a grandi perdite, bisogna evitarlo. I pendii che salgono dolcemente a nord della strada per Plezzo sono adatti per un attacco a valle. Qui si devono impiegare, concentrate, tutte le formazioni bombarde ancora disponibili – circa quattro compagnie.

Ma cosa faremo con i pericolosi nidi di mitragliatrici a sud, tra il fiume e la strada? Riflettiamo indecisi. Improvvisamente il barone von Rössing dice che il terreno accidentato è adatto all'uso dei gas. Si deve interpellare il tenente colonnello Blum.

"Come, prego? Ha appena detto usare i gas? Ma abbiamo cose del genere nell'armata?"

"Naturalmente", dice, "il tenente colonnello Blum con il suo 35° battaglione Pionieri (su 3 compagnie) fa parte della nostra armata. È in grado di accendere contemporaneamente 1.000 cariche di lanciamine a gas e di eliminare in un sol colpo l'intera zona".

Sono perplesso. Ecco dunque il segreto che si nasconde dietro a quest'ufficiale così riservato([6]). Ora il nostro piano d'impiego per la zona di Plezzo è chiaro.

Quattro compagnie bombarde (95ª Compagnia, 8ª Guardia, 302ª e 426ª) vengono riunite a formare il Gruppo bombarde di Plezzo con il Capitano Pagenstecher. Hanno una forza di fuoco di 16 bombarde pesanti (calibro 25 cm), 32 bombarde medie (calibro 17 cm) e circa 60 bombarde leggere (calibro 9 cm). Ad esse si aggiungono poi 31 bombarde austriache (calibro 22 cm) e 28 bombarde (calibro 14 cm) che però non sono efficaci come le nostre. Purtroppo non possiamo assegnare delle formazioni bombarde alla 55ª Divisione austro-ungarica attestata sui monti a sud della valle dell'Isonzo, nonostante questa abbia le condizioni d'attacco più difficili. Non le abbiamo. A sud della strada, il battaglione dei gas deve eliminare l'intera zona accidentata. Nessun uomo deve avanzare nell'area sottoposta ai gas. Trincee ed ostacoli di filo spinato rimarranno semplicemente là. Sul ripido pendio del Rombon, tra le rocce, gli italiani hanno approntato dei forti capisaldi. Si individuano anche postazioni ravvicinate. Qui è impossibile attaccare.

Dopo un breve spuntino, assieme al nostro comandante, all'ottimo capitano Schilling e ad alcuni colleghi austriaci inizia il viaggio di ritorno. Di nuovo attraversiamo la desolata alta valle dell'Isonzo e la nostra auto arranca verso il passo del Vršič a 1.800 metri. Lassù si trovano vecchie fortificazioni austriache.

Il 3 ottobre ritorniamo al Comando d'Armata a Kranj. Lo stesso giorno von Below assume il comando anche dell'ala destra, la I Armata austro-ungarica è stata messa ai suoi ordini.

Ora inizia l'elaborazione di tutti i piani. La suddivisione delle forze, stabilita con precisione, viene riportata su una carta. Subito il maggiore von Willisen ed il comandante dell'artiglieria, generale von Berendt, ricevono un duplicato. Il nostro piano d'impiego viene subito accettato. Non ci sono difficoltà. Al nostro Comando d'Armata tutto procede senza intoppi. Ci conosciamo personalmente, parliamo serenamente dei problemi, senza formalità.

È arrivato il capitano Pagenstecher e si presenta da noi. Sulle nostre carte gli spiego tutte le difficoltà del suo incarico.

Anche la 5ª Compagnia bombarde è stata trasportata a Draga vicino a Škofja Loka. Attraverso il passo di Cerkno il suo comandante, il tenente Spiess, fa avanzare la truppa nella valle dell'Idria, egli la raggiungerà il 5 ottobre. Alla stazione di Kneža c'è un deposito principale di munizioni che serve tutte le formazioni bombarde nella conca di Tolmino e sul fronte montano a nord (Vodel, Mrzli, Sleme). Già durante la sua prima ricognizione Spiess individua le grandi difficoltà tecniche di tiro che lo attendono nel punto di sfondamento principale. Le sue bombarde, con quelle del battaglione di Wandelsleben e quelle dell'*Alpenkorps*, devono colpire dagli erti pendii di Sv. Marija, la testa di ponte, le postazioni italiane 200 metri più in basso davanti a Čiginj, a Volče ed a Sv. Danijel. Per la 12ª Compagnia bombarde è più facile, dal Pan di Zucchero e dalle rovine di Dolje sparare sulle postazioni davanti a Gabrje con le loro difese larghe 50 metri.

Il 5 ottobre 1917 il Comando della 14ª Armata emana un ordine generale d'attacco.

Nel preambolo si afferma che il nemico, com'è dimostrato, ha ammassato le sue forze principali davanti alle due Armate dell'Isonzo, cioè nell'area tra Tolmino e l'Adriatico, ma che il lungo fronte che si snoda a nord verso la montagna è presidiato debolmente.

In base alle nostre informazioni, la 50ª Divisione italiana si trovava nel settore di Plezzo, la 43ª Divisione italiana sul Vrata e sul massiccio del Krn, la 46ª Divisione italiana (del IV Corpo d'Armata) nella zona di Tolmino e la 19ª Divisione italiana (del XXVII Corpo d'Armata) in posizione molto avanzata, molto ben consolidata a sud davanti ai Gruppi Stein e Berrer. Uno sguardo alla carta del nemico mostra il sistema di trincee, molto articolato in profondità e ben consolidato, che confluisce sullo Ježa e sul Kolovrat.

Nell'ordine si dice poi:

La 14ª Armata sfonderà nei settori di Plezzo e Tolmino (che sono separati da truppe nemiche) e poi tenterà di raggiungere la linea Gemona-Cividale. L'attenzione è posta sull'ala destra. Base per l'attacco in direzione Gemona-Cividale è il possesso della strada Plezzo-Žaga-Caporetto-Tolmino. Inoltre si deve raggiungere la linea Monte Canin altopiano del Monte Montemaggiore-Monte Mia-Monte Matajur-Monte San Martino con un attacco senza pause giorno e notte. Di là avrà luogo un'avanzata fino alla linea Gemona-Tarcento-Cividale. Qui è possibile un forte contrattacco del nemico e non si deve quindi dargli il tempo di approntare e difendere una forte linea di resistenza nella zona piana sul Monte Joanaz e sulle alture a nord di Cividale.

Il Gruppo Krauss, dopo aver superato Žaga ed il Monte Stol, deve inviare un reparto verso Resiutta e la val Fella. La sua ala sinistra (55ª Divisione austro-ungarica) deve espugnare il Monte Vršič, quindi scendere attraverso la sella di Zaprikraj e Drežniške Ravne a Caporetto e proseguire verso Staro Selo nella valle del Natisone.

Compito principale del Gruppo Stein rimane l'avanzata a valle verso Caporetto e nella valle del Natisone ed il superamento di tutta la dorsale del Kolovrat dallo Ježa al Matajur. I due Gruppi devono procedere assieme contro il Monte Joanaz ed il Monte Mladesiena per impedire che il nemico vi si insedi.

Per l'attacco in montagna si raccomanda soprattutto di seguire sempre la linea delle alture e di non scendere nelle valli anche se a volte la via sembra più breve. Le valli devono essere tenute libere per la successiva avanzata dell'artiglieria e delle colonne dei rifornimenti. Le unità vicine vanno aiutate con attacchi sul fianco o alle spalle del nemico, a seconda della situazione.

Data prevista per l'attacco, il 22 ottobre.

È evidente che l'attacco del Gruppo Krauss originariamente considerato secondario e progettato per la protezione dei fianchi è diventato ora una delle azioni principali di tutta l'impresa d'attacco, la famosa tenaglia di Plezzo.

Nella notte del 5-6 scoppia una forte bufera, la temperatura si abbassa e sopra i 1.000 metri cade la neve. Il nostro comandante in capo si reca a Villaco a trovare il generale Krobatin della 10ª Armata austro-ungarica e fa visita anche al nostro 'club dei Vosgi' là alloggiato: *Jäger* della Riserva della Guardia e *Schützen*, ed il battaglione da montagna württemberghese. Al ritorno rimane puntualmente bloccato sul passo di Loibl verso Klagenfurt e con i suoi accompagnatori deve andare a piedi fino a S. Anna pestando l'alta coltre di neve fresca per poter arrivare a Kranj con un'auto di riserva.

Viaggio nella valle dell'Idria

Mi viene impartito l'ordine di raggiungere la 5ª Compagnia bombarde nella valle dell'Idria per informare il tenente Spiess sul piano generale di spiegamento delle bombarde e dell'artiglieria nella conca di Tolmino ed illustrargli i suoi incarichi particolari. Naturalmente in questo colloquio l'impiego delle bombarde in montagna avrà un ruolo importante.

Purtroppo il tempo è molto brutto, fa freddo, piove incessantemente. Le strade dell'avanzata sono affollate, a tratti intasate, le soste non volute sono numerose. Ci facciamo largo fino alla valle dell'Idria ed infine troviamo la 5ª Compagnia che bivacca nei pressi di Slap. Il tenente Spiess con i suoi modi tranquilli e risoluti mi fa un'ottima impressione. Nasce subito un'amicizia cameratesca. Aiutandomi con le carte d'impiego gli spiego il compito speciale del suo Gruppo sud di bombarde su Sv. Marija ed anche quello dell'adiacente Gruppo centrale Wandelsleben e quello della 12ª Compagnia rinforzata del Gruppo nord sul Pan di Zucchero ed ai piedi del Vodel. Gli anticipo anche che sto preparando le tabelle grafiche di tiro per tutte le bombarde e per i pezzi d'artiglieria (18 in tutto) e che prima dell'attacco saranno distribuite in numero sufficiente a tutti gli ufficiali ed ai capi pezzo. Spiess conosce le difficoltà del tiro in montagna, ha partecipato ad un corso tenuto dal mio collega sottotenente Türk alla scuola bombarde di Kandern ed è molto soddisfatto di questa notizia che gli faciliterà notevolmente il tiro d'aggiustamento.

Trascorriamo due ore piacevoli nel bivacco assieme ai suoi ufficiali, ma poi, ancor prima dell'imbrunire, devo tornare velocemente a Kranj.

Nel Gruppo Krauss l'artiglieria rimane il punto più spinoso. Il generale ha richiesto al Comando Supremo austro-ungarico di Baden 500 pezzi, che, vista la difficoltà della sua operazione d'attacco, non sono molti, anzi troppo pochi. Il Comando Supremo austro-ungarico di Baden però, considera l'operazione di Plezzo secondaria (cosa che non corrisponde più) e vuole darne solo 194. Le discussioni si fanno molto tese. Grazie all'energico intervento del Comando della 14ª Armata il Gruppo di Plezzo arriva ad almeno 433 pezzi (20 pesanti, 85 medi e 328 leggeri).

Da noi l'approvvigionamento di munizioni funziona, ma non al I Corpo austro-ungarico, come avevamo temuto. La capacità di trasporto delle ferrovie austriache non basta, regnano lentezza e disordine, le stazioni sono intasate. Le batterie austriache arrivano con molto ritardo, il generale Krauss è costretto ad intervenire più volte ed a chiedere aiuto al Comando della 14ª Armata.

Ho ancora due giorni per lavorare intensamente alle tabelle di tiro. Un grafico le deve poi ridisegnare per stamparle. C'è poco tempo.

Nel frattempo nello spiegamento c'è sempre più movimento. Il 9 ottobre arrivano altre formazioni bombarde tra le quali la 302ª Compagnia e l'8ª Compagnia della Guardia. Saranno avviate al gruppo Pagenstecher nella valle di Plezzo. I comandanti delle due compagnie si presentano da noi e vengono informati dettagliatamente.

Dal 23 settembre lavorano al Comando della 14ª Armata i due figli del duca Alberto del Württemberg. Entrambi sono impiegati nello Stato Maggiore, uno come capitano di cavalleria e l'altro come ufficiale d'ordinanza. Abbiamo modo di conoscerli ed apprezzare i loro modi allegri e camerateschi.

Controllo del traffico

Di giorno in giorno lo Stato Maggiore del Comando della 14ª Armata aumenta. Arrivano sempre nuovi ufficiali di Stato Maggiore, specialisti, esperti ed anche corrispondenti di guerra. Kranj è piena di gente così. Noi pochi ufficiali più giovani del reparto operazioni, a turno, giriamo per le strade di avvicinamento a controllare il traffico, sbrogliare grovigli di auto agganciate, giorno e notte ad aiutare dove è necessario. Formiamo un piccolo gruppo che durante tutta la campagna italiana diventa inseparabile. C'è per esempio il sottotenente Simon, aiutante del comandante dell'artiglieria, detto *"Halbscherenfernrohr"* ("Mezzo binocolo") perché il poveretto ha perduto un occhio ed ora porta il monocolo. Poi c'è il tenente Werner, il più simpatico collega austriaco che io abbia conosciuto, aiutante del comandante d'artiglieria austriaco, colonnello Schmidt. Werner proviene dall'artiglieria da montagna e possiede eccellenti qualità e conoscenze. Del nostro gruppo fa parte il sottotenente Müller-Klemm, che conosco molto bene dai tempi dell'università e dello sci nella Foresta Nera. In origine chimico, ora aiutante del Comando aeronautico, un uomo dall'instancabile arguzia e buon umore. A causa della mia statura i colleghi mi chiamano *"Mastfernrohr"* ("Cannocchiale sull'albero maestro"). Raramente andiamo avanti da soli, c'è sempre qualche altro giovane ufficiale che si aggrega volontariamente alle nostre faticose escursioni. Accade continuamente che dei mezzi militari si tamponino l'un l'altro e formino code di 6-8 chilometri che vanno sbloccate, questo succede di solito di notte, perché di giorno non devono circolare colonne molto lunghe.

Spesso dobbiamo risalire per chilometri le colonne ferme per trovare il punto di blocco. Intendersi con gli autisti – ungheresi, sloveni, bosniaci, croati – è quasi impossibile, così a volte siamo costretti a procedere senza riguardi e far semplicemente buttare giù dal pendio il mezzo incidentato per liberare di nuovo la strada e metter in movimento il traffico. C'è sempre il rischio che granate di grosso calibro si abbattano improvvisamente sulle colonne ferme. Molto pericolosa è

Kneža perché lì si trovano quantità enormi di munizioni per bombarde ed artiglieria di tutti i calibri, materiale per il Genio, bombe a mano e munizioni per armi individuali.

Per ingannare l'Intesa, von Below ed il duca Filippo del Württemberg, con grande pubblicità e grande seguito e sotto gli occhi delle spie, sono andati a Bolzano e Merano dal feldmaresciallo Conrad ed hanno ispezionato il vecchio fronte d'attacco del 1916 nei "Sette Comuni". Il viaggio di ritorno avverrà in segreto per lasciare il nemico nell'incertezza. La colonna viene condotta ad Innsbruck in mezzo alla schiera degli osservatori nemici. All'ultimo momento ci si può aprire una via di ritorno a Kranj attraverso Fortezza, la val Pusteria e Klagenfurt. Il viaggio è valso la pena, i giornali italiani hanno annunciato la presenza del duca Alberto del Württemberg a Bolzano, confondendo il figlio Filippo con il comandante del gruppo d'Armate Alberto, a Strasburgo.

Le mie tabelle grafiche di tiro sono pronte, ridisegnate e date alle stampe.

14 ottobre. Si va di nuovo in avanti, questa volta a Santa Lucia al 5° Battaglione bombarde (Buddeberg) per chiarire una serie di importanti quesiti. All'andata scelgo la strada normale attraverso Grahovo-Kneža-Ljubinj. È sovraffollata, i molti ingorghi ci portano alla disperazione. Spesso la nostra auto rimane stretta in mezzo ai carri e non si muove di un passo. Dopo un tormento infinito raggiungo infine il 5° Battaglione. Colloquio approfondito con il maggiore Buddeberg ed i suoi comandanti di compagnia sul tiro in montagna a seconda della suddivisone degli obiettivi.

Dopo la brutta esperienza del mattino, la notte, per il ritorno, scelgo la seconda strada d'avanzata a disposizione della 14ª Armata, attraverso il passo di Cerkno. Nella valle dell'Idria superiamo le colonne in marcia e le batterie di un intera Brigata d'artiglieria austro-ungarica che procedono in un ordine esemplare. Una prova davvero eccezionale in queste condizioni. Scopro con sgomento che la strada del passo di Cerkno è molto più brutta di quella attraverso Kneža.

Le strade hanno subìto una forte sollecitazione a causa delle innumerevoli colonne di mezzi molto pesanti e la massicciata cede in molti punti. Il peggio è nelle curve troppo strette e ripide. Sul passo di Cerkno capitiamo tra i grossi camion di una colonna di munizioni che si trascina faticosamente verso la meta. Continuamente i mezzi pesanti franano, restano impantanati o bloccati nel pietrisco e non ci si muove più. Per qualche tempo rimaniamo seduti in auto a congelare miseramente, poi cominciamo a correre nel freddo gelido per scaldarci un po'. Ordini risuonano nella notte, i motori ululano e crepitano, ma inutilmente, i camion non avanzano. Non si riesce a farli uscire dalle buche. Infine un comandante di colonna fa tendere delle funi metalliche tra i suoi mezzi più avanti. Quando il primo ha superato le strette curve ed i crateri di fango, tira dietro il secondo attaccato alla fune d'acciaio. Questi due assieme tirano poi il terzo ed il quarto e così via. Così la colonna di munizioni si trascina oltre il passo con un faticoso lavoro che dura delle ore e noi seguiamo con la nostra auto, in prima. Lo sterzo dei camion di munizioni non basta nelle curve strette, nonostante sia molto ripido essi devono arretrare e ripartire di nuovo, ogni volta una manovra rischiosa che danneggia i motori.

Mezzanotte è passata da un pezzo. Arrivano le 2 – le 3, infine le 4 e siamo sempre incagliati sul passo di Cerkno, tremanti di freddo. Improvvisamente si va avanti – speriamo. Che delusione. Dopo 100 metri la colonna si ferma di nuovo. Nelle vicinanze c'è un piccolo campo. Irrigidito per il freddo corro fin là e trovo delle rape. Ne estraggo alcune dal terreno gelato, torno indietro e rosicchiamo le radici fredde. Alle 4 finalmente l'intasamento della strada del passo si scioglie, si procede. Corriamo ed alle 6 del mattino siamo a Kranj, lividi per il freddo. Il mio buon attendente Hils ce la mette tutta per riscaldare il suo sottotenente. Il buon uomo non solo scalda la stanza al punto da rendere incandescente la stufa, ma mi massaggia le membra irrigidite e mi versa della grappa. Nonostante ciò ci vogliono quasi tre ore perché recuperi un po' di calore e possa passare dal nostro ufficio. Porto con me gli importanti risultati delle ricognizioni.

Forti burrasche che fanno ingrossare tutti i corsi d'acqua annunciano l'arrivo dell'inverno. Al I Corpo austro-ungarico tutto s'inceppa. È finita la benzina, i camion e le funivie si arrestano, non si muovono ed all'artiglieria mancano le munizioni a gas. Il maggiore von Willisen viene mandato a Kranjska Gora per riorganizzare e superare la crisi, e ci riesce. Si pensi che delle 90 batterie del Gruppo Krauss solo 16 sono in posizione mentre nei pressi di Tolmino lo spiegamento delle bombarde e dell'artiglieria è quasi completato.

Il 16 ottobre 1917 è destinato all'avanzata delle unità combattenti nella conca di Tolmino attraverso le due strade dei passi. Il nostro ufficiale di Stato Maggiore del Genio, il maggiore bavarese Oberlindober aveva fatto misurare esattamente e migliorare le strade, rinforzare i ponti, aveva stabilito il percorso di marcia giornaliero delle truppe, aveva scelto ed allestito i posti di bivacco, di riposo e di sosta. Tutti hanno a disposizione collegamenti telefonici e comandanti. Inoltre in posti adatti sono stati allestiti depositi per l'approvvigionamento, la cura degli animali e per il materiale del Genio. Ogni unità ha una precisa tabella di marcia.

Tutto il lavoro preparatorio doveva essere terminato con tutti i dettagli entro il 16 ottobre. Anche lo spiegamento delle bombarde e dell'artiglieria, il ritorno dei mezzi, degli avantreni e dei camion di munizioni, previsto quasi esclusivamente con marce notturne, doveva essere terminato entro il 16 ottobre.

Alla mezzanotte del 15-16 ottobre le due strade d'avanzata, quella per Tolmino attraverso Zali Log, Podbrdo, Grahovo, Kneža e quella da Škofja Loka, il percorso per il passo di Cerkno e la valle dell'Idria, sono completamente sgombre.

Le stesse difficoltà ci sono anche per l'avanzata delle divisioni degli *Jäger* e degli *Schützen* nella conca di Plezzo. Anche qui sono a disposizione il passo del Predil ed il passo del Vršič. Per il trasporto delle munizioni si può in parte approfittare della ferrovia elettrica attraverso la galleria di Raibl, ma la sua portata non basta. Molti mezzi ed i pezzi pesanti non possono venire trasportati perché il tunnel non è abbastanza ampio.

A tutte queste preoccupazioni si aggiunge il rischio che gli italiani si accorgano in tempo dei nostri preparativi e dell'avanzata e tentino di disturbarla con una pioggia di bombe o un pesante fuoco d'artiglieria. Le squadriglie di caccia tedeschi, intervenute di sorpresa, hanno colpito di nuovo alcuni bombardieri Caproni. Da allora nessun aereo italiano osa più superare la cresta delle Alpi Giulie. Il cielo rimane libero. Anche il maltempo, la coltre di nubi basse, bufere e pioggia impediscono l'impiego di aerei italiani in questo momento critico, una fortuna incredibile.

Necessariamente nell'avanzata si dà la precedenza ai battaglioni combattenti della 12ª Divisione, dell'*Alpenkorps* con il battaglione da montagna württemberghese e della 200ª Divisione di fanteria. Tutte le altre divisioni devono seguire, tra le altre la 117ª che avanza verso Ljubinj passando per Kneža e Podmelec, la 5ª Divisione e la 26ª Divisione che seguono attraverso la valle dell'Idria.

Nel gruppo Scotti, prima dell'inizio dell'attacco, la 1ª Divisione austro-ungarica è davanti, la 13ª Divisione *Schützen* austro-ungarica presso Sebrelje, la 57ª Divisione austro-ungarica dietro la 60ª presso Lom e la 4ª Divisione di fanteria austro-ungarica tra Idrija e Cerkno.

Il tenente colonnello Eggeling

In questo periodo di fibrillazione ricevo un ordine che mi sorprende, organizzare gli alloggiamenti per il tenente colonnello Eggeling, capo di Stato Maggiore del generale del Genio al gran Quartier Generale e per il capitano Hopf, ispettore alle unità bombarde a Villaco, che vogliono far visita alla 14ª Armata ed anche avere informazioni sullo spiegamento delle bombarde. In treno vado subito a Villaco e, nonostante alcune difficoltà, riesco ad alloggiare i due ufficiali nel miglior albergo.

L'arrivo del tenente colonnello Eggeling è previsto solo per la tarda serata, posso quindi guardarmi la città e, per passare il tempo, andare al cinema.

Entro e vado al guardaroba per consegnare cappotto e sciabola. Una gentile guardarobiera piuttosto anziana mi guarda fissamente e chiede con accento austriaco:

"*Bittschön*, signor sottotenente – è la Croce di Ferro di prima Classe?" ed indica l'onorificenza sulla mia uniforme.

"Sì, sì – buona donna – è la Croce di Ferro di prima Classe", confermo. Profondamente commossa e con il viso raggiante dice solo:

"Che brava persona".

Sorrido e scompaio nella sala buia.

La scenetta mi ricorda un fatto simile accaduto a Berlino nella primavera del 1916, quando ebbi la possibilità di trascorrere tre giorni dai miei genitori. Allora la Croce di Ferro di prima Classe era ancora considerata un'onorificenza molto elevata. Anche se si era giovani ufficiali toccava addirittura ai generali salutare per primi, cosa che per noi era sempre molto imbarazzante. Nell'atrio dello zoo avevano organizzato una mostra di guerra, volevo andarla a vedere e passai davanti al guardaroba.

Due guardarobiere un po' attempate mi vedono ed una dice all'altra tanto forte che riesco a sentire:

"Guarda là – quello è un eroe!"

Ritorno alla stazione di Villaco. Attesa lunga perché il treno è molto in ritardo. Infine arriva. Mi presento subito al tenente colonnello Eggeling ed accompagno gli ufficiali al loro alloggio. La serata trascorre in una conversazione tranquilla, senza formalità, con del buon vino. Naturalmente il fronte è il principale argomento di conversazione.

Il tenente colonnello Eggeling è del Baden, proviene dal Battaglione Genio del Comando della 14ª Armata. Il suo contegno è molto deciso, energico, le sue affermazioni sono precise, ma a volte un po' saccenti. Evidentemente si è adattato allo stile guglielmino del Quartier Generale, porta anche i baffi attorcigliati all'insù come S.M. Guglielmo II. I due signori non mi fanno una grande impressione. Stimo molto di più il barone von Rössing con i suoi modi saggi ed allegri.

Già dall'epoca della mia visita al gran Quartier Generale a Charleville conosco il suo accompagnatore, il capitano Hopf. In quell'occasione dovevamo chiarire il motivo dei molti incidenti dovuti allo scoppio della canna e spiegargli i vantaggi del tiro orizzontale per le bombarde medie, di questo però non volle sapere niente perché evidentemente non capiva niente di balistica. È il classico tipo di ufficiale della Guardia, slanciato, elastico, di bell'aspetto e che non si preoccupa di nascondere la sua presunzione. Per caso osservo la sua valigia da ufficiale, in nero dopo il nome c'è scritto: "Capitano del Genio al Quartier Generale di Sua Maestà l'Imperatore". – Caspita, penso.

Il mattino dopo prosecuzione del viaggio per Kranj. All'arrivo mi congedo molto velocemente dal tenente colonnello Eggeling, c'è ancora molto da fare. Per di più mi spediscono di nuovo in avanti a sbrogliare un gigantesco ingorgo che si è sviluppato vicinissimo a Kneža.

Tra indicibili fatiche lo spiegamento delle nostre bombarde è terminato. Tutti i pezzi sono ora in postazione e provvisti della loro scorta di munizioni. I punti d'osservazione sono terminati, presidiati e collegati telefonicamente. Questo vale anche per il settore Pagenstecher nonostante i ritardi.

Impiego della 117ª Compagnia bombarde

Resta solo un punto carente, il Krn. Assillo continuamente il barone von Rössing perché liberi una Compagnia bombarde per impiegarla sull'altopiano del Krn, ma egli esita, altri tratti del fronte gli sembrano più importanti, non può ridurre l'impiego delle bombarde nei punti cruciali. Benché la 117ª Divisione faccia parte della nostra armata e si stia radunando a nord di Lubiana, continuano a mancare le sue bocche da fuoco. Altre tre Compagnie, la 347ª, 301ª, 345ª ci erano state promesse ed avevamo intenzione di distribuirle sui due punti di sfondamento della 55ª Divisione, ma non sono arrivate. Peccato.

Ed ecco – finalmente, all'ultimo momento, arriva anche la 117ª Compagnia bombarde. Mandiamo subito a chiamare il suo comandante, il capo gli consegna l'ordine d'impiego sul Krn ed io gli metto in mano le mie carte speciali con l'indicazione delle postazioni previste per le bombarde ed i punti d'osservazione, gli spiego il trasporto con le teleferiche, le difficoltà di tiro fin nei minimi dettagli e gli raccomando con insistenza di fare in fretta perché mancano solo tre giorni all'inizio del tiro d'efficacia.

"Signor tenente colonnello, vorrei proporre che la 117ª Compagnia bombarde metta in posizione solo 6 bombarde medie e rinunci a tutte le altre. Il piano può riuscire solo concentrando tutte le forze nell'impiego di queste sei bombarde e delle loro munizioni".

"D'accordo" dichiara von Rössing dopo una breve riflessione. E così anche questo caso è risolto.

L'energico comandante della 117ª Compagnia bombarde fila via subito, allerta la sua compagnia e la manda la notte stessa a Bohinjska Bistrica, alla stazione a valle della grande funivia. Senza pause le sei bombarde medie vengono smontate, caricate e trasportate in montagna. Contemporaneamente comincia il trasporto delle munizioni. Ce la faranno? Nessuno lo può dire.

Una buona notizia arriva dal battaglione gas nei pressi di Plezzo. Il tenente colonnello Blum, lavorando di notte e ben mimetizzato, è riuscito ad installare tra le due linee 1.000 tubi ed a stendere i cavi di accensione senza che il nemico se ne accorga e ricopra di granate gli uomini.

Lo spiegamento delle nostre bombarde

Vale la pena di riepilogare lo spiegamento delle bombarde della 14ª Armata perché a suo modo è singolare.

Pagenstecher ha formato quattro gruppi bombarde nel settore di Plezzo a seconda del compito e del terreno. Sull'ala destra si trova la

95ª Compagnia con 2 bombarde leggere e 3 bombarde medie. Deve infilare un corridoio relativamente stretto. Verso il punto di sfondamento principale operano due gruppi bombarde e cioè prima l'8ª Compagnia della Guardia con 4 bombarde pesanti, 6 medie e 4 leggere per distruggere la prima linea italiana, tirare sugli ostacoli e creare un corridoio largo circa 200 metri, poi a nord della strada per Plezzo la 302ª Compagnia bombarde con 4 pesanti, 6 medie e 4 leggere con lo stesso compito. A sud della strada 6 medie e 4 leggere della 426ª Compagnia sparano sulle postazioni nemiche e sugli ostacoli per una larghezza di 150 metri. A queste si aggiungono alcune bombarde austriache mentre più a sud opera il battaglione gas con 1.000 tubi.

Il fuoco d'artiglieria sarà su Plezzo e su tutte le postazioni arretrate, ma il compito principale dell'artiglieria sarà colpire i molti cannoni in caverna nella parete del Rombon con tiro diretto di granate a gas e dirompenti.

Dopo l'inizio dell'attacco, le bombarde assieme all'artiglieria sposteranno il fuoco in direzione del paese di Plezzo per quanto basterà la gittata.

Sul Krn andrà in postazione la 117ª Compagnia con 6 bombarde medie e non sarà facile perché, oltre che dalle difficoltà del terreno, sarà ostacolata da nebbia e neve.

Il 5° Battaglione bombarde (Buddeberg), nonostante le grandi difficoltà di trasporto, è riuscito con enormi sforzi a mettere in posizione tra le rocce 9 bombarde pesanti, sulla Sleme e sul Mrzli e ad approvvigionarle di munizioni, una prova splendida. Senza la teleferica l'impresa non sarebbe stata possibile. Tutte le bombarde sono in postazioni riparate dietro il pendio, molte addirittura ben protette in un angolo morto dietro le rocce, e sparano al di sopra della cresta sulle prime linee italiane che si trovano 200-300 metri più in basso. 4 bombarde medie del gruppo nord sparano ad obiettivi più lontani, tra cui capisaldi e nidi di mitragliatrice. Sul Mrzli sono stati formati due gruppi bombarde, sono abbastanza vicini nei pressi della sorgente Golz e della trincea Alberto ed anch'essi in postazioni riparate dietro il pendio. Il gruppo di distruzione principale, formato da 2 bombarde pesanti e 8 bombarde medie, non deve superare grandi dislivelli per preparare i punti di irruzione. Il secondo gruppo con 10 bombarde medie avrà un effetto devastante nella zona delle prime linee, del fortino di sacchi a terra e del gruppo di rocce con i cannoni in caverna. In totale 2 bombarde pesanti e 18 bombarde medie sparano sul saliente della prima linea del Mrzli, una forza di fuoco che gli italiani non sono certo in grado di reggere. Entrambi i gruppi però possono venire presi d'infilata dall'artiglieria. Il fuoco dei due gruppi in parte si incrocia per sfruttare le condizioni balistiche più favorevoli, come avevo consigliato al maggiore Buddeberg già nel mio primo piano di distribuzione del tiro. Dopo il fuoco d'annientamento tutte le bombarde, come da programma, sposteranno il tiro sulle seconde linee italiane che si trovano più in profondità e su particolari capisaldi.

Il difficilissimo impiego del gruppo sud sulla sella tra il Mrzli ed il Vodel venne assolto con grande competenza dalla 173ª Compagnia bombarde G e dalla sezione bombarde 312. Con un lavoro enorme gli uomini sistemarono nella gola e nelle piazzole in cattivo stato 12 bombarde medie smontate e le rimontarono. A queste si aggiungeranno 16 bombarde leggere destinate a colpire obiettivi speciali abbastanza lontani. Anche qui si farà irruzione nelle prime linee nemiche. Le bombarde leggere colpiranno d'infilata le trincee e le postazioni di mitragliatrice italiane situate più in profondità fin giù nella valle dell'Isonzo per impedire al nemico di disturbare di fianco l'avanzata della 12ª Divisione sulla riva sinistra dell'Isonzo. Un compito estremamente importante.

Le bombarde nella conca di Tolmino non se la passano meglio di quelle in montagna perché si trovano quasi tutte esposte al fuoco d'artiglieria nemico. Si può solo sperare che il nemico sia così occupato e distratto o soffocato dal fuoco della nostra artiglieria da non riuscire a contrastare i nostri gruppi bombarde. Il gruppo nord del settore Wandelsleben è formato dai pezzi della 12ª Compagnia, 4 pesanti e 8 medie si trovano tra le rovine di Dolje e preparano massicciamente lo sfondamento del 63° Reggimento di fanteria germanico verso la località di Gabrje. Il secondo gruppo è in posizione sul Pan di Zucchero assieme al 23° Reggimento di fanteria germanico ed appoggia l'azione da sud.

Segue il grosso delle bombarde (gruppo centrale) con 5 sottogruppi al comando di Wandelsleben con due Compagnie G rinforzate dell'*Alpenkorps* e 3 Compagnie dell'11° Battaglione.

Per agevolare il tiro d'aggiustamento sono stati creati batterie o nidi di bombarde. Quando un pezzo avrà inquadrato l'obiettivo, gli altri verranno messi in parallelo. Una parte delle bombarde dell'*Alpenkorps* (174ª e 175ª Compagnia G) rinforzata dal reparto bombarde leggere dei reggimenti (24 medie e 44 leggere) si era sistemata al di qua dell'Isonzo vicino alla riva nei pressi di Sv. Uhr. Il grosso avrebbe sparato da Sv. Marija sulle postazioni davanti a Volče, sull'arco molto avanzato della prima linea italiana vicino a Sv. Danijel. Bisogna aprire vasti corridoi tra i reticolati per permettere alle truppe d'assalto di attraversare rapidamente la zona pericolosa a valle. L'*Alpenkorps* non dispone di bombarde pesanti. Per coprire la distanza abbastanza significativa bisogna installare le bombarde nelle postazioni più avanzate sul pendio di Sv. Marija. Sparano quasi 200 metri verso il basso.

A questo gruppo si aggiungono, concentrate, le tre Compagnie bombarde dell'11° Battaglione ognuna con 2 bombarde pesanti e 8 medie, in totale quindi 6 pesanti e 24 medie, che devono liberare la strada per Volče al reggimento *Jäger* della Guardia bavarese, al battaglione da montagna württemberghese ed al 2° Reggimento *Jäger* bavarese. Qui i reticolati sono particolarmente larghi. Anche quasi tutti i pezzi dell'11° Battaglione devono essere installati in posizione più avanzata perché le gittate siano sufficienti. Gli obiettivi si trovano 150-200 metri più in basso, le bombe cadono con incredibile violenza ed i crateri diventano grandi il doppio.

Nell'angolo sud del ripido pendio della Sv. Marija ed a sud di Kozaršče si è annidato il Gruppo Spiess che ha formato anche dei sottogruppi a seconda degli incarichi tattici. Vicino alla cappella di Sveta Marija si trova la 26ª Compagnia, a sud della strada per Kozaršče la 5ª Compagnia rinforzata dai reparti bombarde leggere dei reggimenti. Il sottogruppo nord è composto da 3 bombarde pesanti, 12 medie e 8 leggere e tira le sue bombe contro gli ampi ostacoli e le trincee davanti a Čiginj e sulla stessa località. Il gruppo sud comprende 4 bombarde pesanti, 8 bombarde medie e 4 leggere e tira d'infilata contro la parte sud delle postazioni davanti a Čiginj. Spiess ha allestito il suo punto d'osservazione per vedere il cannoneggiamento appena ad est di Kozaršče. Čiginj si trova 200 metri più in basso e le bombarde hanno a disposizione solo mezz'ora alle prime luci dell'alba del 24 ottobre per aggiustare il tiro. Particolarmente preoccupanti sono le trincee per mitragliatrici in cemento armato che si trovano nel suo settore ed i cannoni in caverna sul pendio dall'altra parte a quota 431 metri. Per contrastarli non bastano le bombarde leggere, quindi gli è stata assegnata anche una batteria.

L'artiglieria

Quest'enorme impiego di bombarde è completato da una potente artiglieria di circa 1.500 pezzi di tutti i calibri. Solo l'artiglieria da montagna è tenuta indietro, ma resta pronta per l'avanzata.

Il Gruppo Krauss dispone ora di 435 pezzi di tutti i calibri. I Gruppi Stein, von Berrer e Scotti nel settore di Tolmino – dal Krn fino alla testa di ponte – hanno a disposizione complessivamente 1.171 pezzi. Altre 40 batterie con 216 pezzi si distribuiscono tra le riserve d'armata. In totale dunque la 14ª Armata ha impegnati 1.822 pezzi.

Nel grosso dell'artiglieria, gli obici leggeri e pesanti ed i mortai – ed anche i cannoni impiegati contro i pezzi in caverna italiani – avevano naturalmente un ruolo decisivo. Un'enorme quantità di cannoni era fittamente concentrata dietro le rovine di Tolmino, allo sbocco delle valli e dietro la testa di ponte. Alcuni cannoni si trovavano anche davanti, tra i nostri gruppi di bombarde.

Il nemico

Grazie al nostro servizio informazioni conosciamo abbastanza bene la distribuzione delle forze nemiche, il cifrario italiano è in mano nostra. I nostri radiotelegrafisti ascoltano molti degli ordini del Comandante Supremo, generale Cadorna, impartiti via radio da Udine, ed anche quelli delle armate, dei corpi e delle divisioni. Fino a poco prima dell'attacco tutto fila liscio, ma ecco che improvvisamente il Comando Supremo italiano modifica la chiave, una brutta sorpresa. Per casi simili ci vogliono dei professori e noi, fortunatamente, disponiamo di uno di questi uomini rari. Lo fanno arrivare al più presto e gli affidano il difficile incarico. Ed in effetti in quattro ore questo giovane prodigio è venuto a capo della chiave del cifrario italiano e così possiamo di nuovo ascoltare e decifrare ordini e comunicazioni italiani.

Capita un altro fatto molto spiacevole. Nei pressi di Tolmino un geniere tedesco è caduto nelle acque impetuose dell'Isonzo ed è affogato. Non è stato possibile recuperare il cadavere, la massa d'acqua l'ha trascinato con sé fin nelle vicinanze di Gorizia dove l'hanno recuperato e dall'uniforme hanno capito che era soldato tedesco. Grande agitazione tra il nemico.

La concentrazione di forze italiane su tutto il fronte dell'Isonzo – cioè della 2ª e 3ª Armata dal Rombon all'Adriatico – è veramente impressionante.

Di fronte alla 14ª Armata, in prima linea, ci sono tre divisioni nemiche del IV Corpo d'Armata, cioè la 50ª, 43ª e 46ª Divisione. La 19ª Divisione che si trova vicinissima a Tolmino fa già parte del XXVII Corpo d'Armata del generale Badoglio. Punto di congiunzione è l'Isonzo. Più a sud, sull'Altopiano della Bainsizza, seguono le altre divisioni (65ª, 22ª e 64ª) del XXVII Corpo ed il XXIV Corpo d'Armata del generale Caviglia con la 49ª, 68ª e 10ª Divisione. Dietro, la 34ª Divisione del IV Corpo d'Armata rimane ferma a nord, nella zona di Robič, Staro Selo, Caporetto, ai piedi del Monte Matajur e si muoverà in seguito. Il 280º Reggimento di fanteria (Brigata Foggia) è impiegato nei pressi di Žaga. Più a sud, nelle alte valli del Natisone sono ammassate la 62ª e la 3ª Divisione del VII Corpo d'Armata. La prima deve difendere il Monte Matajur e la seconda deve tenersi pronta in quarta linea nella zona dietro il Monte Cum.

A nord della 14ª Armata, di fronte alla 10ª Armata austro-ungarica, il XII Corpo d'Armata italiano (generale Tassoni) tiene le posizioni della zona Carnia.

A fronteggiare le due Armate dell'Isonzo di Boroević c'è un nemico molto superiore, scaglionato massicciamente in profondità. Nel settore prossimo all'Adriatico è posta la 3ª Armata del Duca d'Aosta con nove divisioni di quattro corpi, schierate una accanto all'altra o una dietro l'altra. Il Comando Supremo italiano dispone inoltre di grandi riserve in Friuli: il XIV Corpo d'Armata (generale Sagramoso) con la 25ª e 30ª Divisione ammassate a cavallo dell'Isonzo, tra il Collio e l'altopiano della Bainsizza, quindi una divisione di cavalleria e tre altre divisioni di fanteria (53ª, 13ª e 60ª), a disposizione della 2ª Armata.

La nostra 14ª Armata deve colpire sui fianchi ed alle spalle questa enorme massa di forze nemiche attraverso il settore nord della 2ª Armata (IV e XXVII Corpo d'Armata), meno presidiato, per mettere fuori gioco la parte meridionale della 2ª e tutta la 3ª Armata italiana dell'Isonzo e costringerle a ritirarsi.

All'incirca sapevamo quindi quali corpi d'armata e quali divisioni si trovavano nella zona d'attacco e notammo presto anche la presenza della 34ª Divisione del VII Corpo d'Armata italiano che si spostava dietro il IV Corpo d'Armata italiano. Non si conosceva la posizione delle altre due divisione del VII Corpo d'Armata italiano, la 3ª e la 62ª Divisione. Comparvero però nei pressi di Livek e sul Monte Matajur.

Spesso ci siamo chiesti perché il comando italiano, nonostante il pericolo incombente, abbia lasciato un tale ammassamento di forze nel settore inferiore dell'Isonzo ed abbia lasciato scarsamente presidiata la parte nord del fronte. Evidentemente il generale Cadorna era stato convinto che le postazioni italiane in montagna, sullo Ježa, sul Kolovrat, sul Monte Matajur e sul Monte Stol, fossero inespugnabili e potessero resistere a qualsiasi attacco. Inoltre probabilmente si riteneva possibile un rafforzamento della 1ª e 2ª Armata austriaca dell'Isonzo con truppe tedesche o un limitato attacco locale, ma non si pensava ad un'azione in grande stile con mire ben più vaste della sola zona di Plezzo-Tolmino o più a nord. Le forti divisioni di riserva italiane, altrimenti, avrebbero certamente raggiunto in tempo le postazioni preparate sul Monte Stol, sul Kolovrat e sul Matajur o almeno avrebbero formato una linea di sbarramento davanti a Cividale.

Benché il piano d'attacco della 14ª Armata fosse estremamente audace, nessuno di quelli che erano impegnati nella sua realizzazione dubitava del successo, nemmeno i nostri soldati che vedevano il possente spiegamento d'artiglieria.

Il maltempo, nonostante tutti i disagi, rafforzò il nostro ottimismo perché quasi tutti gli osservatori italiani nei giorni della marcia di avvicinamento rimasero avvolti in una fitta coltre di nuvole, i preparativi a valle si svolsero in tutta segretezza. Non ci fu il temuto massiccio fuoco d'artiglieria sulle nostre strade di avvicinamento, né sui posti di sosta e di ammassamento, sugli accampamenti o sui depositi. Solo negli ultimi due giorni il nervoso fuoco sparso degli italiani aumentò un po' su tutto il fronte senza provocare grandi danni. Una fortuna.

Che gli italiani sull'Isonzo disponessero non solo di un' artiglieria molto forte e buona (dai 3.000 ai 4.000 pezzi di ogni calibro), ma anche di molte batterie bombarde, ce n'eravamo amaramente accorti durante l'11ª battaglia dell'Isonzo, ma non disponevamo di informazioni più precise. Anche le divisioni opposte alla 14ª Armata possedevano una forte artiglieria e molte batterie di bombarde pesanti a lunga gittata che potevano sparare fin dietro la testa di ponte verso Santa Lucia e Modrejce. Sull'Isonzo erano impiegate 1.300 bombarde per lo più pesanti tra le quali alcune di calibro 400 mm([7]).

Il sistema di postazioni degli italiani sul fronte dell'Isonzo

I nostri piloti hanno certo analizzato con minuziosa precisione cartografica le loro fotografie stereoscopiche, ma alcuni dettagli sono sfuggiti tuttavia all'osservazione, come le trincee, i capisaldi, i centri di resistenza, armati di mitragliatrice, ben nascosti nella sterpaglia e nei boschi. Anche molte postazioni di bombarde e di batterie erano così ben mimetizzate che non vennero identificate.

In un lavoro durato qualche anno, il nemico ha costruito un vasto sistema di postazioni, con nuove strade di accesso, su tre linee di difesa in tutto il settore d'attacco:

I. La *linea di difesa avanzata,* il fronte di difesa più avanzato.
II. La *linea di resistenza ad oltranza*, la linea di difesa principale.
III. La *linea d'armata*, l'ultima riserva.

Tra queste, in punti adatti, sbarramenti e capisaldi o postazioni a catenaccio. Stranamente molti di questi dispositivi di difesa non sono stati installati in una linea continua, soprattutto sulle strade e sui sentieri ci sono quasi sempre delle brecce, i profondi sbarramenti di filo spinato sono aperti. Tranne che sulle creste dei monti, molte postazioni sono sui pendii davanti, ben visibili e facili da contrastare.

L'andamento delle 3 linee italiane può essere descritto nel modo seguente: dal Rombon la prima linea o linea di difesa scende verso Plezzo, gira attorno allo Javorščck, sale sul Monte Vršič, passa per il Monte Vrata, il Monte Nero (Krn), il Monte Rosso (Batognica), lo Rdeči Rob, Planina Leskovca, Sleme, il Mrzli, il Vodel, ridiscende a valle a Gabrje, oltrepassa l'Isonzo e prosegue verso Sv. Danijel, Volče, Čiginj e poi risale per lo Ješenjak fino al Monte Grad.

La seconda linea o di resistenza ad oltranza parte dal Monte Canin, passa per la Planina Baban, prima di Žaga entra nella valle dell'Isonzo, sale sul Polovnik e sul Veliki vrh e quindi sul Krasji vrh ed il Monte Vršič. Tra il Vršič ed il Krn la prima e la seconda linea coincidono. Nella parte meridionale del fronte la seconda linea italiana procede dal Krn giù verso il Monte Pleče, poi nella valle dell'Isonzo, verso Selišče, attraversa il fiume e va verso Foni, quindi sale sul Monte Hlevnik e tocca poi la quota 1.114, attraversa quindi la val Kamnica, passa per lo Ješenjak coincidendo con la prima linea, a Ročinj oltrepassa di nuovo l'Isonzo e si congiunge con le postazioni recentemente conquistate sull'altopiano di Bainsizza. In questo punto la continua pressione nemica è preoccupante e pericolosa per il nostro spiegamento perché minaccia l'importantissima vallata dell'Idria.

La terza linea o di difesa, detta anche linea d'Armata, scende dal Monte Canin verso Žaga, sale poi sul Monte Stol, prosegue in cresta in direzione dello Starijski vrh a nord di Caporetto, va sul Monte Volnik, gira attorno a Ladra e Idrsko, prosegue a valle per Smast e, sulla riva destra, arriva a Livek, sale poi sul Monte Kuk e tocca il paese di Drenchia. Prosegue quindi per la quota 1.114 e lo Ježa, indi volge a sud passando per il Monte Ostri Kras ed il Monte Globočak.

Dalle carte era evidente che un'offensiva nella zona della 19ª Divisione italiana che passasse per quota 1.114 e lo Ježa e partisse dalla dorsale del Kolovrat sarebbe stata d'importanza decisiva. Il piano d'attacco dei gruppi Stein, Berrer e Scotti doveva tener conto di questa situazione.

Il nemico era ben informato

Grazie al loro servizio informazioni, gli italiani senza dubbio conoscevano abbastanza bene il nostro spiegamento. Anche la comparsa nei pressi di Plezzo della 22ª Divisione *Schützen* austro-ungarica non era passata inosservata. Dietro ad essa sospettavano la presenza di circa tre divisioni tedesche, supponevano anche che la 93ª Divisione austro-ungarica fosse rimasta in posizione, ma non si accorsero della comparsa della 55ª Divisione austro-ungarica. Nel settore di Tolmino sapevano che erano impiegati la 12ª Divisione e l'*Alpenkorps* e nel settore più ristretto della testa di ponte il servizio informazioni italiano riteneva ci fossero due divisioni tedesche, ma non sapeva quali. Il fatto che qui ci fossero la 200ª Divisione tedesca e la 1ª Divisione austro-ungarica pronte all'attacco, rimase avvolto nell'incertezza. Il nemico pensava che due divisioni, la 26ª o la 27ª Divisione tedesca, e la 13ª Divisione *Schützen* austro-ungarica si trovassero di riserva nella valle dell'Idria. Sembra invece che agli italiani sia sfuggita la presenza della 5ª e della 117ª Divisioni tedesche, perché di loro non si trova cenno e non sono indicate nelle carte (prima del 24 ottobre).

Anche il raggruppamento della 14ª Armata rimase nascosto al nemico. Gli erano noti il Gruppo Krauss nel settore di Plezzo ed il gruppo Stein vicino a Tolmino, ma dei gruppi von Berrer e Scotti gli italiani non sapevano niente.

Le truppe da combattimento in marcia

Le formazioni bombarde e le batterie, con pochissime eccezioni, hanno occupato le loro postazioni. Il rientro delle colonne termina il 15 ottobre ed il 16 a mezzanotte inizia l'avanzata delle divisioni combattenti nell'ordine stabilito.

Quel giorno c'è molta agitazione a Kranj, al reparto operazioni del Comando della nostra 14ª Armata.

Dopo l'analisi delle ultime informazioni vado nel corridoio davanti al nostro ufficio, vedo sua Altezza imperiale l'arciduca Eugenio in compagnia di alcuni ufficiali austriaci uscire agitato dalla stanza del reparto operazioni e mi fermo. Nessuno mi nota. In silenzio gli ufficiali scendono le scale e vanno verso la loro auto. Deve esserci stata un'accesa discussione. Alcuni minuti più tardi compare il maggiore von Willisen. Anch'egli è irritato e ci dice qualcosa sul motivo della controversia. Dei prigionieri italiani hanno affermato che sarebbe imminente un attacco sulla Bainsizza. In effetti sull'altopiano della Bainsizza-Santo Spirito gli italiani sono riusciti ad ottenere dei successi locali ed hanno guadagnato terreno. Un'ulteriore avanzata in questo punto critico può condurre al blocco del vallone di Chiapovano e della nostra strada di avvicinamento nella valle dell'Idria mettendo in forse tutta la nostra impresa, ma nonostante questo rischio il gruppo d'armate austro-ungarico intendeva ritirare delle truppe. Per evitare questo pericolo il nostro comando si è imposto con ogni energia perché non si indebolisse il fronte in questo punto, ma anzi venisse rafforzato.

Il trasferimento segreto delle truppe, di bivacco in bivacco, lungo le strade strette e ripide che si snodano sui pendii, si svolge secondo il piano orario che il capitano Fehr, al Comando d'Armata, ha elaborato con estrema meticolosità, lo spostamento è suddiviso da cinque a sette giorni con un giorno di riposo. Per occultare lo spiegamento la truppa può marciare solo di notte, di giorno le strade devono essere deserte. I molti ingorghi rendono a volte difficile rispettare la tabella di marcia, qualche unità non raggiunge il posto di riposo o di sosta dopo 6-8 ore di marcia, ma, esausta e congelata, nel primo mattino dopo 12-16 ore.

Il nemico non si accorge di nulla. Con l'inizio della marcia il tempo è peggiorato in fretta. Comincia a piovere a dirotto ed il cielo è coperto da nuvole basse che avvolgono i monti. Da tutte le valli laterali e dalle gole i torrenti invadono le strade ed imbevono il terreno. La massicciata cede in molti punti, i mezzi si impantanano. Le notti diventano una tortura, completamente zuppi gli uomini si trascinano avanti, qualcuno nell'oscurità si allontana dal sentiero e cade giù per la china. Tra gli ufficiali ed i soldati ci sono feriti ed anche morti. Se un carro esce dal ciglio, precipita trascinando i cavalli con sé. Nei posti di sosta si è formato un profondo strato di fango gelato o un pantano.

Per tutta la notte i nostri rimangono con le divise bagnate, nessuno si può asciugare. Solo qualcuno riesce a trovare una baita che offra riparo da vento e pioggia sul pendio a monte della strada d'avanzata. Gli uomini soffrono terribilmente per il freddo. Carri e cavalli non trovano il sollievo di un terreno piano, tutti sono di traverso sul pendio. Bagnati fradici, coperti alla bell'e meglio con i teli-tenda, cavalli e muli si tengono stretti l'uno all'altro, una sola immagine di pena. Gli uomini imprecano senza ritegno e, nonostante la fiducia, si abbandonano all'esasperazione.

Siamo sempre in allerta e veniamo mandati avanti a sbrogliare gli ingorghi, a mettere in moto o fermare il traffico, senza riguardi. Ritorniamo esausti e congelati. Dimagriamo tutti ed abbiamo le guance incavate. Il Comando Supremo non ignora le enormi fatiche della truppa, i tormenti dell'avanzata, ma i nostri comandanti devono rimanere duramente insensibili a tutti i lamenti, il rispetto della data d'attacco è troppo importante. Enormi sono le preoccupazioni del Comando della 14ª Armata in questi giorni critici.

A Tolmino la situazione è ancora sopportabile, ma a Plezzo lo spiegamento si trascina penosamente, ci sono carenze nell'organizzazione, trascuratezza e soprattutto le ferrovie sono in cattive condizioni. Il 20 ottobre solo 41 batterie su 90 del Gruppo Krauss si trovano in posizione, 49 mancano ancora. Alcune batterie sono disperse e bisogna cercarle. Ancora peggio sembra andare con l'approvvigionamento di munizioni. Allo Stato Maggiore del I Corpo austro-ungarico sono disperati e depressi. Willisen deve recarsi di nuovo a Kranjska Gora, incoraggiare gli uomini ed aiutarli. Il nostro battaglione bombarde Pagenstecher ed il "battaglione gas" di Blum, invece, rispettano rigorosamente i tempi ed hanno lavorato sodo per mettere in posizione i proiettili di tutti i calibri davanti a Plezzo. Preoccupato dai ritardi del Gruppo Krauss sull'ala destra, ma anche per il maltempo, il comando il 17 ferma l'avanzata, ma deve prolungare la pausa di altre 24 ore per bilanciare il sensibile ritardo del I Corpo austro-ungarico.

Anche all'ala sinistra l'approvvigionamento di munizioni funziona male. Qui i ritardi sono dovuti all'enorme intasamento delle strade utilizzate anche dalla 2ª Armata dell'Isonzo. Soprattutto al passo di Cerkno i mezzi incidentati, precipitati o i guasti ai motori troppo sollecitati creano situazioni caotiche. Ci vogliono delle ore per rimuovere gli ostacoli. E per molti motivi il tempo incalza.

Aumentano i disertori che mettono in guardia il nemico, per lo più cechi, serbi, croati, romeni. Il programma di massima di quest'azione è noto da tempo al nemico. I nostri servizi informazioni segnalano delle reazioni, il rafforzamento del fronte italiano. Il nemico è in stato di allerta, ma non gli viene in mente di disturbare il nostro spiegamento con un massiccio fuoco di artiglieria e di bombarde sulle strade a valle e sulle zone di ammassamento! Il generale Cadorna, forse, non crede ad un successo della 14ª Armata? Il Comando Supremo italiano ed il generale Capello ritengono le loro posizioni inespugnabili e si sentono molto sicuri – troppo sicuri, rinunciano ai piani d'attacco e ne fermano i preparativi.

Dal 22 ottobre il tempo migliora un po', piove poco ed a tratti, i monti rimangono avvolti dalle nuvole. I nostri uomini sono ben riparati nelle molte gallerie in roccia e nei tunnel ferroviari della zona della testa di ponte. Finalmente possono asciugare le uniformi, riposarsi e vengono ben rinfocillati. Un po' alla volta dimenticano i tormenti della marcia di avvicinamento delle notti passate, l'umore migliora. Le unità attendono con trepidazione l'inizio della grande battaglia di artiglieria ed il massiccio impiego delle bombarde in tutta l'area della conca di Tolmino.

L'avanzata nella valle dell'Isonzo viene completata nel freddo gelido e con una pioggia battente. Nei settori montani è ancora peggio, sul Rombon, sul Monte Canin, sul Vrata e sul Krn negli ultimi giorni è cominciato a nevicare fittamente.

A causa delle difficoltà nel trasporto delle munizioni per l'artiglieria, il generale Krauss, con il cuore pesante, è costretto ad utilizzare alcune unità combattenti ancora prima dell'attacco per il trasporto delle granate, anche se dovrebbero risparmiare le forze per l'attacco in montagna. Deve di nuovo affrontare un difficile conflitto di coscienza. Ancora una volta ha chiesto al Comando della 14ª Armata di procrastinare il giorno dell'attacco perché i preparativi nel settore di Plezzo non sono ancora conclusi, ma Otto von Below ed il suo Stato Maggiore rifiutano tassativamente. Tocca a lui assumersi la responsabilità di dare l'ordine d'attacco nonostante le carenze nei preparativi, la grande operazione deve iniziare il 24 alla stessa ora.

Il fronte il 23 ottobre

Delle quindici divisioni combattenti della 14ª Armata solo sette sono formazioni tedesche – ma che formazioni! – otto fanno parte dell'armata austro-ungarica e di queste solo due a Tolmino erano già in prima linea, la 50ª e la 1ª Divisione austro-ungarica sull'ala sinistra (nel punto di congiunzione con la 2ª Armata dell'Isonzo, con la 60ª Divisione austro-ungarica e la 57ª Divisione). Tutte le altre sono avanzate nelle zone di ammassamento loro assegnate. Sul fronte di Plezzo la 93ª Divisione austro-ungarica è stata rilevata, al suo posto si sono inserite la 22ª Divisione *Schützen* di Graz e la 55ª Divisione. Dietro di loro seguono la Divisione *Edelweiss* ed il grosso della Divisione *Jäger* tedesca che ha ceduto il distaccamento von Pappritz alla 55ª Divisione austro-ungarica nella zona rocciosa del Vršič e del Vrata.

La nostra operazione è al suo momento cruciale, le truppe combattenti escono dai bunker e dai tunnel ed avanzano ad occupare le postazioni da cui partirà l'attacco, le trincee. Riceviamo comunicazioni su comunicazioni – belle e brutte. Il fatto più grave è il tradimento di due ufficiali della 50ª Divisione austro-ungarica. A quel che si dice, un certo tenente Maxim, di nazionalità rumena, il 21 ottobre sul Mrzli è passato al nemico assieme ad un sottotenente ceco, Tichy.

Maxim (un ufficiale dello Stato Maggiore) aveva l'incarico di comandante di battaglione ed ufficiale d'ordinanza della 50ª Divisione austro-ungarica. Evidentemente meditava già da molto di cambiare fronte ed aveva raccolto carte importanti e piani di spiegamento che voleva portare con sé come prove al Comando Supremo italiano. Grande indignazione e preoccupazione nell'Armata.

Maxim aveva rivelato molto, tra l'altro anche la data dell'attacco, il 22 ottobre, e questa fu una fortuna. Quando, infatti, il 22 non accadde nulla perché l'attacco era stato spostato al 24 ottobre, il nemico cominciò a non fidarsi. Ci aspettavamo naturalmente una massiccia azione difensiva dell'artiglieria italiana e delle bombarde, ma non accadde nulla di simile. Certo il nemico divenne nervoso – aumentarono gli attacchi a fuoco, caddero delle granate su tutti i punti importanti del fronte, ma non ci furono cannoneggiamenti pianificati delle strade, delle zone di spiegamento e delle postazioni delle batterie.

Nessuno subì danni. Evidentemente il comando italiano non credeva più ai disertori, oppure – e questo venne confermato più tardi – il nemico contava su una preparazione d'artiglieria più lunga, di molti giorni, come allora era abituale sul fronte occidentale. In ogni caso il nemico non pensava che si intendesse irrompere subito dopo un fuoco breve, ma intenso. Per fortuna, perché l'effetto sorpresa, decisivo per noi, non era più protetto. Negli ultimi due giorni nella nostra prima linea evitammo ogni movimento che potesse suscitare sospetti, nessuna batteria, nessuna bombarda poté provare il tiro per non tradire in anticipo l'inizio della battaglia. Anche i cinque palloni frenati trasportati in prima linea per l'artiglieria non poterono ancora alzarsi. La difficoltà principale era mascherare i tiri di aggiustamento e non fu facile trovare una soluzione. Ci furono accese discussioni. Infine il comando concesse all'artiglieria ed alle bombarde alcuni tiri di prova, assolutamente necessari, il giorno prima dell'attacco – dunque il 23 ottobre. Da Buddeberg sul Mrzli, nel settore di Wandelsleben alla testa di ponte ed anche presso il Gruppo bombarde "sud" di Spiess , scelte di volta in volta, vennero autorizzate ad effettuare dei tiri di prova assieme ai mortai dell'artiglieria per controllare le distanze. Tutte le altre bombarde e tutte le batterie furono autorizzate ad effettuare tiri di aggiustamento solo poco prima del tiro d'efficacia alle prima luci del 24 ottobre. Secondo i piani, a Tolmino il tiro d'aggiustamento ed il tiro d'efficacia non dovevano superare l'ora e mezza, a Plezzo fu fissata un'ora e tre quarti. Per i tiri di aggiustamento veri e propri rimanevano quindi appena 15-20 minuti, non di più.

Fino all'ultimo il mio compito personale rimase oscuro. Speravo naturalmente di poter partecipare alla battaglia in prima linea – forse sul Mrzli, sul Vodel o nella zona della testa di ponte, magari anche sul Krn. Proposi all'ufficiale di Stato Maggiore dell'unità bombarde n° 3 di allestire un punto d'osservazione molto avanzato con una linea telefonica speciale per informare direttamente il barone von Rössing del risultato del fuoco delle bombarde, ma si fece vivo il maggiore von Willisen. Egli intendeva allestire un punto di osservazione per l'Armata su un monte abbastanza alto, forse il Kobilja Glava, 1.475 metri, per osservare e controllare di là tutta l'operazione ed intendeva impiegare me. Il barone von Rössing però dichiarò che non poteva rinunciare a me. Fu così che vissi il momento dell'attacco della grande battaglia di sfondamento attraverso le Alpi Giulie nel cuore dell'operazione, in una piccola stanza del reparto operazioni. Qui lavoravamo in quattro, ognuno aveva un telefono. Su un tavolo enorme erano aperte le carte sulle quali riportavamo tutti i cambiamenti del fronte.

Ultime comunicazioni la sera del 23 ottobre. Tutto sembra in perfetto ordine. Solo della compagnia bombarde sul Krn non si hanno notizie. L'ordine d'attacco è dato anche a Plezzo nonostante i ritardi nei trasporti, segue con un ritardo di mezz'ora quello dato a Tolmino.

La sera prima della battaglia

È la sera prima della battaglia. Chi non ha ancora provato una tale tensione non la può neanche immaginare. Per settimane ci siamo ammazzati di lavoro, siamo deperiti fisicamente, siamo totalmente spossati. Alcuni danno segni di esaurimento. Le ultime settimane sono state tutto un correre ed affannarsi. Ora improvvisamente è calato il silenzio sul nostro edificio e tanto più si fa sentire l'angoscia. Ce la faremo con i tiri di aggiustamento? Basterà la nostra azione per aprire alla fanteria la via attraverso i possenti ostacoli di filo spinato davanti alle postazioni italiane? I corridoi tra i reticolati saranno abbastanza larghi? Ci sarà o no l'azione difensiva del nemico? Domande su domande che non danno certo pace.

Là fuori in questo momento le colonne d'assalto sono nelle trincee in prima linea. I ricognitori continuano ad esplorare il fronte italiano. La notte si è fatta fredda. Cade una pioggia leggera, il cielo è coperto da nuvole pesanti che nascondono i monti – non si riesce a vederli. Di tanto in tanto la luce abbagliante dei riflettori italiani vaga per la valle, ma non permette di vedere molto, la foschia umida disperde i raggi.

Con lo spirito partecipo agli avvenimenti, ma per la prima volta in occasione di una battaglia tanto importante non sono in prima linea fra i miei uomini e le mie bombarde, ma molto indietro, nel centro, anzi nel nucleo germinale dei fatti – dove i rumori della battaglia ed il frastuono dell'artiglieria non arrivano. Negli ultimi due giorni ho avuto modo di ammirare la calma tranquillità con cui gli uomini del nostro reparto operazioni hanno lavorato giorno e notte come se non stesse succedendo nulla di particolare.

Non riesco a rimanere calmo. Mi sento responsabile in prima persona dello spiegamento delle bombarde ed anche della riuscita dello sfondamento vero e proprio delle prime linee italiane. Non mi stacco dalle carte, continuo a rimuginare tutta la situazione, ripenso a tutte le possibilità. In queste ore decisive il barone von Rössing si mantiene relativamente silenzioso, solo di tanto in tanto si nota che anch'egli pensa continuamente ai nostri uomini in prima linea.

I pensieri girano sempre attorno ai tiri di aggiustamento. Che cosa accadrà se la nebbia toglie la visuale ai nostri osservatori, se la bufera fa deviare le granate, se i primi impatti delle granate che esplodono scompaiono nel fango e non si riuscirà a valutare con precisione i colpi andati a segno – e se i tiri delle bombarde che si incrociano si disturbano l'un l'altro o se i colpi dell'artiglieria ostacolano l'osservazione? Quante coincidenze che possono pregiudicare il successo si verificano in montagna? Ce la caveremo con un tempo così limitato per i tiri di aggiustamento? Sarà possibile il posizionamento esattamente parallelo delle bombarde? Daranno buoni risultati le mie tabelle grafiche? Chi avrebbe potuto dirlo con sicurezza in anticipo? Quella notte memorabile trascorse nell'eccitazione e nell'angoscia dell'attesa.

Anche se allo Stato Maggiore di Kranj regna una calma addirittura inquietante, nessuno di noi riesce a dormire. I telefoni continuano a crepitare, le telescriventi cliccano con il loro ritmo sempre uguale. Alla fine esco dalla saletta delle carte, vado un paio di volte su e giù per il corridoio e torno di nuovo alle carte.

Dobbiamo ancora decidere quello che ne sarà delle bombarde dopo l'attacco, ne parlo con il barone von Rössing e riesco a distrarmi.

"Be', è' chiaro" – dice – " i due battaglioni bombarde Buddenberg e Wandelsleben fanno parte della riserva. Si devono radunare subito, saranno certo trasferiti sul fronte occidentale. Là ne hanno urgentemente bisogno".

Chiedo: "E cosa succederà alle compagnie bombarde divisionali? Dopo lo smantellamento verranno lasciate indietro o avanzeranno con le unità?"

Riflette – è incerto.

"Posso fare una proposta, signor tenente colonnello?"

"Prego".

"Le bombarde pesanti sono assolutamente inadatte ad una guerra di movimento. Sono troppo pesanti. Anche il trasporto delle loro bombe crea difficoltà. A mio avviso le dobbiamo lasciare indietro con le salmerie principali delle compagnie. Muoverei invece le bombarde leggere e soprattutto le medie e farei seguire immediatamente le divisioni – perché possono essere decisive in punti di forte resistenza. A queste non dovremmo rinunciare. Anche nella guerra di movimento dovrebbe essere possibile l'impiego delle bombarde, o meglio si dovrebbe rendere possibile il loro utilizzo".

Il barone von Rössing riflette, anch'egli è deciso a portare con noi le bombarde leggere – ma anche le medie? Non riesce ancora a decidersi. Lo incalzo: "Signor tenente colonnello – pensi che il nemico avrà certamente organizzato tutta una serie di teste di ponte e sbarramenti a valle che possono arrestare l'avanzata per molto tempo. Ma se improvvisamente sulle postazioni cadessero delle bombe di medio calibro, il nemico desisterebbe prima che se disponessimo solo di bombarde leggere o il combattimento venisse lasciato all'artiglieria campale".

Questo lo convince, intende diramare una direttiva alle compagnie bombarde divisionali, anzi ci tiene particolarmente a portare con noi le bombarde medie. I reggimenti hanno la loro colonna di bombarde leggere.

È di nuovo silenzio. Il tenente colonnello si è ritirato. Si avvicina la mezzanotte. Ora sono solo. Davanti a me ci sono le ultime comunicazioni della scorsa notte – dal 22 al 23 alcune pattuglie hanno notato che il nemico ha quasi sgomberato la prima linea italiana nei pressi di Volče-Sv. Danijel. I ricognitori ne sono convinti perché non sono stati attaccati. Lo sgombero della prima linea italiana però non è sicuro e il nostro piano non viene modificato, si deve sparare sugli ostacoli per creare dei corridoi che la postazione dietro sia presidiata o meno.

Cattive notizie dai monti – dal Rombon, Javorščєk, Lipnik, dal Krn, Sleme e Mrzli – là c'è un fitto nevischio. Già negli ultimi giorni è stata dura sotto la neve fresca. Nelle valli invece piove, lembi di nebbia sono incollati alle chine dei monti ed è un bene perché gli italiani non possono vedere le valli. Solo di tanto in tanto alcune cime tondeggianti sono libere. Curioso e molto strano, il nemico si mantiene tranquillo anche nella notte decisiva. Tranne il solito fuoco notturno sparso non succede nulla – né nella conca di Plezzo né in quella di Tolmino.

La maggior parte dei nostri punti di partenza per l'assalto nella zona della testa di ponte, ma anche al Pan di Zucchero, al Vodel ed al Mrzli, si trovano su pendii che scendono ripidi verso il nemico. Dobbiamo stare molto attenti per non provocare alcuna azione difensiva. Nessuno deve farsi vedere. Non si deve nemmeno fumare. Le ultime disposizioni vengono date sottovoce. Poi tutti aspettano con gli occhi fissi giù nella valle e sulle alture dall'altra sponda.

Inizia la battaglia di sfondamento (dal 24 al 28 ottobre 1917)

Alle 2 in punto, nel buio più fitto, inizia improvvisamente il fuoco di artiglieria su tutto il fronte della 14ª Armata. Un unico rumore di tuono risuona attraverso le valli e si rompe sulle erte pareti rocciose. Un'eco mille volte più forte lo ripete. Questa prima tempesta di fuoco è destinata all'artiglieria nemica da mettere fuori combattimento con granate dirompenti ed a gas. Solo i nostri cannoni a lunga gittata battono tutte le strade arretrate. Prima si spara il "*Blaukreuz*" (croce azzurra) per mettere fuori gioco le maschere. Esso penetra i filtri delle maschere, provoca grande malessere e vomito. I nostri uomini perciò lo chiamano "*Kotzgas*" (gas da vomito). Chi vomita nella maschera rischia di soffocare – è costretto a toglierla. Subito dietro segue poi il tiro in massa di "*Grünkreuz*" (croce verde) al fosgene che ha un effetto mortale. Chiamato dai nostri uomini "*Treubruchgas*" (gas dei traditori) a ricordare l'uscita dalla Triplice perpetrata dagli italiani.

Subito nella conca di Plezzo, sul Kolovrat e sullo Ježa si accendono i riflettori a perlustrare il fronte. Bombarde e batterie italiane cominciano a sparare, ma né a Tolmino né a Plezzo si sviluppa un fuoco di sbarramento unitario od un fuoco efficace pianificato sulle prime linee, sui capisaldi e sulle batterie. Solo il Pan di Zucchero nei pressi di Tolmino ed il ponte distrutto sull'Isonzo sono sottoposti ad un fuoco più intenso mentre bombarde pesanti italiane a lunga gittata fanno fuoco nella zona di Santa Lucia. Sull'altopiano della Bainsizza l'artiglieria italiana risponde vivacemente.

La scarsa azione difensiva degli italiani è per noi un enigma, ma una grande fortuna per le truppe d'assalto che fittamente ammassate si tengono pronte nei ricoveri, nelle trincee ed in parte anche nei tunnel.

Evidentemente in poco tempo il gas comincia a fare effetto. Riceviamo una telefonata dalla prima linea, ci dice che il fuoco d'artiglieria italiano diventa sempre più debole. Le batterie tacciono una dopo l'altra. Anche i riflettori italiani, presi sotto tiro, si spengono uno alla volta. Molti artiglieri, per sfuggire ai gas, abbandonano le postazioni, più tardi i cannoni saranno catturati intatti. Per 2 ore, fino alle 4, a Plezzo fino alle 4.30, dura il tiro a gas e dirompente. Poi scende un silenzio ingannatore.

Secondo i piani, la pausa del fuoco dura fino alle 6 del mattino a Tolmino, fino alle 6.30 a Plezzo.

Là dall'altra parte, a mezzanotte, nella più fitta oscurità, i genieri del 35° Battaglione hanno portato a termine i preparativi per il grande lancio di gas mentre le bombarde di Pagenstecher tacciono ancora. Alle 2 vengono scaricate le bombe a gas in due riprese – 900 colpi e poi di nuovo 100. Tutta la zona accidentata, munita di nidi di mitragliatrici a sud della strada ma anche davanti al fiume, in pochi minuti viene totalmente contaminata. Qui le postazioni sono difese dal V Battaglione dell'87° Reggimento di fanteria e dal II Battaglione dell'88° Reggimento di fanteria della Brigata Friuli (50ª Divisione). L'effetto è terribile. Uomini, cavalli, muli, mucche, uccelli vengono colti di sorpresa e rimangono lì dove si trovano mortalmente avvelenati. I soldati italiani muoiono in piedi, seduti, sdraiati, nel sonno, di vedetta, alla mitragliatrice. Nei ricoveri si troveranno cadaveri con ancora la tazza di caffè in mano. Pochissimi riescono a salvarsi. Dopo l'attacco si raccolgono più di 800 morti. L'intero pericolosissimo territorio e con esso la minaccia al fianco sud dell'attacco nella zona di Plezzo era eliminato.

Verso le 4 il fuoco d'artiglieria diminuisce. I nostri osservatori e le vedette continuano a scrutare nell'oscurità della valle dell'Isonzo. Sono ben svegli e fiduciosi – sanno che il fuoco d'efficacia vero e proprio è imminente. La pausa è sinistra, piena di inquietudine e tensione. Mancano due ore all'inizio dei tiri di aggiustamento e del fuoco di annientamento.

Dopo un breve riposo corro nella saletta delle carte del reparto operazioni e presidio il telefono. Si fanno vivi anche gli altri colleghi, uno dopo l'altro. Tra di noi quasi non parliamo, ognuno è immerso nei suoi pensieri – nelle sue preoccupazioni. "Speriamo che vada tutto bene", questo è certamente il pensiero di ognuno di noi.

Il mio telefono crepita – sollevo la cornetta e ascolto –, niente di importante.

Poco prima delle 6 la prima linea si anima. Le bombarde e le batterie si preparano per i tiri di aggiustamento. Si devono effettuare a gruppi, in rapida sequenza per poter passare il più velocemente possibile al tiro efficace che deve iniziare con grande violenza alle 6.15 in punto.

La visibilità alle 6 del mattino è ancora molto scarsa. Cade una pioggerella che ostacola sensibilmente l'esatta individuazione degli obiettivi. Gli osservatori si impegnano all'estremo. La maggior parte degli ufficiali delle bombarde comanda personalmente i tiri d'aggiustamento, sdraiati sulla scarpata, i binocoli premuti sugli occhi, essi attendono, pronti, l'ordine di aprire il fuoco, ma nessuno è nervoso perché la sera del 23 ottobre gli osservatori avevano visto con grande gioia e soddisfazione che già i primi tiri di aggiustamento centravano l'obiettivo nonostante il dislivello. Le mie tabelle grafiche di tiro avranno contribuito.

Ecco, le 6 – ci siamo. Da tutte le direzioni i colpi delle batterie e delle bombarde sibilano nel cielo cupo, ululati e rombi riempiono l'aria e dall'altra parte balenano le fiammate accecanti dei proiettili detonanti. Lungo tutta la linea italiana da Sv. Danijel, Volče, Čiginj a valle e fin su alle postazioni in cresta dello Ježa, del Kolovrat, nella valle al di qua dell'Isonzo sul Vodel, sul Mrzli e fin su Planina Sleme si forma una catena di fuoco di granate e bombe. Il rombo di tuono scende dal Krn, esce dalla conca di Plezzo e va a perdersi nel possente rimbombo vicino a Tolmino. Rapidamente i gruppi di bombarde inquadrano gli obiettivi assegnati, fanno degli aggiustamenti laterali e dopo pochi minuti passano al tiro effettivo con la massima forza di fuoco. Poiché le bombarde devono cannoneggiare da sole ampi tratti della prima linea e l'artiglieria è puntata su obiettivi più lontani, non si ostacolano particolarmente nei tiri d'aggiustamento nonostante gli impedimenti di visuale. Alle 6.15 il fuoco cresce come un uragano, tutta la conca di Tolmino si trasforma in un inferno. Nessuno sente più la propria voce. Al telefono il rimbombo ed il crepitio sono così forti che non riesco a capire le comunicazioni dalla prima linea. Le esplosioni di bombe e granate lampeggiano ininterrottamente nel fitto fumo che attraversa la valle dell'Isonzo. Il rombo, ad ondate, urta contro le alte pareti rocciose, l'eco rotola attraverso le valli e rafforza il mostruoso rumore della battaglia.

Dalle 6.30 il fuoco tambureggiante inizia anche nella conca di Plezzo. I gruppi di bombarde di Pagenstecher non hanno difficoltà ad aggiustare il tiro con precisione. In tutti i punti di sfondamento e nei punti cruciali le nostre bombe fanno a pezzi gli ostacoli, spianano le trincee e formano ampi corridoi.

In questo frastuono infernale i nostri uomini, curiosi, strisciano uno ad uno dai ricoveri sulla testa di ponte di Tolmino alle trincee per assistere al devastante bombardamento delle postazioni nemiche. Lo possono fare perché la difesa continua a diminuire ed infine cessa del tutto. I soldati si possono muovere liberamente, addirittura fumare una sigaretta, la loro fiducia cresce di minuto in minuto.

Anche sulla Sleme, sul Vodel e sul Mrzli tutto procede secondo i piani. Ogni volta che le bombe di grosso o medio calibro cadono nelle postazioni nemiche poste più in basso, massi e detriti scrosciano a valle. Manca il temuto fuoco d'infilata dell'artiglieria italiana, solo poche batterie sparano.

Le due compagnie bombarde da montagna dell'*Alpenkorps* concentrano il fuoco sulle postazioni davanti a Sv. Danijel – il battaglione Wandelsleben su quelle davanti a Volče. Il Gruppo Spiess fa a pezzi gli ostacoli e le trincee di Čiginj e riduce in macerie anche il paese. Poco prima dell'inizio dell'attacco della fanteria, le sue 16 bombarde leggere sottopongono al tiro rapido le linee nemiche ed i capisaldi in modo che nessun italiano metta fuori la testa durante l'assalto. La batteria di cannoni campali assegnata al gruppo sud doveva contrastare con tiro diretto le pericolose caverne di quota 431. Anche qui 5 bombarde leggere intervengono solo nell'ultimo quarto d'ora con tiro rapido per permettere alle truppe combattenti di passare senza perdite attraverso gli avvallamenti ed i corridoi aperti.

NOTE

(1) 1ª-4ª Battaglia dell'Isonzo 1915; 5ª, marzo-aprile 1916; 6ª, conquista di Gorizia, agosto 1916; 7ª, 8ª e 9ª settembre-novembre 1916 sul Carso; 10ª nel maggio 1917; 11ª, conquista dell'altopiano di Bainsizza-Santo Spirito, estate 1917.

(2) Perché esperto dell'azione dell'artiglieria nelle operazioni di sfondamento.

(3) Mrzli vrh da non confondere con l'omonima cima secondaria del Monte Matajur dall'altra parte dell'Isonzo.

(4) Con il termine "*Katzelmacher*" si indicavano spregiativamente gli italiani.

(5) Il tenente Spiess è l'autore del libro: *Minenwerfer im Grosskampf*, pubblicato alla fine della Prima guerra mondiale.

(6) Il colonnello Peterson, specialista in gas dell'Alto Comando tedesco deve aver esaminato la possibilità di un attacco con i gas vicino a Plezzo ed aver dato parere positivo. Ne sentimmo parlare in seguito, ma non abbiamo mai avuto modo di vederlo.

(7) Nell'opera di Pierre Walin sui *Crapuillots* (bombarde) si trovano informazioni più dettagliate sulle bombarde italiane.

LA BATTAGLIA DI SFONDAMENTO SULL'ISONZO (24-26 OTTOBRE 1917)

Si scatena l'assalto

Alle 8 in punto il fuoco di tutte le bombarde viene spostato in avanti e fatto convergere sulle seconde linee italiane o su capisaldi pericolosi per quanto permetta la gittata. Le bombarde pesanti tacciono.

Seguono minuti di preoccupazione. Il pericoloso momento dell'attraversamento della terra di nessuno a fondovalle passa senza che gli osservatori nemici dall'alto dei monti si accorgano dell'attacco. Gli italiani perdono l'attimo decisivo per un efficace fuoco di sbarramento. Molte batterie di difesa sono paralizzate, altre – come si saprà più tardi – non sparano perché attendono l'ordine dai Corpi d'armata che prevedevano un giorno di preparazione dell'artiglieria e non volevano sprecare munizioni.

Sulla Sleme, sul Mrzli e sul Vodel l'attacco si svolge in stretta sincronia con la decisiva avanzata a valle sulle due rive dell'Isonzo, il I Corpo austro-ungarico nella zona di Plezzo e sui monti vicini irrompe nelle linee nemiche solo un'ora più tardi. Alle 9 il grosso delle truppe d'assalto della 14ª Armata è in piena avanzata.

Nella nostra saletta c'è molta agitazione. I telefoni crepitano, dal fronte arrivano comunicazioni su comunicazioni. In quattro urliamo negli apparecchi per confermare le indicazioni e trasmettere istruzioni, la ricezione è difficile non solo perché i collegamenti sono cattivi, ma anche per l'enorme frastuono della battaglia. Cerchiamo di riportare i movimenti delle colonne all'attacco sulle carte 1:5.000. Continuamente entrano dei curiosi per informarsi sulla situazione in prima linea. Tra loro non ci sono gli ufficiali del reparto operazioni e ci sembra strano. Pensavamo che in quest'ora decisiva il nostro Stato Maggiore sarebbe stato il più curioso, non è affatto così – gli ufficiali sono la tranquillità in persona ed aspettano. Finalmente alle 8,30 arriva la notizia decisiva, liberatrice: l'irruzione nelle linee italiane a Tolmino è riuscita dappertutto senza intoppi e quasi senza perdite, la fanteria ha già superato Volče e Čiginj e sta salendo verso i monti. Le nostre bombarde hanno fatto un lavoro eccellente.

Anche nella zona della 50ª Divisione austro-ungarica sul Vodel, sul Mrzli e a Planina Sleme le bombarde forniscono una prova eccezionale. In tutti i punti cruciali e nelle trincee vicine l'irruzione è riuscita, ora si stanno rapidamente travolgendo le postazioni verso valle. Le due brigate da montagna, nonostante il nevischio, avanzano subito verso la 2ª linea sul Kožljak (1.602 m) a Vrsno e verso Selišče ed alleggeriscono così l'avanzata a valle della 12ª Divisione.

Dalla conca di Plezzo poco dopo le 9 arriva solo la scarna notizia che anche là la prima linea del nemico è stata sopraffatta, che è stata aggirata l'area dei gas e che gli *Schützen* stanno entrando a Plezzo. Dappertutto i battaglioni, i reggimenti, le brigate e le divisioni della riserva si sono messi in movimento e seguono le truppe combattenti.

Il barone von Rössing è nel nostro ufficio ed attende con impazienza i risultati dei cannoneggiamenti ed i successi delle colonne d'assalto. Di tanto in tanto gli mando degli appunti con le novità più importanti. Quando il nostro successo è diventato assoluta certezza passo un momento da lui. Mi dà spontaneamente la mano, nessuno riesce o vuole dire qualcosa.

In corridoio incontro il barone von Willisen che parla con il maggiore Jochim, l'ufficiale responsabile degli approvvigionamenti. Entusiasta mi avvicino e mi congratulo per il magnifico successo. Si gira sbalordito, mi guarda stupito e mi dice una frase che non ho più dimenticato: "Ma – ragazzo – è solo l'inizio!" – ed ha veramente ragione.

Se le fatiche per i preparativi dell'attacco ci hanno esaurito, spossato e siamo dimagriti e pallidi, dal momento dell'attacco subentra un cambiamento sorprendente. Ora sul Quartier Generale della 14ª Armata è sceso il silenzio. Si ha l'impressione che improvvisamente non ci sia più nulla da fare, di essere disoccupati. Ora è la truppa che decide i fatti. A volte si vedono gli ufficiali del reparto operazioni fumare o chiacchierare nei corridoi come se avessero tempo libero. Solo da noi i telefoni crepitano in continuazione e nel reparto informazioni, con le sue telescriventi e telegrafi, c'è grande attività.

Verso le 11 ho il Gruppo Krauss al telefono: buone notizie. L'attacco è in pieno svolgimento, gli *Schützen* di Graz hanno superato Plezzo. Non si creda che le informazioni dal fronte ci arrivassero in una corretta sequenza cronologica, molto spesso si accavallavano, dal mosaico delle singole comunicazioni non era certo facile ricostruire il susseguirsi dei combattimenti e gli obiettivi raggiunti. Spesso arrivava l'annuncio che un monte o una postazione importanti, o una quota fortificata erano già stati espugnati e non sapevamo nemmeno che vi fosse in corso un attacco, oppure notizie che tutti aspettavamo ansiosamente arrivavano al comando con grande ritardo. La comunicazione non era ostacolata solo dalle difficoltà di trasmissione su tratti che diventavano sempre più lunghi e dalla rapida avanzata delle truppe, ma anche dal fatto che alcuni Stati Maggiori già al mattino del primo giorno d'attacco dovettero cambiare posizione.

La grande offensiva comune si risolve ora in azioni singole di audacia difficilmente superabile. Naturalmente i nostri uomini non sanno chi hanno di fronte, tutt'al più i comandanti conoscono le divisioni, le brigate ed i reggimenti italiani di prima linea. Presto i prigionieri ci daranno informazioni più precise sul nemico ed il suo comportamento in combattimento.

Per dare un quadro completo dei fatti si è deciso di utilizzare nelle descrizioni che seguiranno le indicazioni desunte da fonti ufficiali italiane.

Il mattino del 24 trascorre in assiduo lavoro, quasi non ci accorgiamo del tempo che passa, l'eccitazione e la tensione sono troppo grandi.

Nel pomeriggio improvvisamente compare nella nostra saletta il maggiore von Willisen, guarda la grande carta e dichiara:

"Signori – Caporetto è presa!"

Ha l'effetto di una bomba. Vogliamo saperne di più, insistiamo.

"Non conosciamo ancora i particolari, ma la 12ª Divisione imbocca ora la valle del Natisone per raggiungere Kred. Non ci resta che aspettare".

Scompare di nuovo, ma noi mettiamo subito una bandierina su Caporetto. Rivolto agli altri dico:

"Se è vero, il fronte sul massiccio del Krn è rotto, anzi abbiamo tagliato quasi completamente la via di ritirata alla 43ª ed alla 46ª Divisione italiana. Mancano solo la tenaglia di Plezzo, la caduta di Žaga e del Monte Stol e l'accerchiamento è completo".

Con le comunicazioni che arrivano nella serata e nella notte abbiamo un quadro più preciso dell'andamento del primo giorno di attacco.

L'urto principale della 14ª Armata è avvenuto lungo l'Isonzo in direzione di Caporetto, ma, per rendere più comprensibili gli avvenimenti nella conca di Tolmino, la descrizione di questa memorabile battaglia di sfondamento comincerà dall'ala destra, dunque da nord, secondo antica consuetudine.

La tenaglia di Plezzo diventa efficace

Alle 9 in punto nel settore del Gruppo Krauss il fuoco dell'artiglieria e delle bombarde fu fatto convergere sul sistema di postazioni arretrate e su Plezzo stesso. Si scatenò l'assalto. Già mentre cadevano le ultime bombe, gruppi di soldati italiani uscirono dalle trincee devastate e corsero verso le nostre linee rivelando così agli *Schützen* di Graz corridoi sicuri attraverso i larghi ostacoli (una troupe cinematografica annidata in prima linea li ha ripresi). Il 26° Reggimento *Schützen* (della 22ª Divisione austro-ungarica) attaccò nella nebbia e nel fumo denso e sfondò con uno slancio poderoso tutto il sistema di postazioni davanti a Plezzo ed il paese stesso. Resti della guarnigione – reparti dell'87° Reggimento della Brigata Friuli – furono sopraffatti e presi prigionieri. Non ci fu il temuto fuoco d'infilata dalla zona accidentata sulla riva del fiume, l'attacco notturno con i gas aveva avuto un effetto devastante. I soldati italiani (dell'87° ed 88° Reggimento di fanteria) nelle trincee o nei ricoveri erano caduti. Solo sull'ala destra, sul pendio inferiore del Monte Rombon, ci furono delle difficoltà e delle perdite, ma anche qui la resistenza cessò presto. L'avanzata continuava.

Brutta, invece, era la situazione sul Rombon e più a nord, a più di 2.000 metri, nel settore della Brigata da montagna del colonnello Spiess (della 3ª Divisione *Edelweiss*) e della 59ª Brigata da montagna della 10ª Armata austro-ungarica, che attaccavano assieme. Alle 7.30 una violenta tempesta di neve ed una fitta nebbia avevano reso quasi impossibili le operazioni. I tirolesi avevano comunque effettuato un attacco contro Sella Prevala, ma si erano arrestati nel gelo e nella neve profonda davanti agli ostacoli. Dopo aver insistito per ore si dovettero ritirare. Dopo questa esperienza il colonnello voleva rinviare l'azione, ma il generale von Wieden insisté per continuare l'attacco. Si doveva inchiodare il nemico e proteggere il fianco destro della 22ª Divisione nella sua audace avanzata a valle.

La guarnigione italiana sul Rombon – il Battaglione Alpini Borgo San Dalmazzo ed il Battaglione Dronero con il tenente colonnello Alfredo Cantoni, appoggiati dal Battaglione Alpini Saluzzo, più arretrato – si difese eroicamente, ma la situazione era molto pericolosa e la sera, nel nevischio, si dovette ritirare. Fu una decisione che costò molte vittime.

Anche alla 59ª Brigata da montagna della 10ª Armata austro-ungarica (il vicino di destra) andava male. Avrebbe dovuto prendere Sella Nevea, ma si arrestò nella neve alta. Una compagnia da montagna si era già calata con le corde lungo una parete di roccia per arrivare alle spalle del nemico ma dovettero andare a riprenderla.

A valle, gli stiriani si erano già lasciati alle spalle Plezzo ed erano davanti ad una linea di sbarramento nei pressi di Plužna dove si erano ritirati i resti dell'87° Reggimento di fanteria italiano per opporre di nuovo resistenza. Con un abile aggiramento da nord, alle 11 la postazione cadde in mano nostra e la possente avanzata penetrò profondamente nella valle dell'Isonzo. Alle 13 venne sopraffatta la seconda linea italiana dopo Dvor. Dalla dorsale del Polovnik alcune batterie italiane aprirono un fuoco di sbarramento davanti alla terza linea vicino a Podčela, ma non riuscirono a fermare l'avanzata.

Oggi sappiamo che il generale Montuori, il sostituto di Capello, conosceva la pericolosa situazione a Caporetto e verso le 14 aveva ordinato alla 50ª Divisione di ritirarsi sul Monte Stol. Il suo ordine però non arrivò ed il generale Arrighi, il comandante della 50ª Divisione italiana duramente provata, alle 18 ritirò di sua iniziativa i resti delle sue truppe per occupare la linea di difesa sul Monte Hum, sul Prvi Hum e sul Monte Stol. La terza linea nella conca di Plezzo non era più difesa e la 22ª Divisione la superò senza combattere. I ritardi furono causati solo dalla piena della Boka, un affluente dell'Isonzo, e dai ponti fatti saltare. Alle 21 Žaga cadde in mano della divisione di Graz. Iniziava la salita al Monte Stol. La Divisione *Edelweiss* si incaricò di conquistare la cima. Un reparto venne mandato nella valle di Uccea, un altro a Trnovo ob Soči.

Non avevamo ancora notizie attendibili sulla 55ª Divisione del principe Felix von Schwarzenberg, che avanzava a sud tra la località di Čezsoča (a valle) ed il Krn. Ci avevano informato però che i bosniaci del 4° Reggimento alle 9.30 avevano fatto saltare la cima del Monte Vršič (1.897 m), coperto di neve, ed avevano strappato il monte a reparti della Brigata Genova. Si diceva che poi fossero avanzati di slancio fino alla sella Zaprikraj, ma che si fossero arrestati nella tempesta di neve. La bufera aveva impedito anche l'attacco programmato contro la linea sulla cresta gelata tra il Vršič ed il Monte Vrata. Il 7° Reggimento carinziano, invece, dopo aver superato la fossa dello Slatnik deve aver sfondato in un eroico assalto l'ala sinistra della 43ª Divisione italiana (comandata dal generale Farisoglio) e deve aver raggiunto la linea in vetta del Krasji vrh e della Jama Planina. In questa azione – a quanto si dice nella comunicazione – venne fatto prigioniero un Battaglione del 97° Reggimento di fanteria italiano della Brigata Genova.

Le postazioni sulla dorsale del Polovnik facevano ancora parte del settore della 50ª Divisione italiana e vennero quindi abbandonate in serata come la terza linea nella valle dell'Isonzo.

Quando si diffuse la notizia della caduta di Caporetto, il principe nella notte tentò nuovamente di sfondare verso Caporetto passando per Planina Zaprikraj e Drežniške Ravne, ma si dovette difendere da un violento contrattacco della Brigata Etna e degli Alpini del Battaglione Monte Albergian.

Per molto tempo non ci sono state comunicazioni dal Krn e dal Batognica (Monte Rosso). Ora sappiamo che anche in questo punto nevralgico (al confine tra la 55ª e la 50ª Divisione austro-ungarica) l'attacco ha avuto un completo successo. Era iniziato puntualmente alle 9 con l'esplosione di una mina sull'altopiano del Krn che aveva demolito alcuni tratti della prima linea ed aveva causato pesanti perdite alla guarnigione, formata da reparti del 223° Reggimento di fanteria della Brigata Etna. Probabilmente c'era stato anche il fuoco annientante di sei bombarde medie della 117ª Compagnia, ma non avevamo notizie. Era sicuro solo che il IV Battaglione dell'80° fanteria austro-ungarico aveva fatto irruzione nella linea italiana sull'altopiano ed aveva travolto l'intero sistema di trincee e che pochi resti della guarnigione (del 223° Reggimento di fanteria) erano riusciti a trovare un appoggio temporaneo nella terza linea. La cima del Krn rimaneva avvolta in una fitta nebbia, gli osservatori dell'artiglieria non avevano visibilità. Con uno slancio audace era stata espugnata tutta la linea sull'altopiano fino al punto di sbarramento del Kožljak dove il nemico si difese ancora per qualche tempo.

Le azioni sul Krn servivano principalmente ad inchiodare il nemico sui monti, ma la riuscita del sorprendente attacco a valle della 12ª

Divisione dipendeva decisamente dal successo della vicina 50ª Divisione austro-ungarica che, attaccando, proteggeva il fianco destro dei brandenburghesi in avanzata.

Il generale Gerabek (50ª Divisione austro-ungarica) aveva allestito il suo posto di comando tattico su Planina Sleme da dove poteva controllare tutta la zona d'attacco ed intervenire efficacemente se necessario. Le sue 15ª e 3ª Brigata da montagna, che conoscevo bene, avevano il difficile compito di scendere lungo il ripido pendio roccioso verso l'Isonzo ed irrompere nelle postazioni ben consolidate e circondate da alti ostacoli di filo spinato per togliere al nemico ogni possibilità di intervento a valle. Il cannoneggiamento del 5° battaglione bombarde sulla Sleme, e soprattutto sulla prima linea del Mrzli e quello della 173ª Compagnia bombarde da montagna rinforzata sul pendio del Vodel ebbero un effetto devastante. Esattamente alle 8 in tutti i punti iniziò lo sfondamento in profondità delle trincee italiane per travolgerle verso valle. Già alle 9 gli *Schützen* austro-ungarici avevano accerchiato e sopraffatto la guarnigione della prima linea sul Mrzli. I resti, formati da reparti delle Brigate Etna e Caltanisetta (della 46ª Divisione), vennero inseguiti e spinti a valle. Solo pochi nidi di resistenza e capisaldi isolati ressero ancora per qualche tempo vicino alla Leskovca Planina ed a quota 1.186. La 3ª Brigata da montagna del colonnello von Tlaskal alle 11 prese il paese di Krn, la 15ª del colonnello Koschak superò verso le 9 quota 1.186, penetrò profondamente nella valle dell'Isonzo verso Gabrje e Volarje e ruppe la resistenza del 155° e del 156° Reggimento italiano della Brigata Alessandria. L'azione alleggerì decisamente l'attacco a valle sulla riva orientale delle divisioni brandeburghesi. Nel corso del pomeriggio le unità della 50ª Divisione austro-ungarica arrivarono al ponte di Idrsko che avevamo tempestivamente occupato e si arroccarono sulla riva occidentale per seguire rapidamente la 12ª Divisione che risaliva il fiume. Alcuni reparti della 3ª Brigata da montagna capitarono davanti alla linea di sbarramento che dal Krn, attraverso il Kožljak e quota 1.304, scendeva a Vrsno e vennero fermati da reparti del 224° Reggimento di fanteria (Brigata Etna) duramente provato. Verso mezzogiorno Bersaglieri, Alpini e reparti di fanteria costituirono un fronte d'emergenza nella zona antistante Caporetto nella convinzione di poter ancora difendere il paese. Alcune unità vennero isolate ed accerchiate perché non erano state raggiunte dall'ordine di ripiegare, ad esempio la Brigata Genova o il XXX Battaglione Bersaglieri e gli Alpini nella zona del Volnik vicino a Vrsno ed al colle di Pleče. Il crollo della 46ª Divisione e di tutte le truppe di rinforzo impiegate (Fanteria, Alpini, Bersaglieri, Artiglieria e Bombarde) era completo. A sera la 50ª Divisione austro-ungarica aveva fatto 7.000 prigionieri e catturato 90 cannoni.

La 43ª Divisione italiana tentò fino a sera di tenere le posizioni in alta montagna e di fermare l'assalto degli austro-tedeschi sul Volnik, sul Kožljak e poi vicino a Kamno, Vrsno e sulla Pleče. Quando la situazione divenne troppo pericolosa, il generale Farisoglio diede l'ordine di ritirarsi sul Monte Stol. Egli, invece, scese a Caporetto perché aveva visto un ammassamento caotico delle sue truppe e voleva mettere ordine ed anche perché intendeva informare per telefono il comando del IV Corpo. Un errore imbarazzante, tutti gli italiani erano già prigionieri. Attraversò senza sospetti il ponte a traliccio vicino a Caporetto e dall'altra parte una pattuglia tedesca accolse prontamente lui ed i suoi accompagnatori. Nello stesso momento il ponte saltò in aria sotto gli occhi di un piccolo distaccamento avanzato tedesco che avrebbe dovuto impedirne la distruzione. La ritirata della 43ª Divisione attraverso Caporetto era diventata impossibile. I resti si potevano salvare al di là del fiume solo attraversando il ponte di Trnovo ob Soči. Nidi di mitragliatrici e bastioni isolati sulle pendici del massiccio del Krn, ma anche battaglioni mandati in prima linea resistettero ancora a lungo perché non erano stati raggiunti dall'ordine di ritirata. Nessuno sfuggì alla prigionia.

Verso mezzanotte siamo davanti alla grande carta e commentiamo la situazione. Simon dice:

"Ora è tutto deciso".

Lo contraddico vivacemente:

"Oh no – assolutamente no. Non abbiamo ancora sfondato la linea in cresta sulla dorsale del Kolovrat. Là si deciderà. La cima del Kolovrat è il nodo gordiano di tutte e tre le linee di difesa italiane".

Ma andiamo avanti. Com'è la situazione dei Gruppi Stein e Berrer?"

Il Gruppo Stein

La 12ª Divisione brandenburghese guidava al centro l'avanzata principale in direzione di Caporetto sulle due rive dell'Isonzo impetuoso. Fino al ponte di Idrsko, molto indietro nella valle, i due reggimenti in prima linea (63° e 23°) non avevano possibilità di arroccamento in caso di necessità ad eccezione di una pericolosa passerella in legno. Ogni reggimento dipendeva da se stesso e dall'efficacia della protezione sui fianchi operata dalla 50ª Divisione austro-ungarica sulle pendici del Vodel e del Mrzli e dall'*Alpenkorps* e dal Battaglione da montagna württemberghese sulla dorsale del Kolovrat. Il terzo reggimento della divisione (il 62°) sarebbe stato di rincalzo.

Sulla riva orientale del grande fiume il 63° Reggimento venne rinforzato dal I Battaglione del 23° perché si prevedevano delle difficoltà nello sfondamento. Le compagnie si erano in parte annidate nella terra di nessuno tra la strada per Gabrje e l'Isonzo per poter penetrare il più rapidamente possibile nelle postazioni italiane dopo lo spostamento del fuoco. Alle 8 in punto, non appena il bombardamento a tappeto venne spostato in avanti, i fanti irruppero, superarono gli ampi ostacoli ridotti in pezzi e cominciarono a travolgere le trincee. Un forte bastione – detto 'ridottino' – al di sopra della strada oppose un'accanita resistenza. Infine i brandenburghesi riuscirono a sfondare davanti a Dolje verso Gabrje e Volarje perché il loro fianco era efficacemente protetto dall'assalto della 50ª Divisione austro-ungarica e il fuoco dai pendii del Vodel quasi cessò. Vennero fatti molti prigionieri del 156° Reggimento italiano di fanteria della Brigata Alessandria. Fu una fortuna che la nebbia e la pioggia impedissero agli osservatori dell'artiglieria italiana sulle alture dall'altra parte del Kolovrat di vedere gli avvenimenti a valle.

Ora sappiamo che alle 10.30 il 63° aveva già superato Volarje ed alle 11 era arrivato vicino a Seliščе, sulla seconda linea che attraversava la valle dell'Isonzo.

Contemporaneamente al 63°, due battaglioni del 23° Reggimento (II e III Battaglione), provenendo dal margine nord di Sv. Marija, avanzarono assieme al Battaglione da montagna württemberghese sull'altra sponda dell'Isonzo, attraverso Sv. Danijel raggiunsero rapidamente e senza perdite il margine inferiore del bosco e, protetti alla vista dal Hlevnik, avanzarono sulla strada in direzione di Caporetto. Alle 11 anch'essi raggiunsero senza combattere la seconda linea degli italiani. L'artiglieria campale della 12ª Divisione intanto aveva cambiato posizione portandosi in avanti ed investiva lo sbarramento con un violento tiro di granate. Nell'attimo dello spostamento del fuoco, ordinato con segnali luminosi, i brandenburghesi irruppero contemporaneamente nelle trincee italiane sulle due rive, le superarono ed avanzarono subito verso Idrsko. Il I Battaglione del 23°, assegnato al 63° sulla riva orientale, riuscì, uomo dopo uomo, ad attraversare l'Isonzo in piena su una stretta passerella sospesa ed a riunirsi al suo reggimento. Nei pressi di Kamno il 63° dovette piegare la resistenza di un battaglione della Brigata Caltanissetta. Alle 13 raggiunsero Idrsko. Un distaccamento avanzato riuscì all'ultimo momento ad impedire che saltasse il ponte sull'Isonzo. La pattuglia avanzò in fretta per tentare di proteggere anche il cosiddetto "ponte Eifel" nei pressi di Caporetto. Purtroppo arrivò con qualche minuto di ritardo.

Alle 15 la 12ª Divisione era davanti a Caporetto. Il IV Corpo d'Armata italiano tentò disperatamente di improvvisare in gran fretta una nuova linea di difesa a valle e sui pendii vicini, sul Volnik e sulla Pleče con il 282° Reggimento di fanteria della Brigata Foggia fatto avvicinare, con Bersaglieri, Alpini e reparti di artiglieria. Non servì a nulla. Alle 15.30 Caporetto venne assaltata e presa dopo un breve combattimento casa per casa. La popolazione esultava, si sentiva liberata, Caporetto, in fondo, era austriaca. Intanto dal massiccio del Krn continuavano a scendere a valle colonne e gruppi di italiani (della 43ª e della 46ª Divisione) che venivano presi prigionieri. 17.000 prigionieri furono portati indietro per Tolmino, la 12ª Divisione aveva catturato più di 100 pezzi d'artiglieria ed enormi depositi. Le formazioni furono riordinate e condotte subito nella valle del Natisone a Robič e Kred, dietro il massiccio del Matajur. Le due località vennero raggiunte a sera combattendo con le retroguardie.

Il generale Cavaciocchi, comandante del IV Corpo d'Armata italiano, che aveva il suo comando a Kred, riuscì a ritirarsi all'ultimo momento.

Il 25 ottobre la 12ª Divisione era penetrata nelle linee nemiche per 15 chilometri, una prova eccezionale, decisiva.

Il successo di questa avanzata a valle non ortodossa si deve indubbiamente alla copertura sui fianchi, costituita sulla riva orientale dell'Isonzo dall'attacco della 50ª Divisione austro-ungarica e sulla riva occidentale dalla salita dell'*Alpenkorps* e del Battaglione da montagna württemberghese lungo le pendici del Leščje (Costa Raunza). Essi tennero impegnato il nemico a tal punto che non gli rimase il tempo di occuparsi di quello che succedeva a valle. Certamente anche gli italiani ritenevano impossibile un attacco a valle dall'effetto così sbalorditivo e non avevano preso particolari contromisure. Come venimmo a sapere più tardi, la Brigata Napoli avrebbe dovuto bloccare la valle, ma il generale Capello, a quanto pare di sua iniziativa, l'aveva impiegata in altro modo. Si era creata quindi una sensibile falla difensiva della quale i brandenburghesi avevano saputo aprofittare. Nel pomeriggio tuttavia corremmo un serio pericolo. Né il Reggimento della Guardia dell'*Alpenkorps* né il Battaglione da montagna württemberghese riuscivano a tenere l'elevata velocità di marcia a valle. L'avanzata del 23° Reggimento era minacciata dall'attacco ai fianchi da parte di reparti del VII Corpo italiano che scendevano attraverso il passo di Livek e Golobi. Il nostro comando inviò il I Battaglione del 23° Reggimento di fanteria a proteggere il fianco sul ripido pendio occidentale. Il gruppo Eichholtz, salendo obliquamente attraverso i prati, guadagnò la strada per Golobi-Livek ed intercettò ignari reparti di Bersaglieri e colonne di munizioni. Sul Golobi, molto ben difeso, il battaglione incontrò una forte resistenza. Da qui la terza linea di difesa italiana (linea d'armata) saliva fino al sovrastante Monte Kuk. Davanti al Golobi il gruppo Eichholtz si fermò e si dovette accontentare di difendersi dai pericolosi contrattacchi italiani fino al giorno successivo quando arrivarono i rinforzi. Per il momento eravamo bloccati.

Già prima delle 8 del mattino il Reggimento della Guardia bavarese ed il 1° Reggimento *Jäger* (dell'*Alpenkorps*) si erano messi in movimento. Gli uomini del III Battaglione della Guardia con il Battaglione da montagna württemberghese sull'ala destra, protetti dalla nebbia e dal fumo del cannoneggiamento, scivolarono a fondovalle lungo il pendio roccioso di Sveta Marija. Molti precipitarono sulle rocce lisce, anche perché gli uomini dovevano trascinare pesi di 20-30 chili e più. Seguendo da vicino l'infernale ondata di fuoco riuscirono ad attraversare quasi senza intoppi e senza perdite i possenti ostacoli tra Volče e Sv. Danijel, superarono le prime postazioni del 207° Reggimento di fanteria della 19ª Divisione italiana e dopo una mezz'ora raggiunsero la protezione delle pareti rocciose alle pendici del Leščje. Questa è la catena montuosa che gli italiani chiamano "Costa Raunza" e che attraverso la Kovačičeva Planina porta al Hlevnik (875 m) ed attraverso sella del Na gradu al Monte Kolovrat (1.114 m). Mentre gli uomini della Guardia risalivano la dorsale, il Battaglione da montagna württemberghese con il maggiore Sproesser avanzava sul pendio nord-est in direzione di Foni ed il reparto Rommel deviava verso il Leščje vrh. Purtroppo fu presto chiaro che non tutte le postazioni nemiche sulla china boscosa erano state individuate e battute dall'artiglieria. Sulla dorsale di Costa Raunza si trovavano tre linee di difesa una dietro l'altra, molte batterie di calibri leggeri e medi e gruppi di bombarde. Secondo le comunicazioni l'ascesa cominciò alle 8.30. Poco dopo una batteria in azione venne colta di sorpresa e catturata. A quota 400 gli uomini della Guardia capitarono davanti a postazioni ben guarnite, protette da alti ostacoli di filo spinato che non si potevano attaccare frontalmente. Alle 10.30 avevano aggirato e superato tutte le postazioni di sbarramento. Poco dopo superarono il Leščje vrh ed attraverso la Kovačičeva Planina cominciarono a salire sul Hlevnik.

Anche il reparto del tenente Rommel sull'ala destra della Guardia si trovò in una situazione simile. Mentre saliva il pendio la testa del reparto incappò inaspettatamente in una forte postazione nel bosco e subì il fuoco ravvicinato delle mitragliatrici. Ci furono delle perdite. Rommel riuscì a ritirare gli uomini e li fece continuare la salita più in alto dove trovarono un sentiero che portava a Foni.

Mentre la Guardia in alto combatteva aspramente, Rommel che saliva con i suoi non venne notato. Il frastuono delle mitragliatrici, il fuoco della fanteria e soprattutto il fragoroso martellamento dell'artiglieria non permettevano di sentire i passi dei suoi uomini. Aveva riflettuto e sperato – così raccontò più tardi – di riuscire a trovare un varco tra i reticolati. Per esserne sicuro ordinò ad un caporale e ad otto uomini scelti:

"Avanzate tranquillamente sul sentiero come se foste italiani – capito – e guardate se c'è un varco tra i reticolati. Non sparate! Non gettate bombe a mano! Semplicemente camminate disinvolti. Se una sentinella vi sbarra la strada, fermatevi – È chiaro? Non dovete assolutamente fare rumore. Se fallisce arriviamo subito noi".

I soldati capirono. Corsero senza far rumore uno dietro l'altro lungo il sentiero e scomparvero alla vista. Passarono 10 minuti. Rommel aspettava e aspettava, ma non sentiva niente, solo la pioggia che cadeva ed il rombo dei cannoni che rimbombava nelle valli. Improvvisamente dei passi. Un portaordini tornò indietro ed informò che avevano trovato un varco. Sembrava che le sentinelle italiane si fossero rintanate in un ricovero per evitare la pioggia scrosciante. Il ricovero venne sgomberato, 17 soldati disarmati e presi prigionieri e tutto così piano che nemmeno quelli nella trincea vicina se ne accorsero.

Erwin Rommel aveva trovato la ricetta adatta a questo fronte: non sparare, aggirare, sorprendere, scioccare e poi catturare. Il suo metodo si era dimostrato eccellente.

Intanto gli uomini della Guardia avevano sorpreso e snidato parecchie batterie – un intero gruppo di artiglieria con 30 pezzi – e tutto un accampamento di bombarde pesanti vicino a Kamnica.

Alle 12,30 erano davanti alla cima del Hlevnik (876 m) dove attesero l'ondata di fuoco della nostra artiglieria pesante.

Nel frattempo la 12ª Compagnia della Guardia con il tenente Schörner riuscì a penetrare nella linea inferiore del Kamnica, tra Costa Raunza e Costa Duole (Osojnica), a risalire a poco a poco la val Kamnica e a prendere la località omonima. Continuando a salire verso sella Na gradu l'unità si trovò in una situazione difficile dalla quale venne tirata fuori dall'intervento del III Battaglione. Esattamente alle 14 cessò il fuoco sul Hlevnik, la Guardia avanzò, ma arrivarono troppo tardi, il reparto di Rommel aveva aggirato il fuoco d'artiglieria sul Hlevnik ed aveva già costretto il nemico alla ritirata. La strada verso sella Na gradu era libera. Ora i bavaresi e gli svevi, piegando a sud-ovest, salirono assieme a quota 1.044 ed alla cima del Kolovrat (1.114 metri). Il conte Bothmer, comandante del reggimento della Guardia, alle 16 era già davanti all'imponente sistema di trincee che trasformava in fortezza la zona attorno ed in cima al Kolovrat. Voleva lanciare l'attacco il giorno stesso, ma non fu possibile, il nemico era troppo forte. Ci furono degli attacchi diversivi. Sfruttando questa distrazione la 12ª Compagnia con il tenente Schörner risalì l'alta val Kamnica ed al tramonto, attraverso un varco, penetrò nella parte inferiore del sistema di trincee e riuscì a prendere un caposaldo fondamentale della possente linea in cresta, un'azione di incredibile audacia. Nella notte tutto il battaglione venne ritirato. Gli altri due battaglioni del reggimento della Guardia erano bloccati davanti al Kolovrat dove furono costretti a trascorrere la notte gelida.

Rommel intanto faceva rastrellare ed occupare la vicina quota 1.066. Il maggiore Sproesser con la colonna principale del Battaglione da montagna württemberghese nel corso della giornata aveva preso la località di Foni ed aveva sorpreso molte batterie. Anch'egli saliva ora con la sua colonna verso la sella del Nahrad.

Il Kolovrat aveva un'importanza decisiva. Il 24 il 1° Reggimento *Jäger* bavarese, in sincronia con l'avanzata della Guardia, fu impiegato più a sud, sull'Osojnica (che gli italiani chiamano "Costa Duole"), la dorsale che a sud della stretta val Kamnica porta alla cappella della Sleme (863 m) e, lungo una cresta, alla cima del Kolovrat. Questo importantissimo bastione veniva quindi attaccato da nord, da est e da sud. Il 1° *Jäger* attraversò la parte meridionale di Volče ed il fondovalle e salì la china di Costa Duole, ma a quota 732, nel bosco, si trovò davanti ad una postazione in cemento armato molto ben protetta del 208° Reggimento (Brigata Taro) e non riuscì a passare. Fu costretto a fermarsi ed a trascorrere lì la notte freddissima. Il comandante di reggimento poteva solo sperare che il giorno seguente l'artiglieria pesante intervenisse in modo decisivo e che i successi dei reparti vicini migliorassero la situazione.

Alla seconda punta d'attacco del 1° *Jäger* bavarese non andò meglio. Salendo lungo una depressione, riuscì a prendere quota 625, ma poi, poco a nord dello Ježa ed a sud-ovest di quota 732, l'unità capitò davanti alla stessa forte linea di sbarramento degli italiani, che, non essendo stata individuata, non era stata battuta dalla nostra artiglieria. Dopo inutili tentativi di aggirarla, anch'essa dovette trascorrere la notte gelida sul pendio senza ripari.

Solo l'ala destra dell'*Alpenkorps* finora aveva ottenuto successi decisivi, l'ala sinistra era rimasta bloccata. Stavamo segnando sulle carte gli obiettivi raggiunti quando fummo interrotti. Comparve un soldato dell'ufficio informazioni e ci raccontò dei radiomessaggi disperati che il generale Capello inviava nell'etere. Questo era all'incirca il loro contenuto: 'Come va la 19ª Divisione? – non ho notizie della 19ª Divisione – sono preoccupato per la 19ª Divisione –'. Il nemico certo non sospettava che potevamo decifrare ed ascoltare questi radiomessaggi. Avremmo potuto rispondergli: 'Ah quella –, quella si trova in marcia verso Kneža in prigionia.' In effetti la 19ª Divisione, che aveva sopportato il peso principale della difesa nella zona del Kolovrat, la sera del 24 era completamente annientata. Migliaia di uomini erano stati raccolti nei pressi di Tolmino e mandati nelle retrovie.

Il Gruppo Berrer

La situazione sfavorevole del 1° Reggimento *Jäger* bavarese sulle pendici di Costa Duole migliorò nel corso del pomeriggio grazie ad un successo strepitoso della 200ª Divisione, figlia dell'*Alpenkorps*. Verso le 7.45 il 3° e 4° Reggimento *Jäger* si erano già messi in movimento nel loro settore di combattimento per attraversare le rovine di Kozaršče e Čiginj e gli ostacoli distrutti dalle nostre bombarde. Il fuoco di sbarramento italiano iniziò troppo tardi, solo le unità di retroguardia ebbero delle perdite. Cominciò l'ascesa verso lo Ježa. Uomini esperti riuscirono a scalare il pericoloso bastione roccioso rinforzato con cemento armato a quota 428 ed a stanare la guarnigione con i fumogeni. Presto il 4° Reggimento *Jäger* attraverso quota 625 arrivò al falso Ježa (Bukova Ježa, 907 m). Lungo la strada colse di sorpresa delle bombarde pesanti e catturò alcuni serventi. Alle 10 il V Battaglione del 4° Reggimento *Jäger* bavarese aveva già raggiunto la cappella Sleme a quota 869 lasciandosi alla spalle il falso ed il vero Ježa. Subito fu violentemente attaccato da reparti del 208° Reggimento di fanteria della Brigata Taro. Il battaglione si difese con successo, ma, continuando a salire, incontrò postazioni italiane in cemento armato imprendibili senza la preparazione dell'artiglieria. Trascorse la notte davanti allo sbarramento.

Più fortuna ebbe il colonnello Rango con il suo 3° Reggimento *Jäger*. Due punte d'attacco iniziarono l'assalto dello Ježa. La prima (II e III Battaglione) raggiunse la ben protetta dorsale dello Ješenjak difesa dalla Brigata Spezia e dagli Alpini. La seconda (I e IV battaglione) attaccò lo Ježa da sud attraverso le quote 631 e 835. Il terreno qui risultò più favorevole, meno ripido e ricoperto da rada boscaglia. Le foto aeree più recenti mostravano che sullo Ješenjak a quota 732 c'era una sistemazione ad anello costruita come un fortino. Nonostante la violenta controffensiva si riuscì ad irrompere nella cintura che in un grande arco girava attorno al pendio inferiore dello Ješenjak ed al "Corno Ježa" e che era difesa dal 126° Reggimento di fanteria della Brigata Spezia. Alle 9.10 il cocuzzolo di quota 431 cadde in mano nostra. Il fuoco di sbarramento davanti al falso ed al vero Ježa cessò mentre la nostra artiglieria batteva pesantemente le postazioni italiane in vetta. Quando alle 10.10 gli *Jäger* penetrarono nella linea dello Ješenjak, una fitta nebbia avvolse all'improvviso i monti, gli osservatori dell'artiglieria italiana non riuscirono a vedere più nulla.

Attraverso quota 260 e 531, intanto, la punta d'attacco sinistra arrivava al sistema di trincee di quota 631. Nonostante il violento fuoco d'infilata dell'artiglieria e delle bombarde alle 11.04 la quota 631 venne presa. I reparti della Brigata Spezia (125° e 126° Reggimento di fanteria e Alpini del Battaglione Val d'Adige) che la difendevano si ritirarono verso valle. Sfortunatamente la nostra artiglieria, non informata, riprese a bombardare violentemente la quota tanto che si dovette sgomberarla. Solo alle 14 si riuscì a mettersi in contatto con il comandante dell'artiglieria ed a far cessare il fuoco sul cocuzzolo. Subito gli *Jäger* cominciarono a travolgere le postazioni in cresta verso il lato nord dello Ješenjak (732 metri).

Nel frattempo la compagnia *Jäger* del sottotenente Schneider si era faticosamente avvicinata a quota 780 e si era accorta della difficile situazione del I e del III Battaglione. Si lanciò subito all'attacco e con un audace colpo di mano ed un combattimento corpo a corpo alle 13.10 prese la postazione sullo Ješenjak a quota 835. Lassù molti soldati italiani – come fu riferito – indossavano ancora le maschere antigas.

Ora la cima dello Ježa era a soli 750 metri. I grossi calibri dell'artiglieria tedesca cadevano ininterrottamente. Si riuscì ancora a prendere l'antistante quota 909, ma la punta d'attacco si era troppo indebolita per attaccare anche lo Ježa, ben fortificato. Ci fu una pausa non voluta che il nemico sfruttò per effettuare violenti contrattacchi. Verso le 16.30 gli italiani riuscirono a riconquistare lo Ježa. Il colonnello von Rango ordinò allora al suo IV Battaglione di prendere lo Ježa quello stesso pomeriggio. Non fu più necessario, la 13ª Compagnia del sottotenente Goeke, spronata dalla vista dei molti prigionieri incontrati durante l'ascesa, con incredibile fegato, aveva assalito di sorpresa la postazione in vetta, sopraffatto la guarnigione ed occupato tutta la fortificazione ad anello. Trascorsero la notte lassù, nei bunker di cemento armato del nemico, mangiando le squisite vettovaglie del bottino di guerra. Alcuni reparti delle Brigate Spezia e Napoli e del Battaglione Alpini Val d'Adige tentarono disperatamente di riconquistare lo Ježa, ma vennero respinti. Di nuovo migliaia di prigionieri scesero a valle verso Tolmino. Con minime perdite erano stati catturati 95 pezzi d'artiglieria, 45 bombarde pesanti e 44 mitragliatrici.

L'obiettivo del giorno, lo Ježa, un cardine di tutta la linea di difesa italiana, era caduto e questo dava la carica. Da qui potevamo attaccare da sud il bastione principale del Kolovrat ed aprirci un varco. Le altre due divisioni del Gruppo Berrer, la 26ª e la 117ª seguivano a tappe.

Il Gruppo Scotti

Il compito della 1ª Divisione austro-ungarica della 14ª Armata sull'ala sinistra non era meno difficile di quello delle altre divisioni di prima linea. La 7ª Brigata da montagna a. u., a sinistra della 200ª Divisione, doveva prendere il Varda vrh, la dorsale Cemponi e lo Žible vrh, la 22ª Brigata da montagna avrebbe dovuto espugnare il Čukli vrh, il Javor e il Grad (696 m), fare una conversione a sud ed arrivare dietro i ponti sull'Isonzo di Ročinj e Log per impedirne la distruzione. La manovra avrebbe facilitato l'avanzata sul fiume all'ala destra della 2ª *Isonzoarmee*.

Questa eccellente divisione doveva attaccare in due direzioni divergenti, ad ovest ed a sud. La 5ª Divisione, in attesa nelle retrovie nella valle dell'Idria, avrebbe seguito la 1ª Divisione austro-ungarica durante la battaglia. Di fronte si trovava, a quanto si sapeva, l'ala destra della 19ª Divisione del XXVII Corpo d'Armata del generale Badoglio con una fortissima artiglieria e bombarde pesanti a lunga gittata.

Già alle 7, sotto una leggera pioggia, i fanti della 7ª Brigata da montagna si misero in movimento approfittando del tiro d'efficacia dell'artiglieria e superarono il fondovalle senza farsi notare. Le postazioni italiane si trovavano a più di un chilometro e mezzo sul pendio della montagna e per questo non potemmo impiegare le bombarde la cui gittata non era sufficiente.

Le due brigate superarono la zona pericolosa senza perdite; il fuoco dell'artiglieria e delle bombarde però causò alcune perdite tra le unità che seguivano. L'audace attacco della 7ª Brigata riuscì di slancio. Alle 9.30 la punta destra d'attacco era sulla dorsale Cemponi e sbaragliava due battaglioni del 125° Reggimento di fanteria della Brigata Spezia, un violento contrattacco del Battaglione Alpini Morbegno venne respinto. Poco dopo cadde il Varda vrh (672 m). Il nemico battuto si ritirò. Subito alcune batterie da montagna austro-ungariche si portarono in posizione sulla dorsale Cemponi e resero possibile l'ulteriore avanzata alle 13.25 verso Bizjaki e l'importante Ostri Kras (761 m) dove gli uomini trascorsero la notte.

La 22ª Brigata superò la valle ed alle 10.45 cominciò l'attacco alla Žible vrh (606 m) che conquistò alle 12. Nei boschi venne fermata a lungo da postazioni italiane che non erano state individuate, ma alle 16 sfondò verso il Grad e lo prese. Poi, secondo gli ordini, l'unità si diresse verso sud, scese lungo il fiume dietro il fondovalle e la ferrovia dell'Isonzo e prese i ponti di Ročinj e Log. Il nemico era nel caos e si cercò di sfruttare la situazione. Obiettivo lontano della 1ª Divisione austro-ungarica rimaneva il forte bastione del Globočak, un punto fondamentale della linea d'armata.

Nella notte tra il 24 ed il 25 ottobre noi ufficiali più giovani eravamo attorno alla grande carta con l'indicazione delle postazioni e discutevamo i risultati del primo giorno d'attacco. Dal nostro punto di vista ci trovavamo in una situazione molto favorevole, lo sfondamento era riuscito per più di 10 chilometri nella conca di Plezzo e per più di 15 chilometri a Caporetto, avevamo anche conquistato Caporetto e l'ingresso della valle del Natisone. Tranne pochi resti, le divisioni del IV Corpo d'Armata (la 50ª, la 43ª e la 46ª Divisione) e la 19ª Divisione del XXVII Corpo d'Armata erano state annientate o erano state fatte prigioniere. Sui monti però il nemico teneva ancora saldamente la linea di resistenza principale dal Monte Matajur, Monte Craguonza, Monte Kuk, Monte Platena attraverso la dorsale del Kolovrat fino al Monte Cum ed al Globočak. Lo sfondamento della linea in cresta finora non era riuscito. Avevamo già preso solo lo Ježa ed un punto fondamentale la quota 1.114 del Kolovrat ed una serie di alture sull'ala sinistra come il Čičer, il Grad, la dorsale Cemponi ed il falso Ježa (Bukova Ježa) con la Cappella Sleme. L'audacissimo piano d'attacco aveva certo dato ottimi risultati, potevamo guardare con fiducia agli ulteriori sviluppi della battaglia nonostante tutte le difficoltà che ancora ci aspettavano. Lo spirito combattivo, l'efficienza bellica e soprattutto la superiorità tattica dei nostri uomini e delle nostre unità erano nettamente dimostrati.

Il nemico

Le contromosse del Comando Supremo italiano ci rimasero naturalmente sconosciute, le deducemmo solo dalle conseguenze, dalla comparsa di nuove formazioni e dai contrattacchi nei più diversi punti chiave. Solo molti anni dopo la guerra si riuscì a sapere qualcosa di più.

A quanto pare, il nemico, grazie al suo servizio informazioni ed ai disertori, era abbastanza bene informato sui nostri piani d'attacco, ma si attendeva un'offensiva di alleggerimento per riconquistare l'altopiano della Bainsizza piuttosto che un'avanzata in profondità tra Plezzo e

Tolmino fino alla pianura friulana. Ancora prima dell'inizio della grande battaglia, tuttavia, il VII Corpo d'Armata era stato mandato in appoggio dietro il IV Corpo d'Armata, sull'ala sinistra della 2ª Armata. Le sue divisioni riuscirono ad entrare in azione nella zona di Caporetto, in particolare a Golobi-Livek. Sul fronte comparvero reparti della 3ª Divisione come la Brigata Arno sul Monte Kuk, la Brigata Elba nella valle dello Judrio, ma non ci fu un'imponente controffensiva organizzata. Si rattoppò il fronte, si tappò, ma non si giunse ad una grande azione difensiva ordinata. Molti reparti raggiunsero le zone d'impiego solo nel corso del 25 o nella notte del 26 e già durante lo spiegamento vennero attaccati e respinti dalle unità austro-tedesche.

Una delle cause principali del caos sul fronte italiano nel giorno dell'attacco fu il crollo totale del sistema di comunicazioni. Le informazioni dalla prima linea non arrivarono alle divisioni ed ai comandi e gli ordini raggiunsero le truppe troppo tardi o non le raggiunsero affatto. Nemmeno le formazioni più piccole avevano più collegamenti tra loro e per questo vennero spesso colte di sorpresa. La nebbia ed il fumo impedirono anche il collegamento con i segnali luminosi. Nemmeno la 34ª Divisione a Caporetto venne informata in tempo che la 12ª Divisione tedesca era riuscita a sfondare a Tolmino e non poté quindi approntare un'efficace difesa a valle. Anche il IV Corpo d'Armata venne a sapere troppo tardi dell'avanzata dell'*Alpenkorps* sul Kolovrat e non riuscì ad organizzare la difesa del Monte Kuk, del Matajur, del Monte Craguonza con le Brigate Firenze, Napoli, Salerno e unità dei Bersaglieri e degli Alpini. Le truppe operative vennero travolte dagli avvenimenti, rimasero isolate e senza collegamento con le altre unità combattenti.

Le riserve vennero portare sul Krn mentre la battaglia era in corso e ad accerchiamento quasi completato per venire poi trascinate nel vortice della disastrosa disfatta. Il 24 il generale Capello poteva fare affidamento solo sugli osservatori dell'artiglieria, tutti gli altri collegamenti erano saltati. Ma pochi erano in grado di rendersi conto della situazione e per questo il comando italiano per molto tempo ignorò la situazione a valle. In appoggio all'ala sinistra della seconda armata italiana minacciata erano state mandate a Stupizza le Brigate Massa Carrara, Vicenza e Salerno con il compito di sbarrare la valle del Natisone e di difendere il massiccio del Matajur. Il Comando Supremo mandò anche due divisioni nella zona di Nimis ed il VII Gruppo Alpini con degli automezzi, attraverso Cividale, a Monteaperta e a Montemaggiore. Altre tre brigate (Avellino, Messina e Jonio) vennero inviate dietro l'ala sinistra della 2ª Armata, ma questo non fermò l'assalto degli austro-tedeschi. Sull'ala destra la situazione non era diversa, anche là le riserve vennero impiegate troppo tardi ed in formazione sparsa.

Verso sera il Quartier Generale di Cadorna ad Udine riuscì a capire la direzione d'avanzata degli Alleati ed ordinò di tenere ad ogni costo la linea Montemaggiore–Monte Mia–Monte Matajur–Monte Globočak (verso cui marciava la Brigata Puglia). Se ne desume che si continuava a sperare di poter fermare il nemico in montagna. Per la prima volta si fece strada l'idea di una ritirata dietro il Tagliamento, ma non prese ancora forma.

Il completamento dello sfondamento il 25-26 ottobre 1917

La notte fu gelida, piovosa e battuta dalla bora. La grande battaglia riprese ancor prima dell'alba. Era il giorno in cui si sarebbe deciso se lo sfondamento era riuscito e se si poteva proseguire verso la pianura friulana.

Ancora nel buio e nel gelo del primo mattino mi precipitai nella sala delle carte e chiesi subito le ultime comunicazioni, soprattutto quelle dal Krn. Continuavano a mancare notizie della 117ª Compagnia bombarde perciò decisi di tentare di raggiungerla per telefono. Ci volle parecchio, ma infine il collegamento riuscì. Un maresciallo mi confermò che la compagnia bombarde, nonostante la tempesta di neve, era riuscita a portare in posizione in tempo sei bombarde medie. Disse che le bombe erano state trascinate nella neve alta appena caduta mentre era già iniziato il fuoco e che la nebbia ed il nevischio avevano impedito l'osservazione. Avevano potuto sparare solo ad orecchio.

"Perché ad orecchio?"

"Signorsì, signor sottotenente, solo ad orecchio. Con i tiri allungati le bombe cadevano molto giù sulle creste rocciose nella valle dell'Isonzo e si sentiva solo un colpo attutito, lontano, ma se il colpo era ben piazzato sull'altopiano, nella postazione italiana, la detonazione era impressionante, in base a questo i nostri osservatori avanzati sono riusciti a stabilire il colpo andato a segno ed a correggere".

"Adesso ho capito. Com'è stato l'effetto?"

"Annientante, signor sottotenente – annientante. Dopo l'accensione delle mine nella galleria in roccia tutta la linea italiana sull'altopiano è stata completamente distrutta dalle nostre bombarde e trasformata in un caos. L'assalto è andato liscio, abbiamo preso tutto l'altopiano fino alla terza linea. Il comandante di compagnia ha ordinato di smontare le bombarde e di portarle a valle".

"Grazie – fine".

Con questa notizia corro al nostro reparto bombarde, il tenente colonnello von Rössing è già là. Lo informo su quanto ho appena sentito ed aggiungo: "Un'impresa grandiosa della 117ª Compagnia bombarde".

"Lo penso anch'io", risponde.

Poi riporto sulla sua carta le posizioni raggiunte fino a mezzanotte.

"Signor tenente colonnello – i battaglioni e le compagnie ora sono impegnati a smontare ed a portare via le bombarde. Bisognerebbe sapere dove si raccoglieranno e se seguiranno l'avanzata. Che cosa ne sarà dei loro depositi di munizioni?"

"Ci penso io", dice, "Ma ora ritorni subito al reparto operazioni, hanno bisogno di lei".

Mi precipito dunque nella sala delle carte. Ora i colleghi sono tutti là. I telefoni crepitano. Attendiamo eccitati le ultime relazioni sulla situazione. Tutti aspettiamo le drastiche contromisure del Comando Supremo italiano agli ordini di Cadorna. Come sappiamo, il VII Corpo d'Armata con il generale Bongiovanni è stato mandato a marce forzate sull'ala sinistra della 2ª Armata dietro il IV Corpo d'Armata. Deve occupare il più rapidamente possibile la linea d'armata nella zona del Monte Craguonza, del Monte Kuk e del Monte Matajur ed attraverso il passo di Livek deve iniziare una massiccia controffensiva sul fianco della 12ª Divisione germanica davanti a Caporetto. Queste azioni determineranno il corso dei combattimenti del 25 e 26 ottobre.

A Kranj seguiamo con estrema tensione i drammatici avvenimenti sul fronte, veniamo a conoscere, come sempre a spizzichi, i progressi del secondo giorno d'attacco. C'è davvero molta agitazione nel nostro piccolo ufficio. Le notizie si accavallano, a stento riusciamo a tenere il passo ed a riportare sulla carta le nuove posizioni. Di nuovo ci dicono che sulla dorsale del Kolovrat molti italiani sono stati sopraffatti nei ricoveri ancora con le maschere antigas addosso.

Nessuno dei nostri cinque palloni frenati nella conca di Tolmino è stato abbattuto, i nostri aerei dominano il cielo.

A quest'ora il numero dei prigionieri ammonta già a molto più di 30.000, della 19ª, della 46ª, della 43ª e della 50ª Divisione italiana. Si dice che gli italiani siano di buon umore, sorvegliati da pochissimi soldati tedeschi. Alcune unità hanno dimostrato uno spirito combattivo molto modesto. Molti soldati ed interi reparti si sono consegnati quasi senza combattere appena si sono accorti che il nemico era ai fianchi o alle spalle. Gli ufficiali si erano lamentati per l'infame tattica d'attacco tedesca alla quale non erano abituati. La guerra contro la Germania sembra molto impopolare. I soldati italiani temono l'efficienza bellica e l'energia dei tedeschi. Sono contenti di essere sfuggiti a questo inferno e si rallegrano che per loro la guerra sia finita. Quando ci vedono, molti gridano:

"Viva la Germania". Non capiscono perché devono combattere contro un Paese nel quale molti hanno lavorato pacificamente e guadagnato bene. Conoscono la durezza dei soldati tedeschi in battaglia, ma anche la loro bonomia quando tutto è passato.

Quando S. M. l'Imperatore Carlo il mattino del 25, alle 10, fa una breve visita a sorpresa al nostro Comando Supremo, sta arrivando la notizia che il nemico comincia a ritirarsi davanti all'ala destra della 2ª Armata dell'Isonzo. L'armata incalza dopo i successi ottenuti il 25 dalla 1ª Divisione austro-ungarica.

Il Gruppo Krauss

Durante la giornata ci comunicano alcuni dettagli sulla situazione del Gruppo Krauss. Un posto d'osservazione avanzato aveva notato che il presidio della linea italiana sul Rombon (i battaglioni Alpini Borgo San Dalmazzo e Dronero ed un battaglione dell'88° Reggimento di fanteria, Brigata Friuli) alle 6,40, con la prima luce del mattino, era scomparso dalle trincee ed era ritornato a Sella Prevala (2.066 m). La 216ª Brigata da montagna austro-ungarica della divisione *Edelweiss* incalzò subito, riuscì a superare il battaglione Dronero, ad accerchiarlo e a prendere prigionieri quasi 2.000 uomini. Ora su Sella Prevala gli Alpini oppongono una valorosa resistenza. Il Monte Lopa (2.402 m), dietro il passo, è ancora in mano nemica.

La 59ª Brigata da montagna austro-ungarica che combatteva più a nord continua ad essere bloccata nella neve alta davanti a Sella Nevea.

Non è un male perché, vista la situazione generale, molto presto il nemico dovrà abbandonare la sella per sfuggire al pericolo di accerchiamento totale.

Nello stesso giorno la 216ª Brigata di fanteria a.u. ha sostenuto duri combattimenti in alta montagna nella zona del Monte Canin (2.587 m). Cima Confine (2.332 m) ed il Vratni vrh (2.088 m) non sono ancora stati raggiunti, ma sono stati presi prigionieri 40 ufficiali italiani e 800 uomini.

Le informazioni dicono che già la sera del 25 la 217ª Brigata di fanteria a.u. ha preso il Monte Skutnik (M. Guarda, 1.720 m).

È una notizia molto tranquillizzante, ora il fianco destro della divisione *Edelweiss* che avanza in val Uccea è coperto.

In basso, in val d'Isonzo, i Genieri nella notte sono riusciti a terminare un ponte di fortuna sulle acque impetuose dell'Uccea. Il grosso della 22ª Divisione *Schützen* è passato ed ha iniziato ancora nell'oscurità la salita del Monte Stol per intercettare i resti della 43ª Divisione italiana, della 46ª e della 50ª che rifluivano. Non sappiamo ancora com'è la situazione là in alto, ma sappiamo che anche i *Kaiserschützen* salgono sul Monte Stol. È importante occupare il Monte Hum, il Prvi Hum e la sella della strada dello Stol verso Breginj da dove si può raggiungere la postazione in vetta del Monte Stol.

La linea che da Žaga porta con una ripida salita al Monte Hum è organizzata su 12-14 livelli. Ad ogni livello le trincee sono fortificate e provviste di alti ostacoli di filo spinato. Superarli non è certo uno scherzo.

I *Kaiserschützen* sono partiti da Žaga ancora nell'oscurità e, divisi in tre colonne, hanno iniziato l'ascesa. La colonna di destra risale il Monte Hum, la colonna centrale si dirige al Prvi Hum e quella di sinistra tenta di arrivare alla grande curva a quota 1.450 sulla sella della strada che raggiunge Breginj attraverso il Monte Stol.

Nelle informazioni compare ora il nome del capitano Charwat. Attraverso un varco negli alti ostacoli di filo spinato è riuscito a penetrare con la sua 6ª Compagnia nelle trincee più basse e le ha travolte. Con lo stesso sistema ha preso tutti i 14 livelli uno dopo l'altro, li ha aggirati ed attaccati di sorpresa, fino al Privi Hum. Completamente esausto è arrivato davanti all'ultima trincea con solo 10 uomini, ma è stato raggiunto da una pattuglia di punta dei *Kaiserjäger*, di circa 20 uomini. Assieme a questa, alle 13, con le ultime forze ha espugnato anche questo sbarramento ed ha sopraffatto la guarnigione. Tutto questo è avvenuto poco sotto la rotabile attraverso il Monte Stol intasata di automezzi.

Sono stati mandati a valle 1.500 prigionieri italiani.

Nelle stesse ore è stato preso anche il Monte Hum, altri 800 prigionieri sono stati condotti a Žaga. Alcuni tratti del sistema di trincee sopra la strada sono stati trovati vuoti.

Anche il generale Müller, comandante della 22ª Divisione, a mezzogiorno (del 25) è arrivato sul Monte Hum nel corso di un violento scontro attorno alla postazione sulla sella di quota 1.450. Dopo due ore e mezzo di combattimenti gli *Schützen* hanno preso la postazione. La via per Breginj è aperta.

La sera stessa il capitano Siegel con il II Battaglione del 3° Reggimento *Schützen* è riuscito a conquistare la postazione sulla vetta del Monte Stol accanitamente difesa dalla Brigata Friuli, dagli Alpini e da sbandati. Secondo le dichiarazioni dei prigionieri il nemico era già in ritirata quando arrivò il contrordine di riconquistare il Monte Stol. Gli uomini dovettero risalire sulla cima, ma era troppo tardi, il Monte Stol rimase in mano nostra.

Il comandante di divisione, generale Müller, poté concedere ai suoi uomini solo un breve riposo. Già alle 3 del mattino del 26 con la sua 98ª Brigata *Schützen* si diresse verso Breginj. Una parte degli *Schützen* scivolò a valle sui prati coperti di brina ed una parte scese marciando lungo la strada tortuosa per prendere Breginj. Ne valse la pena, la divisione di Graz sorprese nel sonno molti soldati italiani, un comando di brigata e più di 5.000 uomini vennero colti di sorpresa e caddero prigionieri senza accorgersene.

Tutta la 43ª Brigata della divisione Graz si raccolse a Breginj e continuò l'avanzata attraverso Platischis in direzione di Tarcento. Ci si attendeva della resistenza sul Monte Mia e sul Monte Joanaz. L'obiettivo era raggiungere il corso superiore del Tagliamento.

Mentre si combatteva attorno al Monte Stol, il generale von Wieden la mattina del 25 ottobre era penetrato con la sua divisione *Edelweiss* in valle Uccea. I suoi uomini avanzavano lentamente perché una via di collegamento che nelle nostre carte era indicata come facilmente percorribile si rivelò una misera mulattiera. Ciò nonostante riuscirono a prendere il Monte Skutnik ed il Monte Chila a nord del fiume Uccea e furono catturati 5 mortai di grosso calibro valorosamente difesi dagli artiglieri. Riuscì anche l'attacco sul Nische, la via per Resiutta attraverso San Giorgio e quella per Venzone attraverso il passo di Tanamea erano aperte.

A quanto apprendemmo, il 14° Reggimento austro-ungarico la sera del 25 era già nei pressi di Stolvizza in val Resia. Gli osservatori avevano comunicato che gli italiani stavano freneticamente scavando delle trincee sull'altopiano del Montemaggiore. Là evidentemente il nemico intendeva opporre resistenza. La divisione *Jäger* tedesca venne trasferita ad Uccea a formare 3 punte d'attacco, un reparto speciale avanzò nella valle dell'Isonzo verso Srpenica e Trnovo ob Soči e catturò enormi depositi. La colonna centrale, formata da alcuni battaglioni *Jäger* tedeschi e 2 tirolesi, era comandata dal colonnello von Wodtke. Ora da Uccea si stava spingendo verso Resiutta attraverso il Monte Cuzzer. Il colonnello Mollinary stava guidando una punta avanzata attraverso i monti a nord di Resia contro il forte d'arresto di Chiusaforte alla confluenza del Raccolana nel Fella. Al momento reparti di Alpini della 63ª Divisione italiana stavano tentando di fermarlo a sella Carnizza e sul Monte Cuzzer. La terza colonna, quella sud al comando del colonnello Nürnberger, si era aperta un passaggio attraverso il passo di Tanamea e attraverso la forcella Musi era in marcia lungo le pendici settentrionali del Montemaggiore in direzione di Venzone.

Anche il generale Gerabek nel frattempo era arrivato a Breginj con la sua 50ª Divisione austro-ungarica e stava avanzando in direzione del Monte Mia.

Ora siamo venuti a sapere che sul massiccio del Krn già nella notte tra il 24 ed il 25 il nemico ha iniziato la ritirata e cerca di salvarsi attraverso il ponte di Trnovo ancora in piedi ed il Monte Stol. La 55ª Divisione austro-ungarica ha subito incalzato, ha raggiunto ancora molte colonne e scendendo per Drežniške Ravne la sera del 25 è arrivata a Caporetto. È rimasta poi di riserva nella valle del Natisone. La Brigata Genova il 25 teneva ancora la posizione sul Krasji vrh perché non era stata raggiunta dall'ordine di ritirata. Essa venne completamente accerchiata dalla 3ª Brigata da montagna del colonnello von Tlaskal e cadde prigioniera. La stessa sorte subirono i resti del 224° e del 148° Reggimento di fanteria ed alcune unità di Bersaglieri che nella notte si erano raccolte vicino a Drežnica, ed il Battaglione Alpini Monte Albergian sul Monte Pleče al quale era stata tagliata la via di ritirata.

Il mattino del 25 alle 11 i resti della 43ª e della 46ª Divisione italiana attraversarono il ponte di Trnovo che poi venne incendiato.

Rommel sfonda la linea del Kolovrat

Più eccitanti erano le notizie che durante il secondo giorno d'attacco giunsero dal Gruppo Stein.

Nella notte tra il 24 ed il 25 la situazione non sembrava certo favorevole: il nemico aveva perduto tutte le postazioni a valle, ma la sua fortissima linea di combattimento principale era ancora intatta. Essa correva dal Monte Matajur attraverso il Monte Craguonza, Golobi (dall'altra parte del passo di Livek) al Monte Kuk, quota 1.193 (Nagnoj), lungo la lunga dorsale del Kolovrat con la vetta e poi ad ovest dello Ježa, del Monte Cum fino al Globočak. Finora avevamo preso solo lo Ježa ed un angolo del sistema di trincee del Kolovrat. Dietro a questo fronte gli italiani disponevano di abbondanti riserve e di una fortissima artiglieria.

Il 24 sera, alle 19, il conte von Bothmer era già al suo III Battaglione della Guardia a quota 1.044 del Kolovrat per discutere con il conte von Holnstein e Rommel l'attacco alla cima del monte previsto per il 25. Voleva riservare la conquista del Kolovrat al Reggimento della Guardia e subordinare tatticamente il reparto Rommel che sarebbe intervenuto in seguito. Rommel, che era di tutt'altro avviso, informò subito il suo comandante, maggiore Sproesser, che stava salendo da Foni, ed al suo arrivo gli illustrò un ardito piano indipendente. Voleva completa libertà d'azione, non intendeva assolutamente partecipare all'accerchiamento della linea in vetta, voleva invece tentare di sfondare la linea del Kolovrat più a nord. Sproesser capì le sue intenzioni, fu subito d'accordo e rinforzò adeguatamente il reparto del tenente Rommel. Venne chiarita la situazione con il conte von Bothmer. Quello che poi successe lassù ha dell'incredibile.

La mattina del 25 a Kranj per parecchio tempo non si ebbero notizie dal Kolovrat. Ma verso le 10 un portaordini del reparto informazioni arrivò a precipizio nel nostro ufficio gridando: "La linea del Kolovrat è sfondata!"

I seguenti avvenimenti sono stati ricostruiti in un secondo momento.

Nel buio del primo mattino Rommel ed i suoi salirono da quota 1.066 (dove aveva trascorso la notte gelida in un bunker dell'artiglieria) lungo il pendio est della dorsale del Kolovrat, si mantennero 150 metri sotto la linea in cresta e, uomo dopo uomo, avanzarono per circa due chilometri lungo il sentiero senza far rumore e senza farsi vedere dagli italiani. Attraversarono molti solchi che scendevano a valle. Come il solito egli si tenne subito dietro la testa del suo distaccamento avanzato. Dopo due ore di marcia faticosa fece fermare i suoi soldati perché riprendessero fiato.

Dal frastuono era chiaro che si era accesa una lotta accanita attorno alla cima del Kolovrat, la quota 1.114. Ad attaccare non erano reparti della Guardia, come egli supponeva, ma gli italiani che avevano sferrato un imponente contrattacco. Lo scontro distolse l'attenzione del nemico dai piani di Rommel.

Quando si fece chiaro alcuni tedeschi notarono degli italiani tra i cespugli sotto il sentiero – sentinelle che dormivano. Svegliati bruscamente, ma senza rumore, essi si arresero subito. Né spari né grida misero in allarme la guarnigione della linea di combattimento principale, una vera fortuna.

Improvvisamente Rommel cambiò direzione, fece salire la sua 2ª Compagnia verticalmente lungo un avvallamento e la raccolse circa 100 metri sotto le trincee italiane. Ora bisognava trovare un varco nei possenti ostacoli di filo spinato o aprirne uno. Il sottotenente Streicher, il suo aiutante, chiese subito di poter effettuare questa impresa rischiosa con cinque volontari. Con estrema cautela iniziò a salire senza far rumore e si mise a cercare un passaggio attraverso gli alti reticolati.

Tutti aspettavano con estrema tensione, con l'orecchio teso e lo sguardo rivolto verso l'alto. Poi, improvvisamente, comparve un portaordini. Era accaduto l'incredibile. Il sottotenente Streicher ed i suoi uomini avevano trovato un varco ed avevano fatto subito irruzione nella postazione principale, avevano bloccato la trincea dalle due parti senza che partisse un colpo. Tutto rimase silenzioso, si sentiva solo il frastuono della battaglia lontana.

Non ci furono più esitazioni. Rapidamente Rommel fece alzare i suoi uomini e, senza far rumore, seguì la piccola pattuglia di punta lungo il pendio. I soldati attraversarono i larghi ostacoli, saltarono nelle trincee e si trovarono stupiti davanti ai cannoni di una batteria pesante italiana. Bloccarono velocissimi i ricoveri, presero prigionieri gli occupanti ed allargarono la breccia in modo che il maggiore Sproesser potesse seguire con il grosso del Battaglione da montagna württemberghese. Alle 8.15 il varco aveva già un'estensione di 800 metri.

La decisione era stata presa, l'irruzione nella possente linea di cresta del Kolovrat era riuscita. Il punto di sfondamento si trovava esattamente nell'avvallamento tra quota 1.114 e quota 1.192. Subito bloccarono la strada militare mimetizzata che si snodava appena dietro ed organizzarono la copertura alle spalle. Un distaccamento (la 6ª Compagnia) cominciò a rastrellare le trincee risalendo verso la cima del Kolovrat.

Sul Kolovrat nessuno aveva notato quello che era successo. Da Golobi risuonava di nuovo il forte frastuono del combattimento, evidentemente il gruppo Eichholtz era in difficoltà. Per alleggerirlo si doveva avanzare rapidamente dal punto di irruzione sulla strada per Livek. Non lontano c'era il Monte Kuk, un bastione ben difeso, e davanti ad esso, sulla destra della strada, la quota 1.192 dalla quale partivano le raffiche delle mitragliatrici nemiche puntate verso il basso. Durante l'avanzata verso Livek ci furono delle brevi sparatorie ed il Battaglione da montagna württemberghese colse di sorpresa alcune postazioni di batterie ricavate nella roccia e rinforzate con cemento armato. Gli artiglieri fissavano sbalorditi gli inattesi tedeschi e si arrendevano senza opporre resistenza. Centinaia di prigionieri s'incamminarono verso valle.

Alle 8.15 Rommel riuscì ad occupare il brullo cocuzzolo di quota 1.192 davanti al Monte Kuk. Di qui con il binocolo poteva vedere i dettagli delle fortificazioni, molto articolate, gli alti ostacoli e molti nidi di mitragliatrici sul vicino Monte Kuk.

Improvvisamente sul pendio est comparvero numerosi italiani – circa 2 battaglioni – che scendevano dal monte in lunghe colonne. La cima del monte brulicava di soldati e su tutte le strade di accesso c'era un gran movimento. Senza dubbio il nemico si era accorto del disastro e preparava un contrattacco con le truppe di riserva. Non c'era tempo da perdere, si doveva prevenirlo. Stranamente i battaglioni nemici non attaccarono il reparto di Rommel – anzi, cominciarono a nascondersi in trincea su tre livelli lungo il pendio del Kuk. Rommel poté godere di una gradita pausa.

Intanto il maggiore Sproesser faceva seguire il grosso del Battaglione da montagna württemberghese. Rommel riuscì a collegarsi telefonicamente con il comandante dell'artiglieria dell'*Alpenkorps* e richiese fuoco di batterie pesanti contro il Monte Kuk. Esattamente alle 11.15 le prime granate si abbatterono sulle trincee del monte.

Appena informato dei fantastici successi del Battaglione da montagna württemberghese, il conte von Bothmer mise subito in movimento i suoi II e III Battaglione della Guardia che dovevano percorrere la stessa via degli svevi ed attraversare la breccia nella linea di cresta sul crinale del Kolovrat.

Ci fu grande gioia a quota 1.192, appena occupata, quando comparve la testa del II Battaglione. Ora si era abbastanza forti per attaccare il Kuk. Il maggiore Sproesser rinforzò il distaccamento avanzato di Rommel portandolo a 6 compagnie.

Egli stesso intanto avanzava assieme alla Guardia verso il passo di Livek. La strada, nascosta dietro la cresta, correva parallela alle trincee italiane dalle quali però non si poteva vedere. Rommel attese la pioggia di granate dell'artiglieria sul Kuk, da quota 1.192 concentrò il tiro di tutte le sue mitragliatrici leggere e pesanti sul punto di sfondamento adatto e, sotto il fuoco di copertura, fece avanzare delle squadre d'assalto contro la linea sul Kuk. Ad alcuni uomini venne ordinato di sventolare dei fazzoletti bianchi. Arrivarono di corsa dei disertori, la resistenza si sbriciolò, era giunto il momento per l'attacco generale. L'azione frontale delle squadre d'assalto aveva distolto l'attenzione del nemico dalla strada tanto che Rommel con una parte dei suoi uomini poté avanzare di slancio ed aggirare il Kuk. Madidi di sudore, i suoi fucilieri corsero lungo la strada di montagna ben mimetizzata, superarono altre postazioni d'artiglieria ricavate nella roccia e colonne di automezzi. I soldati italiani rimanevano impietriti per lo shock. Non ci furono spari, non ci fu resistenza. Sul Kuk la guarnigione non si accorse di quello che stava accadendo alle sue spalle.

Rommel decise di non prendere il Kuk, ma di lasciarlo sulla destra e di effettuare un movimento molto più ampio e ed avvolgente, il destino del monte era comunque già segnato. Seguendo la strada si avvicinò al villaggio montano di Ravne. Terrorizzati, i conducenti di una colonna italiana di salmerie si diressero a valle abbandonando i loro magnifici muli. Proseguì a passo rapido fino a quota 1.077, poi con il suo distaccamento avanzato deviò dalla strada verso sud-ovest, superò il Monte Glava (933 m) e risalì un avvallamento fino alla strada Livek-Savogna. La raggiunse sopra la località di Polava e con il suo piccolo reparto riuscì a bloccarla e ad approntare uno sbarramento.

Mentre avanzava verso Polava vide in lontananza un grande accampamento di baracche ed osservò il traffico vivace sulla strada tortuosa; c'era anche una batteria campale pesante italiana trainata che scendeva a valle. I Battaglioni della Guardia ed il grosso del Battaglione da montagna württemberghese intanto erano avanzati sulla strada per Livek ed ora attaccavano il paese. Doveva partecipare? – decise di no, si accontentò per il momento di sbarrare la rotabile 2 chilometri sotto Livek. Là poteva intercettare tutto quello che si muoveva sulla strada. Con questa audacissima azione la piccola schiera di 150 uomini aveva perduto il collegamento con quelli che seguivano, era rimasta isolata, abbandonata a se stessa. Finora il nemico non si era ancora accorto del blocco sulla strada. Da sopra e da sotto reparti italiani, soldati isolati, automezzi di ogni tipo arrivavano di corsa, venivano cortesemente accolti, presi e mandati al sicuro. Il bottino fu magnifico, uova, pane, vino, insaccati, uva passa ed altro ancora in gran quantità. Un'autovettura con ufficiali dello Stato Maggiore risalì il monte a gran velocità, le fu ordinato di fermarsi, non lo fece. La sentinella sparò. Un ufficiale cadde nell'auto colpito a morte, il mezzo si fermò e gli altri ufficiali furono fatti prigionieri. Per un po' si andò avanti così in tutta tranquillità.

Improvvisamente comparve una lunga colonna proveniente da Livek. Rommel mandò un soldato a chiedere la resa. Venne subito preso prigioniero. Il nemico si dispiegò ai lati della strada per riuscire a sfondare. Attaccò violentemente più volte e venne battuto. La situazione tuttavia diventava sempre più critica. Gli italiani erano già ad 80 passi quando delle raffiche di mitragliatrice sferzarono ai fianchi la massa in avvicinamento.

La compagnia che seguiva si era accorta della situazione pericolosa ed era entrata in azione con decisione. Il nemico cedette. 2.000 uomini della IV Brigata Bersaglieri deposero le armi. Il soldato liberato ebbe l'incarico di condurli a valle.

Intanto il rumore della battaglia nei pressi di Livek continuava ad aumentare. Alle 15.30 tacque di colpo, Livek era presa.

La crisi del gruppo Eichholtz al Golobi era terminata, la via per il passo di Livek era libera. La Guardia iniziò subito l'inseguimento delle colonne italiane ed avanzò verso Avsa. Rommel con un'auto che faceva parte del bottino e sulla quale era montata una mitragliatrice pesante salì in tutta fretta a Livek per consultarsi con il suo comandante. Superò anche la batteria trainata che aveva visto in precedenza e che ora era stata distrutta dai colpi della nostra artiglieria. Mentre il Battaglione da montagna württemberghese e quelli della Guardia proseguivano la marcia sulla strada del Matajur, egli intendeva avanzare con il suo reparto contro il Monte Craguonza. Con i suoi uomini, dallo sbarramento sopra Polava salì obliquamente attraverso i prati per raggiungere il villaggio montano di Jevšček.

La giornata non era ancora finita, l'incredibile doveva ancora accadere.

La conquista della vetta del Kolovrat (Monte Na gradu, m. 1.114)

La conquista del possente bastione del Kolovrat riuscì non solo grazie allo sfondamento della linea di cresta 2 chilometri più a nord, ma soprattutto grazie ai progressi della 200ª Divisione con i suoi 3°, 4° e 5° Reggimento *Jäger* e del 1° Reggimento *Jäger* bavarese dell'*Alpenkorps.*

Il mattino del 25 in seguito all'occupazione dello Ježa (dovuta al 3° Reggimento *Jäger*), il 1° *Jäger* riuscì ad avere ragione con relativa facilità di quota 625. Nella notte molti italiani erano fuggiti dalle postazioni, i presidi rimasti furono presi prigionieri. Ora il 4° Reggimento *Jäger* poteva arrivare fino alla fortificazione sullo Ježa quasi senza combattere. Subito proseguì verso nord, ma avanzava lentamente perché gli uomini dovevano continuamente scendere dietro la cresta difficilmente praticabile per evitare l'intenso fuoco che proveniva dal Monte Cum. Alle 9 comunque raggiunse quota 942 dove accerchiò un battaglione di Alpini. 10 pezzi d'artiglieria da 210 mm caddero in mano nostra.

Proseguendo l'avanzata gli attaccanti vennero colti da un violento fuoco di artiglieria e mitragliatrici che partiva da Clabuzzaro e da La Cima. La resistenza si fece più accanita, ma il reggimento riuscì a raggiungere Cappella Sleme. Ci mise un po' di tempo a superare il crinale ovest, ma avanzò più rapidamente fino a Casoni Solarie. Il contatto con il 1° Reggimento *Jäger* non avveniva ancora. Nel pomeriggio i bavaresi del 3° *Jäger* nei pressi di Crai respinsero alcune retroguardie nemiche. A sera, sulla strada militare, arrivarono a Trinco davanti a Drenchia.

Alle 10 il 4° Reggimento *Jäger* aveva mandato il suo XI Battaglione contro il forte caposaldo di La Cima da dove il nemico teneva sotto tiro la strada verso il pendio ovest. Grazie al costante fuoco di copertura di tutte le mitragliatrici il battaglione riuscì a tenere a bada il presidio ed i serventi ai pezzi ed alle 18, con un duro combattimento corpo a corpo, occupò l'altura. Con questo successo la strada per il Monte Glava ed il Monte Cum era aperta. Il nemico aveva abbandonato altri quattro pezzi da 210 mm e quattro obici da 149 mm e con perdite minime catturammo quasi 400 prigionieri. Il II Battaglione del 3° Reggimento *Jäger* diede il cambio ai conquistatori di La Cima, mentre il III Battaglione, passando per Prapotnizza, occupava combattendo il bastione di Clabuzzaro con il Monte Cincula (Čukula, 818 m) ed il Monte Verh (817 m) e preparava l'avanzata verso il Monte Glava ed il Monte Cum. Si fece di nuovo un grande bottino: 30 pezzi d'artiglieria e 1.800 prigionieri.

All'alba del 25 sul Kolovrat iniziarono furiosi contrattacchi di battaglioni d'élite italiani impiegati nel combattimento per riconquistare il terreno perduto. Furono sanguinosamente respinti dalla Guardia. Nel frattempo il fuoco delle batterie pesanti era stato diretto sulle postazioni di quota 732 per preparare l'assalto del 1° Reggimento *Jäger* bavarese che alle 8,15 riuscì a sopraffare il nemico nonostante la strenua difesa. Questo diede respiro. Alle 11.35 il Reggimento era a Cappella Sleme e si incontrò con il 3° e 4° *Jäger* della 200ª Divisione. Si erano create le premesse per un attacco comune da sud attraverso lo Ježa, già conquistato, e la sella Na gradu contro la vetta del Kolovrat. Contemporaneamente la Guardia attaccava da nord-est il sistema di trincee sulla vetta del Kolovrat già sottoposto ad un massiccio fuoco di artiglieria pesante. Il valoroso presidio italiano (Brigate Elba, Arno e Firenze) non resistette all'assalto concentrico. Si riuscì a prendere tutta la fortezza del Kolovrat ed a sgomberare i ricoveri. Reparti del 2° Reggimento *Jäger* bavarese arrivarono in vetta e diedero il cambio agli uomini esausti. Gli italiani cominciarono ad arrendersi. La Guardia cominciò a sbaragliare a nord le postazioni in cresta fino a quota 1.010 ed incontrò gli *Jäger* della compagnia che Rommel, dopo lo sfondamento nel primo mattino, aveva distaccato verso sud con lo stesso obiettivo.

Frattanto il II Battaglione della Guardia era già in movimento e seguiva da vicino il reparto di Rommel, aveva superato il Monte Kuk e, cooperando magnificamente con il Battaglione da montagna württemberghese, alle 4 aveva risolto la crisi vicino a Livek con un attacco alle spalle dei difensori del passo. Al loro arrivo i commilitoni della 12ª Divisione (Gruppo Eichholtz) vennero accolti con gioia.

Il II Battaglione del 3° *Jäger* ed il 4° *Jäger* rimasero la notte sul Kolovrat (quota 1.114). Il 5° *Jäger* proseguì fino a Cappella Sleme dove trascorse la notte del 26. La 26ª Divisione il 25 era stata fatta avanzare sullo Ješenjak. Pattuglie di ufficiali si spinsero fino a Clabuzzaro.

La via di Rommel per il Monte Matajur([1])

Provenendo da Livek, Rommel arrivò di nuovo nei pressi dello sbarramento sopra Polava e subito fece salire il suo reparto verso Jevšček, villaggio di montagna sotto il Monte Craguonza. Sapeva che prima si arrivava maggiori erano le possibilità di scontrarsi con un nemico ancora disinformato e non preparato al combattimento. Nonostante le enormi fatiche non poteva quindi concedere pause ai suoi uomini, anche perché si stava facendo buio. Al chiarore della luna la punta d'attacco giunse infine davanti ad una postazione ben fortificata e con alti ostacoli che si trovava sul brullo crinale davanti ad un bosco. Non era possibile attaccarla frontalmente ed era evidente che era appena stata occupata perché tendendo l'orecchio si sentivano voci e comandi in italiano. Rommel fece fermare la sua colonna (6ª Compagnia), in silenzio e con molta cautela la fece arretrare di 150 metri e diede ordine di accamparsi nell'oscurità del bosco. Alcune pattuglie di ufficiali andarono in esplorazione. Già alle 22.10 uno degli ufficiali – il sottotenente Aldinger – tornò con la favolosa notizia che aveva trovato un sentiero ed un passaggio verso Jevšček che distava circa 800 metri. Nella parte nord del villaggio fortificato non c'erano nemici, gli italiani erano passati a sud. Ciò significava: allarme... senza fare rumore. Il sottotenente guidò gli uomini che procedevano in fila. Nonostante un breve attacco a fuoco del nemico molto nervoso, il sottotenente Aldinger riuscì a condurre i suoi soldati attraverso uno strettissimo varco nella zona nord di Jevšček non occupata. Gli uomini trovarono alloggio presso ospitali contadini sloveni e si asserragliarono a riccio a Jevšček. Dormirono o attesero con il fucile imbracciato perché nelle stesse ore anche il nemico, senza sospettare niente, si trovava nello stesso villaggio.

Certo neanche Rommel sapeva quanto pericolosa, anzi addirittura grottesca, era la situazione del suo reparto. I suoi uomini si erano incuneati nella linea di arresto e sbarramento degli italiani che dal Monte Craguonza passava sull'altura di fronte, situata sopra Jevšček, e scendeva a valle verso Polava. Il nemico aveva circondato il paese con alti ostacoli e fortificazioni campali. Era strano che solo le trincee sopra e sotto Jevšček nella notte tra il 25 ed il 26 fossero presidiate, ma non il paese stesso. Una grande fortuna.

Di nuovo Rommel fece uscire in perlustrazione una pattuglia di ufficiali – questa volta il sottotenente Leuze – che gli chiese di poter andare da solo. Lo capisco benissimo perché anch'io preferivo effettuare le ricognizioni pericolose sempre da solo, non ci si doveva preoccupare per gli altri e si faceva meno rumore. Leuze doveva cercare un modo per arrivare alle spalle del nemico attraverso l'avvallamento tra il Monte Craguonza ed il versante sopra Jevšček. Gli italiani nella notte avevano occupato le trincee sul pendio retrostante la cima.

La preoccupata attesa durò fino alle 4.30 quando il sottotenente Leuze ritornò con una sentinella italiana che aveva fatto prigioniera lungo la strada. Era riuscito a trovare un sentiero dietro la linea nemica, ma esso era ad appena 500 metri dal Monte Craguonza ed alla luce del giorno era perfettamente visibile.

Non si poteva più aspettare. Rommel si mise rapidamente in marcia con quattro delle sue compagnie. Leuze ebbe l'incarico di comandare la colonna. Due compagnie rimasero di appoggio nell'accampamento di Jevšček. Gli uomini scesero strisciando nell'oscurità senza far rumore. Dovevano affrettarsi perché si faceva sempre più chiaro. Il pericoloso avvallamento non era ancora superato quando la postazione di Craguonza scoprì la colonna di Rommel ed aprì un fuoco infernale con fucili e mitragliatrici. Rommel, conscio dell'enorme pericolo per i suoi uomini, con due delle sue compagnie organizzò subito la copertura alle spalle ed impiegò tutte le sue mitragliatrici per tenere a bada il nemico. Mandò le altre due compagnie dietro la cresta perché fossero fuori vista e fuori tiro. Non fu possibile evitare del tutto delle perdite. Ben protette quelle scesero tanto da poter guardare nella linea di sbarramento del nemico ed individuare ogni uomo nella trincea.

La guarnigione intanto aveva individuato i tedeschi a Jevšček e si preparava ad attaccare il villaggio. Allora Rommel fece avanzare tre pattuglie di punta e fece intimare agli uomini in trincea di arrendersi. Sbalorditi, i soldati italiani fissarono il nuovo nemico in alto, alle loro spalle, e si accorsero che erano già accerchiati e si trovavano tra due fuochi. Nel momento dello shock le due compagnie di Jevšček attaccarono. Funzionò! Il nemico cedette. Incredibile: 37 ufficiali e 1.600 uomini deposero le armi.

Rommel aveva dato una nuova dimostrazione delle sue straordinarie doti tattiche, della sua intrepida audacia, presenza di spirito e risolutezza. Ora aveva le spalle libere e poteva attaccare il Monte Craguonza.

Alle 7 in punto iniziò l'avanzata. Tutti sapevano che il monte non sarebbe stato conquistato senza spargimento di sangue, la guarnigione del Craguonza era ben sveglia e sparava su ogni uomo. Per avere successo si doveva prendere trincea dopo trincea, caposaldo dopo caposaldo o ci si doveva fare strada tra le fortificazioni ed aggirare le ali. Le truppe d'assalto delle tre compagnie attaccarono protette dal fuoco di copertura di tutte le mitragliatrici pesanti e leggere, penetrarono nei varchi e travolsero le postazioni. Alle 7.15 la battaglia era finita, il Craguonza preso.

Benché ora Rommel con il suo reparto fosse in posizione molto avanzata, addirittura isolato e non sapesse se il grosso del Battaglione da montagna württemberghese riusciva a seguire, proseguì la sua audace azione, non si poteva perdere tempo. Attaccò il Mrzli vrh (1.358 m), ma già in precedenza, alle 8.30, era riuscito ad occupare dopo un breve combattimento l'antistante quota 1.193 sulla destra. Alle 10 vennero sparate le traccianti bianche che richiedevano fuoco d'artiglieria sui pendii e sulla vetta del Mrzli vrh. Un breve e violento fuoco d'artiglieria ed il fuoco continuo delle mitragliatrici prepararono l'assalto. In quest'occasione anche Rommel – come egli stesso ci raccontò più tardi – si trovò sotto il tiro diretto di alcuni Bersaglieri e riuscì a sottrarsi alla vista dei soldati italiani ed a salvarsi solo mettendosi rapidamente al riparo.

Gli italiani individuarono presto l'azione dei fucilieri svevi, notarono anche la manovra di aggiramento, si ritirarono rapidamente sul pendio est e scomparvero. Il reparto isolato continuava a salire lungo la strada del Matajur e raggiunse una curva stretta dalla quale si aveva un'eccellente visuale. Rommel si fermò, prese il binocolo e studiò il terreno e le trincee sul Mrzli vrh – e per lo stupore quasi non riuscì a credere ai propri occhi. Tra i due cocuzzoli del monte individuò un enorme accampamento di tende affollato di soldati. Se ne stavano inattivi mentre la sua colonna avanzava sulla strada in quota. Fece tranquillamente continuare la marcia, ma si separò con alcuni uomini, deviò dalla strada e cominciò a salire lentamente verso l'accampamento 100 metri più in alto e 1.500 metri più avanti passando direttamente per i pendii e per brevi tratti di bosco.

Formò una linea di fucilieri sistemati ad intervalli di quasi 100 metri. Presto la distanza fu di soli 800 metri. Un piccolo tratto di bosco li accolse. Sull'altro margine del bosco Rommel si fermò un istante in attesa, poi dall'ombra degli alberi, rischiando il tutto per tutto, uscì con il suo gruppetto sulla superficie brulla e si diresse tranquillamente verso gli italiani. Non poteva più tornare indietro, doveva osare fino all'estremo. Cominciò ad agitare un fazzoletto bianco. Ed ecco che lassù scoppiò un grande tumulto. Si sentirono grida rauche. I soldati avevano riconosciuto i pochi tedeschi e dall'alto li guardavano sbalorditi, come se si stessero avvicinando degli spiriti. Calò un silenzio sinistro, nessuno allungò le mani verso le armi, nessuno sparò. – Anzi. – Quando Rommel fu a 150 metri essi gettarono via il fucile, gli corsero incontro gridando: "Viva la Germania", – lo circondarono giubilanti e lo sollevarono sulle spalle. 1.800 uomini, quasi un intero reggimento (probabilmente l'89° Reggimento di fanteria della Brigata Salerno) con 43 ufficiali si arrese senza combattere. Vennero disarmati ed accompagnati indietro.

Un prigioniero mise in guardia Rommel, gli disse che l'altro reggimento della Brigata era famoso ed avrebbe certamente reagito.

Dopo questo notevole intermezzo il reparto avanzato si riordinò sulla strada del Matajur e si rimise in movimento. Da lì, a circa 1.500 metri, si innalzava la doppia cima rocciosa del Matajur, il massiccio della vetta più grande, a quanto si poteva vedere, era circondato da una trincea ad anello. Sulla cima più piccola si riconosceva una postazione di sbarramento con molto filo spinato. La cresta del Matajur scende ad est verso le rocce di quota 1.467, dalla quale è separata da un avvallamento, e scende poi a quota 1.424. Sul pendio anteriore c'era una lunga postazione con una testata cieca che si poteva aggirare da sinistra. Ad occhio nudo si vedevano soldati che si aggiravano fuori dalle trincee. Rommel portò la sua mitragliatrice in una posizione ben protetta. Quando sibilarono alcune raffiche essi scomparvero velocemente al coperto e risposero al fuoco.

E qui ci fu una brutta sorpresa. Mentre Rommel stava iniziando la manovra di aggiramento arrivò l'ordine di Sproesser di fermarsi e tornare indietro. Rommel guardò l'ordine costernato. Non riusciva a capire. Pensò che il maggiore Sproesser fosse preoccupato per il reparto di Rommel così in avanti ed isolato.

Più tardi la faccenda si chiarì. Il maggiore Sproesser vedendo l'enorme quantità di prigionieri che scendevano dai monti aveva avuto l'impressione che il Matajur fosse già stato preso e voleva riunire di nuovo il Battaglione da montagna württemberghese. Si sbagliava. Rommel doveva aver intuito qualcosa. Obbedendo agli ordini, decise di far tornare indietro le sue compagnie, ma con una piccola schiera di appena 100 uomini e 6 mitragliatrici volle approfittare del momento propizio e portare a termine il suo piano, la conquista del Matajur. Quindi si rimise in movimento.

Con il binocolo vide a quota 1.424 alcuni soldati che tentavano di abbandonare le trincee. Con i suoi uomini avanzò rapidamente abbastanza ben coperto e da ovest cominciò a circondare l'ala libera della postazione nemica. Ed ecco che sopra si fece un silenzio sospetto. Evidentemente gli italiani sgombravano la postazione. Continuando ad avanzare notò anche un battaglione italiano che si allontanava da quota 1.467. Una raffica di mitragliatrice davanti alla colonna li fermò e li costrinse alla ritirata. I suoi proseguirono sulla strada in parte rocciosa che portava ad una curva stretta. La testa stava superando la curva quando cozzò contro il secondo reggimento che componeva la Brigata Salerno (90° Reggimento di fanteria). I ragazzi non erano a più di 300 metri e li fissavano, ma non spararono anzi ammucchiarono le armi. La truppa si era rifiutata di obbedire. 35 ufficiali incolleriti furono separati in gran fretta da 1.200 prigionieri perché non notassero che si erano arresi ad un gruppetto di appena 100 uomini. Vennero mandati indietro a Livek. Piangendo per la vergogna e l'onta il disperato comandante del reggimento rimase seduto sul ciglio della strada.

Ora davanti a loro a soli 1.500 metri di distanza, ma 200 metri più in alto c'era la postazione nella roccia in vetta al Matajur. L'ascesa diretta da ovest sembrava troppo faticosa e pericolosa, era più conveniente avanzare da est attraverso quota 1.467 ed il Glava, tanto più che la guarnigione, impegnata in uno scontro con una pattuglia di esploratori del 23° Reggimento (della 12ª Divisione germanica), guardava verso la valle a nord e non sospettava quello che avveniva alle sue spalle. Fu un terribile shock quando gli uomini di Rommel comparvero all'improvviso dietro la postazione di sbarramento. Non ci fu più bisogno di sparare, i 120 uomini della postazione in vetta al Matajur, che inglobava la vecchia dogana austriaca, avevano capito la situazione. A gesti spiegarono che intendevano arrendersi. Sfiniti ed esausti, ma con lieta eccitazione i fucilieri con le ultime forze superarono ansimanti gli ultimi metri fino al cocuzzolo del monte e lo occuparono.

Questo accadeva il mattino del 26 ottobre, esattamente alle 11.40, con un sole splendente. I segnali luminosi concordati – 3 traccianti verdi, 1 bianco – salirono nel cielo blu cobalto ed annunciarono la conquista del Matajur a tutti gli osservatori attorno. Ora finalmente Rommel concesse a tutti un'ora di sosta per godersi nell'aria tersa il magnifico panorama delle cime innevate del Monte Stol, del Monte Canin, del Tricorno, del Krn e più in là della pianura del Friuli fino ad Udine.

In 48 ore il Battaglione da montagna württemberghese aveva preso prigionieri 150 ufficiali e 9.000 uomini ed aveva catturato 81 pezzi d'artiglieria e con perdite minime.

Al Quartier Generale naturalmente eravamo convinti che Rommel avrebbe ricevuto la *Pour le Mérite*, purtroppo fu una speranza vana. Il nostro Comandante d'Armata aveva promesso che chi fosse arrivato per primo sul Matajur sarebbe stato insignito della *Pour le Mérite*. Per questo il sottotenente Schnieber della 4ª Compagnia del 63° Reggimento di fanteria era partito da Caporetto già il 25, di prima mattina, per salire con una pattuglia di esploratori sul Matajur ed alle 7.30 aveva raggiunto una punta rocciosa a circa 100 metri dalla cima del Matajur. In realtà si trattava chiaramente della vicinissima cima del Monte della Colonna a nord. Sparò i segnali luminosi convenuti che vennero osservati ed annunciò per iscritto la conquista del Matajur. Ricevette così l'alta onorificenza. Von Below si interessò subito presso il Gabinetto Imperiale per far ottenere la stessa alta onorificenza ad Erwin Rommel, ma Berlino per motivi sconosciuti rifiutò.

Nel pomeriggio l'intero Battaglione da montagna württemberghese scese a valle in due colonne. Nei pressi di Pulfero ci fu ancora un breve violento scontro con i resti della Brigata Salerno. La resistenza venne piegata. A sera il Battaglione aveva già raggiunto Brischis e Cicigolis nella valle del Natisone.

Anche l'*Alpenkorps* scese dai monti ed a sera raggiunse Savogna e Clenia sul Natisone. Due colonne ebbero l'ordine di salire al Monte Joanaz ed al Monte Mladesiena. La colonna di montagna che veniva dal Monte Craguonza già alle 15.30 raggiunse Tiglio.

Già nel tardo pomeriggio del 25 la Guardia e gli *Jäger* bavaresi erano scesi a valle lungo la tortuosa strada per Polava-Savogna, erano incappati nella forte linea di sbarramento che dal Monte Craguonza passava per Polava e l'avevano sfondata con un assalto impetuoso. Questo era il frastuono che Rommel aveva sentito con un po' di preoccupazione mentre saliva al villaggio di Jevšček. La strada per Savogna, a 5 chilometri, era libera.

Solo l'artiglieria da montagna dell'*Alpenkorps* riuscì a seguire attraverso i monti, l'artiglieria pesante dovette farsi strada faticosamente lungo la valle dell'Isonzo completamente intasata passando per Idrsko, Caporetto e Kred nella valle del Natisone. Quando il generale von Tutscheck venne informato che Livek era stata presa e che le sue unità erano scese dai monti, decise di trasferire il suo comando tattico nel paese.

La 117ª Divisione nel frattempo, seguendo la valle dell'Isonzo, aveva raggiunto Kamno-Selišče. In tutto il settore di combattimento dell'*Alpenkorps* – si può dire del Gruppo Stein – le batterie italiane di tutti i calibri, in particolare pezzi pesanti e mortai, si erano fermate ed erano state catturate.

Quello che non sapevamo la sera del 25

La sera del 24 il Comando Supremo italiano ad Udine non aveva informazioni precise sulla 2ª Armata e non conosceva ancora la gravità della sua situazione, ma nel corso del 25 si rese conto del grande pericolo che aveva provocato l'annientamento della 2ª Armata del generale Capello. Nonostante l'indebolimento delle divisioni rimaneva tuttavia ottimista e sperava ancora di arrestare sui monti l'urto della 14ª Armata austro-germanica. Chiaramente gli alti comandi erano convinti che gli attaccanti avessero subìto enormi perdite. Erano in errore, in realtà le perdite furono minime. L'impeto del I Corpo d'Armata a.u. (Krauss), dei Gruppi Stein, von Berrer e Scotti era praticamente inarrestabile, dappertutto, con poche eccezioni, le unità di riserva fatte arrivare in tutta fretta vennero travolte dagli avvenimenti. Il generale Cadorna era particolarmente preoccupato per la Zona Carnia – si era già creata una grossa sacca a nord del fronte – ed inviò quattro battaglioni di Alpini sul Montemaggiore con il compito di occuparlo e di farne il cardine di una linea di difesa arretrata. Ma i battaglioni sarebbero dovuti arrivare dal Trentino. Tre divisioni della 3ª Armata vennero messe a disposizione del generale Capello. Due sarebbero state impiegate nella zona Cividale-Remanzacco, la terza doveva essere portata sul Korada. Si presero provvedimenti previdenti per il ritiro di tutte le truppe davanti all'altopiano della Bainsizza e davanti a Gorizia.

A differenza di Cadorna, il generale Capello (comandante della 2ª Armata sconfitta), avversato per le molte condanne a morte, riteneva necessario ritirarsi subito dietro il Tagliamento. Comunque Capello già da alcuni anni soffriva di calcoli renali che gli provocavano dolorosissime coliche. Era stato ricoverato all'ospedale agli inizi di ottobre. Venne sostituito in gran fretta dal generale Montuori. A poche ore dall'inizio dell'offensiva, riprese il comando della 2ª Armata. Per il momento il generale Cadorna si limitò a dare disposizioni per la ritirata. Diede ordine di ritirare dal fronte tutta l'artiglieria pesante italiana e di portarla dietro il Tagliamento, anzi addirittura dietro il Piave. Nei pressi della Delizia si dovevano costruire due ponti d'emergenza sul Tagliamento e si doveva preparare la ritirata della 3ª Armata.

Ci si può immaginare il panico tra le truppe italiane quando le tragiche notizie, una dopo l'altra come un fuoco di fila, si diffusero sul fronte dal mare a sud fino alla Zona Carnia a nord. Ora il pericolo incombente veniva confermato anche dalle nuove disposizioni provenienti da Udine. Previdentemente il generale Cadorna non solo stabilì le vie di ritirata dei corpi fino al Tagliamento, ma ripartì anche i ponti per le due Armate dell'Isonzo. Da Trasaghis alla Delizia tutti i ponti vennero riservati alla 2ª Armata ed al XII Corpo d'armata. I tre i ponti di Codroipo, quello di Madrisio ed i due ponti di Latisana dovevano essere a disposizione della 3ª Armata. Solo la 3ª Armata aveva dunque il diritto di attraversare il ponte di legno di tre chilometri ed i due ponti ferroviari di Codroipo-Delizia, un ordine che poi molte unità in difficoltà non rispettarono. Acquistò importanza l'impiego del Corpo speciale del generale Di Giorgio (20ª e 33ª Divisione) che doveva proteggere i ponti nella zona di Trasaghis e Pinzano. Anche il XII Corpo d'Armata italiano (della Zona Carnia) doveva preparare il ritiro dietro le Prealpi e tenere libere le proprie vie di ritirata. La 63ª Divisione venne inviata di rinforzo a Trasaghis-Venzone sulla riva orientale del Tagliamento per muovere contro la rapida avanzata del Gruppo Wieden (Wodtke, Mollinary, Nürnberger).

Quando il generale Montuori arrivò al Quartier Generale, Cadorna gli chiese se credeva di poter fermare la 14ª Armata ancora sui monti. Dopo i colloqui con i suoi comandanti di Corpo d'Armata e di divisione egli si dimostrò molto ottimista, cosa difficilmente comprensibile dopo le enormi perdite della 50ª, della 43ª, della 46ª e della 19ª Divisione che erano state private anche di tutte le loro artiglierie. Sembra dubbio che i generali italiani abbiano manifestato la loro vera opinione.

Il generale Cadorna quindi non diede ancora l'ordine di ritirata generale, ma ordinò di tenere ad ogni costo la linea Montemaggiore–Purgessimo–Korada. Questa linea di difesa non esisteva ancora, la si doveva approntare mentre il nemico continuava ad avvicinarsi e cercava di impedirlo.

Necessariamente le tre divisioni messe a disposizione della 2ª Armata ricevettero un contrordine. Esse dovevano ora essere riunite sotto il comando del generale Sagramoso per costituire uno sbarramento sul fiume Torre nella pianura friulana ed arrestare tutte le unità che ripiegavano. De facto in questo momento tutte le riserve della 2ª Armata erano già state impiegate in punti diversi, solo la Brigata Sassari era ancora disponibile. Naturalmente non eravamo informati sugli ultimi ordini di Cadorna.

Il generale Cadorna deve essersi reso conto molto presto dello sfacelo e del declino morale della sua 2ª Armata, da molte delle sue disposizioni si deduce chiaramente che la considerava inutilizzabile e che tutti suoi sforzi erano tesi a portare intatta dietro il Tagliamento la 3ª Armata del duca d'Aosta.

In prima linea successe di tutto. Già nella notte tra il 24 ed il 25 unità di riserva comparvero in val Uccea e si scontrarono con reparti della 22ª Divisione *Schützen*. Il collegamento con il XII Corpo d'Armata, la Zona Carnia, non esisteva più. Si era formato un vuoto pericoloso. Due battaglioni del VII Gruppo Alpini raggiunsero il Montemaggiore, lo occuparono, ma rimasero soli. Il terzo battaglione era solo in avvicinamento. Tra il Montemaggiore ed il Monte Joanaz i resti del IV Corpo d'Armata non avevano ancora raggiunto la nuova linea di difesa.

La Brigata Salerno avrebbe dovuto tenere il Monte Matajur e le alture antistanti, ma anch'essa rimase abbastanza isolata, quasi senza contatti con le altre formazioni italiane. Era anzi già circondata dalla nostra 12ª Divisione. Nella linea di difesa della 2ª Armata si apriva una grande breccia. Il Monte Kuk era caduto, anche la quota 1.114 del Kolovrat e lo Ježa, il Globočak addirittura la sera del 25. Solo il Monte Cum resisteva. I resti del VII Corpo d'Armata si aggrappavano al monte con tutte le loro forze.

Il XXVII Corpo d'Armata si sforzava di bloccare la valle dello Judrio con uno sbarramento all'altezza di Cosson-Korada. Le riserve erano poco più indietro. Le brigate Jonio e Ferrara dell'armata di riserva erano state portate sulla linea Monte Mladesiena-Monte Purgessimo-Castelmonte per equilibrare in qualche modo la perdita della dorsale del Kolovrat.

Già la sera del 24 il generale Capello aveva fatto sgomberare le divisioni dalle posizioni più avanzate sull'altopiano della Bainsizza, aveva fatto ripiegare le unità sulla seconda linea di difesa ed aveva fatto preparare un'eventuale ritirata dietro l'Isonzo od oltre. Si trattava di tre divisioni del XXVII Corpo d'Armata (la 64ª, la 22ª e la 65ª Divisione, inoltre reparti del XXIV Corpo d'Armata) al comando del generale Badoglio. Il punto nevralgico di questo settore era la valle dell'Isonzo, l'avanzata del Gruppo Scotti lungo la riva del fiume avrebbe minacciato le spalle di tutto il fronte della Bainsizza. Venne disposto che la Brigata Sele e la Brigata Treviso, che teneva ancora il Čičer vrh ad ovest del fiume, formassero una testa di ponte vicino ad Avče.

Il mattino del 25 reparti della 1ª Divisione austro-ungarica erano riusciti ad aprire un'ampia breccia in questa linea di difesa ed a prendere il Monte Veliki e il Monte Grad. C'erano stati duri combattimenti nei quali la Brigata Roma era stata quasi annientata. Gli attaccanti erano davanti ad Avče.

Alle 14 il generale Badoglio, tramite la 2ª Armata, ricevette dal Comando Supremo l'ordine di passare in due fasi sulla riva destra dell'Isonzo con la protezione di una forte retroguardia.

Nello stesso tempo gli austriaci riuscirono a prendere la località di Kanalski vrh sulla Bainsizza, alle 16 avanzarono con successo sulla riva destra del fiume e presero il Čičer vrh. Ora si doveva far passare rapidamente le divisioni sui ponti di Log, Kanal e Anhovo nella notte tra il 25 ed il 26. Solo la 10ª Divisione, rimase ancora di retroguardia sulla riva sinistra.

Anche il II Corpo d'Armata italiano abbandonò le postazioni e si ritirò sulla linea Monte Kuk-Monte Santo.

Sul resto del fronte fino al mare intanto si svolgevano solo combattimenti di artiglieria. L'estrema ala destra della 2ª Armata e tutta la 3ª Armata rimanevano ancora nelle loro vecchie posizioni.

L'occupazione di Montemaggiore

Verso mezzogiorno del 26 ottobre il grosso della 22ª Divisione *Schützen* si raccolse a Breginj e, dopo una breve pausa, si mosse in fretta verso il Monte Pridolna (832 m), il Monte Cavallo (1.050 m) e le alture delle Zuffine dove il nemico avrebbe potuto predisporre una nuova linea di difesa. Questi monti sono nella zona delle sorgenti del Natisone.

Anche le unità della 50ª Divisione austro-ungarica ed il generale Gerabek erano arrivati a Breginj. Esse ora si muovevano verso sud parallelamente alla 22ª Divisione assegnata al generale Krauss con il compito di avanzare attraverso Platischis in direzione di Tarcento.

Il nemico aveva gettato nel combattimento due battaglioni di Alpini di riserva e i resti della Brigata Genova e li aveva portati a marce forzate sul Montemaggiore. Un terzo battaglione era in avvicinamento. Essi erano comandati dal colonnello brigadiere Sapienza. Alcuni reparti del 2° Reggimento Bersaglieri e della Brigata Friuli tenevano ancora il Monte Carnizza ed il Monte Cavallo, la Brigata Potenza e reparti di Bersaglieri difendevano le postazioni di sbarramento a sella Canebola. Nel pomeriggio, alle 16, le nostre unità avanzarono contemporaneamente e concentricamente da tre lati contro l'altopiano del Montemaggiore, destinato dal generale Cadorna a costituire il cardine di una terza linea arretrata di difesa e di arresto.

Partecipavano all'azione le unità che provenivano dal Monte Stol, quelle che salivano dalla valle Uccea e quelle che si avvicinavano all'altopiano da sud, cioè dalla località di Montemaggiore. Il colonnello brigadiere Sapienza – malgrado il nome – non agì assolutamente come richiesto da Cadorna. Erroneamente scambiò per soldati tedeschi gli italiani che rifluivano sulle alture, si sentì minacciato da un accerchiamento e dopo una breve sparatoria già alle 18.30 diede l'ordine di ritiro graduale. Quando il generale Etna, il comandante dell'ala sinistra della 2ª Armata ne venne informato, si adirò e gettò di nuovo in avanti i battaglioni con l'ordine di riconquistare subito il Montemaggiore. Ma reparti della 22ª Divisione *Schützen* avevano già preso possesso dell'altopiano e non se lo fecero strappare. Non si può certo parlare di una "eroica difesa del Montemaggiore", come affermato più tardi.

La divisione attraversò l'altopiano e la sera stessa raggiunse Platischis.

La vicina 50ª Divisione austro-ungarica nelle stesse ore occupò dopo un breve combattimento Robidišče, Prossenicco ed il Monte Lubia. Ora avanzava verso l'importante Monte Joanaz.

Il Monte Joanaz

I reparti della 50ª Divisione austro-ungarica scesi dal Monte Mia affiancarono la 12ª Divisione brandenburghese e si scontrarono con le retroguardie del nemico. Già alle 14 del pomeriggio raggiunsero le località di Stupizza e Log nella valle del Natisone e di là cominciarono a risalire il Monte Joanaz (1.168 m) che era difeso dalla Brigata Vicenza (con reparti del 279° Reggimento di fanteria) e dalla Brigata Massa Carrara appoggiata dalla cavalleria che venne miseramente annientata.

Già il 26 il colonnello Koschak con la sua 15ª Brigata da montagna (50ª Divisione austro-ungarica) riuscì a prendere il Monte Joanaz. In lontananza comparve Cividale. Il nostro comandante dell'artiglieria generale von Berendt aveva previdentemente fatto avanzare i cannoni a lunga gittata da 15 cm che battevano già il Korada e Cividale. Come sarebbe finita? Da tutte le parti le unità italiane confluivano in questa località e cercavano di salvarsi. I nostri aerei avevano osservato il completo intasamento di tutte le strade, principali e secondarie.

A Kranj solo a tarda sera fummo informati della caduta dell'importante Monte Joanaz. Ne fummo molto soddisfatti, ora era sicuro che tutte le nostre truppe avevano raggiunto la pianura. Ci attendevamo resistenza ed avevamo inviato altre unità ed artiglieria pesante, ma il loro impiego era diventato inutile. Dappertutto si vedevano incendi, il nemico distruggeva i suoi depositi. I ponti vennero fatti saltare ed anche le strade furono in parte distrutte.

Il Battaglione da montagna württemberghese, i reparti Gössler e Rommel, erano scesi dal Matajur, avevano raggiunto nel pomeriggio la valle del Natisone ed erano avanzati fino a Pulfero e Brischis. Là incontrarono i reparti della 12ª Divisione che avevano già raggiunto la vicina località di Log. Il Reggimento della Guardia ed il 1° Reggimento *Jäger* bavarese avevano sfondato lo sbarramento vicino a Polava, con il II ed il III Battaglione erano ora nei pressi di Tercimonte e con il I Battaglione a Savogna. Il nemico riuscì a far saltare in aria il ponte di Brizza, ma non riuscì a fermare l'avanzata dei bavaresi che guadarono il fiume nonostante l'acqua alta e raggiunsero Clenia. I resti della Brigata Ferrara – a quanto sapevamo – nella notte del 27 tenevano ancora la linea da Purgessimo a Castelmonte.

La 117ª Divisione seguiva la 12ª nella valle del Natisone.

Nel pomeriggio del 26 la 200ª Divisione era avanzata con il 4° ed il 5° Reggimento *Jäger* ed aveva seguito senza combattere il 1° Reggimento *Jäger* bavarese dell'*Alpenkorps*. Il 2° Reggimento *Jäger* seguiva. Ora si doveva prendere il Monte San Martino, un cocuzzolo brullo e ripido, fortificato su più livelli e difeso dalla Brigata Arno. Sembrava che il monte fosse debolmente presidiato. Tre battaglioni *Jäger* attaccarono concentricamente. Il V Battaglione *Jäger* riuscì a passare ed alle 9.30 cacciò il nemico che si ritirò precipitosamente. Quando gli uomini arrivarono sul cocuzzolo trovarono le trincee abbandonate. 300 prigionieri rimasero in mano nostra. Alle 15 il battaglione raggiungeva già il Monte San Bartolomeo (625 m) e la sera il Monte Vainizza sopra Azzida che era difeso dalla Brigata Jonio. Si voleva prendere Azzida il 27.

Sulle alture ed attraverso le valli le nostre unità avanzarono di slancio per sfondare le ultime linee di difesa italiane davanti a Cividale, dal Monte Purgessimo, a Castelmonte al Korada. Esse scesero in pianura lungo la valle del Natisone, le valli Rieca, Cosizza e Judrio. Il 3° Reggimento *Jäger* della 200ª Divisione era attestato ancora un po' indietro perché partecipava alla conquista del Monte Cum. La sera un'avanguardia era nei pressi di San Leonardo e del Monte Sv. Marija Maddalena (683 m).

Il 26 la 26ª Divisione si diresse verso il Monte Cum pronta ad intervenire, ma non fu più necessario. Due reggimenti rimasero fermi sullo Ješenjak, uno andò a sud passando per Tribil. A sera un reggimento era nella valle del Rieca a nord di San Leonardo, altri reparti vicino a Crai dove il comandante di gruppo, generale von Berrer, aveva trasferito il suo comando tattico. Ovunque erano evidenti i segni di una rapida ritirata e della fuga con tutto quello che ne consegue.

Conquista del Monte Globočak e del Monte Cum

L'obiettivo del generale Scotti per il 25 era la conquista del Monte Cum e del Monte Globočak e per questo fece avanzare la 5ª Divisione germanica. Essa rimpiazzò in parte la 1ª Divisione austro-ungarica che, dopo i brillanti successi, era duramente provata. Al gruppo Scotti venne assegnata di rinforzo anche la 57ª Divisione austro-ungarica.

Si riteneva che il fortissimo bastione del Monte Cum fosse difeso dalla Brigata Etna e dalla Brigata Puglie. I Bersaglieri tenevano le postazioni tra la val Judrio ed il Monte Globočak. La Brigata Treviso si trovava in prima linea dal Globočak fino alla valle dell'Isonzo. Il generale Badoglio, come si venne a sapere più tardi, intendeva iniziare una controffensiva con tre divisioni in direzione dell'Ostri Kras, ma non ci riuscì, il nostro sfondamento su un vasto fronte fu troppo impetuoso e poderoso.

La sera del 25 la 1ª Divisione austro-ungarica con la 7ª Brigata da montagna raggiunse Ostri Kras, Pušno-Srednje, Avško ed il 26 proseguì lungo la strada verso il Monte Globočak (806 m) ed il Čičer vrh. Alle 11 dopo un duro combattimento il monte venne preso, ci furono 400 prigionieri e vennero catturati 60 pezzi d'artiglieria. La via verso sud era aperta. Purtroppo nei tre giorni dell'attacco questa magnifica divisione aveva subìto le perdite maggiori (40 ufficiali e 1.350 uomini caduti o feriti). Bisogna aver visto le postazioni italiane per capire il valore di questa fantastica divisione austro-ungarica al comando del generale Metzger. Gli effetti delle sue azioni coraggiose del 24 e del 25 e dei suoi successi si ripercossero ben presto su tutta l'ala destra della 2ª Armata italiana in ritirata ed infine anche sulla 3ª. La sera del 25 era vicino a Sv. Pavel, ad ovest di Ročinj, solo 3 chilometri a sud del Monte Globočak e piombava ora alle spalle del fronte nemico dalla valle dell'Isonzo al Čičer vrh.

L'avvenimento più importante del 26 nella zona del Gruppo Scotti fu senza dubbio la conquista del Monte Cum (905 m) che venne affidata alla 5ª Divisione, ancora integra.

Già alle 5 del mattino del 25 l'8° Reggimento Granatieri della Guardia di questa divisione passava l'alta val Judrio e marciava verso l'erto monte che costituiva il cardine di un ampio complesso di postazioni ben costruite. La cima era sotto il tiro delle granate della nostra artiglieria pesante. L'espugnazione di questo monte fortificato si deve all'audacia ed alla maestria tattica del sottotenente della riserva Hildebrandt, la cui azione può stare alla pari solo con quelle del tenente Rommel sul Kuk, sul Craguonza e sul Matajur, del sottotenente Schörner sul Kolovrat e del sottotenente Goerke sullo Ježa.

Il colonnello von Gluzewski voleva sfruttare la grande confusione del nemico e già la sera del 25, appoggiato da un battaglione del 3° Reggimento *Jäger* (della 200ª Divisione), avanzò verso nord. Nonostante i violenti contrattacchi italiani superò lo Judrio nei pressi di Pri Malsni, questa sarebbe stata la base di partenza per l'attacco principale al Monte Cum del 26. Purtroppo un granata mise fuori combattimento tutto lo Stato Maggiore del reggimento tranne il comandante. Il terreno era ripido, difficile da superare ed il dislivello fino alla cima del Monte Cum era di circa 500 metri. Nella notte del 26 gli uomini dovettero scalare i pendii alla luce della luna continuamente disturbati del nemico molto nervoso e fermarsi poi fino al mattino. Il 52° Reggimento di fanteria con il colonnello von Alvensleben avanzò verso Rog per attaccare, il 26, il Monte Cum da nord. Ci furono aspri scontri vicino a Pušno, Pri Malum e Srednje che vennero occupati. Da questa linea il 26 si intendeva attaccare il monte.

Il I Battaglione del Reggimento Granatieri sfondò la linea a valle, salì a quota 645 e prese il Monte Glava. Una parte proseguì addirittura verso Lombai, l'altra piegò decisamente verso sud ed occupò Ronchin. I fucilieri avanzarono parallelamente verso Ronchin, ma piegarono poi a sud in direzione di Malenchen che venne presa. Anche il II Battaglione dell'8° Reggimento dei Granatieri della Guardia il mattino superò lo Judrio ed attaccò Malenchen da sud, sfondando le postazioni italiane organizzate su più livelli. Arrivati poco prima di Ronchin, l'8ª Compagnia si staccò e si volse verso sud con una conversione di 180° per accerchiare con grande abilità il Monte Cum a sud, tra quota 876 e la cima. Poiché la compagnia si trovava dietro le postazioni italiane, gli alti ostacoli di filo spinato divennero inutili. Durante il martellante fuoco tedesco il sottotenente Hildebrandt penetrò con 10 uomini nelle trincee in vetta. Con la sua minuscola schiera cercò rifugio in un ricovero e con grande stupore vi trovò dentro i due comandanti delle Brigate Puglia ed Elba che fece prigionieri – non si può dire diversamente. Finalmente l'artiglieria smise di sparare ed il battaglione occupò rapidamente la cima. La battaglia era finita, 3.500 uomini andarono in prigionia, il bottino fu di 61 pezzi d'artiglieria e 51 mitragliatrici. Solo pochi resti della Brigata Elba ripararono a Castelmonte.

Gli uomini si riposarono sul Monte Cum fino alle 13, poi proseguirono verso sud passando per Tribil ed il Monte San Giovanni, non incontrarono nemici. Poterono solo accerchiare completamente e prendere la Brigata Firenze vicino a Peternel. Il 52° Reggimento di fanteria della 5ª Divisione tedesca seguiva passando per Ronchin, ma non venne più impiegato.

Verso le 13 riesco ad andare per un momento dal tenente colonnello von Rössing per aggiornarlo sulla situazione. Vuole assolutamente andare a Tolmino al 5° ed all'11° Battaglione bombarde.

"Non è troppo presto, signor tenente colonnello? Pensi che il grosso della 117ª Divisione e tutte le salmerie della nostra divisione si trovano sulla strada Kneža-Tolmino. Ci vengono incontro 30.000 o più prigionieri italiani. La strada Tolmino-Caporetto deve essere completamente intasata, non si potrà passare".

Questo lo convince, aspetterà ancora un giorno. L'11° Battaglione bombarde verrà subito trasferito sul fronte occidentale, ma il battaglione bombarde Buddeberg deve aiutare a costruire il più in fretta possibile un ponte militare sull'Isonzo in piena e poi seguire l'avanzata.

Appunti della sera del 26 ottobre

Si pensa di spostare più avanti il Quartier Generale del Comando della 14ª Armata da Kranj a Tolmino poiché diventa sempre più difficile far passare le comunicazioni, ma non se ne fa niente perché gli avvenimenti precipitano.

Ora il nemico ha in gran parte sgomberato l'altopiano della Bainsizza davanti al fronte della 2ª *Isonzoarmee* (la nostra vicina). Le divisioni austriache hanno occupato le località di Ročinj, Kanal, Vrh, Bitež, Grgar. Pare che gli italiani si ritirino più indietro e cerchino di arrivare oltre il fiume. Ci attendevamo resistenza sul Monte Sabotino e sul Korada. Nel primo mattino è stato fatto brillare l'importante ed alto ponte in pietra sulla profonda gola dell'Isonzo nei pressi di Salcano. Anche davanti al fronte della 1ª *Isonzoarmee* il nemico si sta ritirando e viene inseguito.

I nostri aerei comunicano movimenti di ritirata del nemico, le strade sono sovraffollate. Il campo d'aviazione di Cormons è vuoto. A Cividale ed attorno alla cittadina regna il caos, tutte le strade sono intasate, le colonne sono ferme. Il nostro servizio informazioni si è procurato dei giornali italiani. Solo ora viene ammessa la presenza di truppe tedesche. Come sempre vengono diffuse informazioni false sulle enormi perdite degli attaccanti.

Il Comando Supremo a Baden vicino a Vienna ha fatto pressione per un riassetto delle fasce di combattimento delle armate all'attacco. L'arciduca Eugenio ha ragionevolmente congelato l'ordine dall'alto per non disturbare lo sviluppo favorevole della battaglia. Lascia mano libera al Comando della 14ª Armata. Per il riordino ci sarà abbastanza tempo in pianura. Sua eccellenza von Below oggi ha proposto di far affluire al più presto alcune divisioni delle armate dell'Isonzo al Gruppo d'Armate Conrad, si eviterebbe un'inutile concentrazione di divisioni pronte al combattimento ed a tempo debito si potrebbe iniziare una seconda offensiva dal Tirolo verso il Veneto. Il comando del fronte sudovest si è dichiarato d'accordo, ma non è accaduto nulla.

L'interesse principale del nostro reparto operazioni è rivolto al momento al Monte Joanaz dal quale non si hanno notizie. La fascia di combattimento dell'*Alpenkorps* è stata fatta passare intenzionalmente a nord di Cividale per evitare che sconfini a sud in direzione di questa e trascuri il Monte Joanaz. Si sono tenute pronte anche delle truppe di riserva ed il comandante dell'artiglieria è stato costretto a far avanzare l'artiglieria pesante dei gruppi d'armata per intervenire efficacemente in caso di necessità. Inoltre ai corpi è stata impartita l'indicazione generale di permettere ai distaccamenti avanzati di tentare dei colpi di mano per prendere le fortificazioni note nella zona dell'avanzata, le fortezze di Chiusaforte in val Fella e le installazioni permanenti nella valle del Tagliamento: Festa, Osoppo, Tricesimo, Fagagna, Ragogna ed alcune altre. Nessuno sa se sono ancora armate e presidiate.

Le nostre divisioni di riserva sono state fatte avvicinare. La 13ª Divisione *Schützen* austro-ungarica è ora nei pressi di Volče, la 33ª Divisione austro-ungarica vicino a Podmelec, la 4ª Divisione austro-ungarica invece è ancora molto indietro, vicino a Šentviška Gora.

Al Quartier Generale dell'arciduca Eugenio sono quasi sbalorditi per gli eccezionali successi delle nostre divisioni, ma si frena piuttosto che spingere – probabilmente a causa di imminenti difficoltà di approvvigionamento. Noi ci limitiamo a sorridere.

Se infatti l'umore a Kranj non è esuberante, anzi piuttosto depresso, ciò dipende dalle preoccupazioni per il fronte occidentale. Ai francesi è riuscita una profonda irruzione con elevate perdite di uomini e materiali nei pressi di Pinon-Vauxillon. Si teme che questo rovescio abbia dei contraccolpi sul nostro fronte e che le nostre divisioni vengano ritirate troppo presto.

Le ultime comunicazioni della sera fanno supporre che Cadorna abbia ordinato di condurre rapidamente al torrente Torre le truppe che hanno abbandonato l'altopiano della Bainsizza ed hanno attraversato l'Isonzo. Forti retroguardie (4 brigate) devono tentare di arrestare il nemico sulla linea Monte Kuk-Vodice-Monte Santo. Sembra che una parte consistente della 2ª e 3ª Armata italiana abbia già attraversato l'Isonzo e si trovi in ulteriore ripiegamento. La 10ª Divisione italiana formerà la retroguardia sul fiume.

NOTE

(1) In base a rapporti ed informazioni personali di E. Rommel.

INSEGUIMENTO FINO AL TAGLIAMENTO (27-30 OTTOBRE 1917)

La decisione di Cadorna del 27 ottobre (secondo fonti italiane)

Oggi sappiamo che ad Udine nella notte tra il 26 ed il 27 ottobre si vissero ore drammatiche. Nonostante la situazione estremamente critica il Comando Supremo ancora nella tarda serata del 26 aveva redistribuito gli incarichi nella 2ª Armata. Il generale Etna avrebbe assunto il comando dell'ala sinistra nord (IV Corpo d'Armata, 16ª e 21ª Divisione), il generale Petitti di Roreto del centro (XXVIII e VII Corpo d'Armata e resti del XXVII Corpo d'Armata) ed il generale Ferrero dell'ala sud (II, VI e XXIV Corpo d'Armata). A tutti vennero assegnati stretti settori di combattimento per rendere possibile uno scaglionamento in profondità e la formazione di teste di ponte.

Poi il generale Cadorna prese una decisione amara: la ritirata generale dietro il Tagliamento, con l'abbandono di tutto il Friuli e di tutti i territori conquistati nelle 11 battaglie dell'Isonzo.

Nelle primissime ore del 27 (alle 2.30) l'ordine di ritirata arrivò alla Zona Carnia (XII Corpo d'Armata) che doveva raggiungere a tappe il corso superiore del Tagliamento. Alle 2.50 l'ordine di ritirarsi dietro il grande fiume raggiunse la 3ª Armata, alle 3.36 la 2ª Armata sconfitta che avrebbe dovuto accordarsi con la 3ª Armata. La 4ª Armata ricevette l'ordine di abbandonare le prime linee e di ritirarsi sulla linea di difesa, la seconda linea.

Verso mezzogiorno Cadorna con il suo Stato Maggiore abbandonò Udine. La popolazione civile fu presa dal panico e cominciò a fuggire. Ora alle colonne militari che rifluivano si mescolarono i mezzi di trasporto stracarichi ed i carri di ogni tipo degli abitanti della città e dei contadini. Un'infinita fiumana umana cominciò ad addensarsi verso il Tagliamento. Cadorna trasferì il suo Quartier Generale a Padova, quindi molto indietro – addirittura dietro il Piave – perché il Comando Supremo temeva una seconda offensiva degli austro-germanici dal Tirolo, ma organizzò il suo reparto operazioni a Treviso, subito dietro il Piave. Lo stesso giorno il Comando Supremo austro-ungarico a Baden decise, finalmente, di far intervenire il gruppo d'armate Conrad che avrebbe dovuto attaccare ai fianchi dalla Valsugana verso il Veneto. L'ordine venne modificato su richiesta di Conrad von Hoetzendorf che intendeva sfondare dai Sette Comuni verso sud, purtroppo con forze decisamente troppo esigue. A Conrad vennero assegnate solo la 21ª Divisione *Schützen* e la 10ª Divisione *Landsturm*, ma non gli vennero date le divisioni della 1ª e 2ª *Isonzoarmee* assolutamente indispensabili fin dall'inizio, come invece aveva proposto von Below. La data prevista per l'attacco era il 10 novembre.

Il Comando Supremo italiano ordinò a tutti i corpi ed alle divisioni di far precedere l'artiglieria. I quattro corpi (IV, XXVIII, VII e XXVII) che ripiegavano nella zona della 2ª Armata dovevano costituire subito una linea d'arresto sulla riva occidentale del torrente Torre al comando del generale Etna e dovevano tenerla il più a lungo possibile. L'ala sinistra doveva ripristinare sui monti il contatto interrotto con il XII Corpo d'Armata che si stava ritirando.

Senza dubbio dalle disposizioni di Cadorna risulta che si adoperò certo per ricondurre la 2ª Armata sconfitta dietro la protezione del fiume, che tentò di rallentare l'avanzata della nostra 14ª Armata, ma che cercò soprattutto di salvare la 3ª Armata del duca d'Aosta ancora intatta ed il XII Corpo d'Armata a nord. Sulla riva occidentale del Tagliamento si costituì rapidamente un fronte di difesa con nuove forze che sarebbero state rinforzate dalle unità in ritirata. L'VIII Corpo d'Armata ebbe il compito di organizzare con fanteria e cavalleria la difesa ai fianchi a nord dell'antica fortezza di Palmanova.

Non si poteva più nascondere all'opinione pubblica ed alla popolazione la situazione catastrofica al fronte. I giornali riportarono le prime caute comunicazioni. L' effetto fu sconvolgente.

La piena del Tagliamento rendeva sempre più pericolosa la situazione della 2ª e 3ª Armata.

La battaglia nel settore nord il 27 ottobre 1917

Il 27 ottobre iniziò con tempo sereno e buona visibilità, ma nel pomeriggio ci fu un notevole peggioramento con rovesci di pioggia che fecero gonfiare a dismisura torrenti e fiumi grandi e piccoli ed influenzò in maniera decisiva le operazioni militari.

Sull'ala destra si continuava a combattere aspramente attorno ad alcuni capisaldi nella zona accidentata del Monte Rombon. Nella mattinata la 59ª Brigata da montagna a.u. incalzò di nuovo Sella Nevea e la 216ª Brigata a. u. la sella Prevala, ma senza successo a causa di una nuova violenta tempesta di neve. Nella notte tra il 27 ed il 28 essa si trasformò in una terribile bufera che irrigidì il fronte nella morsa del gelo e del ghiaccio. Tutti gli uomini che combattevano lassù soffrirono indicibili tormenti, molti ebbero gli arti congelati. Ma gli italiani riuscirono a tenere le loro posizioni.

In val Resia il colonnello von Wodtke con la sua colonna avanzò senza problemi fino a sera. Vicino a Prato di Resia e davanti a San Giorgio sulla cima Tulsti (1.180 m.), a quota 982 e sul Monte Cuzzer (1.465 m) la 217ª Brigata a.u. del colonnello Mollinary s'imbatté nella dura resistenza di due reggimenti italiani (35° e 36° Reggimento di fanteria della Brigata Pistoia) e di unità di Bersaglieri e di Alpini che in gran fretta erano stati trasportati con i camion da Tolmezzo e da Gemona. Riuscì a respingere il nemico.

Al momento la colonna Mollinary stava entrando nella val Fella in direzione di Raccolana e Chiusaforte. Il battaglione del capitano Jaschke aveva preso il Nische, ma le terribili condizioni del tempo lo costrinsero a fermarsi.

Il 3° Reggimento *Tiroler Kaiserjäger* del colonnello Nürnberger dopo alcuni brevi scontri riuscì a superare il passo di Tanamea ed inseguì il nemico fino a Forcella Musi. Di nuovo *Jäger* e *Schützen* presero centinaia di prigionieri.

Il 27 la 22ª Divisione *Schützen* austro-ungarica avanzò sulle catene montuose ad ovest di Platischis. Dapprima respinse a fatica i violenti contrattacchi del nemico, ma poi reagì e con un distaccamento avanzato riuscì ad occupare Monteaperta ed anche il Monte Jauar. Purtroppo la vetta del Monte Jauar venne perduta di nuovo, ma la 15ª Brigata da montagna a.u. con il colonnello von Koschak portò definitivamente il monte in mano nostra. Il colonnello von Tlaskal seguiva con la sua 3ª Brigata da montagna. Vennero presi 3.000 prigionieri.

Supponevamo che la 26ª e la 36ª Divisioni italiane fossero finite nella grande sacca che si era formata a nord della val Resia attorno alla Zona Carnia. Se non si fossero ritirate in fretta sarebbero state accerchiate.

Verso sera accertammo che la 43ª Brigata della 22ª Divisione *Schützen* e la 15ª Brigata da montagna avevano saldamente in pugno la linea dal Monteaperta - Montemaggiore - Monte Cavallo - alture delle Zuffine - Monte Jauar - Monte Nagrad - Monte Carnizza. Dietro, di riserva, c'era la 3ª Brigata da montagna austro-ungarica.

La conquista di Cividale

Il 27 la 12ª Divisione tedesca e l'*Alpenkorps* avrebbero dovuto tentare di aprire la via per Cividale attraverso la valle del Natisone. Venimmo informati che erano riusciti a sfondare alcuni sbarramenti vicino ad Azzida ed a Sanguarzo ed avevano preso i monti a nord della cittadina. Nella notte tra il 25 ed il 26 il I Battaglione del 62° Reggimento di fanteria brandenburghese, con il Battaglione da montagna württemberghese sceso dal Matajur, aveva già preso San Pietro nella valle del Natisone.

Alle 5.30 del mattino il generale Lequis fece radunare di nuovo la sua 12ª Divisione e, attraverso il Monte Joanaz già occupato, la fece avanzare verso Faedis. Alcune colonne laterali avanzarono in direzione di Tarcetta e del Monte Mladesiena.

Cividale aveva l'effetto di una calamita. Pattuglie di punta della 12ª Divisione (62° Reggimento di fanteria), della 200ª, della 26ª e dell'*Alpenkorps* cercavano di raggiungerla rapidamente. Si decise quindi di trasferire più a nord la fascia di combattimento dell'*Alpenkorps*.

La conquista di Cividale non filò del tutto liscia, il nemico sorprese le unità in avvicinamento con un violento contrattacco, la difesa richiese un po' di tempo. Poi il battaglione del maggiore Sibette (62° Reggimento di fanteria) incalzò subito, raggiunse per primo la periferia nord di Cividale, vi penetrò e la occupò. La cittadina era completamente intasata, incendi divampavano ovunque. A Cividale il battaglione incontrò i reparti avanzati della 200ª e della 26ª Divisione.

Nelle stesse ore reparti del 62° Reggimento di fanteria riuscirono a cacciare gli italiani da Togliano ed il Battaglione da montagna württemberghese con il 125° Reggimento della 26ª Divisione li allontanò dal Monte Purgessimo.

La sera unità del Gruppo Scotti si avvicinarono da est e colpirono il centro delle colonne in ritirata del IV Corpo d'Armata italiano.

Il fronte italiano da Purgessimo a Castelmonte si dissolse. Probabilmente ci furono degli ammutinamenti e l'accerchiamento che aveva coinvolto circa 10 battaglioni doveva aver provocato una catastrofe. Furono catturati molti prigionieri. Solo pochi resti riuscirono a farsi strada fino al settore del torrente Torre. I battaglioni italiani cacciati dal Monte Joanaz vennero inseguiti da vicino.

In questo momento le nostre divisioni sono davanti alla pianura del Friuli. Il Comando della 14ª Armata fissa nuove fasce di combattimento per l'inseguimento fino al Tagliamento. Comincia una guerra di movimento, un'aperta battaglia campale nel Friuli, la corsa al Tagliamento.

La perdita di Cividale e l'incombente attacco ad Udine rendono inevitabile la ritirata della 3ª Armata. Sulle strade principali le numerose divisioni italiane si affrettano verso ovest, verso il fiume.

La loro situazione si fa sempre più critica, corre voce che le acque impetuose del Tagliamento abbiano travolto alcune passerelle e che un importante ponte nuovo vicino a Madrisio (non ancora riportato nelle nostre carte e quindi per noi sconosciuto) sia sotto il livello dell'acqua. Il nemico risente di un certo alleggerimento solo quando la 1ª Armata austro-ungarica dell'Isonzo lentamente si sgancia dalla zona del Carso indecisa se effettuare un inseguimento energico. Le unità della 3ª Armata italiana (VIII, XI, XIII, XXIII Corpo d'Armata) non sono duramente incalzate.

Già da molto tempo Gorizia è stata sgomberata. Le strade nel triangolo Udine-Palmanova-Codroipo sono probabilmente affollate di salmerie ed artiglieria pesante. Le vie di ritirata delle diverse formazioni in parte si incrociano o confluiscono, si formano code penose ed intasamenti.

Resti della 2ª Armata (reparti del VII e dell'indebolito IV Corpo d'Armata) si aggrappano alle rive del torrente Torre a difesa dei pochi guadi, ponti e passerelle che devono essere tenuti fino al passaggio degli ultimi battaglioni. In questo momento il Torre si può ancora attraversare, una grande fortuna per il nemico.

Il XXIV Corpo d'Armata si trova probabilmente ancora nella zona di San Giovanni-Manzano, nella bassa valle del Natisone, il II ed il VI Corpo d'Armata sulla linea Korada-Plava-Gorizia.

Da Cividale una forza d'urto di enorme efficienza bellica sta avanzando inarrestabile verso la pianura friulana, minaccia direttamente la città di Udine ed anche il fianco nord della 3ª Armata italiana. Che cosa succederà?

Nel settore del Torre consideriamo decisiva la zona a nord ed a sud della ferrovia Cividale-Udine. Qui non solo reparti del IV e del VII, ma anche del XXVII e del XXIV Corpo d'Armata tengono la linea sulla riva occidentale. La loro ala sud arriva fino a Pradamano a sud di Udine e ad est della ferrovia Udine-Gorizia.

La 200ª Divisione tedesca è stata inviata a Vernasso-Ziracco. L'alto ponte di Azzida purtroppo è stato fatto saltare, quello di Vernasso è rimasto intatto.

Pericoloso attraversamento del torrente Torre

La lotta sul torrente Torre divenne drammatica non tanto per la dura resistenza del nemico, quanto a causa di una catastrofe naturale. Il mattino del 28 un'incredibile massa d'acqua scura scese dai monti, invase rapidamente le fasce detritiche, larghe anche 500 metri, ed il letto degli affluenti del torrente Torre che in pochi minuti fu in piena e trascinò tutto con sé. Guadare il fiume divenne impossibile ed era impensabile attraversarlo a nuoto. Ora tutto dipendeva dal posto e dal momento in cui i nostri reparti avanzati sarebbero arrivati alla riva orientale per tentare il passaggio, l'onda di piena defluiva da nord a sud nel giro di poche ore.

Il 27 alle 15 la testa del Battaglione da montagna württemberghese, reparto Rommel, raggiunse la località di Rizzolo e fece sosta. Là venne raggiunta dall'ordine del comandante, maggiore Sproesser, di attraversare il torrente già prima dell'alba.

Rommel allertò il suo distaccamento avanzato. La massa d'acqua aveva ingrossato il torrente, ma i suoi uomini, nonostante il fuoco di difesa degli italiani, approfittarono dell'oscurità per tentare di costruire una passerella d'emergenza con carri, scale ed assi. Mancavano ancora circa 100 metri all'altra riva quando il fuoco delle mitragliatrici e dei fucilieri improvvisamente cessò. Si fece silenzio. Il nemico evidentemente si ritirava. Era il momento di rischiare il tutto per tutto. Vennero tese delle corde fino alla riva occidentale perché gli uomini potessero tenersi durante il guado. Rommel passò a cavallo dall'altra parte e salvò anche un soldato italiano che stava annegando. Il suo distaccamento avanzato raggiunse l'altra riva, ma ora era tagliato fuori. Il grosso del Battaglione da montagna württemberghese non riuscì più a seguirlo e solo più tardi il maggiore Sproesser riuscì a far attraversare il suo battaglione per un'altra via.

L'*Alpenkorps* era avanzato su due colonne fino al Torre. La colonna nord scelse la stessa via del reparto Rommel e non riuscì a proseguire. La colonna sud, invece, attraverso Ziracco marciò in direzione di Salt. Qui per un vero colpo di fortuna c'era un ponte in pietra sul Torre, nuovo, non ancora finito, ma utilizzabile. Esso venne preso il giorno stesso, alle 13, grazie al colpo di mano di una pattuglia di cavalleria del 4° *Chevaux-Legers* – solo dieci uomini al comando del vicebrigadiere Schmid. I soldati di cavalleria, decisi, attraversarono al galoppo il ponte sotto il fuoco, scesero da cavallo sull'altra riva e tagliarono la miccia delle cariche predisposte per far saltare il ponte. Formarono subito una testa di ponte minima che tennero saldamente per 5 ore fino a quando arrivò finalmente la testa del 3° Reggimento *Jäger* e consolidò il decisivo punto di passaggio.

Il Reggimento della Guardia dell'*Alpenkorps* e molte altre unità attraversarono il torrente in piena sul ponte salvato di Salt. Gli italiani avevano già precipitosamente abbandonato la riva occidentale ed erano scomparsi in gran fretta in direzione di San Daniele e Gemona. L'ordine di Cadorna di riconquistare subito il ponte arrivò troppo tardi.

Il 2° Reggimento *Jäger* tentò di guadare il fiume nei pressi di Grions. Improvvisamente il letto del fiume venne inondato da tali masse d'acqua che si dovette interrompere l'attraversamento. Il reggimento rimase diviso.

Dopo una tormentata marcia notturna sotto una pioggia battente, la sera del 27 la 200ª Divisione aveva raggiunto con le truppe più avanzate, il 18° ed il 23° Battaglione *Jäger*, Ziracco e Grions sul Torre di fronte a Beivars. Alcuni prigionieri avevano affermato che sul fiume c'era una forte linea di resistenza. Non vennero creduti. Ma quando gli *Jäger* alle 4 del mattino del 28 arrivarono sulla riva occidentale vennero accolti da numerosissime raffiche di mitragliatrice e dovettero gettarsi a terra nonostante il fango e le pozzanghere. Qualcuno si addormentò per la stanchezza nonostante l'acqua ed il freddo. Che fare? – Il capitano Stoffleth, il comandante del 18° Battaglione *Jäger*, non intendeva lasciare i suoi uomini in quelle condizioni. Indietro non si poteva più tornare, decise quindi di attaccare e si mise d'accordo con il 23° Battaglione *Jäger* che voleva tentare di attraversare più a nord. Non funzionò. La comunicazione che il battaglione era pronto non arrivò. Si faceva sempre più chiaro ed il pericolo aumentava. Il capitano Stoffleth fece radunare il suo 18° Battaglione *Jäger* che attraversò di corsa e senza far rumore i 400 metri di torrente, in quel momento non ancora in piena, e sotto il fuoco difensivo degli italiani, nonostante le perdite, sfondò. Ci fu grande confusione tra i nemici, la loro difesa si paralizzò ed essi scomparvero nella luce del mattino.

Ci informarono che purtroppo l'audace conquistatore dello Ježa, il sottotenente della riserva Goecke, era caduto con alcuni commilitoni nell'assalto sul Torre.

Anche il 23° Battaglione *Jäger* all'alba riuscì a passare il torrente.

Il 4° Reggimento *Jäger* di questa divisione arrivò a Ziracco solo il 28 alle 8 del mattino, lungo la strada aveva messo in fuga reparti di cavalleria italiana. La testa era costituita dall'11° Battaglione *Jäger*. Alcune ore più tardi iniziò l'attraversamento davanti a Beivars.

Come già era accaduto al 2° Reggimento *Jäger*, anche qui gli uomini vennero sorpresi improvvisamente nel torrente da masse d'acqua così imponenti che si trovarono in estremo pericolo, si dovette interrompere il passaggio. Solo la 3ª Compagnia ed il comando di battaglione fecero in tempo a raggiungere l'altra riva, tutti gli altri dovettero tornare indietro e rimanere sulla riva orientale. Un *Jäger* ed alcuni animali da soma vennero portati via dall'acqua impetuosa ed affogarono. Anche una batteria da montagna subì amare perdite nell'acqua alta.

Il 28 la 12ª Divisione con due reggimenti aveva raggiunto Primulacco nei pressi del torrente Torre dove dovevano esserci dei guadi. Arrivarono troppo tardi. Il Torre era già in piena, l'attraversamento troppo pericoloso. La 50ª Divisione austro-ungarica seguiva, ma era ancora indietro, con questa divisione non avevamo perduto il collegamento.

Anche il torrente Grivò, più piccolo, era in piena e creava delle difficoltà, ma la 117ª Divisione e la 13ª Divisione *Schützen* austro-ungarica riuscirono a serrare le file.

Ora la stazione di Udine – come comunicava il comandante dell'artiglieria – era per la prima volta sotto il fuoco dei nostri pezzi a lunga gittata portati in avanti. Venne ordinata un'accurata ricognizione fino al Tagliamento.

Tutti i distaccamenti avanzati al di là del Torre si mossero subito verso la linea ferroviaria Udine-Gemona per interromperla. Il 18° Battaglione *Jäger* dopo un'accanita battaglia casa per casa occupò la località di Beivars e prese prigioniero tutto lo Stato Maggiore del 47° Reggimento di fanteria della Brigata Ferrara con 300 uomini.

Nell'ulteriore avanzata, il battaglione venne improvvisamente assalito dalla cavalleria italiana, tra le località di Musig e Vat, un'evidente follia. Gli squadroni avanzavano secondo le antiquate regole dello stile classico – gli ufficiali davanti. Gli *Jäger* non credevano ai loro occhi, guardarono stupiti le schiere che arrivavano al galoppo, attesero freddamente e spararono solo a distanza ravvicinata. L'attacco finì miseramente nel caos totale. Cavalli e soldati finirono a terra. I resti dello squadrone vennero ricacciati indietro.

Rapidamente vennero formati dei reparti di esplorazione molto veloci equipaggiati con biciclette, frutto del bottino, che vennero mandati a nord, verso Godia ancora occupata dal nemico. Treni merci stracarichi andavano verso nord sulla tratta Udine-Gemona, perciò si attaccò subito la stazione di Musig e si interruppe la linea ferroviaria. Il grosso del 3° Reggimento *Jäger* si trovava ancora davanti al Torre e non riusciva a passare, ma il 18° *Jäger* avanzava e respingeva sanguinosamente un secondo attacco della Cavalleria, questa volta guidato dal comandante e seguito da un frate che teneva la croce alzata. Alle 10 il 18° Battaglione, avanzando verso sud, raggiunse la periferia nord di Udine. Da un campanile un violento fuoco di mitragliatrice investì la testa. La chiesa venne assaltata e 60 italiani vennero fatti scendere dal campanile.

L'occupazione di Udine

Dopo questo contrattempo il 18° *Jäger* irruppe di slancio in città. Non trovò quasi resistenza, ma una città in rovina, indicibilmente depredata da disertori, saccheggiatori e sbandati. Tutta la popolazione civile era fuggita, e gli sbandati avevano dato sfogo senza freni alla loro dissolutezza, nessuno aveva impedito di scassinare e depredare le case, i negozi ed i magazzini. Molte persone giravano per le strade schiamazzando, nessuno pensava più al combattimento ed alla resistenza. La maggior parte dei soldati aveva gettato via le armi. Il capitano Stoffleth fece subito bloccare gli accessi ad Udine e fece prigionieri tutti quelli che, senza sospettare nulla, cercavano rifugio in città. Il battaglione naturalmente non era sufficiente per occupare realmente la città. La presenza di migliaia di soldati italiani e di molti prigionieri rendeva la situazione molto difficile. Il battaglione stava ancora attendendo rinforzi, quando da sud-est si stavano avvicinando alla città numerose colonne italiane con artiglieria intenzionate ad aprirsi con la forza una via attraverso Udine. In fretta e furia venne improvvisata una linea di difesa contro questo pericoloso attacco.

Finalmente alle 19 arrivarono ad Udine un reggimento della 26ª Divisione e reparti del 3° Reggimento *Jäger* (della 200ª Divisione) e ne consolidarono il possesso.

Il mattino del 28, sotto una pioggia torrenziale, la divisione sveva raggiunse con due reggimenti (119° e 121°) l'area tra Remanzacco e Selvis dove venne accolta dal fuoco delle mitragliatrici. Dopo un breve combattimento marciò verso il torrente Torre, ma la piena le impedì di attraversare. Proseguirono solo quando sentirono che il ponte ferroviario e quello stradale tra Remanzacco e San Gottardo erano ancora transitabili anche se erano stati fatti brillare. La sera, alle 19, l'avanguardia arrivò ad Udine. Poiché alcuni prigionieri asserivano che a sud di Udine c'erano ancora forti formazioni italiane pronte al combattimento, la divisione, con il 125° Reggimento di fanteria che seguiva, predispose subito la copertura ai fianchi sulla linea Udine-Pradamano.

Intanto il 23° Battaglione *Jäger* aveva respinto un attacco al fianco degli italiani nei pressi di San Gottardo ed aveva incontrato il 6° Battaglione *Jäger*. Il suo distaccamento avanzato raggiunse la periferia di Udine, fece irruzione ed in una durissima battaglia casa per casa prese prigionieri più di 600 tra ufficiali e soldati.

A Kranj arrivò una cattiva notizia che procurò molta tristezza: il generale von Berrer era caduto. Con i due ufficiali che lo accompagnavano si era spinto troppo avanti. Era arrivato al 6° Battaglione *Jäger* davanti a San Gottardo. Il comandante lo avvertì che non si sapeva se il nemico avesse abbandonato San Gottardo, ma egli decise di proseguire. Il generale era convinto che Udine fosse già occupata e decise di rischiare. Improvvisamente spararono sulla sua auto da breve distanza. Von Berrer ed il suo aiutante caddero mortalmente colpiti, il secondo accompagnatore venne gravemente ferito. Solo l'autista riuscì a fuggire indenne, raggiunse velocemente le nostre linee ed avvertì della sciagura. I nostri raggiunsero subito l'auto del comandante caduto. Il generale von Berrer venne portato a Cividale dove venne sepolto.

Il 6° Battaglione *Jäger* occupò rapidamente la stazione centrale. Una tradotta che stava entrando in stazione venne fermata e catturata.

Sul treno c'era un intero Stato Maggiore di divisione con il comandante che venne "amichevolmente" accolto con i 2.000 uomini.

I battaglioni *Jäger* della 200ª Divisione si fermarono poco tempo ad Udine. Quasi subito si misero in marcia verso nord. Il 18° Battaglione *Jäger* avanzò verso Paderno-Feletto sulla grande strada Udine-Gemona per intercettare i reparti delle unità che ripiegavano dal settore del Torre. L'11°, il 5° ed il 23° Battaglione *Jäger* formarono una linea di difesa lungo la linea ferroviaria Udine-Osoppo, vi trascorsero la notte e la utilizzarono come punto di partenza per proseguire l'inseguimento verso il grande fiume.

Il gruppo Scotti doveva marciare verso sud passando davanti ad Udine. Il generale aveva il suo comando tattico vicino a Kambreško, ma lo lasciò per essere più vicino alla truppa. Già il 28 le sue divisioni avevano ricevuto l'ordine di avanzare in direzione di Codroipo e di impadronirsi dei tre importanti ponti della Delizia.

All'alba del 28 la 1ª Divisione austro-ungarica aveva raggiunto la pianura tra Campeglio e Prepotto. L'avanzata sembrava fin troppo audace perché non si sapeva ancora se il Korada era caduto. Per fortuna era proprio così. Ritenendo difeso il lato sinistro della sua divisione che avanzava dal Monte Cum, il generale von Wedel della 5ª Divisione tedesca con i suoi tre reggimenti, il 12° Reggimento in testa, proseguì subito l'avanzata in direzione Remanzacco-Orzano. Il collegamento radio con il comandante del gruppo era interrotto e von Wedel decise autonomamente di penetrare nella fascia di combattimento della 1ª Divisione austro-ungarica, le enormi piene del Natisone vicino a Ipplis non permettevano di perdere tempo. Quando il generale Metzger, comandante della 1ª Divisione a.u. venne informato dell'operazione comandò alla sua divisione di seguire subito la 5ª Divisione e ne assunse la difesa a sud.

La 2ª *Isonzoarmee* la sera era sulla linea Prepotto-Cormòns. La 1ª *Isonzoarmee* aveva attraversato il corso inferiore dell'Isonzo.

I collegamenti telefonici diventano sempre più difficili, la comunicazione peggiora. Ne parlo al barone von Rössing:

"Siamo troppo indietro, signor tenente colonnello".

"Lo penso anch'io ed anche il reparto operazioni, ma con l'enorme velocità dell'avanzata dobbiamo essere contenti se ci arrivano ancora delle informazioni. – Comunque – si deve rimediare, istituiremo un centro informazioni avanzato a Cividale. Probabilmente già oggi il 1° scaglione del Comando della 14ª Armata si porterà a Cividale".

Nel nostro reparto operazioni prevale l'impressione che la 2ª Armata italiana sia pesantemente battuta e decimata e che abbia perduto quasi tutta l'artiglieria. La 63ª Divisione, impegnata da poco, tenta disperatamente di arrestare o almeno di rallentare l'avanzata del gruppo Wieden in val Fella verso l'ansa del Tagliamento, alle spalle della 26ª e della 36ª. Le retroguardie del IV Corpo d'Armata e del XXX, del XXIV, del XXVIII e del VII Corpo d'Armata hanno abbandonato la riva occidentale del Torre. L'ala sud della 2ª Armata si trova nei pressi di Pradamano ad est della linea ferroviaria Udine-Gorizia. Probabilmente manca il collegamento con il XXIV Corpo d'Armata. Il II ed il VI Corpo d'Armata – a quanto si sente – sono ancora aggrappati alla linea Buttrio-Monte Fortin a difesa della 3ª Armata. A sud di questa linea la 3ª Armata, su tutte le strade, si muove verso ovest.

Sul nostro fronte si formano due centri d'azione. Uno si trova a nord attorno a Gemona, Majano, San Daniele e sull'ansa del Tagliamento, l'altro ad ovest ed a sud di Udine nella pianura friulana.

La situazione della 2ª e della 3ª Armata italiana si è fatta molto pericolosa, non solo a causa della nostra rapida avanzata, ma anche per la piena del Tagliamento. A quanto si sa, le passerelle vicino a Rivis e Sant'Odorico sono state portate via dall'acqua. I reparti della 2ª e 3ª Armata in ritirata si ammassano davanti al fiume. Stando alle dichiarazioni della popolazione, la parte occidentale del ponte di Bonzicco è stata trascinata via. Così corpi della 2ª Armata (XXVII, IV), sono costretti a marciare verso nord o verso Codroipo per aprirsi un passaggio. I nostri aerei hanno rilevato che un gran numero di colonne, una accanto all'altra, si accalcano davanti e sui tre ponti di Codroipo-Delizia. La parte più consistente della 2ª Armata cerca di salvarsi a nord attraverso il ponte vicino a Pinzano e Cornino.

Notizie del Gruppo Krauss

Nella notte del 28 gli Alpini che difendevano Sella Prevala avevano tanto sofferto per la bufera, il freddo e la tempesta di neve per cui cedettero. Trecento uomini abbandonarono volontariamente la postazione e si dettero prigionieri. Subito dopo la 59ª Brigata da montagna (10ª Armata austro-ungarica) scese per Saletto in val Raccolana, la 216ª Brigata raggiunse Plužna-Žaga. Sella Nevea non si poteva più tenere.

Veniamo a sapere che i primi effetti del nostro sfondamento nella zona della 10ª Armata si fanno sentire. È stato preso il Pal Grande ad est del passo di Monte Croce Carnico e si avanza nell'alta val Fella per occupare Pontebba e Dogna. Il 12° Corpo d'Armata italiano deve aver costituito un arco di difesa d'emergenza dal Monte Paularo attraverso Paularo fino a Raccolana.

Timau e Paluzza sono già prese, distaccamenti avanzati sono sulla linea Forni-Rigolato. Si registrano quindi buoni progressi in direzione di Villa Santina e Tolmezzo.

Piogge abbondanti, nebbia e torrenti in piena ostacolano la rapida avanzata del gruppo Wieden con le sue tre colonne (Mollinary, Wodtke e Nürnberger). Gli *Jäger* tedeschi tentano inutilmente di attraversare la val Rio Nero molto accidentata, ma il battaglione *Schützen* della Guardia della Riserva attraverso le alture a nord di Resia è riuscito ad impadronirsi di Stolvizza. Reparti della 63ª Divisione italiana si sono difesi validamente, ma nella notte sono stati costretti a ritirarsi.

Il colonnello Nürnberger ha occupato con la sua colonna sud la località di Musi.

Il generale Krauss ha dato ordine a tutto il gruppo Wieden di assalire di sorpresa e di prendere con un colpo di mano i forti di Chiusaforte, Osoppo, Ospedaletto e quello del Monte Festa sull'ansa del Tagliamento. Il grosso della divisione tedesca *Jäger* è riuscito a conquistare quasi senza combattere il forte del Monte Bernadia. Gli *Schützen* all'attacco si sono mescolati tra gli italiani che si ritiravano ed hanno raggiunto con loro il bastione disarmato rendendo quindi impossibile una seria resistenza. Un distaccamento avanzato ha raggiunto a Tarcento il ponte sul fiume Torre, ma purtroppo non sono riusciti ad impedire che fosse fatto saltare.

Reparti della 98ª Brigata *Schützen* nella notte hanno già attraversato il Torre ed occupato Tarcento. La 50ª Divisione austro-ungarica si trova già a San Gervasio ed Attimis.

Gli *Jäger* della Guardia della Riserva respingono forti formazioni di retroguardia del nemico in val Resia, al momento gli *Schützen* della Guardia della Riserva avanzano sulla riva sud del Resia e l'8° Battaglione *Jäger* della Riserva è entrato quasi senza combattere a San Giorgio. Ora tenta di raggiungere attraverso le alture Roveredo in val Fella. Si deve però ancora sfondare un forte sbarramento della 63ª Divisione italiana tra Chiusaforte-Roveredo ed il Monte Staulizze. Attorno a Resiutta alla confluenza del Resia e del Fella evidentemente si sono svolti aspri combattimenti, la località è stata presa la sera dagli *Jäger* della Guardia. Ora dominiamo tutta la val Fella. Purtroppo consistenti gruppi nemici sono riusciti a ritirarsi ancora in tempo.

La 59ª Brigata da montagna austro-ungarica con un battaglione di *Feldjäger*, è riuscita ad espugnare di sorpresa il forte di Chiusaforte ed ha catturato il presidio. Ora alla Zona Carnia (con la 26ª e la 36ª Divisione) rimane come unica possibilità di ripiegamento l'alta valle del Piave.

La 43ª Brigata da montagna (della 22ª Divisione *Schützen*), anche se rallentata dalla piena di tutti i corsi d'acqua, ha raggiunto Tarcento, completamente depredata dai saccheggiatori. Il generale Krauss è giunto sul posto ed ha ordinato di avanzare subito verso Gemona e di prendere i forti di Osoppo ed Ospedaletto sul fiume. Dietro al Tagliamento dovrebbero esserci reparti del IV Corpo d'Armata con resti della 43ª, della 34ª e della 62ª Divisione battute. Già nella notte del 29, nell'oscurità, il 1° Reggimento *Kaiserschützen* è riuscito ad occupare Gemona che si trova solo a 3 chilometri dal grande fiume e dal ponte di Braulins.

La 50ª Divisione austro-ungarica da San Gervasio-Attimis – dietro la 55ª Divisione austro-ungarica – è avanzata parallelamente e si avvicina al ponte di Pinzano. Ha cacciato davanti a sé formazioni piuttosto piccole della 19ª, della 46ª e della 65ª Divisione. Il suo distaccamento avanzato ha raggiunto Carpacco (a sud-est di Tarcento) già occupato dai reparti di Graz.

Il capitano Redl del 4° Reggimento bosno-erzegovese della 55ª Divisione austro-ungarica si avvicina a marce forzate al ponte di Cornino per impedire che venga fatto saltare. Chissà se gli riesce.

Questa dunque è la situazione dell'ala nord della nostra 14ª Armata la sera del 30 ottobre. Il Comando d'Armata intende trasferirsi quanto prima con il primo scaglione a Udine. Von Below, Krafft von Dellmensingen e Willisen stanno raggiungendo Cividale per comandare le operazioni da una posizione più avanzata. Noi imballiamo in tutta fretta le nostre cose, ma il cambio di sede viene fermato di nuovo. Ora a Cividale è istituito un punto di comunicazione avanzato. Compito principale del centro della nostra armata sarà raggiungere il largo fiume con un poderoso balzo verso ovest per poter attaccare da nord Codroipo e tagliare la ritirata alla maggior parte delle divisioni italiane, ma soprattutto dividere la 2ª Armata italiana.

La grande corsa al Tagliamento

Nel fronte del nemico si spalanca un ampio varco. Il Gruppo Stein non ha ancora raggiunto la linea Majano-Pinzano-Ragogna. Nonostante le molte pattuglie in esplorazione non si hanno ancora notizie precise dei ponti sul Tagliamento di Cornino e Pinzano. Lentamente si fa strada l'impressione che il nemico vi abbia costituito due linee di difesa di una testa di ponte: un anello esterno, più grande, da Comerzo-San Daniele-Villanova a Carpacco a protezione dei ponti di Pontaiba e Pinzano, tenuto, a quanto si sa da fanteria e cavalleria, ed un anello interno attorno al Monte Ragogna.

Già il 29 a mezzogiorno il generale Stein aveva ordinato all'*Alpenkorps* ed alla 12ª Divisione di raggiungere il fiume tra Braulins e Cornino, di aprirsi a forza il passaggio e, giunti sull'altra riva del Tagliamento, di piegare verso sud. Si sperava di trovare nei pressi di Spilimbergo, antico insediamento germanico, un guado utilizzabile per attraversare il fiume largo quasi 3 chilometri e con molti bracci.

La 12ª Divisione con il 23° Reggimento di fanteria aveva attraversato il Torre vicino a Savorgnano. Si trovava già a sud di Fagagna (18 chilometri a nord-ovest di Udine). Reparti di Bersaglieri si gettarono contro la testa della divisione, ma vennero respinti dopo un breve scontro. Essi avrebbero dovuto coprire la ritirata del XXVII, del VII e del IV Corpo d'Armata, o meglio di quello che ne restava, e proteggere San Daniele. Arrivati sul fiume, alcuni reparti di Bersaglieri iniziarono subito l'attraversamento, altri vennero inseriti nell'anello di difesa della grande testa di ponte.

La sera stessa il 23° Reggimento di fanteria della 12ª Divisione, attraverso Colloredo, raggiunse Campeis dove arrivò solo alle 2 del mattino del 30. Gli altri due reggimenti della 12ª Divisione (62° e 63°) serrarono le file. Dietro seguiva vicinissima la 50ª Divisione austro-ungarica.

Il 29 alle 9 l'*Alpenkorps* era avanzato in due colonne. Con gli automezzi frutto del bottino voleva formare veloci distaccamenti avanzati, ma purtroppo non ci riuscì, si persero molte ore in inutili sforzi. Truppe di copertura vennero fatte avanzare fino a Fagagna. A distanza seguivano la 117ª Divisione e la 13ª Divisione *Schützen* austro-ungarica.

Il gruppo del generale Tutscheck, dopo aver superato il Torre vicino a Rizzolo ed attraverso il ponte di Salt, avanzò in due colonne verso il Tagliamento tra Villanova-Carpacco-Dignano per avvicinarsi al ponte di Bonzicco. Durante la rapida marcia si ebbero solo scontri isolati, non ci fu mai una seria resistenza. Il III Battaglione della Guardia ed il Battaglione da montagna württemberghese marciavano verso Vidulis, il I ed il II Battaglione verso Dignano.

Pattuglie di ufficiali del 2° Reggimento *Jäger* bavarese mandate in avanscoperta raggiunsero la riva del Tagliamento vicino a Sant'Odorico, ma non trovarono punti dove attraversare il fiume impetuoso.

La 200ª Divisione marciava verso ovest passando per Rizzi e la sera raggiunse Flaibano. Il 6° e l'11° *Jäger* arrivarono per primi al fiume nei pressi di Redenzicco. La riva opposta era occupata dal nemico (probabilmente 3ª e 77ª Divisione). Pattuglie in bicicletta pedalarono subito in direzione di Bonzicco per arrivare al ponte. Vennero accolte da un violento fuoco di mitragliatrice, un colpo di mano non sembrava possibile. Gli uomini non riuscirono ad accertare se il ponte era ancora intatto e transitabile. La testata occidentale, secondo le voci in giro, era stata portata via dall'acqua. Il nemico evidentemente aveva formato una testa di ponte che si poteva attaccare solo con un piano preciso. Il grosso della 200ª Divisione rimase a Cisterna, Flaibano e Nogaredo. Ci dicono che la testa di ponte verrà attaccata il 30 alle 11.30 dopo il fuoco di preparazione dell'artiglieria.

Dopo un breve colloquio con von Tutscheck dell'*Alpenkorps*, il generale Hofacker alle 8.45 ordinò alle sue divisioni di avanzare. La 26ª Divisione ebbe difficoltà a farsi strada attraverso le vie intasate che uscivano da Udine. In parte dovette ripiegare su strade secondarie. Enormi quantità di automezzi militari bloccavano la via d'uscita principale verso Campoformido. La divisione avanzò parallela alla strada ed alla linea ferroviaria fino a Beano-San Lorenzo, Pozzo, Goricizza.

Il grosso si mosse a nord della strada e della linea ferroviaria direttamente verso ovest o attraverso Mereto, dove il generale Hofacker allestì il suo comando tattico per le operazioni future. Il 121° Reggimento di fanteria a sera arrivò a Turrida e Rivis sul fiume. Nei pressi di Laipacco un reparto di artiglieria venne colto di sorpresa e chiese aiuto. Quando giunsero i rinforzi, l'intervento non serviva più, gli artiglieri se l'erano cavata da soli.

Si sperava di riuscire a prendere con un colpo di mano i ponti sul fiume e di impedirne la distruzione. Si voleva avanzare velocemente a nord della lunghissima, diritta strada militare Udine-Codroipo per superare il nemico ed attaccare da nord Codroipo e Casarsa con i suoi tre ponti. Ciò significa un attacco sul fianco destro delle masse italiane in ritirata. La 2ª Armata è spaccata in due parti dalla nostra possente forza d'urto.

Completamente diversa era la situazione a sud di Udine. Già i duri combattimenti vicino a Pradamano fecero capire che delle forti formazioni nemiche si trovavano ancora a sud di Udine. Sorprendentemente verso sera il nemico si ritirò mentre la 117ª Divisione entrava in città.

Anche il Gruppo Scotti dovette affrontare duri combattimenti. Così pure la 5ª Divisione ebbe grandi difficoltà ad aprirsi una via attraverso le intasate strade di Udine per avanzare sulla strada per Codroipo. Il nemico si era appena ritirato su tre, quattro file verso ovest. Gli automezzi si erano tamponati, avevano ceduto o erano stati distrutti. Tutta la strada della ritirata era testimonianza di una fuga nel panico. Nei pressi di Campoformido la 5ª Divisione dovette addirittura fare una deviazione per poter proseguire. Il campo d'aviazione venne occupato. Vicino a Terenzano la cavalleria italiana attaccò ancora una volta, allo stesso modo vicino a Basagliapenta, – inutilmente. Di nuovo soldati e cavalli caddero a terra in una lotta mortale offrendo un'immagine straziante. La sera stessa il 12° Reggimento di fanteria (della 5ª Divisione) raggiunse Villacaccia e Galleriano e vi formò una linea di difesa. Vennero messi al sicuro migliaia di prigionieri.

Alle 18 l'8° Reggimento Granatieri della Guardia (della 5ª Divisione) avanzò da Udine verso sud, raggiunse Cussignacco e Paparotti da dove dovette cacciare il nemico facendo 5.000 prigionieri.

Questi successi indussero il generale Hofacker a programmare un'avanzata verso sud in direzione di Latisana per tagliare la ritirata davanti al grande fiume alle formazioni italiane che si trovavano ancora nell'area Palmanova-Mortegliano-Pozzuolo del Friuli. Si doveva agire in gran fretta perché si sapeva che anche la 3ª Armata, che si trovava molto a sud, si stava ritirando rapidamente verso Latisana, Madrisio e Codroipo. Di nuovo la piena venne in soccorso del nemico, gli ampi straripamenti del Natisone ostacolarono la rapida avanzata di Scotti verso ovest e costrinsero a deviazioni che portavano via tempo.

I combattimenti sul corso superiore del Tagliamento

Il 30 la 10ª Armata austro-ungarica con la sua ala sinistra, la 59ª Brigata da montagna, ha raggiunto Resiutta; il comando di Brigata è già a Chiusaforte. Al momento la 29ª Brigata da montagna è in val d'Aupa, ha superato Moggio Udinese e si trova davanti ad Amaro sull'ansa del Tagliamento. Davanti al fronte del I Corpo austro-ungarico ci sono solo i resti dell'ala sinistra della 2ª Armata (IV, VII, XXVII, XXIV Corpo d'Armata) e unità che si ritirano dalla Zona Carnia. Il compito principale dei Gruppi Krauss e Stein è quello di cercare un passaggio sul corso superiore del Tagliamento o di aprirne uno con la forza, Hofacker intende avanzare verso Codroipo e Casarsa e Scotti verso Latisana-Madrisio.

A nord la colonna del colonnello von Wodtke della divisione *Jäger* tedesca, attraverso Amaro-Tolmezzo, si è avvicinata al Monte San Simeone ed al Monte Festa sull'ansa del Tagliamento. Ora con una manovra di aggiramento vuole far cadere il forte ben munito sul Monte Festa da dove l'artiglieria continua a fare fuoco su tutte le strade ed i ponti della valle. Chiusaforte e Raccolana sono già presi. Due battaglioni *Jäger* sono nei pressi di Stazione per la Carnia e del ponte sul Fella.

La colonna Mollinary si trova attualmente a San Giorgio in val Resia. Il ponte presso Moggio è ancora sotto un violento fuoco d'artiglieria, ma i genieri tentano di predisporlo in modo da far passare almeno la fanteria. Molte strade e tunnel sono stati fatti saltare ed ostacolano l'avanzata. La maggior parte delle strade si può utilizzare solo di notte o si devono fare delle deviazioni per arrivare alla riva del fiume.

Il colonnello Nürnberger con la sua colonna è avanzato attraverso Forcella Musi-Borgo Maieron e la sera del 30, con il favore delle tenebre, è riuscito a raggiungere ed occupare Venzone.

Il generale von Wieden ha ordinato alle sue unità di penetrare prima della Divisione *Jäger* tedesca nell'alta valle del Tagliamento e di avanzare verso Tolmezzo per intercettare le truppe italiane in ritirata dal passo di Monte Croce Carnico. Per raggiungere questo scopo la 29ª e la 59ª Brigata da montagna sono andate a formare il gruppo Hordt al quale è stato aggregato il nostro 8° Battaglione *Jäger*. Si è riusciti ad occupare il ponte alla confluenza del Fella nel Tagliamento.

Nonostante la resistenza, la 22ª Divisone *Schützen* è avanzata speditamente ed è riuscita ad accerchiare e prendere prigioniero un intero battaglione di Alpini. Gemona ora è in mano nostra. La divisione ha preso anche i forti disarmati di Osoppo ed Ospedaletto e si è avvicinata al ponte di Braulins. A Gemona i nostri soldati hanno trovato un enorme magazzino della sussistenza ed un graditissimo, enorme deposito del Genio. I saccheggiatori hanno ridotto la cittadina nello stesso stato pietoso di Udine. Il sindaco ha implorato il comando austro-germanico di aiutarlo. Sull'altra riva del fiume il nemico ha occupato le località di Bordano, Braulins, Trasaghis e Peonis. Molte batterie italiane riversano un incessante fuoco di disturbo su tutte le strade sulla riva est e sui paesi.

La 50ª Divisione austro-ungarica sta avanzando rapidamente, ha preso il forte di Tricesimo, ha attraversato il canale Ledra vicino a Tomba ed ha occupato Casasola a nord di Majano. Intende arrivare ai ponti di Pinzano e Cornino.

Tarcento è stata presa dalla 55ª Divisione austro-ungarica che ora sta avanzando verso Susans ed il retrostante villaggio di Roncis, là dove comincia il lungo ponte ferroviario a due campate di Cornino.

Il capitano Redl comanda il IV Battaglione del 4° Reggimento di fanteria bosno-erzegovese al quale è stato affidato il compito di prendere il ponte. Si sa che il Monte di Ragogna e le alture nei pressi di Susans sono molto ben difese e presidiate, i difensori dispongono di molte mitragliatrici e di molte batterie.

Al momento non abbiamo notizie, solo alcuni giorni più tardi veniamo a conoscere i drammatici particolari della dura lotta attorno all'anello interno della possente testa di ponte a difesa del ponte di San Pietro verso Pontaiba e Pinzano – un alto ponte ad arco in cemento armato ed un basso ponte in legno.

Nell'avanzata verso Farla il battaglione Redl aveva incontrato un battaglione del 63° Reggimento di fanteria germanico (12ª Divisione). Erano entrati assieme a Majano, quando all'improvviso era iniziata una violenta sparatoria da tutte le finestre, capirono di essere caduti in un'imboscata degli italiani. In preda ad un'ira furibonda bosniaci e tedeschi erano entrati nelle case con le bombe a mano. In una selvaggia lotta casa per casa avevano ripulito Majano. I Battaglioni provenienti da Farla avevano proseguito l'avanzata ed avevano subìto per la prima volta un attacco italiano con autoblindo. Una batteria di artiglieria campale aveva attraversato di corsa Majano, si era portata in posizione alla periferia del paese ed aveva travolto gli aggressori con una pioggia di granate. Questo aveva dato un po' di respiro. Ora Redl poteva avanzare verso la collina di Susans, con 2 compagnie prese il villaggio di Roncis e si procurò l'accesso al lungo ponte ferroviario. Con un intervento coraggioso i bosniaci riuscirono addirittura a prendere la parte orientale del ponte nonostante l'intenso fuoco di difesa ed avanzarono fino al piccolo isolotto di Clapat nel mezzo del fiume. Purtroppo non riuscirono più a proseguire. L'avanzata impetuosa sul fiume era costata delle vittime. Lo stesso isolotto e la parte ovest del ponte rimasero in mano nemica. Il battaglione aveva fatto prigionieri 20 ufficiali e 1.500 soldati ed aveva catturato molte mitragliatrici. Nella notte seguente i bosniaci ritentarono di prendere almeno l'isolotto, purtroppo inutilmente.

Il generale Lequis si attendeva delle difficoltà e quindi preparò accuratamente l'attacco a San Daniele ed al Monte di Ragogna. Al mattino gli uomini del 63° da Farla iniziarono l'attacco al monte, ma l'avanzata era molto lenta perché il nemico aveva installato in prima linea molte mitragliatrici, aveva fatto avanzare alcuni pezzi della sua artiglieria – circa 10 batterie – sparava fuoco di sbarramento. Il generale decise di tentare una manovra di aggiramento con il 23° Reggimento di fanteria per aggredire il nemico contemporaneamente da sud e da est, dunque di lato ed alle spalle. La manovra iniziò attraverso Arcano-Giavons-Villanova ed ebbe pieno successo. Alle 16 San Daniele venne presa dai due reggimenti della 12ª Divisione. Vi si trovò un caos di equipaggiamenti abbandonati provenienti da alcune divisioni di fanteria e da una divisione di cavalleria. Gli uomini si erano rapidamente ritirati attraverso il ponte. Le strade e le piazze della cittadina erano completamente intasate. Le nostre truppe vennero accolte dagli abitanti con sorprendente cordialità, del resto nella pace di Campoformido del 1797 con Napoleone tutto il Friuli ed il Veneto erano toccate all'Austria (la Lombardia alla Francia). La gente del posto parlava ancora un dialetto che i nostri soldati riuscivano a capire benissimo.

A mezzogiorno Pignano-Villuzza ad ovest di Ragogna e poi anche Mezzo caddero in mano nostra. La 12ª Divisione era dunque penetrata nell'anello interno della testa di ponte, valorosamente difeso dalla Brigata Bologna e da un battaglione della Brigata Barletta. La testa di ponte però resisteva.

La colonna nord dell'*Alpenkorps* in avanzata verso il fiume formò un distaccamento con il Battaglione da montagna württemberghese ed il 14° Battaglione *Jäger* che venne mandato con il maggiore Sproesser a San Daniele ad aiutare la 12ª Divisione nell'assalto al Monte di Ragogna. Ma non serviva più. Il reparto Sproesser venne ritirato. Nelle stesse ore il III Battaglione della Guardia attraverso Rodeano-Carpacco era penetrato fino ai guadi vicino a Spilimbergo, ma non riuscì a passare perché l'acqua aveva trascinato via le passerelle e fluiva a valle con troppo impeto per rischiare il guado del fiume largo 2 chilometri. Il I Battaglione, passando per Nogaredo-Flaibano, raggiunse Dignano ed avanzò subito verso il ponte di Bonzicco, ma, come già prima gli *Jäger* del 6º, poté solo verificare che il transito sul ponte di legno non era più possibile, la testata occidentale era stata portata via dal fiume in piena. Si voleva trovare o creare una possibilità di passaggio più a nord.

Dal gruppo Stein per il momento non riuscimmo ad avere altre notizie sugli sviluppi dell'attacco della 12ª Divisione germanica e della 50ª Divisione austro-ungarica sul Monte di Ragogna, non potevamo fare altro che aspettare. Anche la 55ª Divisione austro-ungarica si stava avvicinando a questo punto cruciale.

Al nostro reparto operazioni attendiamo fiduciosi e tesi qualche buona notizia sulla riuscita di un colpo di mano ad uno dei ponti ma inutilmente. Purtroppo al momento non abbiamo a disposizione un trasporto di pontoni. Il suo impiego comunque non servirebbe perché la velocità della corrente sul Tagliamento è di 6-8 metri al secondo e, come ci spiega il tenente colonnello von Rössing, nessun barcone potrebbe resistere. Se l'attraversamento da qualche parte dovesse riuscire, avanzeremo ai piedi dei monti dall'altra parte del Tagliamento, ma non penetreremo profondamente nelle Prealpi. L'ala destra della 14ª Armata avanzerà verso Vittorio, la sinistra attraverso Torre Meduna attaccherà in direzione di Conegliano.

Il Gruppo Krauss si deve concentrare sul passaggio vicino a Cornino o Pinzano, non deve tentare più a nord perché la condizione delle strade è troppo sfavorevole allo spiegamento dall'altra parte del fiume. Il Comando d'Armata lascia quindi i gruppi Krauss e Stein nella loro vecchia area, ma fissa già i loro obiettivi al di là del fiume: Sacile e Pordenone. Siamo già preparati alle grandi difficoltà legate all'avanzata ai margini dei monti che presuppongono l'attraversamento dei torrenti Meduna, Colvera e Cellina, più piccoli. Si deve decidere entro i prossimi tre giorni o rimaniamo aggrappati al Tagliamento.

Il piano di conversione a sud

Il mattino del 30 la nostra avanguardia si trovava lungo la linea Orzano-Pradamano-Paparotti-Terenzano-Basagliapenta. Codroipo ed i ponti della Delizia erano ancora saldamente in mano nemica. Nessuno conosceva la consistenza delle formazioni nemiche che si trovavano ancora nella grande area di Pozzuolo del Friuli-Mortegliano-Sammardenchia-Palmanova e ad ovest di questa. Era molto più di quello che si sospettava.

A questo punto il generale Hofacker (succeduto nel comando del Gruppo al generale von Berrer, caduto a San Gottardo) aveva perduto il contatto radio con il Comando Supremo della 14ª Armata e, dunque, doveva e poteva decidere da solo perché era il più informato sulla situazione in prima linea. Il 30 il comandante del Gruppo decise di far convergere le sue divisioni a sud, in direzione di Madrisio-Latisana perché si offriva una grande opportunità e ne parlò con il generale von Wedel della 5ª Divisione germanica che faceva parte del Gruppo Scotti. Secondo il suo piano la puntata a sud doveva interessare la 26ª Divisione, la 5ª Divisione, già molto avanzata, e la 1ª Divisione austro-ungarica; la 200ª Divisione germanica avrebbe preso Codroipo ed i ponti presso Delizia. Nel frattempo von Below, con il capo di Stato Maggiore Krafft von Dellmensingen e con il capo dell'Ufficio operazioni von Willisen, aveva raggiunto Cividale. Krafft von Dellmensingen proseguì subito per Udine ed il maggiore von Willisen raggiunse il gruppo Stein per avere informazioni precise sulla sua situazione.

Ad Udine, il generale Krafft von Dellmensingen ed il generale Hofacker già la sera del 29 ebbero modo di discutere la situazione e questi illustrò il suo piano di conversione a sud, in direzione di Madrisio-Latisana, per rendere più difficile o addirittura tagliare la ritirata all'ala destra della 2^{a} e della 3ª Armate italiane. In linea di massima Krafft von Dellmensingen si dichiarò subito d'accordo, ma volle richiedere l'approvazione anche del Comandante Supremo, quindi ritornò subito a Cividale. Hofacker aveva fretta e non attese la decisione, era sicurissimo dell'approvazione di von Below e già alle 21 diede ordine alla 26^{a} e alla 5ª Divione germanica ed alla 1ª Divisione austro-ungarica di avanzare verso sud. Dietro c'era ancora la 117ª Divisione germanica. Quando arrivarono le disposizioni del Comando della 14ª Armata Hofacker si trovò di fronte ad un grave conflitto di coscienza, esso aveva approvato l'avanzata a sud nella zona del gruppo d'armate Boroević (1ª e 2ª *Isonzoarmee*), ma con un raggruppamento diverso. Per von Below era di enorme importanza non distogliere la 26ª e la 200ª Divisione dal loro incarico effettivo, l'attraversamento del Tagliamento nei pressi di Codroipo e della Delizia, ed aveva ordinato che l'avanzata a sud venisse condotta con la 5ª Divisione che era già la più avanti, con la 1ª Divisione austro-ungarica e con la 117ª. Il generale Hofacker dovette correggere il suo primo ordine d'attacco e si perse del tempo prezioso. I Battaglioni *Jäger* della 200ª Divisione avrebbero preso parte all'avanzata a sud lungo il fiume solo dopo la conquista di Codroipo e dei ponti della Delizia. Per questa operazione il Comando della 14ª Armata aveva cercato di ottenere anche l'approvazione del Comando Supremo del fronte sud-occidentale a Logatec, ma non si riuscì ad avere il collegamento. Si dovette agire autonomamente.

In realtà il piano di conversione a sud era nato dalla constatazione che le due armate dell'Isonzo erano ancora molto indietro, dunque si era costretti a marciare nelle loro fasce di combattimento. Solo l'ala destra della 2ª *Isonzoarmee*, formata dal II Corpo austro-ungarico del generale Kaiser, era riuscita a rispettare i tempi dell'avanzata.

Il generale Kaiser aveva raggiunto Buttrio ed il 30 aveva intenzione di avanzare a nord-ovest verso Campoformido passando per Pozzuolo. Forse il Gruppo Kosak (della 2ª *Isonzoarmee*) con la 60ª Divisione austro-ungarica aveva raggiunto Percoto al di là del torrente Torre, ma aveva perduto il contatto con le sue brigate che decisero dunque di agire da sole e di proseguire in direzione di Pozzuolo. Dopo la conquista di Cormòns le altre unità del gruppo Kosak e del XXIV Corpo d'Armata della 2ª *Isonzoarmee*, ed anche la 1ª *Isonzoarmee* erano rimaste molto indietro. Non avevano ancora raggiunto nemmeno la linea ferroviaria Udine-Palmanova. In queste ore la testa della 10ª Divisione austro-ungarica del XIII Corpo d'Armata era ancora al vecchio confine di Cervignano, la 44ª Divisione austro-ungarica era a sud di Palmanova ed il XVI Corpo d'Armata austro-ungarico vicino a Versa.

Difficoltà del terreno, l'involontaria sosta sul Torre, ritardi nella trasmissione degli ordini, ed in misura minore la resistenza del nemico, fecero sì che la conversione a sud delle tre divisioni del gruppo Hofacker cominciasse solo il 30.

In tarda serata i resti del IV, del VII, del XXVII e del XXVIII Corpo d'Armata italiano, protetti dalla testa di ponte attorno al Monte di

Ragogna, riuscirono ancora a superare il Tagliamento a nord, nei pressi di Pinzano e Cornino.

Di nuovo gli aerei comunicarono che le strade principali e molte vie secondarie verso Latisana erano intasate da masse di soldati nemici; il traffico sulle strade da Udine e Palmanova in direzione ovest, invece, era diminuito. Anche la linea ferroviaria Palmanova-San Giorgio-Muzzana-Latisana era sovraffollata ed intasata, si diceva che la stessero riempiendo di esplosivo.

Non riuscivamo a capire perché le armate dell'Isonzo non impiegassero ogni energia nell'inseguimento dell'esercito italiano che cedeva (la 3ª Armata), perché non attaccassero le masse in ritirata e non tentassero di superarle per impadronirsi dei ponti vicino a Madrisio e Latisana prima della distruzione. Tranne l'ala destra della 2ª *Isonzoarmee*, il II Corpo d'Armata austro-ungarico, le altre formazioni avanzavano molto lentamente, la maggior parte delle unità austro-ungariche era ancora molto indietro.

Il nemico a sud della linea Udine-Codroipo il 29-30 ottobre (secondo fonti italiane)

Una grande responsabilità pesava sul generale Caviglia, il comandante del XXIV Corpo italiano. A mezzanotte aveva abbandonato il suo posto di comando vicino a Villanova dello Judrio ed il 29 alle 4 del mattino aveva raggiunto Pozzuolo del Friuli. Era consapevole del grande pericolo che incombeva da nord e mise in marcia due delle sue divisioni, precisamente la 10ª e la 30ª, in due colonne verso Basagliapenta e Codroipo. Lasciò la 7ª e la 48ª di riserva vicino a Palmanova. La situazione a nord di Pozzuolo rimaneva poco chiara. Erano state osservate delle pattuglie tedesche, si sentiva che Campoformido era già occupata dal nemico. Da Orgnano avevano sparato sugli esploratori dei Bersaglieri. A Pozzuolo era arrivato un battaglione di Bersaglieri ciclisti (della 3ª Armata). Provenendo dal Korada e dal settore del Torre, il XXIV Corpo d'Armata occupò con la 49ª e la 65ª Divisione la linea difensiva Carpeneto-Pozzuolo-Mortegliano. A queste si aggiunsero reparti delle brigate Sele e Ravenna. Nel frattempo anche le località di Pasian Schiavonesco (oggi Basiliano) e Basagliapenta sulla grande rotabile Udine-Codroipo evidentemente erano state occupate dai tedeschi. La V Brigata Bersaglieri, aggregata al XXIV Corpo d'Armata, teneva la linea Pradamano-Lovaria a difesa dell'ala destra della 2ª Armata (II, VI e XXIV Corpo d'Armata) che ripiegava. Già alle 10 il II Corpo d'Armata del generale Albricci con la 67ª Divisione era a sud di Colloredo-Campoformido. La sua avanguardia si avvicinava a Codroipo. Nella notte la divisione doveva attraversare il Tagliamento.

Anche alcuni reparti dell'VIII Corpo d'Armata italiano proteggevano il ritiro della 3ª Armata. La 59ª Divisione e la 1ª Divisione di Cavalleria del generale Pietro Filippini sarebbero dovute avanzare verso nord lungo la strada Udine-Codroipo per occupare Pozzecco, ma non era più possibile, esse erano già in mano nemica.

Il 29 il XXV Corpo d'Armata al comando del generale Ravazza era fermo a sud di Mortegliano su una linea di difesa ad arco vicino a Talmassons-Morsano, lungo il torrente Corno e davanti ai ponti di Madrisio e Latisana. Dietro, i Granatieri di Sardegna con le Brigate Veneto, Pinerolo e Catania tenevano uno sbarramento da Ariis, Flambruzzo, lungo lo Stella, fino a Palazzolo. Il generale Lombardi, comandante del VI Corpo d'Armata, ordinò alla 1ª Divisione di Cavalleria di portare la sua I Brigata verso Pasian Schiavonesco (Basiliano) sulla linea ferroviaria per Codroipo, la II Brigata avrebbe collaborato alla difesa di Pozzuolo e Lumignacco dove erano in corso duri combattimenti. Pasian però era già occupata dal nemico, la I Brigata di Cavalleria si ritirò attraverso Codroipo.

La 30ª Divisione italiana al comando del generale Onorato Mangiarotti aveva già superato Pozzuolo e con alcuni reparti della Brigata Bergamo avanzò verso Beano per occupare la località, ma arrivò troppo tardi. Ad ovest di questa la Brigata Venezia teneva alcune postazioni a sud della strada per Codroipo-Casarsa.

Il generale Caviglia aveva intenzione di resistere sulla linea Villacaccia-Valeriano-Pozzuolo. La sera la II Brigata di Cavalleria, coinvolta nei combattimenti, si staccò dal fronte e cavalcò verso il ponte vicino a Madrisio. Evidentemente al suo arrivo il livello dell'acqua si era abbassato perché i resti riuscirono a passare. Verso sera gli attaccanti spezzarono la resistenza della 10ª Divisione che con la sua ala sinistra dovette ritirarsi per Bertiolo fino al Tagliamento. Altre unità del XXIV Corpo seguirono. La loro ritirata venne coperta dal raggruppamento del generale Ravelli (7ª e 48ª Divisione) nei pressi di Santa Maria di Sclaunicco. La V Brigata Bersaglieri cercò di fermare i reparti avanzanti del

Gruppo Scotti. Nonostante le pesanti perdite il generale Caviglia con il XXIV Corpo d'Armata voleva resistere finché le divisioni ancora intatte della 3ª Armata non avessero raggiunto il ponte vicino a Latisana.

A Codroipo l'ammassamento delle truppe aveva creato condizioni difficili, tutte le strade erano affollate ed intasate. Non c'era da stupirsi, qui si incontravano il grosso delle divisioni italiane in ritirata provenienti sia da Palmanova che da Udine. Tutti tendevano ai tre ponti sul Tagliamento. Mancava un comando unitario.

In questo momento la 10ª Divisione, comandata dal generale Oreste Chionetti, era ancora ferma in seconda linea vicino a Lavariano-Lestizza, a nord-ovest di Mortegliano. Il 5° Gruppo Bersaglieri si ritirò dalla zona di Pozzuolo ancora contesa solo nella notte del 30.

Il generale Giacinto Ferrero sapeva per certo che i resti del VII e del XXVII Corpo d'Armata si erano messi in marcia verso nord in direzione di Pinzano e che quindi egli era abbandonato a se stesso.

Difficoltà con i nostri alleati austro-ungarici

Il 30 ottobre portò spiacevoli sorprese. Un ufficiale dello Stato Maggiore del II Corpo austro-ungarico si era presentato al nostro comando a Cividale ed aveva informato che già il 29 sera la 28ª Divisione austro-ungarica aveva superato Pradamano senza combattere e si trovava in ulteriore avanzata verso ovest. La 57ª Divisione si trovava vicino a Buttrio ed in giornata avrebbe superato il torrente Torre perché la piena era diminuita. Anche la 60ª Divisione del Gruppo austro-ungarico Kosak stava avanzando, il XXIV Corpo invece aveva raggiunto solo Cormòns, si trovava quindi ancora molto indietro. Per incarico del generale Kaiser, comandante del II Corpo austro-ungarico chiedeva quindi di liberare la via d'avanzata al suo Corpo d'Armata.

Stando a queste informazioni, l'ala destra della 2ª *Isonzoarmee* era molto più avanti di quanto si fosse supposto al Comando della 14ª Armata. Tanto meglio, il gruppo Kaiser poteva dunque partecipare all'avanzata verso sud, così almeno si aveva ragione di sperare. Il generale von Below cambiò ancora una volta i suoi ordini per evitare pericolosi incroci delle colonne in marcia. Tutto sembrava andare per il meglio.

Contrariamente alle nostre aspettative, il II Corpo austro-ungarico, però, non partecipò alla conversione a sud in direzione di Latisana, anzi il generale Kaiser aveva ricevuto l'ordine tassativo di ignorare l'avanzata della 14ª Armata e di avanzare verso ovest nella fascia di combattimento prevista per il Gruppo d'armate Boroević. Il confine tra le due armate correva da Udine attraverso Mereto fino a Sant'Odorico sul Tagliamento. Codroipo ed i ponti della Delizia si trovavano nella zona di combattimento della 2ª *Isonzoarmee*.

Incroci delle colonne in marcia significavano attriti, ressa sulle strade e perdita di tempo. Il Comando d'Armata cercò di superare la nuova difficoltà accelerando la marcia del Gruppo Hofacker.

Avevamo l'impressione che gli alti comandi austro-ungarici non fossero sufficientemente informati sulla situazione favorevole al fronte. Essi erano ancora molto indietro, nelle vecchie sedi: il comando del fronte sud-occidentale era a 200 chilometri, a Maribor sulla Drava, il generale Henriquez, comandante della 2ª *Isonzoarmee*, a 80 chilometri, a Logatec, il Gruppo d'armate Boroević a Postumia ed il comandante della 1ª *Isonzoarmee* a Sesana, lontano dalle truppe combattenti. Nessuno aveva spostato in avanti il proprio comando. Von Below invece si trovava con il reparto operazioni già ad Udine. Noi dovevamo continuare ad aspettare a Kranj.

Il 31 comparvero ad Udine prima il colonnello Podhajsky, Capo di Stato Maggiore del II Corpo austro-ungarico, poi il generale Kaiser in persona e spiegarono quasi scusandosi che il Corpo aveva ricevuto dal Gruppo d'armate Boroević l'ordine tassativo di marciare ad ovest lungo il confine della fascia di combattimento in direzione di Sant'Odorico. Occorreva ubbidire. Era evidente che gli ufficiali austro-ungarici erano imbarazzati per la situazione. Certamente avrebbero preferito partecipare all'avanzata verso sud. Al suo arrivo ad Udine il generale von Wedel aveva manifestato stupore per avere incontrato lo Stato Maggiore della 28ª Divisione austro-ungarica a Campoformido.

Purtroppo durante questo colloquio decisivo ad Udine, von Below si trovava a Cividale al funerale del generale von Berrer. La responsabilità pesava tutta sul generale Krafft von Dellmensingen. Egli cercò di fermare il II Corpo austro-ungarico o almeno di rallentare la sua avanzata e di evitare ingorghi e caos sulle strade.

Il 30 il generale Henriquez della 2ª *Isonzoarmee* emanò un ordine dal seguente contenuto (secondo Krafft von Dellmensingen):

"I corpi devono avanzare il più rapidamente possibile nella direzione ordinata senza prendere in considerazione inserimenti laterali. Il regolamento degli incroci spetta ai comandanti di corpo, che devono attenersi al diritto di comando che loro compete nelle fasce di avanzata assegnate in base all'ordine del comando del fronte sud-occidentale".

L'attacco della 14ª Armata non veniva tenuto in alcuna considerazione, indirettamente si pretendeva l'appoggio delle unità tedesche che si trovassero nella fascia di combattimento della 2ª *Isonzoarmee*, anzi addirittura si minacciava di imporsi con la forza contro gli Alleati, se necessario.

Questo era veramente troppo.

Quando a Kranj si venne a sapere di questo comportamento meschino, casualmente stavo parlando con il Quartiermastro, maggiore Jochim, e gli chiesi: "Signor maggiore – ma il Comando Supremo austro-ungarico a Baden, il comando del fronte sud-occidentale o il generale Boroević che cosa vogliono ottenere con questo atteggiamento testardo? Conservare il prestigio? Assicurarsi una parte del successo? – Improvvisamente sono stati colti da invidia per gli enormi successi della 14ª Armata? Con questo atteggiamento meschino ci si gioca la chance di una grande vittoria, la possibilità di intercettare parti ancora maggiori della 3ª Armata italiana. Il generale Boroević sa certamente che le nostre unità, soprattutto la 5ª Divisione, sono già molto avanti".

Domande penose che in seguito provocarono ancora molte discussioni. Il maggiore Jochim, come sempre calmissimo, disse:

"Insistere sul diritto di mantenere le fasce di combattimento, per i nostri alleati in questo momento è evidentemente più importante dell'andamento della battaglia".

La tragedia di Codroipo e la battaglia attorno ai ponti di Bonzicco e della Delizia

Dopo una notte fredda ed umida, il 30 ottobre iniziò con violenti scrosci di pioggia e temporali. La quantità d'acqua che in enormi ondate scendeva nel Tagliamento faceva paura.

Il generale Ferrero nella notte del 30 si trovava ancora a Mortegliano. Da qui telegrafò al comandante delle retroguardie, generale Ravelli, ordinandogli di ritirarsi ancora. La 7ª e la 48ª Divisione (dell'VIII Corpo d'Armata italiano), ancora a Palmanova, dovevano mettersi subito in marcia e muoversi verso nord in direzione di Pasian Schiavonesco (oggi Basiliano) sulla strada Udine-Codroipo, colpire il nemico sul fianco sinistro e fermare le sue colonne in marcia verso Codroipo. Ma Pasian era già occupata dai tedeschi. L'ordine arrivava veramente troppo tardi.

Le Brigate Bergamo e Venezia erano in prima linea a sud della strada Udine-Codroipo e formavano uno sbarramento difensivo. Dietro c'erano tre divisioni italiane, la 30ª, la 10ª e la 49ª Divisione del XXIV Corpo d'Armata comandata dal generale Caviglia. Il Corpo doveva arrestare il nemico e difendere i ponti di Codroipo, della Delizia e più a sud. Se il generale Caviglia non fosse riuscito a fermare i tedeschi, il suo Corpo d'Armata doveva ripiegare verso Madrisio e Latisana per attraversare il Tagliamento.

Certo il generale Ferrero aveva buoni contatti con la 3ª Armata, ma era male informato sulla situazione del fronte in prima linea. Poiché la trasmissione degli ordini non funzionava, andò egli stesso in avanti per avere maggiori ragguagli.

Dal 28 le unità italiane in movimento verso ovest affluivano ininterrottamente a Codroipo spostandosi sulla grande strada che confluiva da Palmanova e da Udine. Anche le strade secondarie erano sovraffollate. Nella cittadina si erano formati enormi intasamenti ed ingorghi e le colonne si erano fermate. Il caos sui ponti ricordava la tragedia del 1813 sulla Beresina. Il generale Ferrero si accorse della confusione e degli intasamenti nei pressi di Codroipo, intervenne con decisione e cercò di fare ordine e di organizzare la difesa di Codroipo. Come si venne a sapere più tardi, si trattava di un'impresa estremamente difficile, le truppe erano in movimento, ma soprattutto si trovavano davanti ai ponti in preda al panico.

Il generale Ferrero formò con la 59ª Divisione un anello difensivo esterno lungo con un arco di circa 6 chilometri sulla linea San Rocco-Pozzo-Goricizza-Codroipo ed i ponti. Un anello di difesa interno si snodava attorno alla stessa Codroipo fino al fiume. Vennero impiegati anche reparti di altre unità e posti ai comandi del generale Agliardi. Nel pomeriggio, mentre vicino a Codroipo già si combatteva aspramente, il generale Ravazza del XXV Corpo d'Armata (4ª e 14ª Divisione) chiese di poter utilizzare i ponti di Codroipo per fare attraversare il suo Corpo. Ricevette un rifiuto tassativo, le condizioni erano già terribili. Ravazza dovette ritirarsi con le sue divisione verso sud.

Il mattino del 30 alle 5.50 lo Stato Maggiore della 200ª Divisione a Plasencis ricevette l'ordine di attacco del generale Hofacker. Il comandante di divisione Hans von Below formò subito reparti misti della forza di battaglione con artiglieria da montagna e li guidò da nord, attraverso Rivis, alla località Delizia con l'incarico di prendere i ponti. Intanto il grosso della 200ª Divisione avrebbe assicurato il settore Cisterna-Bonzicco fino all'arrivo sul fiume dell'*Alpenkorps*.

La sera precedente l'11° ed il 5° Battaglione *Jäger* erano arrivati per primi davanti a Dignano e si erano trovati sotto il fuoco violento proveniente dal paese occupato. Non erano riusciti ad arrivare al vicino ponte di Bonzicco. Il mattino dopo avrebbero attaccato Dignano. Quando accadde, il nemico era scomparso. Dignano e Bonzicco vennero occupate senza combattere. Sembrava incomprensibile, ma presto si trovò la spiegazione.

La 3ª Compagnia del 5° Reggimento *Jäger* marciò subito in direzione del vicino ponte nuovo, lungo circa 1.600 metri. Un'avanguardia avanzò sul lunghissimo ponte di legno. Gli uomini erano quasi arrivati sull'altra sponda quando videro con terrore che mancava l'ultimo tratto di circa 50 metri sul braccio più forte e profondo del fiume. Già da parecchi giorni il Tagliamento in piena l'aveva portato via. Iniziò un violento fuoco di mitragliatrici, ci furono delle perdite. Gli intrepidi attaccanti si salvarono dalle raffiche saltando su un banco di sabbia e detriti in mezzo al fiume e nascondendosi nelle buche. Dovettero rimanere là fino a sera.

L'11° Battaglione *Jäger* che attraverso Redenzicco (a sud di Sant'Odorico) avanzava verso Rivis sul Tagliamento, venne sorprendentemente in contatto con il II Battaglione del 121° Reggimento di fanteria (della 26ª Divisione) comandato del capitano Schempp, incaricato di difendere ai fianchi l'avanzata dei württemberghesi verso Codroipo.

Protetti sui fianchi, l'11° *Jäger* ed il II Battaglione del 121° si mossero paralleli al fiume ed attaccarono a sud. Davanti a Madonna di Loreto (vicinissimo al fiume) il capitano Schempp incappò in una linea ben fortificata e presidiata, parte della testa di ponte che si estendeva in un grande arco dal fiume attraverso San Rocco-Pozzo-Goricizza a Codroipo.

Circa nelle stesse ore si sviluppava l'attacco a Codroipo stesso dopo che alcuni deboli distaccamenti avanzati erano stati respinti.

Sulla destra il 121° Reggimento di fanteria con il I e III Battaglione avanzò attraverso Rivis-Pozzo, alla sua sinistra il 119° Reggimento

Granatieri attraversò San Lorenzo che venne occupato. L'11ª Compagnia formò la copertura ai fianchi presso Beano e prese il vecchio forte non più armato. Il I Battaglione del 121° riuscì a raggiungere combattendo la periferia occidentale di Codroipo dove venne coinvolto in violenti scontri casa per casa. Intanto il I ed il III Battaglione del 119° si erano raccolti vicino al terrapieno ferroviario a nord del paese. Al comando del barone von Gemmingen anche questi battaglioni entrarono a Codroipo da nord, in una zona difficilissima. Si sparava da tutte le case, si avanzava molto lentamente. Infine i due battaglioni, alle 15.30, riuscirono a sfondare fino alla piazza del mercato con il suo campanile. La piazza, sulla quale si sparava da tutte le direzioni, e tutte le strade adiacenti erano completamente intasate da mezzi, salmerie e cannoni. Si doveva por fine quanto prima a questa pericolosa situazione. I granatieri avanzarono con la baionetta inastata e grida di giubilo. Gli italiani di solito non sopportavano simili manifestazioni. Un migliaio di uomini gettarono le armi e si arresero, ma quando si accorsero della debolezza degli aggressori, presero di nuovo le armi e cominciò una sparatoria selvaggia.

Gli svevi vennero presi da una grande ira e si difesero con veemenza. Il combattimento infuriava quando da Palmanova si avvicinò un'altra colonna italiana che voleva raggiungere i ponti passando per Codroipo. I granatieri "Olga" si trovarono in grande difficoltà. Per fortuna la 10ª Compagnia, nascosta da alte piante di mais, ed infine anche l'11ª riuscirono ad avvicinarsi al paese ed a portare aiuto. L'intervento fu decisivo. La 59ª Divisione italiana si era difesa valorosamente, ma venne aggirata e respinta da Codroipo. Un contrattacco fallì. Nel pomeriggio il generale Agliardi si vide costretto a dare l'ordine di ritirata verso sud. Codroipo rimaneva ora stabilmente in mano tedesca.

Intanto l'11° Battaglione *Jäger* dalle 11 stava avanzando parallelo al fiume sulla riva orientale, si faceva largo verso sud spezzando ogni resistenza e si avvicinava alla Delizia. Il capitano Schempp (il comandante del II Battaglione del 121° Reggimento di fanteria) fece avanzare contemporaneamente i suoi uomini tra il fiume e la strada sulla riva verso un sistema di trincee ben presidiato.

I suoi uomini riuscirono a prendere una fattoria ed a fare circa 300 prigionieri. Di là ora si vedeva a circa 600 metri il lungo ponte di legno. Vennero subito portate in posizione sul tetto della fattoria delle mitragliatrici pesanti. Iniziò un incessante fuoco infernale sulle colonne italiane in ritirata davanti e sui ponti. Fu efficace. L'attacco venne condotto con audacia e senza riguardi, un contrattacco venne respinto. Con l'infinito ponte davanti agli occhi, nessuno poté più trattenere gli svevi. In uno slancio irresistibile si aprirono a forza l'accesso al ponte piegando l'accanita resistenza. Nonostante il fuoco delle mitragliatrici e dell'artiglieria dalla riva occidentale avanzarono sul grande ponte di legno tra i mezzi, i cannoni ed i soldati per raggiungere l'altra sponda a quasi due chilometri e mezzo. Gli italiani all'ultimo momento, alle 11.30 in punto, fecero saltare la testata occidentale del lungo ponte di legno. Fu impossibile attraversarlo.

In modo molto simile, ma più drammatico andò all'11° Battaglione *Jäger* con il capitano von Graeffendorf.

I suoi fucilieri si mossero ben protetti nel fossato ad est della strada sulla riva, riuscirono ad avvicinarsi alla prima linea italiana e la sopraffecero. Con un unico slancio sfondarono anche la seconda e terza linea. Il nemico in grave pericolo mise in allarme i Granatieri della Brigata Sardegna che tentarono di gettarsi contro gli *Jäger*, ma arrivarono troppo tardi. Vennero presi ancor prima che si spiegassero, vennero sopraffatti e caddero prigionieri. I fucilieri avanzarono subito contro le infinite colonne italiane in ritirata. Ci furono scene indescrivibili, tutti erano in preda al panico.

Accanto agli svevi l'11° Battaglione *Jäger* raggiunse gli accessi al ponte ferroviario ed al terzo ponte retrostante. Senza indugio tre giovani ufficiali (i sottotenenti Lang, Höpfner e Neuhaus) ed alcuni volontari si fecero largo sul ponte portando sulle spalle delle mitragliatrici leggere.

Passarono a forza attraverso la colonna di mezzi, tra i soldati italiani demoralizzati ed arrivarono davanti alla testa occidentale del ponte. Il nemico lo fece saltare in aria con tutto quello che c'era sopra. La violenza dell'esplosione scagliò i tre ufficiali, i loro *Jäger*, ma anche i soldati italiani ed i mezzi nelle gelide ed impetuose acque del fiume. Chi non era dilaniato o morto, annegò nei flutti. Solo il sottotenente Lang gravemente ferito ed un vicemaresciallo riuscirono a salvarsi con uno sforzo disperato, tutti gli altri morirono.

Secondo alcune voci i capi del Comando Supremo italiano avevano istituito dei tribunali militari sulla sponda occidentale. Gli ufficiali che non erano con le loro unità e che volevano attraversare il ponte venivano subito processati e fucilati([1]).

Dopo questi avvenimenti drammatici la situazione dell'11° *Jäger* e del II Battaglione del 121° Reggimento di fanteria in mezzo a diecimila italiani era a dir poco inquietante. Davanti al ponte si stavano raccogliendo masse enormi. Colpiti dalle mitragliatrici, molti soldati tentavano di fuggire verso sud o di tornare verso Codroipo. Molti *Jäger* avevano esaurito le munizioni mentre il nemico continuava a tentare di sfondare verso i ponti. Quando la Cavalleria attaccò, i nostri soldati si presero le armi italiane catturate e spararono fino a far cessare l'attacco.

La crisi raggiunse il culmine alle 16 quando i distaccamenti avanzati di un'intera divisione italiana provenienti da sud entrarono in azione attraverso San Vidotto. Trovarono i ponti già occupati dai tedeschi e fecero un disperato attacco alla baionetta per sfondare ad ogni costo.

L'11° Battaglione *Jäger* ebbe appena il tempo a formare una linea difensiva dietro il terrapieno ferroviario per fermare l'assalto furioso. Mancava l'appoggio dell'artiglieria. Il punto d'osservazione dell'artiglieria vicino a Rivis infatti era stato fatto saltare in aria con il comandante poco prima di questi episodi drammatici, non era possibile controllare il tiro. Ma accadde qualcosa di imprevisto. Il comandante del reggimento italiano all'attacco – un colonnello – venne gravemente ferito. Con la sua perdita l'assalto cominciò a sbriciolarsi. La maggior parte dei soldati, scoraggiata, rinunciò. Il tentativo di sfondamento naufragò definitivamente.

Nella notte tra il 30 ed il 31 si cercò di farsi largo tra il caos dei mezzi aggrovigliati e di ripulire le strade e le case di Codroipo da tiratori nascosti e mitragliatrici. Una sezione di mitragliatrici presidiata da ufficiali si difese ostinatamente, ma inutilmente davanti al Quartier Generale italiano a Codroipo (forse quello del generale Agliardi).

Il numero dei prigionieri ammontava a più di 15.000, tra loro c'erano anche alti comandi. Vicino alla Delizia il 2° *Jäger* ed il 121° avevano fatto circa 12.000 prigionieri e catturato 85 cannoni ed una immensa quantità di materiale bellico. Tutta la zona delle rive tra i ponti sembrava un accampamento abbandonato. Le carcasse dei cavalli erano sparse dappertutto. Dai villaggi vicini saccheggiatori e predatori avidi si avvicinavano furtivamente al campo di battaglia, gente di ogni tipo, pronta ad arraffare tutto quello che c'era. I cavalieri dell'Apocalisse distruggevano il paese.

Con la distruzione dei tre ponti (che secondo l'opinione di Cadorna avvenne troppo presto) tutte le unità italiane a est del fiume nella zona Codroipo-Delizia ora erano tagliate fuori. Sulle strade di accesso circa 60.000 uomini gettarono via le armi e si arresero. Vennero avviati in marcia ad Udine.

La sera del 30 il generale Hofacker, il generale Haas, che ora comandava la 26ª Divisione, ed il generale Hans von Below (200ª Divisione) si incontrarono a Mereto per discutere la situazione ed accordarsi sull'ulteriore avanzata.

L'avanzata a sud

Solo alle 15 del 30 il nostro reparto operazioni ad Udine venne a sapere dal generale Hofacker che Codroipo era caduta e che erano stati occupati gli accessi ai ponti della Delizia. Non sapevamo ancora che tutti e tre i ponti nel frattempo erano stati fatti brillare e nutrivamo una certa speranza in un riuscito colpo di mano. Avevamo sentito però delle forti detonazioni in lontananza, sua eccellenza von Below rimase scettico.

Nonostante l'incertezza, il lungimirante comandante in capo alle 17 emise un nuovo ordine per la 14ª Armata indicando obiettivi ambiziosi al di là del Tagliamento.

L'attraversamento finora non era riuscito. Il generale Hofacker voleva ottenerlo il 31 con un'azione di forza della 26ª Divisione e con la protezione dell'artiglieria.

Le perlustrazioni avevano rivelato che le parti occidentali dei ponti della Delizia erano molto danneggiate dalle esplosioni, intransitabili e si trovavano sotto un violento fuoco proveniente dall'altra riva. Il generale comandante la 26ª Divisione ordinò allora di tentare di passare a nord del grande ponte di legno dopo la preparazione dei genieri. Là il nemico aveva cominciato a costruire un quarto ponte, ma solo alcuni piloni uscivano dall'acqua. Il 121° Reggimento di fanteria (*Alt-Württemberg*) ricevette l'ordine di passare e si tenne pronto sulla riva. Il 119° rimase a Codroipo, il 125° aspettava a Goricizza. Erano andate in posizione numerose batterie.

Purtroppo l'impresa non riuscì.

Diventava sempre più insopportabile rimanere a Kranj partecipando ai drammatici avvenimenti così lontano dal fronte. Attendevamo impazienti ed ansiosi l'ordine di trasferimento ad Udine quando arrivò un messaggio del generale Ludendorff che migliorò l'umore. Nella sua comunicazione al Comando della 14ª Armata egli dava un chiaro appoggio all'avanzata verso sud. Questo rafforzò la posizione dei nostri comandanti nei confronti degli alti comandi austro-ungarici.

Il 30, il 6° giorno dall'inizio della battaglia, a mezzanotte eravamo di nuovo davanti alla grande carta per riportare la posizione delle nostre divisioni. Il Gruppo Krauss aveva raggiunto dappertutto il Tagliamento, si combatteva ancora solo attorno al Monte di Ragogna. Le batterie del Monte Festa continuavano a sparare su tutte le strade sull'ansa del Tagliamento. L'*Alpenkorps* si trovava appena ad est di Dignano e voleva tentare di attraversare il fiume sostituendo la parte mancante del ponte di Bonzicco con il materiale di un ponte di barche catturato. Codroipo e gli accessi al ponte erano occupati dalla 26ª Divisione e dal II Battaglione *Jäger*. La 5ª Divisione germanica era sulla linea Rivolto-Galleriano-Sclaunicco ed era coinvolta in violenti combattimenti. Un reggimento della 117ª Divisione germanica era di presidio ad Udine, il secondo si trovava a Pasian di Prato ed il reggimento d'avanguardia era davanti a Pozzuolo del Friuli. Là si combatteva violentemente. Il terzo reggimento doveva avvicinarsi a Mortegliano.

Tra Udine e Pozzuolo si erano inserite la 28ª e la 57ª Divisione del II Corpo austro-ungarico. Non sapevamo dove si trovasse l'avanguardia. Il comando tattico del generale Kaiser si trovava ancora ad Ipplis. Si diceva che la 5ª Divisione il 31 volesse avanzare fino al guado vicino a Varmo.

La grande operazione iniziò il mattino del 31 alle 7. In realtà essa si divise in due fasi diverse: l'avanzata verso sud vera e propria (200ª e 5ª Divisione) e la "battaglia di Mortegliano" (117ª Divisione germanica e 1ª Divisione austro-ungarica), come la chiamarono più tardi gli italiani.

Il tempo si era rasserenato, era diventato freddo, ma soleggiato, la visuale era eccellente. Per l'assalto la 200ª Divisione germanica aveva formato due cunei d'attacco con artiglieria.

Alle 7 il 4° Reggimento *Jäger* (senza il 5° e l'11° Battaglione *Jäger*) con l'artiglieria da montagna si mise in movimento da Rivis verso sud. Il 5° Reggimento *Jäger*, rinforzato da artiglieria campale e pesante, avanzò da Pozzo. Il 3° Reggimento *Jäger* rimaneva per il momento nei pressi di Sedegliano ed appoggiava il 5° Battaglione *Jäger* nella difesa della riva del Tagliamento. L'11° Battaglione *Jäger* era impegnato a creare un passaggio sui due ponti a sud della Delizia strenuamente difesi.

Si avanzava molto lentamente tra il fiume e Codroipo perché enormi quantità di mezzi, batterie, prigionieri, ma anche reparti della 26ª Divisione frenavano l'avanzata. Molto presto tuttavia l'11° Battaglione *Jäger* riuscì a prendere la località di Biauzzo, e poi San Vidotto e Iutizzo senza incontrare una seria resistenza. Nella notte infatti il nemico si era allontanato verso sud in direzione di Madrisio. Alle 10 il 5° Reggimento *Jäger* prese Gorizzo e proseguì verso Gradiscutta che venne raggiunta senza intoppi tra le 16 e le 17.

Poiché non si riusciva ad avere il collegamento con il comandante del gruppo, generale Scotti, il generale von Wedel assunse il comando totale delle divisioni che secondo gli ordini dovevano prendere parte all'avanzata a sud in direzione di Latisana. Il piano era semplice e chiaro. L'ala destra era formata dalla 5ª Divisione germanica che doveva avanzare attraverso Rivolto-Flambro-Rivignano. Al centro la 117ª Divisione doveva avanzare per Pozzuolo-Lestizza, Talmassons, Torsa e la 1ª Divisione austro ungarica per Mortegliano. Del nemico non si sapeva quasi nulla, non si conosceva la sua forza.

Per l'avanzata von Wedel formò con la sua 5ª Divisione due gruppi d'assalto circa della stessa forza. La colonna destra con il tenente colonnello von Borowsky alle 9 sarebbe avanzata da Villacaccia attraverso Virco-Villa-Sterpo-Romans (ad est di Varmo sul fiume Corno). La sinistra con il colonnello von Jena alla stessa ora avrebbe lasciato Casali Pagani (a sud di Orgnano-Campoformido) e si sarebbe spinta avanti per Galleriano-Pozzecco-Flambro-Flambruzzo. Anche questo sembrava chiaro, ma l'avanzata si svolse in maniera diversa da quanto ci si aspettava. Già la partenza non funzionò, successe di tutto.

Le sorprese iniziarono con i quasi 500 soldati italiani che nell'oscurità entrarono non visti a Basagliapenta per trascorrervi la notte. Il mattino nel paese ci fu uno scontro e gli ospiti indesiderati vennero fatti prigionieri. Altre unità superarono la località senza che qualcuno se ne accorgesse. Esse comparvero più tardi alle spalle delle unità tedesche e si dovettero accerchiare. Già radunare le truppe e predisporle per la marcia richiese purtroppo molto più tempo del previsto. Solo a mezzogiorno l'avanzata si mise in moto. Il totale intasamento della strada Udine-Codroipo invasa da ogni tipo di materiale bellico abbandonato costrinse lo stesso generale von Wedel ad una lunga deviazione a nord attraverso Colugna e Pasian di Prato per arrivare sul posto ad organizzare la partenza delle truppe.

Poco dopo la partenza il 12° Reggimento di fanteria fu coinvolto in un duro scontro con un forte reparto nemico (probabilmente reparti delle Brigate Bergamo e Venezia) nei pressi di Nespoledo, qualche chilometro a sud-ovest di Basagliapenta. Il nemico venne respinto. Entrò a Villacaccia, nel frattempo sgomberata dal nemico e, riordinate le unità, proseguì senza indugio la marcia.

Gli uomini si fecero faticosamente strada attraverso il campo di macerie lasciato dalla 2ª Armata italiana. Evitarlo passando per i campi paludosi risultò impossibile ed essi furono costretti a tenersi sulle strade e sui terrapieni. Solo verso mezzogiorno le condizioni migliorarono.

Ben presto la colonna di destra si accorse che Rivolto era occupata dal nemico. Un reparto speciale venne inviato ad attaccare il paese. Ne nacque uno scontro che ritardò la marcia. Rivolto venne presa solo alle 22. Si fecero pochi prigionieri perché il nemico era riuscito a ritirarsi in tempo. Il grosso continuò la marcia, vicino a La Santissima si scontrò con le retroguardie, ma la sera riuscì ad occupare Bertiolo.

Anche l'avanzata della colonna di sinistra di von Jena ebbe fasi alterne. Attorno a Sclaunicco e Carpeneto l'8° Granatieri della Guardia venne coinvolto in un violento combattimento con forti forze italiane. La lotta venne decisa dall'accorto impiego dell'artiglieria fatta avanzare. La difesa del nemico fu ancora più ostinata prima nei pressi di Galleriano e poi nel paese stesso. Il distaccamento avanzato – due battaglioni del 52° Reggimento di fanteria – proseguì la marcia passando senza sospetti davanti a Pozzecco occupata dal nemico, superò la strada Palmanova-Codroipo e la sera alle 20 raggiunse Flambro. Dietro, il presidio italiano di Pozzecco aveva sopraffatto e preso prigioniera la colonna salmerie dei battaglioni. Il distaccamento avanzato era isolato ed in una situazione molto pericolosa perché le strade attorno erano percorse dalle unità nemiche che si muovevano verso ovest. Anche Flambro dovette essere ripulita prima di potersi trincerare per la notte. Vennero catturati 60 ufficiali e circa 1.000 uomini. Il collegamento con il grosso dei Granatieri della Guardia dell'8° Reggimento era interrotto. Gli uomini avevano appena organizzato la difesa di Flambro quando un battaglione italiano, una batteria trainata ed un'automobile piena di ufficiali si avvicinarono al paese. Aspettarono tranquillamente che venissero più vicino e poi li fecero prigionieri. Dietro di loro stava arrivando anche il presidio di Pozzecco con i prigionieri tedeschi, venne salutato con grande entusiasmo e preso prigioniero. Il seguente episodio veniva raccontato per dimostrare con quanta ingenuità gli italiani si muovessero nella zona. L'aiutante del 52° Reggimento di fanteria che con il suo caporale stava cercando un alloggio a Flambro, arrivò in una villa un po' appartata e si trovò improvvisamente davanti a tutto lo Stato Maggiore della 29ª Divisione italiana al lavoro. Gli ufficiali rimasero così sorpresi che nessuno cercò di prendere le armi ed i due li fecero prigionieri.

L'8° Reggimento Granatieri della Guardia trascorse la notte a Galleriano e Sclaunicco che erano stati conquistati. Alcuni reparti avanzarono fino a Pozzecco. Non lontano, a Lestizza, una sola compagnia prese prigionieri 20 ufficiali e 2.000 uomini. Nonostante tutti questi successi si dovette ammettere che l'obiettivo principale del giorno, l'intercettazione di reparti della 3ª Armata italiana, non era stato raggiunto. Si era perduto troppo tempo.

La battaglia vicino a Pozzuolo-Mortegliano

La seconda grande sorpresa del 30 riguardò la situazione a sud di Udine. Il mattino, alle 9.30, il generale Seydel lasciò la città con la sua 117ª Divisione germanica, il 22° Reggimento di fanteria in testa, e si mosse verso sud. Giunto davanti a Pozzuolo incontrò un nemico sorprendentemente forte che oppose un'efficace resistenza. Non poteva trattarsi di retroguardie, ma di formazioni forti che, sacrificandosi, cercavano di coprire la ritirata della 3ª armata. Nella zona a sud di Udine dunque si trovavano ancora formazioni italiane molto più grandi di quanto supposto, l'avanzata verso sud era ancor più giustificata.

In effetti, stando alle indicazioni italiane, in questa zona c'erano ancora tutto il XXIV Corpo d'Armata con il generale Caviglia, una divisione di Bersaglieri, la Brigata Bergamo ed il 240° Reggimento di fanteria della Brigata Pesaro lasciato come retroguardia della 48ª Divisione. Dietro, ad ovest ed a sud-ovest, rimaneva fermo il XXV Corpo d'Armata.

La 117ª Divisione attaccò subito energicamente Pozzuolo. Ci furono aspri combattimenti che proseguirono fino a sera. I nostri uomini entrarono in paese. Il combattimento con bombe a mano proseguì casa per casa. Al culmine della crisi arrivò da ovest il generale Goiginger, uno dei migliori comandanti austriaci, con la sua 60ª Divisione. Aveva perduto il collegamento con il suo gruppo ed aveva deciso di sua iniziativa di partecipare all'avanzata verso sud a fianco della 117ª e della 1ª Divisone austro-ungarica. Il suo intervento tempestivo fu efficace; a sera, dopo un'aspra lotta, Pozzuolo venne presa. Venne catturato un intero Stato Maggiore di Brigata con 500 uomini. Le truppe d'assalto vi trascorsero la notte, il giorno dopo si doveva proseguire contro Mortegliano.

Il mattino del 30 la 1ª Divisione austro-ungarica si era messa in movimento con la 7ª e la 22ª Brigata da montagna. Fanti italiani la cacciarono da Sammardenchia ad est di Pozzuolo. Alle 15 il distaccamento avanzato incontrò davanti a Mortegliano una forte linea di difesa tenuta da diversi reggimenti di bersaglieri (evidentemente reparti della 5ª Divisione Bersaglieri). Sull'ala destra combatteva il 240° Reggimento di fanteria della Brigata Pesaro (48ª Divisione). Nella battaglia di Mortegliano esso venne quasi completamente annientato. I duri combattimenti si protrassero anche qui fino a sera.

La 22ª Brigata da montagna, dopo che la vicina 117ª Divisione aveva spezzato la resistenza della Brigata Bergamo e della 2ª Brigata di Cavalleria nella zona di Carpeneto-Pozzuolo costringendole alla ritirata, non proseguì più la marcia verso ovest, ma si volse a nord verso Pasian di Prato, Basagliapenta, Zugliano e Campoformido. La formidabile 1ª Divisione venne poi ritirata dalla prima linea.

Il 31 incalzammo, ma davanti al fronte del Gruppo Scotti il nemico era scomparso. Sul campo era rimasto molto materiale. La 117ª Divisione in due colonne di marcia avanzò senza combattere da Sclaunicco a Flambro ed infine ad Ariis. Ci furono di nuovo spiacevoli incroci con unità della 2ª *Isonzoarmee*. Flambro venne raggiunta alle 17.30. Reparti del 157° Reggimento di fanteria germanico giunsero fino a Madrisio. Quando il mattino del 31 arrivò la 7ª Brigata da montagna della 1ª Divisione austro-ungarica, occupò Mortegliano senza trovare resistenza. Purtroppo l'ordine di proseguire la marcia per Latisana arrivò troppo tardi. In quei giorni le nostre divisioni fluivano verso il Tagliamento come un'ondata possente, andavano a rilevare i distaccamenti avanzati od a rinforzarli e ad occupare tutta la riva. La sera tutti e due i Gruppi Krauss e Stein avevano occupato le posizioni sulla sponda orientale ad eccezione del Monte di Ragogna. Il Gruppo Hofacker rimaneva fermo nei pressi della Delizia, la 5ª Divisione aveva raggiunto la linea Belgrado-Varmo-Madrisio. La sera la 117ª Divisione era con due reggimenti vicino ad Ariis-Rivignano e Madrisio, la 60ª Divisione austro-ungarica vicino a Bertiolo. La 1ª Divisione austro-ungarica, duramente provata dai combattimenti, venne intenzionalmente tenuta indietro vicino a Pozzuolo-Mortegliano, in cambio avanzarono molto la 28ª, la 60ª e la 35ª Divisione austro-ungarica. Seguivano altre divisioni austro-ungariche come la 14ª, la 53ª, la 44ª la 10ª ed anche la 41ª e 64ª Divisioni *Honvéd.*

Ora la maggior parte delle nostre formazioni di artiglieria aveva attraversato con grande fatica le strette valli montane e raggiunto la pianura del Friuli.

Senza dubbio Cadorna è riuscito a preservare la 3ª Armata da una catastrofe come quella subita dalla 2ª Armata e l'ha fatta arrivare in tempo ed intatta dietro il fiume. Solo resti della 2ª Armata invece sono riusciti a sfuggire al disastro. Il merito principale della salvezza della 3ª Armata, nonostante i grandi sacrifici, va indubbiamente al generale Ferrero ed al generale Caviglia, ma anche al generale Cadorna che non perse il sangue freddo.

Quello che il generale Boroević aveva ritenuto impossibile era ora diventato realtà, la 14ª Armata era riuscita a sfondare nelle Alpi Giulie, aveva quasi annientato la 2ª Armata italiana ed era attestata sul Tagliamento.

Saremmo riusciti a superarlo? – Questa rimase la grande domanda che agitava noi tutti.

L'altra parte il 29-31 ottobre. Una retrospettiva secondo le indicazioni italiane

Della 3ª Armata il XXIII Corpo aveva passato il ponte di Latisana già il 29. Quattro battaglioni erano rimasti a protezione sulla sponda orientale. Il XIII Corpo d'Armata si diresse verso il ponte di Madrisio e riuscì a passare, l'XI Corpo d'Armata aveva raggiunto Codroipo.

I capisaldi sul mare della Marina militare, Monfalcone e Grado, vennero sgomberati.

In quelle ore tre brigate e un reggimento comandati dal generale Ugo Cei erano ancora sulla linea da Trivignano-Palmanova fino al mare. Il 30 ci fu una nuova tappa della ritirata verso il settore del torrente Cormor e Lestizza. Nella notte il generale Cei ritornò poi nel settore dello Stella.

La responsabilità delle operazioni a sud di Udine a difesa della rapida ritirata della 3ª Armata ricadeva sul generale Caviglia (XXIV Corpo d'Armata). La sera del 30 era già in viaggio verso Pozzuolo dove arrivò alle 4 del mattino del 31. A quanto ci consta aveva trasferito il suo comando tattico a Mortegliano. La situazione a nord davanti ad Udine non gli era chiara, non sapeva dove fossero arrivati i reparti attaccanti. Le pattuglie inviate a Campoformido ed Orgnano erano state bersaglio del fuoco nemico.

L'avanzata italiana verso nord non colpì ai fianchi la 26ª e la 5ª Divisone, come si credeva, ma si scontrò frontalmente con il nemico. Le località individuate per l'avanzata erano già in mano tedesca.

Sulla linea di combattimento principale a sud ed a sud-ovest di Udine c'erano sull'ala destra la 39ª Divisione italiana con fronte a nord, la 5ª Divisione Bersaglieri con fronte ad est, ad esse si univa il 240° Reggimento di fanteria (reggimento di retroguardia della 48ª Divisione). Davanti, tra Carpeneto e Pozzuolo di Friuli, la Brigata Bergamo e la II Brigata di Cavalleria formavano una linea avanzata verso nord-est. A Pozzuolo arrivò anche un battaglione ciclisti della 3ª Armata.

L'ala sinistra del XXIV Corpo d'Armata con fronte a nord era formata dalla 10ª e dalla 30ª Divisione e dalla Brigata Venezia che con la 59ª Divisione si attestava alla difesa di Codroipo. Essa si trovava appena a sud della strada Udine-Codroipo ed avrebbe dovuto intercettare l'urto nord-sud delle nostre 26ª e 5ª Divisione.

Quando il generale Caviglia fu informato che Codroipo era caduta nelle mani degli attaccanti e che erano esposti ad un pericolosissimo attacco a sud lungo il fiume, capì che il fronte non era più difendibile. Per il ritiro delle sue unità il generale non poteva nemmeno più contare sui ponti della Delizia. Per salvare le divisioni e le brigate battute fu costretto a farle ripiegare attraverso Madrisio e Latisana. La sera del 30 diede l'ordine di ritirata a tutte le sue formazioni ed anche all'VIII Corpo d'Armata.

Cadorna più tardi ha ammesso che il 30 ed il 31 furono i giorni più difficili e che l'avanzata verso sud fu la più pericolosa, essa pertanto diede la spinta decisiva per l'ordine di ripiegamento.

La 48ª Divisione (senza il 240° Reggimento di fanteria) passò per Flambro, si diresse a Latisana ed il 31 alle 7 del mattino riuscì ad attraversare il fiume. In questa fase della battaglia in Friuli la 4ª e la 14ª Divisione del XXV Corpo d'Armata italiano tenevano un forte sbarramento davanti a Madrisio ed alla testa di ponte davanti a Latisana. Alle 6 del mattino del 31 la 10ª Divisione, la 30ª e la 49ª riuscirono a passare il ponte di Madrisio. Le unità della 3ª Armata avevano già superato in ordine quello di Latisana. Anche il generale Caviglia nella notte del 31 verso le 2 passò il ponte di Latisana. I resti delle sue divisioni che arrivarono dall'altra parte del fiume, si raccolsero sulla riva occidentale nella zona attorno a San Giorgio ad ovest di Pozzo per costituire o rinforzare la linea di resistenza sulla sponda del Tagliamento.

Alcune retroguardie italiane agli ordini del generale Cei continuavano a tenere il settore dello Stella, già numerose divisioni che erano passate per Madrisio, erano in salvo. La piena era calata, il ponte finora sommerso poteva di nuovo essere utilizzato. Una fortuna per il nemico. All'ultimo momento venne fatto brillare.

A sera la Brigata Catania si ritirò dal settore dello Stella come le era stato ordinato, le retroguardie distrussero tutti i passaggi sul piccolo fiume Stella e si ritirarono verso il Tagliamento. Un reggimento della Brigata Bari tenne la testa di ponte vicino a Latisana fino al 1° novembre per far passare le Brigate Tevere e Catania incalzate dalle unità nemiche.

Quattro battaglioni della Brigata Barletta vennero concentrati vicino a Casarsa come riserva della 2ª Armata. Dovevano collaborare con i resti del II e del XXIV Corpo d'Armata. Anche il VI Corpo venne assegnato alla riserva d'armata e la 4ª Divisione di Cavalleria ebbe ordine di raccogliersi a nord di Pordenone ai margini delle Prealpi.

Il Comando Supremo italiano cercava ora di assicurare la linea di difesa sul Tagliamento, ma preparava anche una seconda ulteriore ritirata fino al Piave perché temeva che gli austro-germanici riuscissero ad attraversare in qualche punto il Tagliamento o che fosse imminente un attacco dai Sette Comuni Arsiero-Asiago verso il Veneto.

In queste ore la 2ª Armata continuava a tenere la piccola, ma forte testa di ponte presso Ragogna-Pinzano a nord, difesa valorosamente dalla Brigata Bologna e da un battaglione della Brigata Barletta. Il grosso di tutte le altre divisioni e brigate (IV e VII Corpo d'Armata) si trovava già sulla sponda occidentale del Tagliamento. Gli unici ponti ancora intatti il 31 erano quelli di Cornino e Pinzano, tutti gli altri fino al mare erano stati distrutti. Presso Cornino-Pinzano combattevano la 43ª e la 20ª Divisione italiana. L'isolotto di Clapat nell'alveo del fiume veniva difeso con ostinazione. Il comandante del IV Corpo italiano aveva evidentemente già ordinato il ritiro dal Monte di Ragogna quando alle 2 di notte arrivò il contrordine di Cadorna, il Monte di Ragogna doveva assolutamente essere tenuto. Il 31 ottobre, perciò, duri combattimenti ostacolarono l'avanzata della 50ª Divisione austro-ungarica e della 12ª Divisione. La linea di difesa italiana sulla riva occidentale veniva continuamente rinforzata, numerose batterie andarono in posizione e si prepararono alla difesa.

Il 31 a sud ci furono solo degli scontri tra la retroguardia delle unità italiane e le divisioni delle due armate dell'Isonzo che avanzavano. Gli scontri coinvolsero soprattutto la 35ª Divisione austro-ungarica audacemente balzata in avanti che il 31 era arrivata ad appena 12 chilometri da Latisana.

NOTE

(1) Non è sicuro che il racconto corrisponda ai fatti. Comunque Hemingway nel suo libro *In un altro paese* cita l'episodio. Americano, era impiegato come volontario nei pressi di Gorizia e partecipò anche alla ritirata sul Tagliamento. Hemingway asserisce di essere venuto a sapere in tempo della condotta rigorosa della giustizia militare, di essere saltato nelle acque del Tagliamento e di essere riuscito a salvarsi sull'altra riva. Più tardi deve essere fuggito in Svizzera con la sua amante inglese passando per il Lago Maggiore (*n.d.A.*).
L'episodio citato sembra tratto dal film "Addio alle armi" piuttosto che da fonti storiche italiane e la nota dell'A. avverte correttamente il lettore; peraltro Hemingway arrivò in Italia soltanto nel maggio del 1918 al più presto e quindi non poté essere testimone dei fatti, probabilmente romanzati sulla base di racconti di reduci (*n.d.r.*).

CAMBIO DELLE POSIZIONI IN PRIMA LINEA

In marcia verso Udine

Finalmente partiamo da Kranj. Il 31 ottobre la nostra colonna di auto si mette rapidamente in movimento verso Udine. Non passiamo per Škofja Loka-Zali Log-Sorica-Podbrdo-Kneža-Tolmino, ma a nord, per Tarvisio ed il passo del Predil-Žaga-Caporetto ed attraverso la valle del Natisone.

Nelle auto ci sono solo gli ufficiali dell'ufficio operazioni, il comandante dell'artiglieria generale von Berendt con il suo Stato Maggiore e noi ufficiali addetti alle bombarde. Il secondo scaglione con il Quartiermastro ed una serie di altri Stati Maggiori seguiranno più tardi.

Fino a Tarvisio il nostro viaggio ci porta attraverso la splendida, ampia campagna delimitata da alte montagne, passiamo campi di mais ed appezzamenti destinati a bosco. Saliamo poi con ripide curve fino al passo del Predil con le vecchie fortificazioni austriache ed ancora più ripidamente scendiamo nella retrostante, desolata valle dell'Isonzo fino alla conca di Plezzo. Qui, dopo l'eccellente lavoro di preparazione dell'artiglieria e delle bombarde, la 22ª Divisione *Schützen* di Graz ha sfondato ai due lati della strada e sul pendio del Rombon. L'effetto devastante delle nostre bombe sui larghi ostacoli di filo spinato e sulle trincee davanti a Plezzo è evidente. La parte sinistra ha subìto anche qui il terribile assalto con i gas. Lo sguardo vaga sulle voragini frastagliate con i molti nidi di mitragliatrice eliminati con il gas. Non si sente una parola, tutti tacciono.

A Plezzo l'intasamento delle strade ed il fondo dissestato provocano continue brevi soste. Il paese è ridotto ad un campo di macerie. Ai due lati della valle dell'Isonzo s'innalzano a nord le rocce del Rombon e del Canin, avvolte nella nebbia e nelle nuvole ed ancora molto innevate, ed a sud quelle del Vršič, della dorsale del Polovnik, del Javorščck, della Jama planina e del massiccio del Krn. Dalle pareti rocciose i cannoni in caverna non sparano più nella valle di Plezzo. Superiamo unità in avanzata, salmerie della divisione *Edelweiss* e della 22ª Divisione *Schützen*, ed anche unità della Divisione *Jäger* tedesca. Poco dopo attraversiamo anche la seconda linea italiana che sbarrava diagonalmente la valle nei pressi di Plužno-Dvor. È costruita molto meno bene della prima linea ed in molti punti è stata spianata dall'artiglieria. La terza linea italiana davanti a Žaga è scarsa, in pezzi, non veniva più difesa.

Il successo dell'attacco a valle, la cosiddetta tenaglia di Plezzo ha dell'incredibile se si pensa che le postazioni nella zona del Rombon riuscirono a resistere ancora per giorni.

Davanti a Žaga la sosta si fa piuttosto lunga. Che cosa succede? Scendo dall'auto e vado avanti a controllare. Gli italiani hanno fatto saltare il ponte stradale dove l'Uccea sfocia nell'Isonzo. I genieri hanno predisposto una deviazione e ci aiutano a spingere le auto per attraversare il tratto sconnesso ed il fiume. Si prosegue senza intoppi. Raggiungiamo l'ansa dell'Isonzo e procediamo lungo il fiume verso sud, attraverso le strettoie rocciose della valle, selvaggia e romantica, fino a Trnovo ob Soči. Il ponte di legno sull'Isonzo purtroppo è stato mantenuto fino al passaggio dei resti della 43ª e della 46ª Divisione italiana in ritirata che così sono riusciti a salvarsi attraverso il fiume e poi è stato bruciato.

Tutta la lunga valle dell'Isonzo superiore è piena di accampamenti e depositi per le riserve italiane del fronte montano sul Monte Vršič, sul Monte Vrata, sul Polovnik e poi anche sul massiccio del Krn.

Numerose strade tortuose si diramano ad ovest verso le alture del Monte Stol dove si snodano la "linea di difesa" e la "linea d'armata", la principale linea di combattimento degli italiani, sfondata il secondo giorno d'attacco. Proseguiamo lungo strade abbastanza buone. Compaiono le prime case della vecchia Caporetto austriaca. L'odore degli incendi ristagna ancora nell'aria della località, adagiata in una conca all'incrocio delle vie principali provenienti dalle valli dell'Isonzo e del Natisone. La località è grigia, deprimente e sconsolata, ma l'azione di forza della nostra 12ª Divisione brandenburghese l'ha resa famosa. Senza parlare superiamo case distrutte, immensi accampamenti di baracche, tantissimi automezzi e colonne. Innumerevoli soldati italiani di tutte le Armi girovagano qua e là. Nessuno ha tempo di sorvegliarli. Ci fermiamo continuamente a causa degli intasamenti e dobbiamo aspettare che vengano risolti. Infine le auto arrivano faticosamente in centro e girano sulla strada per Staro Selo che vicino ad una ferrovia *decauville* prosegue lungo la valle del Natisone fino a Cividale. Le nostre auto si tengono molto vicine l'una all'altra, possiamo anche accendere i fari perché il fronte è lontano e non ci sono più aerei nemici. Ed è un bene perché dobbiamo sopportare di nuovo una lunga sosta provocata da infinite colonne di prigionieri italiani, soldati ed ufficiali in una variopinta confusione, che con marcia lenta e faticosa, come un gregge stanco, camminano verso Caporetto. Sono migliaia di soldati. La luce abbagliante dei fari illumina i loro volti pallidi ed essi si girano accecati. Anche questi prigionieri sono poco sorvegliati. Solo di tanto in tanto si vede un soldato tedesco con la baionetta inastata o si sente risuonare nella notte una pesante imprecazione in bavarese. Ci passano davanti schiere interminabili. A volte le nostre auto vengono quasi circondate da queste masse umane. Speriamo che vada bene, pensa qualcuno, e va bene perché questi uomini non vogliono più saperne della guerra, per loro è finita. Se dovessero improvvisamente scagliarsi su di noi, non farebbero un magro bottino.

Dappertutto ai bordi della strada si trovano ancora le tracce dei duri combattimenti, case bombardate, ponti distrutti, enormi crateri scavati dalle granate, scarpate franate, alberi e pali del telefono caduti. Le nostre auto avanzano lentamente chilometro dopo chilometro. Finalmente alle prime luci dell'alba raggiungiamo Cividale, o meglio quello che resta della cittadina. Anche qui l'aria è impregnata dell'odore degli incendi, le strade sono piene di sporcizia. Alla prima luce del nuovo giorno si distinguono i muri delle case crollate. Ci devono essere state scene terribili. Gli italiani in ritirata erano scesi in massa dai monti e sulle strade d'accesso intere colonne di uomini e salmerie avevano tentato di entrare in paese rimanendo intasati nei vicoli mentre una dopo l'altra le nostre granate da 15 centimetri cadevano su Cividale. In tutte le contrade si vedono automezzi rovesciati, cannoni abbandonati con gli avantreni, camion di munizioni, materiale bellico gettato via. La strada principale è stata liberata con la forza. Ci sono anche moltissimi cavalli morti. Durante una sosta più lunga scendo dall'auto. In una viuzza mi colpiscono numerosi scheletri di cavalli e muli morti. Chiedo ad un italiano che cosa sono questi scheletri, mi dice che i prigionieri affamati hanno mangiato gli animali, non era facile procurare in fretta cibo per diecimila persone.

A Cividale vedo anche delle scenette divertenti.

Il 26 le nostre punte d'attacco, accaldate, avevano inseguito di corsa gli italiani, in parte li avevano superati ed erano entrate con loro a Cividale. Non c'era niente da requisire e ne mancava il tempo, ma nelle cantine c'erano botti piene di vino rosso. Gli uomini, assetati, passavano di corsa, entravano rapidamente nei portoni aperti, qualcuno sparava ad una botte facendo uscire uno zampillo rosso, uno dopo l'altro riempivano in fretta il bicchiere e mandavano giù d'un fiato il nobile succo. Non fece bene a tutti. Molti bevvero troppo in fretta ed altri troppo. Il "vinum bonum" si fece sentire nei corpi affaticati. Ai bordi della strada si vedevano dappertutto soldati seduti che "sputavano sangue", come dicevamo allora. In una cantina il vino era uscito dalle botti enormi ed aveva formato sul pavimento un lago rosso di 30-40 centimetri nel quale galleggiava una tinozza con un giovane soldato beato. Un quadretto veramente idilliaco, ma non ci furono eccessi come è facile che accada quando la truppa capita in un magazzino della sussistenza.

Proseguiamo. La confusione sulla strada davanti a noi diminuisce ed alle prime luci del mattino del 1° novembre possiamo entrare ad Udine, la bellissima capitale del Friuli.

La nostra colonna di auto si ferma in centro, vicino alla piazza del mercato ed al magnifico castello. Attorno ci sono antichi palazzi in stile veneziano. Sull'alta colonna davanti ad una ampia loggia c'è il leone di Venezia. Dietro si innalza una torre possente, coronata da un carillon. Un magnifico colonnato, con l'alta torre coronata da un angelo, conduce al grande edificio quadrato della cittadella. Non si vedono civili. La popolazione di Udine è fuggita dalla città in preda al panico quando Cadorna si è trasferito con il Comando Supremo a Treviso. Ci colpiscono i manifesti ed i cartelli affissi su alcune porte. C'è scritto: "Per favore risparmiateci – qui abita un tedesco!"

Ci fermiamo davanti al comando, riconoscibile dalla bandiera nera-bianca-rossa esposta alla finestra dell'antico palazzo. Ci informano che al momento solo un battaglione tedesco è rimasto ad Udine per mantenere l'ordine e sorvegliare i ricchissimi e preziosissimi depositi dell'esercito italiano. Migliaia di sbandati e prigionieri girano ancora per le strade o sono accampati nella loggia di piazza del Mercato in attesa di essere trasferiti.

Ad Udine sono successe cose terribili. Ce le raccontano. La città non è stata deturpata e saccheggiata dai nostri soldati ma dagli italiani stessi. Nelle strade e nei vicoli ci sono montagne di immondizie. Da tutte le parti disertori e sbandati della 2ª Armata hanno invaso Udine e l'hanno trovata completamente incustodita e vuota. Nessuno poté impedire che la truppa inselvatichita si abbandonasse ad un saccheggio. Fecero irruzione nei negozi e nelle case prendendo tutto quello che volevano. Naturalmente anche tutto quello che c'era da mangiare e soprattutto da bere.

Evidentemente la massa era preda di una vertigine di felicità e follia. La vita da cani del fronte era finita. Molti si erano mascherati con panni colorati, saccheggiavano i negozi di cappelli e correvano in giro per le strade con bombette e cilindri sulla testa. Altri capitarono in un salone di parrucchiere o in una drogheria e si cosparsero di profumo da quattro soldi dalla testa ai piedi. Quello che non serviva veniva buttato per le strade. Alcuni soldati giravano per i vicoli cantando. Quando vedevano un soldato od un ufficiale tedesco, lo sollevavano con entusiasmo sulle spalle. Solo pochi, amareggiati, si trattenevano per timidezza e vergogna.

Anche in qualche paese della campagna circostante deve essere stata brutta. Spesso la truppa faceva delle requisizioni e bande di rapinatori tormentavano e torturavano i contadini. Alcuni vennero uccisi.

La situazione divenne davvero difficile quando nei pressi di Codroipo in un sol colpo la 200ª e la 26ª Divisione presero prigionieri circa 60.000 italiani, che si riversarono su Udine. Venne impiegato un intero reggimento per proteggere Udine da ulteriori distruzioni e saccheggi.

Il comando non funziona affatto. Non sanno indicarci degli alloggi. Ci dicono di arrangiarci e ci segnalano un quartiere di ville in città nel quale probabilmente ci sono ancora case intatte. La ricerca di un tetto per il momento è rimandata. Ci precipitiamo al Quartier Generale della 14ª Armata annidato in un enorme edificio in marmo, un liceo, lo stesso nel quale Cadorna aveva allestito il suo Comando Supremo (del quale faceva parte anche "l'aviatore" D'Annunzio). Troviamo un ufficio adeguato vicino al reparto operazioni, facciamo allacciare il telefono ed il lavoro può cominciare.

Noi più giovani riprendiamo subito servizio come ufficiali d'ordinanza allo Stato Maggiore e cerchiamo di raccapezzarci tra la montagna di comunicazioni appena arrivate. È freddissimo, l'edificio non è riscaldato. La nostra sala delle carte per il momento è l'unica stanza riscaldata. Gli addetti alle informazioni hanno fatto un buon lavoro di preparazione, la maggior parte dei collegamenti con i nostri quattro corpi d'armata è già funzionante. Il Comandante in capo von Below e Krafft von Dellmensingen si sono trasferiti ad Udine. Ci sono molti argomenti da discutere con i comandanti dei gruppi ed anche con i comandanti austriaci.

Dopo un breve spuntino il barone von Rössing, il suo aiutante ed io passeggiamo per Udine per dare finalmente un'occhiata alla città così bella. Dappertutto pattuglie abbastanza numerose di prigionieri italiani, al comando di un soldato tedesco, sono ancora al lavoro per ripulire strade e piazze dal disordine indescrivibile.

Nella truppa si è creata una strana situazione. I nostri soldati si portano dietro solo la loro arma. Tutti si sono presi un aiutante italiano. I prigionieri collaborano volentieri perché sanno che riceveranno da mangiare. Moltissimi automezzi Fiat con autisti ed addetti italiani sono stati semplicemente sequestrati ed impiegati per i nostri fini. In lunghe colonne trasportano al fronte munizioni e vettovagliamento. Obbediscono incondizionatamente. Spesso si ha l'impressione che siano contenti di collaborare con i tedeschi perché tutto avviene ordinatamente. Ora in ogni unità ci sono un esercito di aiuto-cuochi, aiuto-artigiani, muratori, stallieri e colonne di operai italiani. La situazione ha i suoi vantaggi, ma anche i suoi svantaggi. I nostri reggimenti, brigate e divisioni ora sono lunghi il doppio, il triplo. A volte i nostri uomini e gli italiani sono così mescolati che è difficile capire se stanno passando truppe tedesche o italiane. Alla testa di numerosi reggimenti, soprattutto austriaci, non marciano più pattuglie avanzate, uno Stato Maggiore o il comandante, ma spesso bestiame di ogni tipo. Molto presto il Comando della 14ª Armata interviene con decisione ed elimina questa situazione anomala che pregiudica l'efficienza bellica e la prontezza operativa della truppa. Ciò vale per le nostre unità, ma purtroppo non vale per molti reggimenti austro-ungarici delle armate dell'Isonzo.

È arrivato il momento di cercare un tetto per la notte. Ci rechiamo in auto in un quartiere residenziale della città, entriamo in alcune case aperte, attraversiamo appartamenti saccheggiati. Quanta desolazione si prova in una casa abbandonata. Le stanze sono in un disordine indescrivibile. Nessun armadio, nessun cassetto è più chiuso, tutto è aperto, forzato e rovistato. Qualche intruso ha cercato in giro per curiosità, per divertimento od anche proprio per impadronirsi di qualcosa, ed altri lo hanno imitato. No, non intendiamo restare qui, proseguiamo. L'auto passa lentamente davanti alla fila di case, teniamo gli occhi aperti.

"Signor tenente colonnello – guardi, là c'è un edificio nuovo, sotto c'è un negozio di fruttivendolo con deposito di vini e spumanti, ma sopra ci sono degli appartamenti. Che ne pensa?"

"Alt" dice von Rössing.

August ferma la Mercedes aperta, scendiamo e andiamo verso il portone. È aperto. Saliamo al primo piano, la porta è chiusa, ma facilissima da aprire. Deve essere stata l'abitazione di un medico perché ci sono un ambulatorio ed una sala d'attesa, ma vicino c'è anche una sala da pranzo abbastanza grande. Sulla tavola c'è ancora il pasto di mezzogiorno che non è stato consumato. La famiglia deve essere fuggita in preda al panico. Andiamo al secondo piano a cercare le camere da letto. Troviamo delle stanze pulite. Il tenente colonnello ed il suo aiutante rimangono qui. Io salgo al terzo piano ed entro in una stanzetta graziosa tutta bianca, certamente la camera della signorina, e ne prendo possesso. August ed il mio attendente trovano un buon alloggio allo stesso piano, devono portare su subito il nostro bagaglio. L'alloggio ha un difetto, l'appartamento non è riscaldato, una vera ghiacciaia. Negli armadi trovo affascinanti vestitini colorati, eleganti cappellini di Parigi e candida biancheria ricamata. Che spettacolo nel bel mezzo di una guerra. Richiudo accuratamente porte e cassetti. Ora avevamo un tetto, ma ci sarebbe quasi costato la vita.

I nostri attendenti preparano in fretta qualcosa da mettere sotto i denti e torniamo al reparto operazioni per sistemare delle questioni importanti e sentire le ultime informazioni dal fronte. Non sono buone. Tutti i tentativi di guadare il Tagliamento o di attraversarlo sui ponti finora sono falliti. La corrente velocissima trascina tutto con sé.

Sotto un cielo stellato e la luna piena ritorniamo stanchissimi al nostro alloggio. Dalla mia camera si ammira un panorama da fiaba, in lontananza scintillano i monti coperti di neve delle Alpi Giulie. Mi infilo a letto mezzo vestito, ma devo coprirmi anche con la pelliccia per non congelarmi nella stanza freddissima. Nonostante la stanchezza non riesco ad addormentarmi, sonnecchio con gli occhi chiusi.

Improvvisamente vengo svegliato da un suono come di canto o di fischio sopra di noi. Un bombardiere Caproni proveniente dal fronte ha fermato il motore a grande altezza ed ora vola sopra Udine. Ed ecco che ad una certa distanza si sente il rumore di detonazioni in rapido avvicinamento. Il tipo lassù sgancia le sue bombe una dopo l'altra. Già le esplosioni sono molto più vicine, poi di fronte. Una bomba passa sibilando ad appena un metro dalla mia finestra e con una violenta detonazione colpisce il basamento della casa. Tutto vacilla e trema, vengo scagliato in aria, i vetri delle finestre si frantumano, le pareti crollano, dappertutto si sente il frastuono delle macerie che cadono. Mentre mi alzo mi investe uno spiffero penetrante, gelido, la mia finestra è completamente sfondata. Le schegge di vetro schizzano sul pavimento e sotto il letto. In cielo si sente ancora sibilare, ma le esplosioni si allontanano. Indosso la pelliccia imprecando per questo perfido disturbo della quiete e mi copro con tutto quello che trovo perché è come se fossi all'aperto. Non è più il caso di pensare al sonno.

Dopo forse mezz'ora tutta la casa trema dalle fondamenta in un rumore di tuono, il pavimento vacilla, le finestre attorno tintinnano, le tegole cadono dai tetti, un sinistro bagliore illumina il cielo e la mia stanza. A brevi intervalli seguono altre pesanti detonazioni. La porta si spalanca, August, il nostro autista, si precipita terrorizzato nella stanza.

"Signor sottotenente – signor sottotenente" grida –"deve essere successo qualcosa!"

Mi giro lentamente.

"Ragazzo – calmati, da qualche parte è saltato in aria un deposito di munizioni".

La stanza illuminata dai bagliori ondeggia di nuovo violentemente. August rimane impietrito. Dico solo:

"Rompere le righe – continuare a dormire!"

Questo lo calma, scompare.

In effetti nella notte sono stati fatti saltare in aria grandi depositi di munizioni nei pressi di Udine, non sappiamo se da agenti, da spolette ad azione ritardata o da macchine infernali.

Appena si fa giorno August ed io ci alziamo perché abbiamo un programma speciale. Vogliamo andare al campo d'aviazione di Campoformido per vedere se ci sono benzina e pneumatici, ne abbiamo un gran bisogno. Con difficoltà arriviamo sul rettilineo d'uscita in direzione di Codroipo lungo il quale si trova il campo d'aviazione. Già all'uscita ci stupisce il caos di cannoni abbandonati, avantreni, auto capovolte, materiale militare di tutti i tipi, cinturoni, armi, parti di uniforme, carri agricoli, trattori a cingoli con enormi cannoni di grosso calibro a lunga gittata distrutti ed abbandonati, segni di panico e fuga. La maggior parte dei soldati deve aver gettato via fucili, baionette, zaini e munizioni, tutto quello che la appesantiva per avanzare più leggera sulle strade o sul terreno aperto, in parte paludoso. In mezzo ci sono ancora cadaveri in putrefazione, lo si sente dall'odore spiacevole, dolciastro.

Per liberare la carreggiata principale i nostri soldati hanno semplicemente gettato oltre la scarpata tutti i mezzi che costituivano un ostacolo, ecco il motivo dei molti cannoni ed automezzi capovolti, per lo più con le ruote rotte ed i volanti danneggiati. I pali del telefono sono caduti o s'innalzano storti verso il cielo.

Spesso un groviglio di fili è rimasto appeso sulle macerie. Qui durante la ritirata gli automezzi si sono mossi l'uno vicino all'altro in tre o addirittura quattro file, rimanendo spesso agganciati uno all'altro. Anche tutte le strade secondarie sono bloccate da auto capovolte, ciarpame, cannoni ed avantreni, non è facile aggirare il caos. Quasi tutto il tratto fino a Campoformido si presenta così. Si trovano assieme mortai Armstrong calibro 30,5 cm e carrozzine per bambini. In mezzo ci sono aerei da caccia nuovissimi, ancora imballati, che gli italiani all'ultimo momento avevano tentato di portare via attraverso la strada di campagna.

Alla prima calda luce del sole raggiungiamo il campo d'aviazione. È ancora abbastanza intatto, attorno vi rimango solo i rottami di alcuni aerei. Un bombardiere Caproni ai bordi della strada attira la nostra attenzione, deve aver effettuato un atterraggio d'emergenza. Ci fermiamo, scendiamo a guardarlo. L'aereo è molto danneggiato, tutte le bombe sono ancora appese sotto le ali.

Abbiamo fortuna, i piloti italiani non hanno avuto il tempo di incendiare i grandi serbatoi di benzina del campo d'aviazione. C'è benzina in abbondanza. Riempiamo il serbatoio e tutte le taniche di riserva. Non troviamo pneumatici, ma riusciamo a scoprire che ad Udine c'è un grande magazzino della Michelin. Partiamo subito per raggiungerlo e ci riforniamo di tre serie di pneumatici adatti nuovi di zecca.

Tornando al Quartier Generale ci colpisce un piccolo assembramento di civili – contadini. Chiedo ad uno di loro che cosa stia succedendo. Stanno chiedendo sale, qui c'è il deposito. Vogliono pagare o fare uno scambio. Strano che in campagna così vicino all'Adriatico ci sia penuria di sale.

Ci presentiamo subito al barone von Rössing. Naturalmente veniamo rimproverati perché non era informato della nostra spedizione.

Quando sente che abbiamo organizzato il rifornimento di benzina e pneumatici la sua espressione si rischiara sensibilmente.

In questi giorni al reparto operazioni viviamo tutta l'eccitazione e le tensioni provocate dall'atteggiamento degli alti comandi austro-ungarici che non partecipano all'avanzata verso sud e, ostinatamente, fanno proseguire la marcia verso ovest del II Corpo d'Armata austro-ungarico nonostante incroci le unità tedesche.

Dalle comunicazioni captate ad Udine dal servizio informazioni sappiamo che l'Italia dopo la catastrofica sconfitta ha chiesto aiuto all'Intesa e che sono in movimento divisioni francesi ed inglesi. Chiedo a von Rössing se ne sa di più. Anch'egli ne ha sentito parlare e racconta che degli agenti hanno fatto saltare il famoso tunnel sotto il Moncenisio per impedire che divisioni entrino in Lombardia dalla Francia. Questo comunque impedirà i trasporti solo per qualche giorno.

Era evidente che il nostro Comandante in capo avrebbe consigliato di nuovo un urgente attacco del Gruppo d'Armate Conrad dai Sette Comuni, cioè dal Tirolo verso la pianura. Bisognava cercare di raggiungere la valle del Brenta. Per il momento l'obiettivo della nostra 14ª Armata e delle due armate dell'Isonzo era raggiungere la linea del Piave. L'arciduca Eugenio, comunque, voleva imporre una contemporanea manovra di sbarco della Marina austro-ungarica sulle coste veneziane.

Tentativi di attraversare il Tagliamento (1-2 novembre)

L'avanzata verso sud si arresta, ma questi due giorni sono caratterizzati dagli sforzi eroici delle unità sulla riva per attraversare il largo fiume nei punti più diversi.

Da Venzone la divisione *Jäger* tedesca ha aggirato a nord dalla Sella di Ledis e, attraverso Sant'Agnese, ha raggiunto l'area tra Gemona e Ospedaletto. Due batterie da montagna sono riuscite ad andare in posizione sul Monte Cumieli (571 m) ed hanno fatto fuoco su alcune fastidiose batterie dall'altra parte del fiume. Il grosso della divisione si è stabilito a Gemona, saccheggiata. La situazione nella piccola cittadina era così brutta che il sindaco implorò i tedeschi di aiutarlo a tenere a bada i saccheggiatori e a mantenere l'ordine.

Vicino a Venzone i battaglioni *Jäger* hanno tentato di costruire una passerella d'emergenza per avanzare contro lo scomodo Monte Festa con le sue fortificazioni e far finalmente tacere le sue batterie. Anche il nostro 8° Battaglione *Jäger* della riserva ha cercato di passare il fiume vicino ad Amaro, ad ovest dell'ansa del Tagliamento. Il reggimento Bettenberg è sulla sponda del fiume e sta cercando di costruire una passerella d'emergenza sopra il ponte di Braulins che è stato fatto saltare.

La divisione *Edelweiss*, la cui ala sinistra si appoggia alle colline davanti al canale Ledra, si trova a sud di Gemona, nella zona Artegna-Madonna. A sud di questa si trova la 22ª Divisione *Schützen*.

Alle 4 del mattino a Gemona si è sentita una forte detonazione, forse l'esplosione del ponte di Cornino (metà occidentale). Là il battaglione Redl, che ha occupato la parte orientale del lungo ponte e l'isolotto di Clapat, è stato rilevato dal IV Battaglione del 30° Reggimento di fanteria austro-ungarico con il capitano Wanka.

Sentiamo che il generale Krauss nella notte tra l'1 ed il 2 novembre ha ordinato alla 55ª Divisione austro-ungarica di tentare l'attraversamento del fiume vicino a Cornino ed alla 50ª Divisione austro-ungarica di provare l'attraversamento vicino a Pontaiba. Risalendo il fiume la divisione *Jäger* ha individuato due punti di passaggio possibili vicino a Cornino. Alcuni nuotatori audaci ed esperti si sono gettati nella gelida acqua scura e con corde e passerelle hanno tentato di stabilire un collegamento con l'altra riva. Inutilmente. A stento si è riusciti a tirarli di nuovo a riva ed a salvarli.

Nella notte tra il 31 ottobre e l'1 novembre la 50ª Divisione austro-ungarica e la 12ª Divisione tedesca schierate nei pressi di Muris-San Giacomo e Ragogna vengono predisposte per l'attacco concentrato sul Monte di Ragogna, la testa di ponte vera e propria, e San Pietro. Consci delle grandi difficoltà si è deciso di trascinare in prima linea cannoni da montagna e cannoni campali per eliminare con tiro diretto i nidi di mitragliatrice.

Il monte è difeso con valore ed ostinazione dal 39° e dal 40° Reggimento della Brigata Bologna e da reparti della Brigata Barletta. Al mattino è cominciato il fuoco d'artiglieria delle nostre batterie, l'attacco da nord e sud è in corso.

In questo momento la 12ª Divisione germanica sta attaccando con veemenza, il suo 23° Reggimento di fanteria sta accerchiando da sud verso sinistra in direzione di San Pietro. L'operazione è appoggiata da reparti del 63° Reggimento di fanteria e del 25° Reggimento *Schützen* della 13ª Divisione *Schützen* che qui entra in azione per la prima volta.

Tutta l'artiglieria della 13ª Divisione austro-ungarica è impiegata contro il Monte di Ragogna.

A quanto si dice, la 12ª Divisione avanza molto lentamente. Si avvicina faticosamente a San Pietro e all'accesso all'alto ponte ad archi vicino a Pinzano. La 50ª Divisione austro-ungarica cerca di raggiungere da nord il basso ponte di legno vicino a Pontaiba.

Uno dei nostri osservatori comunica che alcune unità italiane isolate si ritirano attraverso il ponte. Al mio telefono sento improvvisamente una potente detonazione, poi è tutto silenzio, il collegamento è cessato. Sto in ascolto, soffio nel ricevitore – c'è ancora corrente – e aspetto. Sono esattamente le 11.30 quando il telefonista si fa vivo di nuovo. Gli italiani hanno fatto saltare l'arco occidentale dell'alto ponte di Pinzano. Le macerie sono precipitate nel fiume, ma, secondo la descrizione, in parte sporgono ancora dall'acqua del Tagliamento. Anche il ponte di legno è gravemente danneggiato, per il momento è impossibile attraversarlo. Questa esplosione ha tagliato fuori dalla ritirata la Brigata Bologna, sacrificata, piantata in asso e tradita. Così almeno hanno pensato il comandante della Brigata ed i suoi soldati. La loro resistenza si riduce sensibilmente.

Il Monte di Ragogna e gli accessi ai ponti sono presi. Il disperato comandante della Brigata con 50 dei suoi ufficiali e 3.000 uomini è costretto da arrendersi.

Nelle stesse ore alcuni distaccamenti avanzati della 13ª Divisione *Schützen* hanno tentato di trovare un guado sul Tagliamento vicino a Villanova, purtroppo senza successo. Dappertutto la corrente è troppo impetuosa, l'acqua troppo profonda.

Verso sera anche l'*Alpenkorps* prepara l'azione di forza per attraversare il fiume vicino a Bonzicco nella notte tra l'1 ed il 2 novembre. L'artiglieria è stata mandata in posizione e si è stabilita la distribuzione del tiro. Mancano ulteriori notizie.

Dopo aver partecipato all'avanzata verso sud, la 117ª Divisione (senza l'11° Reggimento di fanteria rimasto a Udine), è in marcia verso nord per unirsi di nuovo al Gruppo Stein. Il grosso è nella zona di Flaibano-Nogaredo-Pantianicco tra l'*Alpenkorps* e il II Corpo austro-ungarico che con le sue tre divisioni (28ª, 60ª e 35ª Divisione) si è inserito con la forza tra la 117ª e la 26ª Divisione tedesca.

Dal reparto operazioni veniamo a sapere che il generale Stein con la 12ª Divisione germanica e la 13ª Divisione *Schützen* austro-ungarica ha intenzione di attraversare il fiume a Pinzano-Pontaiba e, giunto sull'altra riva, vuole avanzare subito verso sud per permettere all'*Alpenkorps* ed alla 117ª Divisione di passare vicino a Bonzicco. Intende far occupare quanto prima i ponti sul Torre, sul Meduna e sul Cellina, al di là del Tagliamento, piani che al momento non si possono ancora realizzare. Ciò nonostante si fa il possibile per avere da Udine il materiale per i ponti catturato al nemico e per farlo arrivare al fronte.

Nel gruppo Hofacker la 26ª Divisione con il 121° Reggimento di fanteria, dopo il fallito colpo di mano nella notte tra il 31 ottobre e il primo novembre, ha provato di nuovo ad attraversare il fiume tra i resti del ponte della Delizia con cinque pesanti pontoni frutto del bottino. Le barche purtroppo non avevano il timone e si dovette improvvisarne uno prima di metterle in acqua. Il mattino seguente giungono notizie più precise.

Delle quattro barche con equipaggio solo un pontone, comandato dal sottotenente Möbus, è riuscito a raggiungere con grande fatica l'ultimo, ma anche più forte, braccio del fiume sulla riva occidentale e ad iniziare in gran silenzio l'attraversamento senza essere notato. Ma è accaduta una disgrazia. Il pontone si è incagliato su un banco di sabbia ed è rimasto bloccato. Il sottotenente ed i suoi pochi uomini sono saltati fuori ed hanno tentato di raggiungere la riva guadando la corrente mugghiante. La violenza dell'acqua rendeva gli uomini malfermi sulle gambe. L'urlo di paura di uno *Schütze* ha messo in allarme gli italiani che non si erano ancora accorti di niente. Hanno cominciato a sparare con le mitragliatrici. I soldati sono riusciti comunque a raggiungere la riva, hanno combattuto corpo a corpo con gli italiani e sono stati sopraffatti dalla loro superiorità numerica. Il pontone è rimasto in acqua crivellato dalle raffiche. Gli altri equipaggi delle barche rimaste incagliate sui banchi di sabbia hanno cercato riparo sugli isolotti del fiume ed hanno resistito tutto il giorno finché l'oscurità ha reso possibile il ritorno sulla sponda orientale. Le barche sono rimaste nei bracci del fiume.

Anche il 125° Reggimento di fanteria del Württemberg voleva tentare di nuovo di attraversare i due ponti di Codroipo protetto dalla campana di fuoco dell'artiglieria campale e delle batterie pesanti. Ma il nemico stava in guardia e, guidato dall'osservazione dei palloni, riempì con una pioggia di granate i ponti e la riva; si dovette rinunciare. Quelli che stavano ancora lavorando in prima linea sul fiume vennero fatti ritirare. Intanto l'11° Battaglione *Jäger* continuava a rimanere in azione sul ponte ferroviario di Codroipo, ma non riusciva a fare progressi.

Alla 200ª Divisione andò quasi nello stesso modo. Il grosso si era raccolto a Codroipo ed intorno al paese. Nella notte tra l'1 ed il 2 novembre voleva tentare ancora una volta di passare il Tagliamento con il 5° Reggimento *Jäger* circa sei chilometri a nord di Madrisio. Il tentativo non è riuscito, sono stati superati solo alcuni bracci del fiume.

Verso le 23 a Udine veniamo informati che tutti i tentativi sono falliti.

Nuove difficoltà con gli alti comandi austro-ungarici

Aria pesante a Udine. Nel Gruppo Scotti ci sono stati di nuovo forti dissidi con le unità della 2ª *Isonzoarmee*. Gli incroci con le formazioni della 14ª Armata disturbano molto e provocano notevoli perdite di tempo. Siamo irritati e tesi perché il comando austro-ungarico ha tentato di nuovo di subordinare le divisioni del Gruppo sud Hofacker alla 2ª *Isonzoarmee*. Gli ordini del Comando della 14ª Armata venivano semplicemente ignorati dalle unità austro-ungariche. Sua Eccellenza von Below intervenne con decisione e pretese che si eliminassero le ambiguità. In realtà sarebbe stato compito del comandante del fronte sud-occidentale, dell'arciduca Eugenio, intervenire ma non lo fece o lo fece troppo tardi. In ogni caso l'infausto ordine al Gruppo d'Armate Boroević non venne ritirato. Anche il generale von Henriquez perseverava nel suo atteggiamento. Per por fine al contrasto sua Eccellenza von Below decise di mandare al Quartier Generale austro-ungarico a Cormòns il maggiore von Willisen. Con molta abilità il maggiore chiarì che la 14ª Armata non aveva assolutamente intenzione di rimanere più del necessario nel settore di combattimento della 2ª *Isonzoarmee* e che le divisioni che partecipavano all'avanzata a sud, la 5ª, la 200ª, la 117ª ed infine anche la 26ª, una volta terminata l'operazione, sarebbero state portate velocemente a nord, nel loro settore di combattimento. Queste assicurazioni tranquillizzarono visibilmente gli animi del comando austro-ungarico. Von Willisen non solo ottenne di non ritirare in questo momento critico i battaglioni tedeschi che si trovavano ancora nei punti di passaggio, ma propose che si sostenessero i loro strenui sforzi per passare sfruttando tutte le occasioni che si presentavano. Tutti furono d'accordo.

Informo il barone von Rössing che sorride sotto i baffi e dice:

"Il maggiore von Willisen ha un grande talento nel trattare con gli austriaci. Mantiene sempre un tono allegro, non si inasprisce mai. Si comporta come se in realtà fossero stati gli altri a suggerire idee nuove. Questo è il segreto dei suoi successi".

Questa osservazione mi sorprende e mi induce a riflettere. "Signor tenente colonnello. – Cosa ne pensa – perché il comando austro-ungarico a Baden si comporta in modo così strano – cosa c'è dietro questo atteggiamento?"

Riflette un attimo – poi dice: "Il Comando Supremo a Baden vuole mantenere la sua quota di partecipazione alla vittoria, le fasce di combattimento che gli sono state assegnate – dunque il Friuli. È una questione di prestigio. Ma non dimentichiamo che fino ad appena pochi decenni fa il Friuli era austriaco, è ovvio che vorrebbero riaverlo".

"Ma per questo prima si deve vincere".

"Evidentemente per loro al momento prendere possesso della regione è più importante dell'avanzata a sud".

"Dunque è soprattutto un problema psicologico".

"Sì – certamente – e per questo von Willisen è riuscito a sistemare la faccenda. Ha dato ai generali austro-ungarici la sensazione di essere coinvolti nella vittoria, ha rispettato il loro orgoglio e rinforzato l'autostima. Pensi che la nostra 14ª Armata ha realizzato un'impresa che il comando austro-ungarico riteneva assolutamente impossibile. È imbarazzante. Siamo davvero sul Tagliamento. Comunque al momento nessuno sa come si andrà avanti".

"Lo sapremo presto, signor tenente colonnello".

"Lo penso anch'io, in questi giorni, in queste ore si sta decidendo se continuare l'offensiva".

Il generale von Below interviene con decisione anche con il Gruppo Krauss che evidentemente ha abbandonato, o almeno rinviato, il piano di avanzare sui due lati del Monte San Simeone per accerchiare le fortificazioni sul Monte Festa. Seguendo la sua vecchia idea, Krauss preferirebbe convergere verso sud. Von Below ritiene molto più importante far muovere il Gruppo Krauss in direzione di Tolmezzo da dove può passare sull'altra riva del fiume. Esamina anche la possibilità di rafforzare la debole 10ª Armata austro-ungarica con la divisione *Edelweiss* e la 22ª Divisione *Schützen* per fermare rapidamente nella zona di Longarone, Belluno o Feltre le truppe da montagna italiane in ritirata attraverso la valle del Piave. Per il momento non vengono prese decisioni perché gli avvenimenti precipitano.

La decisione

Ora tutti i ponti sul Tagliamento sono stati fatti saltare con un'unica eccezione: il lungo ponte ferroviario tra Roncis e Cornino, che è formato di due parti, la parte orientale, intatta, fino all'isolotto Clapat è caduta nelle mani dei bosniaci.

Dopo il fallito colpo di mano del battaglione Redl nella notte tra il 31 ottobre ed il 1° novembre, il capitano, barone von Tisljar, dello Stato Maggiore, il mattino dopo tentò ancora di avanzare oltre l'isolotto con una squadra di uomini audaci, pronti al sacrificio, e di prendere la parte occidentale del ponte che era ancora intatta. L'attacco fallì sotto una pioggia di colpi di ogni genere.

Di giorno non si concludeva niente, era dimostrato. Sorprendentemente e per motivi sconosciuti, il nemico nella notte sgomberò l'isolotto di Clapat nel fiume. I bosniaci se ne accorsero e sfruttarono subito l'occasione per incalzare ed occuparla. Non arrivarono più avanti perché esattamente alle 4 del mattino, dopo il ritiro del presidio italiano, la metà occidentale del ponte ferroviario davanti a Cornino saltò in aria. Il fragore di tuono della pesante detonazione risuonò nella valle.

Nonostante l'amara delusione il Comando della 14ª Armata ordinò al Gruppo Krauss di tentare ancora un'azione di forza nella notte tra l'1 ed il 2 novembre, dopo un'abbondante preparazione d'artiglieria.

Intanto il generale Krauss ed il suo Stato Maggiore si erano trasferiti a Majano per essere più vicini al fronte. Egli stesso con il suo capo di Stato Maggiore, colonnello Primavesi, avanzò fino ai ponti per valutare la situazione. Entrambi stabilirono subito che né vicino a Braulins né vicino a Pinzano era possibile passare sul fiume in piena. Non si poteva certo sostituire in fretta l'alto arco in cemento armato del ponte di Pinzano fatto saltare. La migliore e forse unica possibilità di attraversamento era proprio a Cornino dove c'era il tipico ponte ferroviario a traliccio, basso, sul pelo dell'acqua che gli italiani avevano fatto saltare. Erano cadute nelle acque del Tagliamento le campate tra i piloni di pietra della parte mediana del segmento occidentale, ma le strutture portanti ai lati uscivano ancora dai flutti. Una grande fortuna, la nostra possibilità. Le carreggiate delle parti conservate non erano coperte dall'acqua, erano quasi a mezzo metro dalla corrente impetuosa.

Il generale Krauss pensava di collegare la carreggiata e le fasce superiori della parte caduta con delle scale e di costruire una passerella d'emergenza con corde di sicurezza.

Il colonnello Primavesi avanzò sotto il fuoco fino all'isolotto di Clapat per sincerarsi della situazione, il generale Krauss ritornò a Susans per incontrare il principe Schwarzenberg della 55ª Divisione austro-ungarica. Ordinò subito di abbandonare tutti i tentativi di attraversamento in altri punti e di concentrare le forze per farsi largo sulla seconda metà del ponte di Cornino. Per questo attacco rinforzò l'artiglieria del principe con tutta l'artiglieria della 50ª Divisione austro-ungarica. Per tutta la durata dell'azione la trincea all'altro capo del ponte doveva essere sottoposta ad un fuoco continuato e si dovevano battere anche tutte le postazioni italiane dall'altra parte e le strade attorno a Cornino e San Rocco. Inizio del cannoneggiamento alle 16. Avanzata dei genieri sul ponte alle 18, al crepuscolo, per costruire il collegamento sopra la parte crollata, il passaggio vero e proprio sarebbe cominciato con l'oscurità. Un cannone da montagna era stato faticosamente portato in posizione, ben mimetizzato, sull'isolotto di Clapat.

Il principe Schwarzenberg aveva affidato questo attacco alla sua 38ª Brigata comandata dal colonnello conte Zedtwitz ed aveva scelto l'uomo migliore e la migliore unità: il capitano Redl con il suo IV battaglione del 4° Reggimento bosniaco. Redl divise il suo distaccamento in due gruppi. Due compagnie con il tenente Brunner sarebbero passate per prime, avrebbero preso la trincea alla fine del ponte ed avrebbero formato una testa di ponte. Le case più vicine dei paesi di Cornino e San Rocco sarebbero state occupate ed inserite nella linea di difesa improvvisata. Il capitano Redl intendeva seguire con la seconda metà del suo battaglione e sull'altra riva del fiume voleva avanzare subito verso sud.

Al reparto operazioni abbiamo il piano del generale Krauss, attendiamo e speriamo nel successo nonostante gli ultimi fallimenti.

Nella notte decisiva sono in servizio. Per molto tempo non abbiamo notizie – le ore si trascinano lentamente, sta già spuntando l'alba quando improvvisamente il telefono crepita. Stacco e sto in ascolto – sono brandelli di una comunicazione dalla zona di Madrisio – quasi incomprensibili. Pare che alcuni uomini siano riusciti a raggiungere l'altra sponda del Tagliamento. Presto la notizia risulta favolosa. Si annuncia un'altra voce. Il portaordini dice che i bosniaci sono riusciti a passare a Cornino. Mi alzo di scatto, cerco di saperne di più, il collegamento si interrompe.

Racconto agli altri quello che ho sentito, nessuno ci crede, siamo stati delusi troppe volte. Ma questa volta la notizia è vera. È un fatto, non una voce. Il battaglione Redl è coinvolto in un violento combattimento sull'altra riva. Di colpo la nostra situazione è cambiata.

Nel corso del mattino il Comando Supremo riceve informazioni precise sugli avvenimenti della notte. Ora ci vogliono decisioni e nuovi ordini.

Prima del cambio scrivo un appunto per il mio comandante: attraversamento vicino a Cornino riuscito, si va avanti! e gli metto la notizia sulla scrivania.

Naturalmente c'è grande entusiasmo, siamo tutti presi dall'eccitazione. Durante la giornata arrivano notizie più precise.

Dalle 16 il comandante del gruppo, Krauss, seguiva personalmente l'attacco dal posto d'osservazione dell'artiglieria vicino al castello di Susans a quota 296. Vide i colpi che si abbattevano uno dopo l'altro sulla trincea all'altro capo del fiume, vide soldati italiani che fuggivano, vide il fuoco di sbarramento su tutte le strade d'accesso ed i colpi delle granate sui due paesi sul fiume.

Protetti da questa barriera di fuoco e dal crepuscolo, i genieri strisciarono sul ponte e raggiunsero il primo punto danneggiato dall'esplosione, spinsero delle scale di legno sulle fasce superiori della parte di ponte crollata, avanzarono sul pelo dell'acqua completando il lavoro fino all'altro capo ed improvvisarono una passerella d'emergenza. Alle 19 in punto alcuni bosniaci comandati da un energico aspirante ufficiale si raccolsero all'altro lato del ponte, si arrampicarono faticosamente sul suo basamento di pietra rimasto ed attaccarono subito la trincea con bombe a mano. Gli italiani sopravvissuti si difesero disperatamente, ma vennero sopraffatti.

Già durante il combattimento il tenente Brunner con le sue due compagnie, nell'oscurità, cominciò ad attraversare la passerella oscillante in precario equilibrio, raggiunse l'altra sponda e raccolse gli uomini nella postazione di sbarramento conquistata. Poi attaccò immediatamente, occupò le case di Cornino e San Rocco situate in posizione più elevata e formò una testa di ponte. Il capitano Redl si rese conto che la situazione era favorevole e con il resto del battaglione, uomo dopo uomo, raggiunse il più rapidamente possibile l'altra riva – davanti la 16ª Compagnia con il tenente Stein, poi Redl stesso con la 15ª Compagnia. Il passaggio richiese tempo e perse il contatto con Brunner che con i suoi uomini era scomparso nell'oscurità.

Redl ce l'aveva fatta. Il suo battaglione per primo e finora unico aveva conquistato il passaggio sul Tagliamento. Nell'oscurità gli fu difficile orientarsi. Ci fu un po' di confusione.

Redl, come previsto dal suo incarico e dal suo piano, intendeva avanzare subito con le sue due compagnie in direzione di Flagogna-Pinzano per impedire che fossero fatti saltare gli importanti ponti sul torrente Arzino tra Flagogna e Colle e per impossessarsi del sovrastante Monte Albignans (368 m). Ma non trovò il tenente Stein. Questi conosceva esattamente il piano, sapeva che ogni minuto era prezioso, non aveva aspettato, ma era scomparso subito nell'oscurità con la sua 16ª Compagnia.

Redl raccolse la 15ª Compagnia sull'altra riva ed avanzò alla cieca sulla strada per Flagogna nella speranza di riuscire a raggiungere Stein.

Mentre avanzava, la sua compagnia venne improvvisamente investita dal fuoco radente di mitragliatrici e fucili dal fianco destro, nell'oscurità si sviluppò uno scontro violento. Un intero reggimento italiano proveniente da Forgaria aveva attaccato il piccolo distaccamento. La compagnia si spiegò subito e si difese disperatamente contro il nemico numericamente molto superiore. I bosniaci avanzarono strisciando, lanciarono bombe a mano, incalzarono il nemico. Ma la compagnia si trovava in grave pericolo, gli italiani cominciavano ad aggirare l'ala sinistra. Un audace contrattacco procurò un po' di respiro. Vennero fatti circa 100 prigionieri del 234° Reggimento di fanteria italiano della Brigata Lario.

Il nemico continuava a ricevere rinforzi. Ora anche l'ala destra della compagnia rischiava di venire respinta o accerchiata. Il capitano Redl non si poteva aspettare appoggio, la situazione si faceva sempre più drammatica. Era sempre più dubbio che i bosniaci potessero resistere a questo pericoloso attacco. Trascorsero ore ed ore colme d'angoscia.

Ed ecco che nella notte un soldato di cavalleria inatteso giunse al galoppo – un portaordini su un cavallo catturato al nemico mandato dal tenente Stein da Flagogna. Informò che la compagnia Stein aveva già preso la località di Flagogna ed il ponte sul torrente Arzino ed aveva anche occupato il Monte Albignans.

Stein era già penetrato profondamente nel fianco del nemico e minacciava il collegamento tra gli italiani all'attacco e le retrovie. La nuova situazione avrebbe certo avuto delle ripercussioni anche qui. L'eroica resistenza dei bosniaci si fece ancora più ostinata.

Finalmente alle 3 del mattino arrivarono rinforzi, il tenente colonnello Carlo de Bizzaro con il resto del reggimento bosniaco. Ora si poté stringere il nemico, accerchiarlo e prenderlo prigioniero. Poco più tardi il tenente Brunner prese anche le quote 733 e 846 a nord della testa di ponte. Intanto anche il battaglione del conte Coudenhove aveva attraversato il fiume. Il punto di passaggio era ora consolidato ed i genieri poterono smontare la passerella d'emergenza.

Nella stessa notte la vicina 50ª Divisione austro-ungarica, approfittando dell'oscurità, aveva tentato di costruire una passerella provvisoria vicino a Pontaiba, ma la corrente impetuosa l'aveva portata via. Poi fu la volta della 12ª Divisione che alle 5 del mattino tentò di attraversare il fiume utilizzando dei pontoni. Tutte le barche si capovolsero, in parte per le cannonate ed in parte per la violenza delle onde. Non si arrese, anzi si procurò dell'altro materiale per tentare l'attraversamento.

Appena una mezz'ora dopo che il capitano Redl era riuscito a passare, anche la 12ª Divisione più a sud era riuscita a costruire una passerella d'emergenza vicino al ponte di legno nei pressi di Pontaiba, a passare dall'altra parte con alcuni uomini ed a formare una ridottissima testa di ponte.

Senza dubbio il successo degli attaccanti indusse il generale Cadorna ad emanare l'ordine di ritirata generale dietro il Piave.

Ora la 14ª Armata era di nuovo in movimento. Anche la 10ª Armata austro-ungarica venne spinta ad irrompere nell'alta valle del Piave.

Il battaglione Redl ricevette rapidamente rinforzi. La sua pressione da nord sull'altra riva aumentava di ora in ora. Si lavorava febbrilmente al ripristino del ponte in legno di Pontaiba per far attraversare velocemente il fiume ai distaccamenti avanzati della 12ª Divisione e della 50ª Divisione austro-ungarica.

Intanto all'*Alpenkorps* non si era rimasti inattivi. Nella notte tra l'1 ed il 2 novembre una pattuglia del 1° Reggimento *Jäger* aveva tentato di avanzare sul ponte di Bonzicco approfittando dell'oscurità, purtroppo inutilmente e con notevoli perdite.

Anche un secondo tentativo nel mattino, dopo un violento fuoco d'artiglieria, non ebbe successo. Gli aviatori avevano comunicato che sull'altra riva non c'era il nemico, ma si erano sbagliati e l'errore fu all'origine di quest'impresa troppo audace tentata in pieno giorno. Non fecero altri tentativi, si erano convinti che l'attraversamento era possibile solo dopo un'abbondante e programmata preparazione d'artiglieria.

Con il successo della 55ª Divisione austro-ungarica e della 12ª Divisione germanica la situazione è completamente cambiata. Si fanno alcuni spostamenti. L'*Alpenkorps* marcia a nord in direzione di Farla, la 117ª Divisione si dirige nella zona di Pantianicco-Flaibano, Nogaredo, Mereto di Tomba. La maggior parte della sua artiglieria seguirà l'*Alpenkorps* a Dignano. La 13ª Divisione *Schützen* austro-ungarica il 2 novembre rimane a San Daniele. La 200ª Divisione viene assegnata di nuovo al gruppo Stein e dal Tagliamento inferiore marcia verso nord. Al suo posto subentra la 53ª Divisione austro-ungarica. Anche da Hofacker ci sono dei cambiamenti. La 26ª Divisione il 3 novembre viene rilevata dalla 24ª Divisione austro-ungarica. Al posto della 5ª Divisione sul corso inferiore del Tagliamento entra la 44ª Divisione austro-ungarica. Tutte le divisioni della 14ª Armata nella fascia di combattimento delle armate dell'Isonzo vengono ricondotte nella loro zona di combattimento.

Molte altre divisioni austro-ungariche nel corso del 2-3 novembre raggiungono il fronte sul grande fiume. La 28ª Divisione austro-ungarica arriva a Rivis-Gradisca, la 60ª Divisione austro-ungarica a San Lorenzo, la 35ª austro-ungarica a Beano. La 14ª Divisione austro-ungarica ora è nei pressi di Codroipo vicino alla 24ª Divisione austro-ungarica a Biauzzo. Esse formano l'ala destra della 2ª *Isonzoarmee*. La 64ª Divisione *Honvéd* ha raggiunto Rivolto, la 53ª austro-ungarica San Vidotto. La 4ª Divisione austro-ungarica assegnata a noi è ora a Cividale, la 33ª austro-ungarica a Caporetto.

Occasione mancata

Solo più tardi venimmo a sapere che già il 1° novembre sarebbe stato possibile attraversare il Tagliamento vicino a Madrisio. Riteniamo che la responsabilità della prematura sospensione del tentativo e della perdita di questa occasione unica ricada sui generali Boroević ed Henriquez (della 2ª *Isonzoarmee*). Essi non erano adeguatamente informati sulla vera situazione in prima linea perché erano rimasti nelle loro vecchie sedi di Postumia e Logatec, molto dietro il fronte.

A sud del II Corpo (Kaiser) della 2ª *Isonzoarmee*, il 30 ottobre la 60ª Divisione austro-ungarica del gruppo Kosak avanzava con due brigate verso Madrisio ed il ponte sul Tagliamento passando per Pozzuolo.

Il 31 ottobre il generale Henriquez credeva ancora che Codroipo fosse in mano italiana, mentre la 26ª Divisione ed alcuni reparti della 200ª Divisione l'avevano occupato già due giorni prima, il 29. Questa è la dimostrazione di quanto poco conoscesse la situazione al fronte e solo così si spiega l'ordine insensato di mandare a nord il generale Goiginger con la sua 60ª Divisione austro-ungarica per conquistare Codroipo. Sia il generale Goiginger che il comandante della 10ª Brigata di fanteria dichiararono che già da un pezzo Codroipo era stata presa dalla 26ª Divisione tedesca, ma non vennero creduti ed il generale venne raggiunto da un ufficiale dello Stato Maggiore che gli intimò di eseguire l'ordine dell'armata. Egli dovette interrompere i promettenti lavori sul fiume e lasciare la difesa del ponte alla 117ª Divisione, sostituita molto presto dalla 44ª Divisione austro-ungarica. Alle 11.30 la 60ª Divisione austro-ungarica si mise in marcia verso nord anche se i suoi esploratori avevano confermato che Codroipo e tutta la riva del Tagliamento si trovavano da un pezzo in mano tedesca.

Ma ora viene il peggio. Inizialmente la piena aveva sommerso il ponte di Madrisio rendendolo intransitabile, poi l'acqua era scesa ed alcune unità italiane erano riuscite ad attraversarlo. Ultimato il passaggio, le ultime quattro pile ad arco del ponte sulla sponda occidentale erano state fatte saltare. Il ponte era in legno e quindi aveva anche preso fuoco. Gli uomini della 60ª Divisione erano riusciti a spegnere rapidamente le fiamme nonostante la violenta azione difensiva. I soldati che lavoravano sul ponte erano vicini alla meta quando, senza necessità, dovettero mettersi in marcia verso nord. Così venne sprecata l'occasione unica del generale Goiginger di attraversare il Tagliamento già il 1° novembre.

Si può immaginare quanto fosse amareggiato. La 60ª Divisione austro-ungarica comparve poco dopo vicino a San Lorenzo a nord di Codroipo dietro la 28ª Divisione austro-ungarica, sull'ala destra della 2ª *Isonzoarmee*.

Nello stesso giorno gli altri reparti della 2ª *Isonzoarmee* raggiunsero la linea Lavariano-Bicinicco-Ontagnano ad ovest di Palmanova, la 1ª *Isonzoarmee* (con la 48ª, 17ª e 12ª Divisione austro-ungarica) la linea Gonars-Zellina ad ovest di San Giorgio. La 2ª *Isonzoarmee* intendeva avanzare il giorno dopo con l'ala sinistra verso Latisana, quindi di fatto entrare nella fascia di combattimento della 1ª *Isonzoarmee*. Il Corpo d'Armata del generale Kaiser sarebbe rimasto ancora fermo, ma la sua artiglieria avrebbe appoggiato la 5ª Divisione tedesca, in posizione molto avanzata, che era già davanti a Madrisio.

Il 2 novembre la 10ª Divisione austro-ungarica, dopo un duro combattimento, riuscì a sfondare la testa di ponte vicino a Latisana. Dopo che le ultime unità italiane ebbero raggiunto l'altra sponda il ponte venne fatto saltare.

Incontro con il maggiore Sproesser ed Erwin Rommel

Il mattino del 3 novembre mentre vado al Quartier Generale noto due ufficiali delle truppe da montagna in attesa davanti al portone del grande edificio. Mi avvicino e riconosco il maggiore Sproesser ed Erwin Rommel, del battaglione da montagna württemberghese. Che gioia! Ci salutiamo con entusiasmo.

"E così – così anche Lei è di nuovo qui", dice ridendo il maggiore Sproesser.

"Ovvio – qui c'è tutto il club dei Vosgi – non posso mancare".

"E cosa fa al Quartier Generale?"

"Sono aggregato allo Stato Maggiore reparto bombarde per compiti speciali. Vi abbiamo preparato lo sfondamento vicino a Tolmino. Spero che sia stato contento".

"È stato un ottimo lavoro".

Nei Vosgi, sull'Hilsenfirst o altrove, mi sono seduto spesso a discutere la situazione con il maggiore Sproesser, un uomo magnifico, e ho studiato con Rommel i piani delle sue audaci imprese preparate dal fuoco della mia 312ª Compagnia. Ancora oggi ricordo bene uno di questi colloqui nel ricovero di Sproesser sul pendio boscoso dell'Hilsenfirst. Quella volta egli era di pessimo umore, adirato, e cominciò a tuonare perché il nostro comandante di divisione, un ufficiale di cavalleria spesso troppo vivace, gli voleva guastare il mestiere. Di tanto in tanto aveva il ghiribizzo di *aufschwänzen* – come era solito esprimersi – cioè di bistrattare i suoi dimenticati reggimenti *Schützen* di cavalleria e se la prendeva anche con il battaglione da montagna württemberghese. Ma era capitato con l'uomo sbagliato, il maggiore Sproesser sapeva difendersi. Quella volta tentai di distrarlo, di calmarlo, gli dissi che non doveva prendere troppo sul serio gli ordini ricevuti, che doveva ignorarli. Se fosse stato necessario il comando gli avrebbe certo dato ragione.

"E lei, signor maggiore, che cosa ci fa qui a Udine?"

È stato chiamato al Comando della 14ª Armata per avere nuove disposizioni sull'impiego del suo battaglione da montagna. Stanno ancora aspettando perché al reparto operazioni è in corso una riunione. Mi raccontano le loro drammatiche esperienze durante lo sfondamento della linea del Kolovrat, la conquista di Foni e la vittoria sul Monte Kuk. Rommel in particolare racconta quello che è successo sul Monte Craguonza e sul Mrzli vrh e la conquista del Matajur dopo la cattura della Brigata Salerno.

Il maggiore Sproesser è molto irritato perché l'onorificenza "*Pour le Mérite*" è stata conferita al sottotenente Schnieber della 12ª Divisione, ma non al suo Rommel.

"Quello si è solo arrampicato sulle rocce con la sua pattuglia" – dice il maggiore – "ma Rommel – Rommel ha davvero conquistato il Matajur. Ha preso prigioniera tutta una brigata. Lui sì che ha veramente meritato la "*Pour le Mérite*", non Schnieber".

Allora Sproesser non sapeva che Schnieber con i suoi uomini non era affatto arrivato sulla vetta del Matajur, ma solo su una cima secondaria e di là aveva dato il segnale. Aggiunge: "Schnieber non ha sparato neanche un colpo, si è arrampicato sul monte senza combattere, ma Rommel ha portato a termine un'impresa incredibile".

Aveva perfettamente ragione. Nessuno in tutta la 14ª Armata aveva capito perché la "*Pour le Mérite*" non fosse stata conferita anche ad Erwin Rommel per questa eccezionale azione.

Dopo questo incontro seppi che il Comando d'Armata aveva assegnato al battaglione da montagna württemberghese un incarico speciale estremamente importante.

Attraverso la valle del Fella e l'alta valle del Piave, all'altezza di Longarone, avrebbe dovuto tagliare la ritirata ai resti dei reparti della Zona Carnia (XII Corpo) ed anche ai reparti della 4ª Armata italiana. Il Battaglione da montagna württemberghese partì alla volta del Gruppo

Krauss e fu assegnato alla 22ª Divisione *Schützen* comandata dal generale Müller.

Ad Udine sono arrivati altri comandi, l'ufficiale di Stato Maggiore dell'artiglieria campale, il reparto aerostatico con il suo Stato Maggiore, che si occupa dei palloni frenati. Con lui compare ad Udine anche Müller-Klemm.

Volevo vedere i palloni frenati in attività e chiesi a von Rössing di poter accompagnare Müller-Klemm in prima linea. Partimmo la mattina del 3 novembre ed attraverso Campoformido e Basagliapenta andammo in direzione di Codroipo. Naturalmente fummo di nuovo stupiti per l'immenso bottino ammassato su tutte le strade principali e secondarie. Poco dopo l'autista girò a nord verso una serie di palloni frenati che stavano iniziando il cambio di posizione. Dall'alto gli ufficiali potevano sorvegliare tutto il Tagliamento, ci raccontarono delle postazioni italiane dall'altra parte del fiume e di molte nuove batterie che avevano eliminato. Purtroppo non potemmo salire di persona perché il pallone, che ondeggiava a 200 metri di altezza, stava per essere trasferito legato ad un cavo. Ci mostrarono alcune magnifiche foto panoramiche in sequenza dal Montello al Monte Tomba con tutto il massiccio del Grappa e la catena delle Alpi coperte di neve.

Sulla via del ritorno ci capitò un fatto singolare. Nei pressi di Campoformido vedemmo un alto ufficiale italiano, un generale di brigata, tutto solo e abbandonato.

"Alt!" – grido – scendo, gli corro incontro e gli dichiaro:

"Signor generale, lei è mio prigioniero".

Müller-Klemm mi segue di corsa e sente con me quello che il generale in buon tedesco mi risponde:

"Signori miei, per me è un onore esser preso prigioniero dai tedeschi".

Siamo allibiti e chiediamo spiegazioni.

"Ebbene, rifletta, i russi con voi non la spunteranno mai, nemmeno i francesi o gli inglesi, e crede che noi italiani pensassimo di avere la meglio con i tedeschi? O no – signori miei – sapevamo perfettamente che se Hindenburg e Ludendorff avessero mandato delle divisioni tedesche in Italia, ci sarebbe andata male".

Lo facciamo salire in auto con noi per portarlo ad Udine, per la strada attingiamo dalle nostre provviste per rinvigorire il generale affamato.

Il generale mi chiede quanti prigionieri ha fatto finora la 14ª Armata.

"Saranno circa trecentomila, forse di più. Non sappiamo quanti sbandati ci sono in giro".

"Si può sopportare" – dice. "Quanti pezzi d'artiglieria avete catturato?"

"Un po' più di tremila, signor generale".

Si stupisce:

"È gravissimo" – e tace sbigottito. Effettivamente questo numero corrisponde alla perdita di quasi la metà dell'intero parco artiglieria italiano. Troppi cannoni, soprattutto quelli di grosso calibro sono stati abbandonati in postazione o sono rimasti bloccati da qualche parte nel caos della ritirata. L'abbiamo consegnato al comando di Udine. Non so più nulla del suo destino.

Ad Udine c'è grande gioia perché la 55ª Divisione austro-ungarica è riuscita ad attraversare il Tagliamento, ora l'inseguimento può continuare in direzione del Piave, forse addirittura del Brenta o dell'Adige. Von Below non ritiene consigliabile formare in questo momento dei gruppi più grandi, richiederebbe troppo tempo. Perciò il Comando della 14ª Armata per ora fa attraversare le unità dai punti dove sono. Bisogna ricostruire in fretta i ponti fatti brillare, solo la fanteria e solo un uomo alla volta possono passare sulle poche passerelle d'emergenza non certo adatte alle salmerie pesanti o all'artiglieria.

Che cosa succederà in futuro? Domanda difficile.

Si ritiene impossibile raggiungere il nemico nella sua rapida ritirata in pianura tra Tagliamento e Piave, ma in montagna si possono ottenere grandi successi se riusciamo ad arrivare in breve tempo al corso superiore del Piave, le unità della 4ª Armata italiana possono ritirarsi solo di qui. Forse è anche possibile accerchiare ancora sulle montagne i reparti del XII Corpo (26ª, 36ª e 63ª Divisione), del Corpo speciale Di Giorgio (20ª e 33ª Divisione) ed anche reparti del IV Corpo d'Armata (con la 43ª Divisione). Per farcela dovremmo avanzare molto rapidamente stando al margine dei monti, superare il Torre, il Meduna ed il Cellina e poi girare a nord.

Si decide che il Gruppo Krauss rimanga nella sua fascia di combattimento, che il Gruppo Wieden (divisione *Edelweiss*) passi alla 10ª Armata austro-ungarica in modo che l'ala destra rinforzata possa raggiungere al più presto Longarone nell'alta valle del Piave.

Per la realizzazione di questo piano ai tre gruppi vengono assegnate nuove fasce di combattimento.

Il generale Scotti deve raccogliere attorno ad Udine la 200ª e la 5ª Divisione. La 4ª Divisione austro-ungarica e la 33ª, la prima nella zona di Savorgnano-Povoletto-Salt, la seconda vicino a Caporetto, fungono da riserva dell'armata.

Il 3 novembre, alle 11.30 del mattino, arriva l'arciduca Eugenio per discutere la situazione. Sua Eccellenza von Below illustra il suo piano per continuare l'inseguimento del nemico fino al Piave. Evidentemente l'arciduca si è fatto prendere la mano dall'ambizione. Non si accontenta, vuole superare quanto prima il Piave passando per Belluno e dirigersi a sud sulla riva occidentale. Vuole raggiungere il Brenta e l'Adige, vuole impadronirsi delle famose città di Treviso, Castelfranco, Cittadella, Vicenza, Verona, Mestre, Padova e Venezia. Una bella idea.

Durante il colloquio arrivarono ad Udine alcuni telegrammi di Cadorna che erano stati decifrati. Da questi si capiva chiaramente che il comandante dell'esercito italiano avrebbe voluto tenere la linea del Tagliamento, ma che ora era costretto ad ordinare il ritiro dietro il Piave.

Del resto il 27 ottobre il Comando Supremo austro-ungarico a Baden si era finalmente deciso a far attaccare anche in Trentino, dalla Valsugana. Quando alle 12.30 il Gruppo d'Armate Conrad aveva ricevuto l'ordine di passare all'offensiva, aveva fatto subito presente che era già pronto un piano d'attacco dal Tirolo. Il Comando Supremo di Baden si era dichiarato d'accordo ed aveva aggiunto la 21ª Divisione austro-ungarica, la 28ª ed inoltre il 106° Reggimento *Landsturm*. La data prevista per l'attacco era il 10 novembre.

Secondo noi il rafforzamento del Gruppo d'Armate Conrad fu troppo esiguo ed avvenne troppo tardi. Dopo lo sfondamento sull'Isonzo fin troppe divisioni austro-ungariche in Friuli erano in marcia verso ovest. Alcune di queste si sarebbero potute dirigere ancora in tempo verso il Gruppo d'Armate Conrad.

Il campo di battaglia vicino a Kambreško

Già il mattino del 3 novembre il barone von Rössing diede ordine di preparare per il giorno dopo un viaggio nelle retrovie a Tolmino. Doveva controllare le condizioni del ponte militare sull'Isonzo vicino al ponte di pietra distrutto perché era della massima importanza per i rifornimenti. Dovevamo anche ispezionare il 5° Battaglione bombarde che doveva mettersi in movimento e seguire senza indugio l'avanzata della 14ª Armata.

Il nostro viaggio iniziò nelle prime ore del mattino del 4 novembre in una fitta nebbia che rendeva estremamente difficile orientarsi. Cercando l'uscita giusta per Cividale puntualmente sbagliai strada. Il comandante si abbandonò a vivaci imprecazioni. Quando si fece un po' più chiaro, trovammo facilmente la strada. Attraversammo tranquillamente la valle del Natisone, passammo per Caporetto ed arrivammo a Tolmino. Non si sentivano più né il rombo dei cannoni né il crepitio delle mitragliatrici. Ci fece uno strano effetto.

Si è lavorato molto per ripristinare al meglio le strade perciò procediamo bene e già da lontano vediamo i genieri al lavoro sul nuovo ponte militare sull'Isonzo. La struttura in legno è quasi finita. Mancano solo pochi metri alla riva occidentale, certamente per la sera saranno finiti. Il battaglione bombarde di Buddeberg si è acquartierato a Tolmino. In attesa di nuovi incarichi per il battaglione anche i suoi uomini collaborano alla costruzione. Ora però riceve l'ordine di marciare a tappe verso il Tagliamento passando per Udine e di tenersi pronto per eventuali impieghi sul Piave. Von Rössing ritiene che non dobbiamo farci sfuggire l'occasione di ritornare ad Udine attraverso i monti per vedere le principali linee di combattimento italiane. Andiamo dunque verso sud, attraversiamo i paesi di Volče e Čiginj completamente distrutti dal fuoco annientante delle bombarde dei gruppi Wandelsleben e Spiess.

L'auto supera Sveta Marija, raggiunge la valle dell'Isonzo ed attraverso Selce sale sui monti lungo una ripida strada tortuosa. Il panorama diventa sempre più imponente. Arriviamo infine a Kambreško e procediamo molto lentamente dietro la principale linea di combattimento lungo il Monte Globočak, l'Ostri Kras e lo Ježa fin quasi alla dorsale del Kolovrat – nella fascia d'attacco della 1ª Divisione austro-ungarica e della 200ª Divisione. Quassù ci si rende conto davvero dell'impresa sovrumana compiuta dai nostri uomini nello sfondamento, le postazioni italiane sono costruite come una fortezza. Non solo i ricoveri, ma intere batterie sono state incassate nelle rocce e protette con cemento armato. La forza di questa linea è stupefacente. Attorno regna un lugubre silenzio, nessuno dice più una parola, tutti siamo profondamente impressionati dal campo di battaglia. Un paio di volte ci fermiamo per guardare giù nella valle dell'Isonzo o per osservare i molti grandi mortai con un calibro di 30 centimetri e più che sono rimasti abbandonati. Cannoni a lunga gittata s'innalzano verso il cielo in mezzo ad enormi cataste di munizioni.

Dappertutto sono disseminate armi e parti di equipaggiamento gettate via, in mezzo ci sono ancora dei cadaveri. Nell'aria aleggia l'odore dolciastro della morte.

Durante una breve sosta capito nella postazione aperta di una batteria campale italiana, mi avvicino ad un cannone che ha la coda dell'affusto spezzata. Un colpo l'ha centrato in pieno. I serventi sono rimasti uccisi, i cadaveri sono sparsi lì attorno. Guardo più da vicino e vengo preso dall'orrore, tutti questi artiglieri italiani non sono che scheletri nelle loro uniformi. Com'è possibile? Lo capisco presto. Attorno i ratti corrono a frotte. Hanno rosicchiato i morti fino all'osso. La vista è veramente orribile, questa scena è il simbolo per antonomasia della guerra. Non racconto la mia scoperta agli altri per risparmiare loro il tetro spettacolo.

Le postazioni italiane sono vuote, desolate, di tanto in tanto si vede ai bordi della strada un soldato italiano sperduto con l'uniforme sudicia o lacera. È rimasto indietro da solo e, disperato, ci segue con lo sguardo per vedere se lo prendiamo con noi. La battaglia gli è passata sopra con il suo fragore, egli probabilmente si è tenuto nascosto da qualche parte, si è nutrito con le razioni di riserva ed aspetta di essere finalmente preso prigioniero. Non possiamo prenderlo con noi, ma solo fargli cenno di scendere a Tolmino. Non ho mai visto volti così disperati, così sconsolati. Questi pochi soldati rimasti indietro si sentono dimenticati – e lo sono.

Dietro lo Ježa giriamo ad ovest e scendiamo a valle lungo una nuova strada militare in direzione di Cividale. A tarda sera, nell'oscurità, raggiungiamo di nuovo Udine.

Dal 24 ottobre i membri dell'Intesa erano molto preoccupati per gli sviluppi nel teatro di guerra italiano, così annunciano i giornali. Il 6 novembre a Rapallo si svolse un grande consiglio di guerra. Erano presenti Orlando, Sonnino, Lloyd George, Painlevée, il generale Foch ed il generale Cadorna. Si decise di accentrare il comando di tutte le forze armate dell'Intesa, Foch venne nominato Comandante Supremo. Il generale Cadorna lo avrebbe affiancato come consigliere, quasi sottoposto. Foch probabilmente ha proposto di ritirarsi subito sulla linea dell'Adige, ma Cadorna ha energicamente rifiutato il consiglio.

Cadorna, che aveva perduto la battaglia, venne rimosso dal comando dell'esercito italiano e sostituito dal generale Diaz. Era certo responsabile della catastrofe sull'Isonzo ed in Friuli, ma è un suo merito incontestabile aver salvato la 3ª Armata italiana dopo il crollo della 2ª Armata. Egli è riuscito a far ritirare ordinatamente le truppe fino al Piave ed ha preparato una nuova linea di resistenza.

◂ **1. Carriaggi austro-ungarici in marcia lungo la cosiddetta "*Erzherzog Eugen – Strasse*" scendono a valle per i tornanti del passo del Vršič.**
Segnato sulle vecchie carte italiane anche con il nome di Passo della Moistrocca, esso si poneva al culmine della nuova strada militare intitolata all'arciduca Eugenio, arteria vitale che consentiva di rifornire il fronte giulio settentrionale dalla Carinzia e dalla Carniola passando per Kranjska Gora. L'accanimento di Cadorna, fin dalle prime offensive, contro il bastione del Monte Nero (Krn) si giustificava anche con la necessità di recidere tale arteria una volta penetrati in Val Lepena, sul versante nord. Un siffatto esito, inoltre, avrebbe potuto comportare l'aggiramento dello schieramento austro-ungarico nella conca di Plezzo.

▴ **2. Alti ufficiali tedeschi e austro-ungarici della 14ª Armata ripresi a Kranj nei giorni dell'offensiva.**
Al centro, con il berretto piatto, il generale prussiano Otto von Below, comandante dell'armata. Già agli inizi della guerra, con le prime, decisive vittorie nella Prussia Orientale, si guadagnò la fama di essere uno dei più abili comandanti sul campo e nel 1915 divenne il più giovane generale dell'esercito tedesco messo a capo di un'armata. L'11 set-

tembre 1917 l'Alto Comando tedesco lo convocò a Berlino dalle Fiandre, dove era a capo della 6ª Armata, per investirlo del suo nuovo compito sull'Isonzo con il comando della 14ª Armata. Nelle sue memorie egli ricorda che per il particolare fine cui era destinata, fu "improvvisata", creata in meno di un mese appena, con quanto di meglio si poteva prelevare tra i vari fronti, in particolare unità con esperienza di guerra in montagna.

▲3. **Il generale bavarese Konrad Krafft von Dellmensingen, capo di Stato Maggiore della 14ª Armata e artefice dello sfondamento di Caporetto.**
Una sua ricognizione preliminare effettuata sul posto ai primi di settembre del 1917 aveva individuato nella testa di ponte di Tolmino, tra Dolje e la sella di Volče, l'anello debole della catena difensiva italiana, l'epicentro di tutta la battaglia. Non era tuttavia la prima volta che von Dellmensingen veniva in soccorso dell'alleato austro-ungarico in difficoltà sul fronte italiano. Già nel maggio 1915 al comando del suo *Alpenkorps* bavarese intervenne efficacemente sulle Dolomiti per sbarrare agli italiani le vie d'accesso in Tirolo. Al suo memoriale, il classico *"Durchbruch am Isonzo"* uscito nel 1926, s'ispirarono successivamente quasi tutti quegli autori che, come Killian, hanno narrato i fatti di Caporetto e l'invasione.

▸4. **Il generale Alfred Krauss, comandante del I Corpo austro-ungarico, riceve dalle mani dell'imperatore Carlo un'alta onorificenza.**
Sotto l'aspetto severo da professore di ginnasio, con gli occhialini a stringi-naso, baffi e fedine un po' *démodé*, si celava in realtà un generale dal carattere deciso, polemico e suscettibile, ritenuto forse il più abile e moderno stratega di tutto l'esercito austro-ungarico. Uomo di vasta erudizione, autore di numerosi trattati e saggi d'argomento militare, salì anche in cattedra per insegnare strategia all'accademia militare di Wiener-Neustadt e alla scuola di guerra dello Stato Maggiore. Nel corso dell'elaborazione dei piani d'attacco per l'offensiva di Caporetto avanzò la proposta, prontamente accolta dal comando germanico, che il suo I Corpo non dovesse limitarsi a coprire il fianco destro della 14ª Armata nella conca di Plezzo, ma concorrere esso stesso con un'offensiva vera e propria, parallela a quelle nella conca di Tolmino e contro Caporetto.

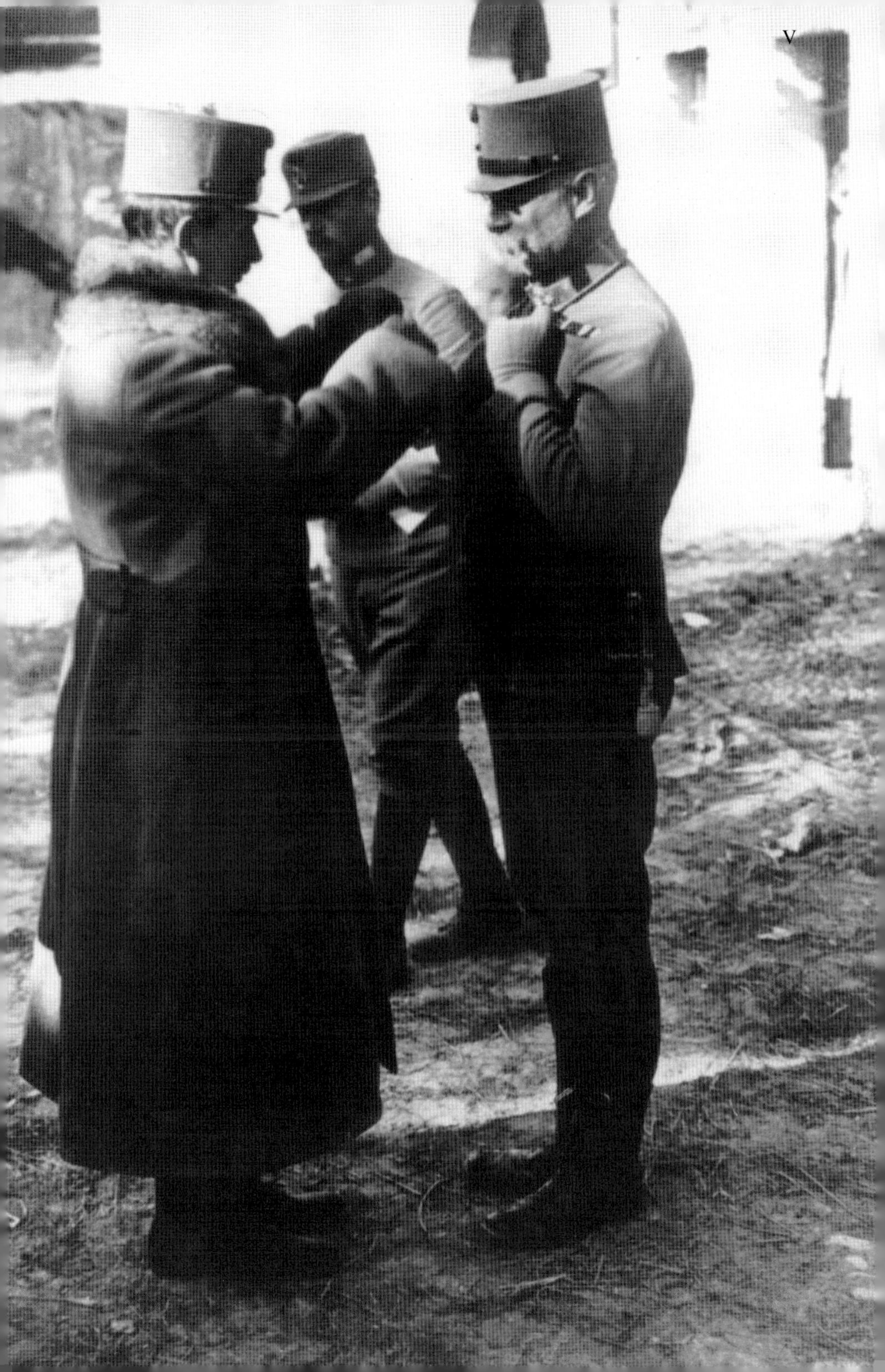

▾5. Il generale barone Hermann von Stein, comandante del III Corpo bavarese.
D'origine bavarese, ferito in battaglia nel 1914, per il suo talento militare al comando di una divisione nell'agosto del 1917 si guadagnò la croce *"Pour le Mérite"*, la massima onorificenza militare del *Reich*. Nel quadro della 14ª Armata assunse il comando del III Corpo, il più potente tra i Gruppi schierati sull'Isonzo. Il suo settore di combattimento investiva direttamente Caporetto e la catena del Kolovrat, i capisaldi della 2ª Armata di Capello. 36 ore dopo l'inizio dell'attacco, le sue divisioni erano già saldamente attestate nelle valli del Torre e del Natisone, il 29 ottobre erano al Tagliamento e il 9 novembre sul Piave. Ai primi di dicembre fu richiamato sul fronte francese con il suo Corpo d'Armata.

▸6. Il generale Albert von Berrer, comandante del LI Corpo d'Armata speciale germanico.
Il württemberghese generale von Berrer, oltre alle elevate doti di comando e di tattico dimostrate in situazioni difficili sul fronte orientale e per le quali fu insignito della croce *"Pour le Mérite"*, è stato anche un capo valoroso, d'incomparabile slancio, che si portava sempre alla testa delle sue truppe, trascinandole nelle avanzate. L'audacia e l'impazienza di portarsi avanti alla fine gli costò la vita: proveniente dalle valli del Torre, il 27 ottobre ricevette la notizia, rivelatasi falsa, che Udine era già stata evacuata dalle truppe italiane e che le avanguardie germaniche ne stavano prendendo possesso. Decise di recarvisi l'indomani mattina, ma a due chilometri dalla città, nell'abitato di San Gottardo, la sua automobile incappò in un agguato rimanendovi ucciso con il suo aiutante. Con la sua morte il comando del Corpo d'Armata fu rilevato dal generale Hofacker, titolare della 26ª divisione.

◂ **7. Il generale Karl Scotti passa in rivista le sue truppe.**
Scotti maturò una profonda esperienza di guerra in montagna già come capo di Stato Maggiore del Gruppo d'Armata Rohr, schierato sul fronte carnico nei primi mesi della guerra italo-austriaca, poi nel giugno dell'anno successivo assunse il comando della 10ª Armata in Tirolo succedendo allo stesso generale Rohr. Nell'aprile del 1917 Scotti fu messo a capo del XV Corpo, quello che copriva il fianco destro della 2ª *Isonzoarmee*, lungo il versante nord dell'altipiano della Bainsizza e la valle dell'Idria, succedendo al generale von Stöger-Steiner, nel frattempo nominato ministro della Guerra.

▴ **8. Il feldmaresciallo arciduca Eugenio visita le truppe nelle retrovie della Bainsizza.**
Di lui l'Autore ricorda che era un "tipico Asburgo", dall'atteggiamento allo stesso tempo semplice e regale, compiacendosi inoltre, di trovarlo della sua stessa prestanza fisica, quasi due metri. Eugenio acquisì una notevole popolarità tra le truppe fin dal maggio 1915, allorché divenne il comandante e l'instancabile animatore della resistenza in Tirolo contro le preponderanti forze italiane. Con lui al comando del cosiddetto "Fronte Sud-occidentale", l'Austria ebbe almeno la soddisfazione morale di essere gerarchicamente superiore dell'armata germanica che scatenava l'offensiva sull'Isonzo.

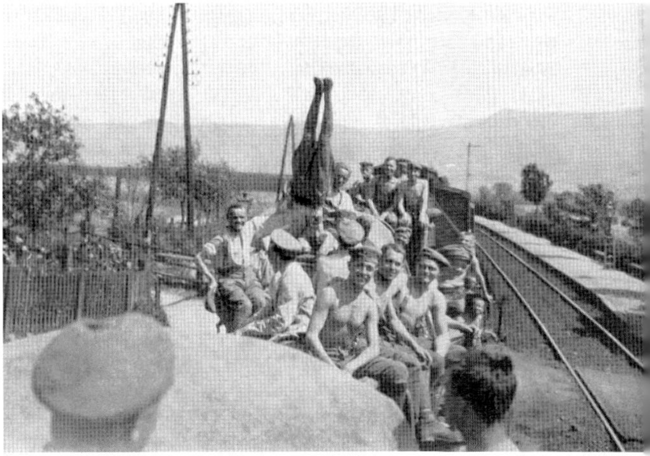

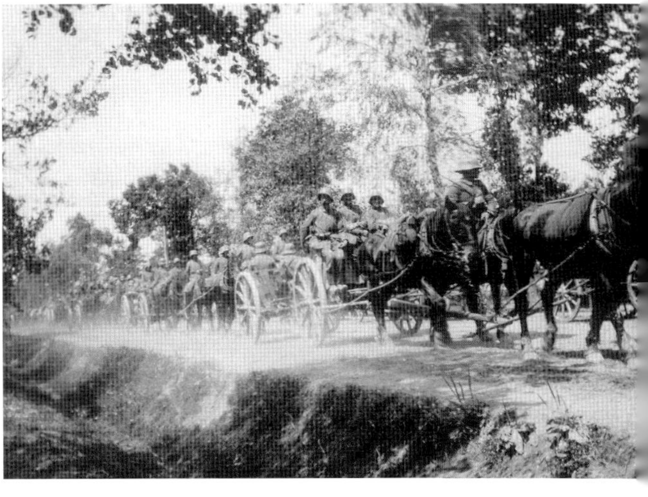

◂ 9. Svetozar Boroević de Bojna, comandante dell'*Isonzoarmee*.
Condottiero caparbio, con la sua armata resistette ad undici offensive di Cadorna e riuscì a tenere il fronte, pur con modesti arretramenti, al prezzo di sanguinose perdite. Acquisì tuttavia un'enorme popolarità, specie tra i soldati slavi del sud della Monarchia e tra le popolazioni slovene del Litorale, che da "Sveto", discendente dei "graniciari" dell'antico Confine militare, si sentivano difese. La sua strategia, che imponeva la "difesa elastica" – in pratica la guerra di posizione – come la più appropriata per resistere sul fronte isontino con le scarse risorse di cui poteva disporre, era cosa ben nota anche a von Below il quale, prospettandogli una folgorante avanzata fino al Tagliamento e forse oltre, si sentì rispondere da un incredulo Boroević: "Non lo raggiungerete mai! Mai! Mai!" Alla fine il suo scetticismo e la personale "rivalità" con il comando germanico si rivelarono esiziali per lo spirito offensivo della stessa *Isonzoarmee*, l'altro braccio della tenaglia, quello che avrebbe dovuto inseguire e tagliare la via del ripiegamento alla Terza Armata del Duca d'Aosta: si mosse per ultima e scoordinata, intralciandosi con l'avanzata tedesca, al punto da far esclamare ad un arrabbiatissimo Krauss che Boroević "ha salvato la Terza Armata".

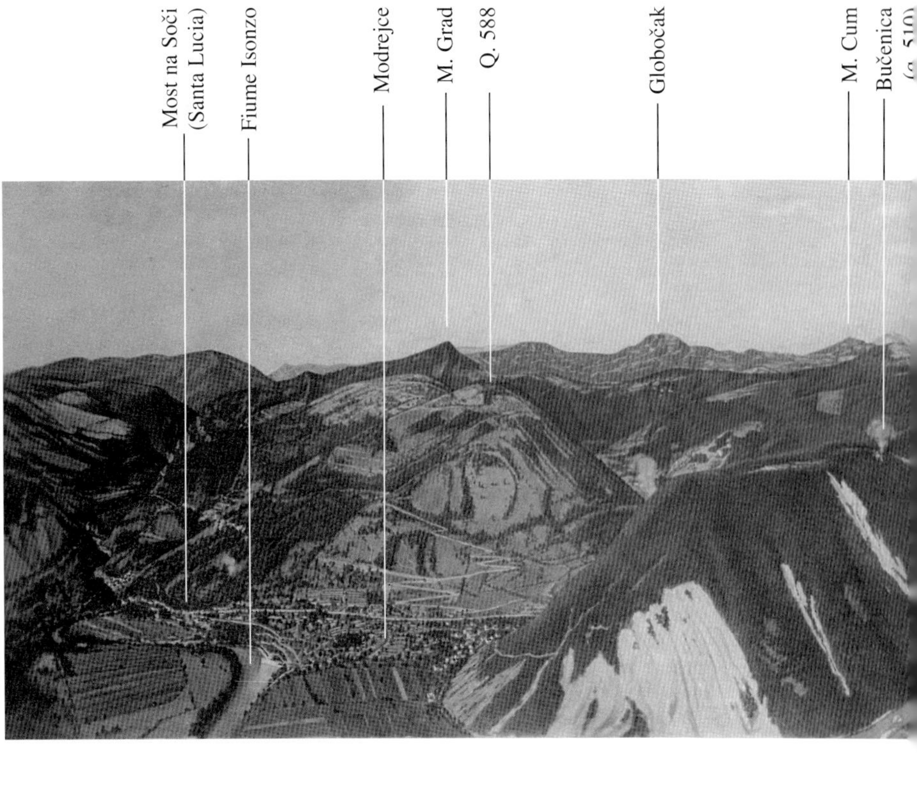

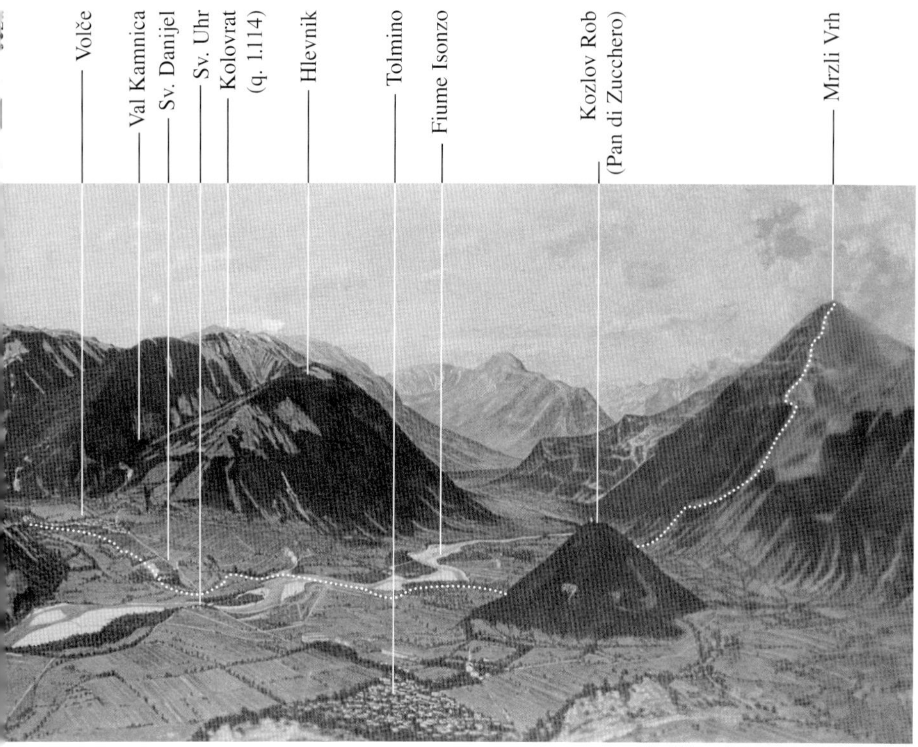

▾10. Panoramica della conca di Tolmino con le alture teatro dello sfondamento austro-germanico. Foto ripresa dalle pendici del Monte Kobala, a circa mille metri di quota, in direzione ovest. La linea tratteggiata evidenzia approssimativamente l'andamento della prima linea italiana alla vigilia dell'offensiva. Il corso dell'Isonzo procede da destra verso sinistra.

▸ 11. Tradotta germanica in viaggio verso il fronte isontino.
Le fangose, umide trincee del fronte occidentale sono ora solo un brutto ricordo e sul treno che li trasporta verso il nuovo teatro di guerra, spensierati fanti tedeschi si espongono al tepore del sole settembrino. Dalla metà di settembre e fino al 10 ottobre 1917 l'afflusso di truppe e materiali con la ferrovia – 2.400 treni, 100.000 vagoni - procedette ininterrotto, anche se a rilento, per l'inadeguatezza della rete ferroviaria austriaca a sopportare una simile mole di traffico. Per garantire la segretezza al piano di trasferimento, i luoghi di radunata furono fissati lontano dall'Isonzo, in Carinzia e in Carniola. Contemporaneamente un'oculata manovra di disinformazione e depistaggio tentava di confondere il nemico: si trasmisero falsi radiomessaggi e si diede gran rilievo di stampa alla visita di von Below presso le armate di Conrad in Tirolo, così come si organizzò uno schieramento fasullo dei 15.000 uomini dell'*Alpenkorps* nelle valli del Trentino. A Trieste fu ostentatamente esibito il *Musketenbataillon*, unità di élite germanica, che sfilò avanti e indietro, a passo di parata, per le rive semideserte.

↑ 12. Artiglieria ippotrainata tedesca in marcia verso i luoghi di radunata assegnati.
Allo scopo di conferire un indirizzo unitario, la direzione dei preparativi per artiglierie e bombarde nell'ambito della 14ª Armata fu attribuita al generale germanico Richard von Berendt, quantunque oltre la metà di tutti i 1.822 pezzi in carico all'armata fosse austro-ungarica. Dal 23 settembre bocche da fuoco, munizionamento e dotazioni varie si mossero a scaglioni ordinati, con marce per lo più notturne, dalle stazioni di scarico o di radunata verso la zona d'operazioni. Fu inoltre avviata al fronte un'ingente quantità di munizioni: 1.000 colpi per ogni piccolo calibro, 600 ogni obice pesante, 500 per ogni medio calibro, 200 per ogni mortaio Skoda da 305 e inoltre 89.000 granate caricate a gas. Inauditi furono, inoltre, gli sforzi profusi per il trasporto degli obici, delle bombarde e delle relative munizioni verso le postazioni in quota.

◂ **13. Salmerie austro-ungariche s'inerpicano per la *"Stöger-Steiner Weg"*.**
Questa importante strada militare, che dalla valle della Tolminka, nascosta alla vista del nemico, consentiva di portare rifornimenti e truppe alle linee tra il Vodel e il Krn, era intitolata al generale austro-ungarico Rudolf von Stöger-Steiner, comandante del XV Corpo prima che questo fosse rilevato dal generale Scotti nell'aprile del 1917. Piste nelle ombrose faggete del Tolminotto, battute un tempo solo da cacciatori e boscaioli divennero, con il lavoro coatto di migliaia di prigionieri russi e serbi, comodi sentieri, in gran parte carrabili, e antiche vie delle transumanze, trafficate strade militari. Nelle giornate che precedettero l'offensiva, la *"Stöger-Steiner Weg"* fu teatro di un frenetico quanto gigantesco ammassamento di truppe e materiali.

▴ **14. Gli *Jäger* bavaresi attraversano l'abitato di Volce.**
La località oltre l'Isonzo venne presa dagli *Jäger* dell'*Alpenkorps* già al primo assalto, il mattino del 24 ottobre, dando così via alla penetrazione nella catena del Kolovrat, il bastione difensivo italiano tra Caporetto e la Bainsizza. Sul muro diroccato di una casa, una scritta pubblicitaria della ditta Abuja di Gorizia, ancora ben leggibile, reclamizzava ai passanti il proprio buon vino. Ma oltre i monti, nella pianura del Friuli, i *"todesc's"* invasori troveranno dell'altro vino e in gran quantità e con quest'incontro fatale più d'uno di loro si ritroverà "fuori combattimento".

XV

◂ **15. Rincalzi germanici oltrepassano l'Isonzo su una passerella a valle del ponte di Tolmino.**

Con il possesso strategico della testa di ponte tra Sela e Tolmino – un lembo di terra e un paio di modeste alture oltre l'Isonzo – fu possibile scagliare, come da un trampolino di lancio, l'offensiva dei Gruppi Berrer e Scotti direttamente sui monti e nelle valli antistanti, senza dover far prima i conti con un eventuale superamento del fiume sotto il fuoco nemico.

▴ **16. Pionieri tedeschi del battaglione chimico verificano lo stato dei lanciamine dopo lo sparo.**

Nelle ore precedenti l'attacco i tedeschi del 35° Battaglione Pionieri (la cui innocua denominazione celava pudicamente gli specialisti della guerra chimica) conficcarono nel terreno del pianoro erboso di Vodenec, ai piedi del Rabelnik, un migliaio di tubi lanciamine – copia tedesca dei proiettori britannici "Livens" – con carica di lancio azionata elettricamente. Alle 2 del mattino del 24 ottobre questi tubi spararono simultaneamente nella sottostante conca di Plezzo i loro micidiali proiettili da 18 cm., caricati ciascuno con circa 15 litri di gas fosgene compresso. La saturazione del gas sul terreno uccise in pochi secondi alcune centinaia di fanti (in gran parte della Brigata Friuli), trincerati attorno alla località di Naklo. Altri lanci di granate a gas furono effettuati con le artiglierie sui monti circostanti e a Tolmino, per neutralizzare le batterie e i nidi di mitragliatrice che avrebbero potuto sbarrare il passo alle colonne avanzanti.

17. Truppe austro-tedesche sostano a Plezzo. Sullo sfondo il monte Svinjak. Già il mattino del primo giorno teorie interminabili di veicoli e di truppe in marcia verso occidente cominciarono ad intasare le anguste strade di fondovalle, incrociandosi con i primi prigionieri scortati nella direzione opposta.

▲ **18. Truppe e salmerie della Divisione *Jäger* germanica in movimento nella val Trenta.**

Nell'elaborazione definitiva dei piani d'attacco, al Gruppo Krauss fu attribuito il ruolo di secondo braccio della "tenaglia" e per l'ulteriore rafforzamento di questa arrivò una divisione tedesca, costituita con eterogenei reparti della specialità "Cacciatori". Attendeva in posizione alquanto arretrata, in Val Trenta e lungo la strada del Vršič, gli sviluppi iniziali dell'offensiva. Ad attacco iniziato ebbe l'ordine di seguire la divisione austro-ungarica *Edelweiss* e di portarsi a Žaga. Da lì avrebbe poi preso la via dell'avanzata lungo la valle dell'Uccea.

▸ 19. L'imperatore Carlo in visita al comando della 14ª Armata.
25 ottobre 1917, mattina: l'offensiva è in pieno svolgimento da un giorno e mezzo e l'imperatore Carlo, giunto in visita presso il Quartier Generale della 14ª Armata, intrattiene a colloquio il generale Krafft von Dellmensingen. I due ostentano in pubblico la massima cordialità e si complimentano per il travolgente successo che sta arridendo agli imperiali. Ma sotto la facciata ufficiale della piena e cameratesca intesa, tra gli ufficiali dei comandi austro-ungarici non tardarono a manifestarsi alcuni dissapori e qualche isolata maldicenza per l'esser diventati, di fatto, subalterni ai *"Daitschen"* nella "loro" guerra contro il secolare nemico. La subitanea visita di Carlo servì quantomeno a far intendere ai provvidenziali ma ingombranti alleati che lì erano in "casa sua" e che il "Capo" era comunque lui. Gli ufficiali germanici di rimando, e lo stesso von Below nelle sue memorie, non lesinavano severi giudizi - pur con le dovute eccezioni – nei riguardi dei loro colleghi danubiani, ritenuti privi d'iniziativa, burocratici e pasticcioni.

◂ **20. Il tenente Erwin Rommel del Battaglione da montagna württemberghese, decorato con la croce *"Pour le Mérite"* per la conquista di Longarone.**
Il talento tattico della futura "Volpe del deserto" venne alla luce con gli audaci colpi di mano – divenuti poi "da manuale" – messi in atto nel corso dello sfondamento sull'Isonzo e a Longarone. Il suo nome resta però legato alla conquista del Matajur, il monte che si erge sulla conca di Caporetto e domina la via per Cividale. Rommel, al comando di tre compagnie, dopo un'epica scalata, raggiunse la vetta nella tarda mattinata del 26 ottobre costringendo alla resa la Brigata Salerno. Per un malinteso, sul quale l'Alto Comando non poté smentirsi, egli non riuscì ad ottenere per quest'impresa l'agognata croce *"Pour le Mérite"*, la massima onorificenza militare del Reich. Con gran malumore tra il corpo ufficiali, essa fu attribuita "ingiustamente" al tenente Schnieber il quale, percorrendo una via sgombra da nemici, arrivò primo, non sulla vetta, ma su un cocuzzolo vicino, da dove lanciò per mezzo di razzi il segnale convenuto. In seguito, nella gola del Vajont e a Longarone Rommel si è ripetuto, riuscendo finalmente ad ottenere la "*Pour le Mérite*".

▸ **21. Il tenente Erwin Rommel sulla vetta del Matajur.**
Rommel, in piedi, detta ad un soldato il rapporto da trasmettere al comando mentre la truppa esausta si concede un breve riposo.

▲ **22. Autocolonne germaniche in marcia sulla rotabile Caporetto-Cividale.** Il 26 ottobre la difesa italiana sul Kolovrat settentrionale collassava sotto l'urto dei Gruppi Stein e Berrer, indi le alture e le località nelle valli del Natisone cadevano ad una ad una in mano tedesca, a volte senza combattimenti. Nella loro travolgente marcia verso la pianura, le colonne germaniche sembravano irresistibilmente attratte, come da una calamita, dalla città ducale, che fu raggiunta nel pomeriggio del 27 ottobre, quando già divampavano gli incendi.

▾23. **Truppe germaniche in Udine occupata.**
Poche ore dopo la presa di Cividale le divisioni germaniche sfociarono nella pianura friulana, rallentando l'avanzata a causa della piena del torrente Torre e di agguerrite retroguardie italiane attestate sulla sponda destra. Nel frattempo nella capitale del Friuli, che era già stata precipitosamente abbandonata dai comandi italiani, divampavano gli incendi e si contavano già a migliaia i soldati sbandati e frastornati dal precipitare degli eventi. Le prime truppe germaniche arrivarono in città il mattino del 28 ottobre, gratificate da un'impressionante quantità di bottino.

▸24. **29 ottobre 1917: attesa in Piazza Grande a Gorizia per la rivista dell'imperatore Carlo.**
La quinta barocca della chiesa di Sant'Ignazio e le attigue facciate, sbocconcellate dagli scoppi delle granate, offrono uno scenario invero desolante per l'augusta visita che si preannuncia nella città ormai sfollata dai suoi abitanti. Anche le truppe austro-ungariche schierate nella piazza si presentano alla bell'e meglio, a un giorno dal loro ritorno, quindici mesi dopo l'abbandono sotto l'impeto italiano della Sesta battaglia dell'Isonzo.

▲ **25. Colonne austro-ungariche avanzano nella pianura friulana sotto la sferza del maltempo.**
Dopo un'estate insolitamente prolungata e siccitosa per l'area dell'Alto Isonzo, dai primi d'ottobre pioggia, nebbia e neve in montagna vennero a costituire il quadro meteorologico abituale che avrebbe caratterizzato, fin dall'inizio e in parte anche in seguito, l'offensiva degli austro-germanici. Tale situazione, se da un lato aveva potuto avvantaggiare gli attaccanti rendendoli invisibili alle vedette in quota, avvolte dalla nebbia, provocò una situazione umanamente penosa per le migliaia di fanti, che nell'attesa della fatidica "ora X", passarono la notte all'addiaccio, ammassati sui rovesci della prima linea con le uniformi inzuppate da una pioggia gelida e persistente.

▸ 26. Sosta di truppe, carriaggi, profughi e prigionieri sulla rotabile Udine-Codroipo.
La partenza da Udine degli alti comandi e la rotta dell'esercito gettò nel panico la popolazione civile. Il terrore di possibili violenze e spoliazioni da parte degli occupanti spinse migliaia di friulani ad abbandonare le proprie case con poche, povere masserizie al seguito in direzione del Tagliamento e del Piave. Alla maggior parte dei fuggiaschi il tentativo, purtroppo, non riuscì, essendo stato loro inibito il transito su alcune strade e sui ponti del Tagliamento - riservati esclusivamente all'esercito in ripiegamento - e infine dal brillamento dei ponti stessi. La loro concentrazione nelle aree di deflusso, unitamente a quella di migliaia di soldati sbandati da rastrellare, provocò ulteriore intralcio all'avanzata dell'invasore.

▸ 27. Colonne e carriaggi austro-tedeschi in marcia verso il Tagliamento.
La corsa all'ovest per impossessarsi dei punti di passaggio sul Tagliamento e la conversione a sud per tagliare la via della ritirata alla Terza Armata non furono ostacolate o rallentate solo da alcuni eroici fatti d'arme, come quelli della Brigata Bologna sul Monte di Ragogna o della cavalleria a Pozzuolo del Friuli, ma anche dalla quantità enorme di materiali e armamenti abbandonati lungo le vie della ritirata. A peggiorare la situazione ci si mise anche l'*Isonzoarmee* di Boroević, che per mancanza di coordinamento intersecava la sua direttrice di marcia con quella dell'armata di von Below, provocando pesanti intralci e difficoltà in una situazione già di per sé caotica.

▸28 . Attraversamento del Tagliamento su un ponte di legno nei pressi di Codroipo.
Anche i corsi d'acqua, ingrossati per le persistenti piogge ed i guadi resi impraticabili dalle piene avevano di molto rallentato e resa più faticosa l'avanzata degli austro-germanici. Se il superamento dell'Isonzo fu possibile in maniera relativamente facile, grazie anche al fattore sorpresa e al possesso della testa di ponte di Tolmino, il gittamento di passerelle su pontoni o l'allestimento di passaggi di fortuna attraverso il Torre e il Tagliamento in piena, sotto i tiri degli italiani, divenne un'impresa improba anche per il più esperto tra i reparti del Genio. Dalle avversità atmosferiche l'Esercito italiano seppe trarre indubbiamente qualche vantaggio tattico, ma fu con la propaganda, grazie anche alle strofe musicate da E.A. Mario nella "Leggenda del Piave", che la piena del fiume assunse nell'immaginario collettivo della Nazione i contorni esaltanti e patriottici della resistenza allo straniero.

▸ 29. Truppe da combattimento austriache sfilano al cospetto dell'imperatore Carlo nel Friuli invaso.
In quei giorni l'inseguimento in territorio italiano sembrava veramente inarrestabile e i generali austro-ungarici, imbaldanziti dalla vista delle fanterie avanzanti, già pregustavano il sapore della rivincita o, molto più ottimisticamente, una riproposizione di eventi appena accaduti in Russia: sconfitta militare, dissoluzione dell'esercito, rivoluzione interna e infine richiesta di pace separata da parte dell'Italia. Il Grappa prima e il Piave poi, avrebbero ben presto demolito le loro illusioni ed esattamente un anno dopo la Nemesi della Storia avrebbe ritorto su di essi siffatti calcoli.

LEGGERA

▲30. **Autocolonna e carriaggi austro-ungarici di rifornimenti sostano in un abitato del bellunese.**
Sulle strade dell'invasione e della disfatta s'incontrarono le guerre passate dell'Ottocento e quelle future del Novecento, quadrupedi e motori, cariche di cavalleria lancia in resta e *Sturmtruppen*. Tra l'Isonzo e il Tagliamento si è visto un po' del *Blitzkrieg* del 1940 e un po' della Beresina del 1813.

▲31. **Il Corso Vittorio Emanuele II a Pordenone presidiato dalle truppe tedesche.**
La cittadina del Noncello fu presa e superata velocemente dalle fanterie germaniche che occupavano il vuoto lasciato dagli italiani in ripiegamento verso il Piave, il mattino del 6 novembre. A mezzogiorno la fanteria era in marcia già oltre Brugnera e la sera era attestata sul fiume Livenza.

▲32. **Truppe germaniche in marcia attraverso le vie di Vittorio Veneto.**
Incassata tra le colline di Conegliano e le propaggini occidentali del Cansiglio, Vittorio Veneto copriva lo sbocco in pianura sulla direttrice dall'alto Piave. Provenienti da Caneva vi arrivarono per primi, nella mattinata del 8 novembre, gli austro-ungarici e successivamente vi transitarono truppe tedesche e poi altre austro-ungariche ancora, in un interminabile andirivieni che prosciugò in breve le risorse vitali della popolazione. Non è difficile immaginare che anche i fanti tedeschi della foto, dall'espressione sollevata ed ottimista, avessero in testa l'ennesima grande illusione: la pace prossima, a portata di mano.

▶33. **La fanteria di Rommel attraversa il ponte superstite nella gola del Vajont.**
Dopo Erto e Casso inizia la profonda gola del Vajont lunga tre chilometri e mezzo, quella che nel secondo dopoguerra verrà occupata dal bacino idroelettrico teatro dell'immane tragedia del 1963. Allora la strada l'attraversava a circa trecento metri d'altezza, incassata nelle pareti di roccia, tra tunnel e ponti a strapiombo sull'acqua impetuosa del torrente Vajont. Un gruppo di artificieri italiani in re-

troguardia era riuscito a far brillare il ponte principale davanti alle truppe di Rommel, mancando però un ponte secondario di 40 metri posto sopra un affluente in una valle laterale, per la prontezza di un sottufficiale tedesco che all'ultimo secondo riuscì a strappare le micce. Grazie a quell'ultimo ponte, verso le 11 di mattina del 8 novembre Rommel usciva dalla strategica valle dirigendosi a Longarone, nell'alto Piave.

34. La Piazza Vittorio Emanuele di Feltre ed il castello, nel novembre del 1917. L'antica città veneziana, posta alla confluenza delle vie che scendevano dal Tirolo e dal Cadore divenne un obiettivo primario per la sua posizione strategica. Fu occupata il 12 novembre dalle avanguardie della 22ª Divisione *Schützen* stiriana del Gruppo Krauss, provenienti dal bellunese, in un'avanzata particolarmente contrastata da combattive retroguardie italiane e rallentata dalla distruzione del ponte di Bribano sul Cordevole. L'indomani Krauss insediava il suo Comando a Palazzo Guarnieri, palesandosi subito con un approccio ostile e vendicativo nei confronti della popolazione locale.

35. Truppe tedesche ammassate sul Fontana Secca, nel massiccio del Grappa. Nel mese di dicembre, in condizioni climatiche proibitive, s'infrangeva sul massiccio del Grappa l'inane tentativo di aggirare alle spalle il dispositivo italiano sul Piave e costringere così il nemico ad un ulteriore arretramento. Alla fine dello stesso mese nuove emergenze sul fronte francese e il sanguinoso stillicidio di attacchi e contrattacchi per il possesso di brulle e inospitali cime, senza riuscire ad avere ragione di quelle risolutive del Monte Tomba e del Grappa, risolsero l'Alto Comando Tedesco a por fine alla battaglia e all'intervento in Italia, con il richiamo in patria delle proprie truppe.

▲ **36. Ich hatt' einen Kameraden... Io avevo un compagno ...**
(da una vecchia canzone militare tedesca)

▲ **37. Telefonisti all'opera in un comando germanico.**
"Fu così che vissi il momento dell'attacco della grande battaglia di sfondamento attraverso le Alpi Giulie nel cuore dell'operazione, in una piccola stanza del reparto operazioni. Qui lavoravamo in quattro, ognuno aveva un telefono (...). I telefoni crepitano, dal fronte arrivano comunicazioni su comunicazioni. In quattro urliamo negli apparecchi per confermare le indicazioni e trasmettere istruzioni, la ricezione è difficile non solo perché i collegamenti sono cattivi, ma anche per l'enorme frastuono della battaglia".

38. 39. 40. Bombarde germaniche.

I tedeschi intuirono ben presto che la bombarda, fino ad allora considerata artiglieria da trincea in postazione fissa, nata per schiantare i reticolati e le trincee antistanti, poteva divenire, un'eccellente arma mobile per l'accompagnamento della fanteria. La bombarda così impiegata fu, in sostanza, la progenitrice dei moderni mortai da combattimento. Tatticamente sull'Isonzo, come sul Piave, le bombarde vennero impiegate a batterie, a seconda degli obiettivi, con posizionamento in parallelo che facilitava il tiro di aggiustamento.
Nelle foto, in sequenza, tre modelli di bombarde Ehrhardt:

▲ **38.** Bombarda leggera (*leichter Minenwerfer*) da 7,6 cm., gittata 300-1.000 m.;

▲ **40.** Bombarda media (*mittlerer Minenwerfer*) da 17 cm., gittata 920-1.190 m.;

▲ **39.** Bombarda pesante (*schwerer Minenwerfer*) da 24,5 cm., gittata 200-908 m.
Nel 1916 vi furono apportate delle modifiche per aumentarne la gittata.

◂ **41. Bombarda austro-ungarica di produzione Böhler da 22,5 cm. M.15 in batteria.** Aveva una gittata tra i 210 e gli 800 metri e poteva lanciare granate di peso variabile, a seconda degli impieghi, tra i 65 e i 76 kg. L'affusto poteva essere ruotato per il trasporto. Nel settore dello sfondamento gli austro-tedeschi schierarono 653 bombarde austriache da 14 e 22,5 cm. e tedesche da 17 e 24,5 cm.

▴ **42. Mortaio austro-ungarico Skoda M.11 da 30,5 cm in batteria sul fronte dell'alto Isonzo.** Nel 1912 la fabbrica di armamenti Skoda di Pilsen consegnò all'esercito austro-ungarico un mortaio calibro 30,5 di nuova concezione, appositamente progettato per la demolizione dei forti italiani in calcestruzzo. Era destinato esclusivamente alla trazione meccanica, suddiviso in tre carichi principali, e le sue eccellenti prestazioni balistiche - gittata con tiro a parabola fino a 11.300 o 9.600 metri, a seconda del peso del proietto (287 o 382 kg.), – ne fecero nel 1914 un'arma richiesta dagli stessi alleati tedeschi per la specifica demolizione delle cupole corazzate dei forti belgi e francesi. All'inizio dell'offensiva sull'Isonzo la 14ª Armata schierava 26 pezzi di questo modello.

▲43. ▲44. Stazioni a monte di teleferiche austro-ungariche.
La presenza di numerose teleferiche militari alle spalle del fronte giulio risultò determinante per la soluzione di non semplici problemi logistici nella fase preparatoria dell'offensiva. Pezzi d'artiglieria e munizionamento pesante poterono andare in posizione sulle vette solo grazie a questo mezzo. Dietro la linea del Mrzli si trovava la stazione a monte dell'importante teleferica della val Zastena ed un grande accampamento in baracche per le unità di riserva.

INSEGUIMENTO DAL TAGLIAMENTO AL PIAVE

Spiegamento al di là del Tagliamento

La quarta fase della battaglia di sfondamento nelle Alpi Giulie e Carniche comincia il 4 novembre. Nella notte le unità austro-tedesche, dopo aver attraversato nei pressi di Cornino e Pinzano-Pontaiba, sono riuscite a respingere con grande spargimento di sangue tutti i contrattacchi dei reparti del Corpo d'Armata Speciale Di Giorgio (33ª e 20ª Divisione).

La resistenza sulla riva occidentale del fiume diminuisce sensibilmente tanto che si possono impiegare tutte le unità del Genio delle divisioni vicine per ripristinare e rinforzare rapidamente le passerelle ed i ponti.

A Cornino sono passati dapprima solo i reggimenti della 55ª Divisione austro-ungarica senza artiglieria. Seguono quelli della Divisione *Jäger* tedesca, poi quelli della 22ª Divisione *Schützen*. Anche alcuni reparti della 12ª Divisione hanno raggiunto la riva occidentale. Seguiranno la 50ª Divisione austro-ungarica, la 13ª Divisione austro-ungarica e l'*Alpenkorps*.

L'avanzata verso il Piave procede con grandi differenze. Le due Armate dell'Isonzo si concedono tempo, salvo poche eccezioni si limitano semplicemente ad inseguire il nemico, la pressione della 14ª Armata, invece, è molto efficace. Il generale Boroević ha addirittura ordinato alle sue unità di non tentare di attraversare il Tagliamento senza la preparazione dell'artiglieria pesante. L'ordine vale per Delizia, Madrisio e Latisana. Manca lo slancio, l'arciduca Eugenio stesso alla fine si sente obbligato ad intervenire per accelerare le operazioni.

Nel settore del Gruppo Krauss si svolgono combattimenti drammatici sia in montagna che ai margini dei monti perché il nemico tenta di sfondare verso la pianura. Le unità che hanno già attraversato (55ª austro-ungarica e Divisione *Jäger* tedesca) ed alcuni reparti della 10ª

Armata tentano di tagliare la ritirata al nemico in fuga dall'ansa del Tagliamento e dalla Zona Carnia. Solo in pianura è possibile avanzare rapidamente. Per questo i Gruppi Krauss e Stein cercano di superare velocemente i monti muovendosi ai loro margini per penetrare nelle valli prealpine.

Siamo davanti alla carta delle posizioni e riflettiamo, discutiamo. Un fatto è chiaro: le divisioni italiane che ancora combattono sull'ansa del Tagliamento non riusciranno facilmente a sottrarsi alla stretta che le minaccia. In tutto il territorio prealpino delle Alpi Carniche a sud dell'alto Tagliamento e del Piave le valli e le strade assicurano il collegamento nord-sud e viceversa, ma ci sono pochissime vie di collegamento da est a ovest. Si può quasi prevedere in quali zone e su quali strade il nemico tenterà di sfondare verso sud. Una di queste zone è la vallata di Tramonti.

Comunque gli italiani si ritirino, l'inseguimento in pianura è favorito dal tempo bello ed asciutto e dal defluire della piena. Non è necessario emettere nuovi ordini perché le unità conoscono già dal 30 gli obiettivi finali e i settori di combattimento.

Mentre a Cornino e Pontaiba i reggimenti attraversano senza sosta il grande fiume, a Bonzicco non si fanno progressi, il ponte continua a rimanere sotto il fuoco di sbarramento dell'artiglieria italiana. Anche tutti i ponti a sud sono ancora bloccati.

La situazione sull'ansa del Tagliamento richiede particolare attenzione. A Udine abbiamo intercettato e decifrato alcuni telegrammi del Comando Supremo italiano dai quali si deduce che il generale Cadorna ha ordinato all'ala sinistra della 2ª Armata di ripiegare velocemente verso ovest o verso sud, ed ha anche ordinato alla 4ª Armata italiana di colpire da nord il fianco del Gruppo Krauss. Il generale Krauss viene subito informato di stare in guardia. Deve assicurare il suo fianco destro, ma con il grosso delle sue unità deve iniziare quanto prima l'inseguimento verso ovest per superare il nemico e non concedergli tregua. La sua divisione *Edelweiss* per il momento è stata ceduta alla 10ª Armata austro-ungarica.

A quanto ci dicono, la 216ª Brigata austro-ungarica della divisione *Edelweiss* il 4 ha raggiunto Tolmezzo nell'alta valle del Tagliamento ed ha tentato inutilmente di attraversare il fiume. Il XII Corpo d'Armata italiano (con la 36ª e la 63ª Divisione) resisteva ed era efficacemente sostenuto dalla fortezza del Monte Festa. La gemella 217ª Brigata austro-ungarica nella sera dello stesso giorno aveva già raggiunto Illegio.

Nel settore del Gruppo Krauss alcuni reparti della 55ª Divisione austro-ungarica avevano sbaragliato delle formazioni del Corpo d'Armata Di Giorgio nei pressi di Travesio-Oltrerugo ed avevano fatto 2.200 prigionieri. La sera la divisione era già vicino a Toppo-Cavasso Nuovo, dove il torrente Meduna esce dalle montagne.

Nella notte tra il 4 ed il 5 il passaggio della Divisione tedesca *Jäger* purtroppo venne interrotto per molte ore perché il ponte d'emergenza nei pressi di Cornino era crollato. A quanto si sa, si lavora febbrilmente per ripristinarlo. Il reggimento von Pappritz, che faceva parte dei nostri reparti *Jäger* che avevano già attraversato, si era subito messo in marcia lungo il fiume in direzione nord verso Anduins e Peonis. Davanti ad una forte postazione di sbarramento italiana della linea Avasinis-Monte Covria-Cuel di Forchia-Monte Cuâr era stato coinvolto in un violento combattimento che era costato alcune perdite. Il generale von Below aveva cercato di arrestare l'attacco che sembrava inutile perché il nemico era già stato aggirato, purtroppo il suo ordine di sganciamento arrivò troppo tardi. Il giorno dopo il reggimento riuscì a sfondare lo sbarramento. Irruppe nella valle dietro il Monte Corgniul ed il Monte Festa e prese contatto con la 10ª Armata austro-ungarica.

In pianura le nostre formazioni in avanzata incontrano un nemico molto più numeroso che scende freneticamente dai monti per salvarsi dietro il Piave.

Il 4 la 12ª Divisione tedesca dietro il Tagliamento ha piegato verso sud, ha superato un duro scontro vicino a Lestans e per la prima volta ha annientato o catturato delle autoblindo italiane. Sul Col Bosco sono stati presi 400 prigionieri – tutti ciclisti del Corpo Speciale Di Giorgio. L'ala destra della 12ª Divisione germanica ha già raggiunto Tauriano, in serata la sinistra ha raggiunto la linea Istrago-Spilimbergo e si è collegata con la 50ª Divisione austro-ungarica nei pressi di Sequals.

Il ponte di legno di Pontaiba è stato rinforzato ed ora salmerie ed artiglieria possono transitare. Le bombe sganciate dagli aerei italiani non sono riuscite ad ostacolare i lavori dei genieri.

Attualmente la 22ª Divisione *Schützen* è presso Majano-Pers-San Tomaso. Scotti con le sue tre divisioni è fermo vicino a Cividale e le nostre 5ª e 200ª Divisione si raccolgono attorno ad Udine come riserve d'armata.

Gli ultimi telegrammi decifrati dicono che nella zona del Gruppo d'Armate Conrad il nemico ha ritirato il fronte dalle Tre Cime di Lavaredo e dal gruppo delle Tofane ed al passo Rolle.

Il grosso delle due armate dell'Isonzo si avvicina molto lentamente al Tagliamento. Finora l'attraversamento del fiume non è riuscito né vicino a Codroipo, né a Madrisio o Latisana. Si attende l'arrivo dell'artiglieria pesante.

In previsione delle azioni future, il generale von Below ritiene la zona d'operazione troppo stretta, vorrebbe maggior libertà di movimento per la 14ª Armata fino al settore della 10ª Armata austro-ungarica. Il giorno seguente coglierà l'occasione per far accettare la sua richiesta ed otterrà l'autorizzazione a convergere verso nord in direzione di Longarone nell'alta valle del Piave.

Una visita importante

Nell'assolata, ma rigida giornata del 5 novembre durante la pausa pranzo sono in servizio al nostro reparto operazioni e tento di mantenere il collegamento telefonico con la 12ª Divisione che sta avanzando in direzione di Vittorio Veneto per trasmettere una comunicazione importante. Il collegamento è pessimo, devo urlare nella cornetta del telefono da campo e sillabare ogni parola del testo che mi sta davanti. Mentre sono impegnato in questo lavoro la porta si apre lentamente, ma non me ne accorgo, dietro di me compare un generale austriaco, mi tocca la spalla e dice: "Signor sottotenente – per favore – sua Maestà l'Imperatore Carlo è qui – bisogna che qualcuno si muova".

Sfortunatamente siamo proprio tra le 14 e le 15, momento della giornata durante il quale gli ufficiali dello Stato Maggiore, secondo le disposizioni, devono riposare per essere abbastanza efficienti per affrontare il lavoro notturno. Nel reparto sono tutto solo. Non sono presenti né il Comandante in capo, né il generale Krafft von Dellmensingen, né il maggiore von Willisen o un altro ufficiale dello Stato Maggiore. Stanno tutti riposando.

Mi alzo, mi presento e dico: "Signor generale, sto trasmettendo una comunicazione importante. Posso chiederle di sostituirmi un momento all'apparecchio e di mantenere la comunicazione con l'esterno? Avverto subito sua Eccellenza von Below e gli ufficiali dello Stato Maggiore". In quel momento entra di corsa un attendente, un maresciallo. Gli grido: "Vada subito a chiamare il Comandante in capo e tutti gli altri ufficiali dello Stato Maggiore – il generale Krafft von Dellmensingen, il maggiore von Willisen – Li avverta che sua Maestà l'Imperatore Carlo è al Quartier Generale ed aspetta".

Il generale – forse Arz von Straussenburg – è tanto gentile da prendere il mio posto al telefono, vuole anche sapere a che punto del messaggio sono arrivato. Scappo via, attraverso di corsa il corridoio fino alla grande scalinata e trovò sua Maestà l'Imperatore Carlo attorniato da alcuni generali austro-ungarici e da altri ufficiali del suo seguito. Sembra gelato, il suo viso piuttosto inespressivo è pallido. Nella tromba delle scale fa un freddo cane, l'edificio non è riscaldato. L'Imperatore Carlo ha ispezionato alcune divisioni ed all'improvviso ha deciso di venire al nostro Quartier Generale senza farsi annunciare, come era nelle sue abitudini. Scendo di corsa alcuni scalini, mi presento con la dovuta forma ed aggiungo subito: "Posso chiedere a vostra Maestà di seguirmi nel nostro ufficio, là almeno è più caldo che qui fuori sulla scala. Sua eccellenza von Below e gli ufficiali dello Stato Maggiore sono stati informati ed arriveranno subito".

L'Imperatore Carlo con alcuni ufficiali mi segue nella piccola saletta, vede la mia grande carta e si informa subito sulle ultime notizie dal fronte. Lo aggiorno sulla situazione e sui progressi del 4 novembre, gli mostro la posizione attuale delle nostre unità in avanzata verso il Piave, rispondo anche ad una serie di domande specifiche, ma attendo con impazienza l'arrivo dei nostri ufficiali di Stato Maggiore perché non spetta certo ad un modesto sottotenente della riserva esporre a sua Maestà le operazioni della 14ª Armata. E poi non vorrei anticipare sua Eccellenza von Below e Krafft von Dellmensingen.

Finalmente la porta si spalanca di colpo ed entra il maggiore von Willisen che si presenta all'Imperatore. Dal volto pallido ed affaticato si capisce che è stato strappato da un sonno profondo. I capelli sono ancora leggermente arruffati, l'ultimo bottone dell'uniforme indossata in fretta è ancora aperto. Non si può dire che faccia una splendida impressione. Ma il maggiore von Willisen non perde mai il controllo, invita subito l'importante ospite ed il suo seguito nel suo studio dove ci sono carte molto migliori e tiene loro una breve conferenza sulla situazione e le intenzioni dell'Armata con tutti i dettagli.

Rilevo subito il mio generale al telefono, lo ringrazio molto per il suo gentile aiuto, ma tutta la situazione ci fa sorridere.

"*Servus*, signor sottotenente", dice, mi porge la mano e segue gli altri. Arriva il nostro Comandante in capo Otto von Below con la sua enorme sciabola e lo accompagno nella sala delle carte. Ora per me la faccenda è chiusa.

Von Below approfitta della visita per spiegare che la 14ª Armata ha bisogno di libertà di movimento fino alla sponda occidentale del Piave, solo così può irrompere nell'alta valle del Piave. Già davanti a Vittorio Veneto ci si attende una forte resistenza del nemico che probabilmente si potrà spezzare solo con l'aggiramento.

L'Imperatore ed il suo capo di Stato Maggiore sono subito d'accordo e poco dopo anche l'arciduca Eugenio dà il suo consenso. Lo veniamo a sapere quando l'Imperatore è già scomparso con il suo seguito. Ci sono buone premesse per le operazioni future.

L'inseguimento del 5-6 novembre

Su tutto il fronte tirolese continua la ritirata del nemico, unità austro-ungariche incalzano, hanno occupato Cortina d'Ampezzo. Il 5 gli *Schützen* della 216ª e della 217ª Brigata (della Divisione *Edelweiss*) sono riusciti finalmente a raggiungere l'altra sponda del Tagliamento a sud di Tolmezzo. Assieme alla 59ª Brigata da montagna (unite a formare il Gruppo Hordt) vogliono arrivare alle spalle delle truppe italiane che stanno ancora combattendo sull'ansa del Tagliamento o sono in ritirata. La 216ª Brigata assume la testa della colonna che avanza in direzione di Villa Santina dove arriverà in serata. Da Villa Santina punteranno verso sud.

Il generale Krauss avrebbe dovuto consolidare l'ala destra del suo gruppo e dirigersi con il grosso delle sue divisioni verso l'alto Piave, ma, con la sua solita ostinazione, cerca di avanzare verso sud, com'era nelle sue intenzioni fin dall'inizio. Von Below è costretto ad intervenire ed a deviare il grosso del Gruppo Krauss a nord, in montagna. Con l'approvazione del Comando Supremo del fronte sud-occidentale le sue divisioni da Meduno devono penetrare attraverso Tramonti nella valle del Meduna e partendo ad est di Anduins devono raggiungere la conca a valle di Gerchia. Questa manovra fa perdere un giorno. La 22ª Divisione *Schützen*, del Gruppo Krauss, deve avanzare attraverso Montereale, Barcis in direzione di Longarone ed andare incontro alla 10ª Armata austro-ungarica. Per dare maggiore incisività all'azione le è stato assegnato anche il Battaglione da montagna württemberghese.

Ora capisco perché il Comando d'Armata ha chiamato a Udine Sproesser e Rommel.

Il generale Müller ha diviso la sua 22ª Divisione *Schützen* in due distaccamenti. Il Gruppo nord è composto dalla 43ª Brigata austro-ungarica con il Battaglione da montagna württemberghese. A marce forzate deve raggiungere la località di Longarone passando per Chievolis, Forcella Clautana e Cimolais. La 98ª Brigata austro-ungarica, Gruppo sud, ha il compito di avanzare da Maniago per Andreis-Barcis, lungo il torrente Caltea, di passare la sella a sud del Monte Tremol (650 m) e, attraverso Farra d'Alpago, appena a nord del lago di Santa Croce, raggiungere Ponte nelle Alpi nella valle del Piave. Da sud poi può arrivare a Longarone. L'impostazione dell'avanzata mostra che il generale Müller intende effettuare un doppio movimento a tenaglia in accordo con l'avanzata della 10ª Armata austro-ungarica.

A quanto sentii, inizialmente il Battaglione da montagna württemberghese avrebbe dovuto bloccare la ritirata del nemico vicino a Tramonti; ma si lasciò perdere perché il battaglione era già in marcia con la 43ª Brigata verso Forcella Clautana.

Il grosso della Divisione *Jäger* tedesca gira verso Gerchia, nelle Prealpi, per portarsi sulla strada per Chievolis-Longarone.

Il terzo giorno dell'inseguimento è iniziato, tutta l'armata è in movimento.

La sera del 5 l'avanguardia della 55ª Divisione austro-ungarica, la prima che ha attraversato il Tagliamento, ha raggiunto le colline di Poffabro e Fanna dopo aver affrontato violenti scontri, dietro segue il grosso nella zona Travesio-Toppo. La Divisione deve occupare Montereale.

La 50ª Divisione austro-ungarica ha già raggiunto con il suo reparto avanzato la località di Colle sul torrente Meduna, valorosamente difesa da bersaglieri, altre formazioni della divisione si trovano ora vicino ad Arba sul torrente Colvera e davanti a Ponte del Giulio, a nord di San Leonardo sul torrente Cellina. Il grosso della 50ª Divisione si muove lungo i margini delle montagne ed ha preso Montereale.

La colonna nord della 12ª Divisione ha attaccato sul fianco una lunga colonna del Corpo d'Armata Di Giorgio in ritirata – costituita da artiglieria, fanteria, ciclisti, cavalleria e perfino autoblindo – e da Tesis è arrivata a San Leonardo. La sua punta d'attacco centrale da Vivaro ha raggiunto San Foca, già molto dietro il torrente Cellina. Da Barbeano la colonna sud passando per il torrente Cosa ed il paese di Provesano, vicino a Gradisca, è arrivata finalmente dietro il ponte sul Tagliamento nei pressi di Bonzicco e l'ha protetto. Il ponte in legno di Bonzicco portato via dalla piena, alle 18 è già ricostruito. La 117ª Divisione lo sta attraversando rapidamente.

Per fortuna non ci sono state grosse difficoltà nell'attraversare i torrenti nella zona d'attacco perché le enormi masse d'acqua sono in gran parte defluite.

Il generale Stein con lo Stato Maggiore del suo Gruppo è andato avanti, a Spilimbergo, dall'altra parte del Tagliamento. Le divisioni del generale Hofacker sono state rilevate.

Dopo che il nemico, secondo le disposizioni di Cadorna, in ordine e senza ressa si è ritirato dal Tagliamento, anche gli austriaci sono riusciti a riparare prima di sera i ponti sul Tagliamento crollati. Per prima ha attraversato il fiume alla Delizia la 24ª Divisione austro-ungarica, altre unità hanno seguito a Madrisio, la 10ª Divisione austro-ungarica ha attraversato per prima a Latisana.

Il gruppo d'armate Boroević continua ad avere troppe divisioni che inseguono il nemico quasi senza combattere. Il 5 sera comunque le due armate dell'Isonzo si sono notevolmente avvicinate al settore del Livenza.

La catastrofe della 36ª e della 63ª Divisione italiana

Il 6 novembre l'inseguimento in pianura prosegue senza problemi, ma in montagna si svolgono combattimenti drammatici che durano fino alla sera del 7. In ritardo veniamo a sapere i fatti narrati di seguito.

Nella notte tra il 5 ed il 6 la 216ª e la 217ª Brigata austro-ungarica della divisione *Edelweiss* e la 59ª Brigata da montagna hanno raggiunto Tramonti provenendo da nord e lungo la strada hanno raccolto 1.200 prigionieri, probabilmente rimasti indietro. Il reparto che le protegge sui fianchi è arrivato da Preone a San Francesco d'Arzino. La 59ª Brigata – i combattenti del Rombon al comando del colonnello Schade – a marce forzate è riuscita a raggiungere il nemico vicino a Selva Piana, anzi lo ha superto ed accerchiato. Ha preso prigionieri uno Stato Maggiore di divisione, due Stati Maggiore di Brigata e 5.000 uomini della

63ª Divisione ed ha catturato 24 pezzi d'artiglieria. Solo il generale Francesco Rocca con 4.000 uomini è riuscito a sfuggire. Sta cercando di aprirsi un varco attraverso i monti.

Si sentono racconti simili anche sull'avanzata della divisione *Jäger* tedesca.

Il reggimento von Pappritz è ancora impegnato nei combattimenti sul Monte Cuâr, Monte San Simeone, Monte Festa e quindi solo i due reggimenti von Bibra e Bettenberg stanno avanzando attraverso Anduins in direzione di San Francesco d'Arzino. Per evitare uno sbarramento erano stati costretti a deviare per Clauzetto-Pielungo affrontando delle scaramucce. Sulla strada per Gerchia il Battaglione *Schützen* della Guardia della riserva con il maggiore von Stülpnagel formava l'avanguardia. Improvvisamente il battaglione è incappato nel grosso delle divisioni italiane che avevano tenuto le posizioni sull'ansa del Tagliamento (36ª e 63ª Divisione) e che ora si stavano ritirando. Nel combattimento con il nemico molto superiore gli *Schützen* della Guardia si sono trovati in gravi difficoltà perché il nemico cercava disperatamente di aprirsi un varco. C'è stato uno scontro eroico costato molte perdite. Sono caduti il maggiore von Stülpnagel, altri 4 ufficiali e 40 soldati, una sessantina di *Schützen* è rimasta ferita, ma il battaglione ha resistito all'assalto. A Gerchia gli italiani non sono passati ed hanno dovuto cedere.

L'8° Battaglione *Jäger* della riserva (Schlettstadt), il cui reparto ciclisti – forte solo di 60 uomini – era stato fatto avanzare fino a Tramonti di Sotto, ha messo a segno un colpo fantastico. Prima ha fatto prigionieri 300 uomini e catturato 22 mitragliatrici e 2 cannoni-revolver e poco dopo è riuscito ad intercettare la ritirata degli italiani e a catturare circa 7.000 uomini.

Non sono sfuggiti neanche il generale Rocca ed i suoi 4.000 uomini: sono stati accerchiati e presi prigionieri. Gli *Jäger* tedeschi hanno continuato subito l'avanzata verso nord-ovest ed hanno occupato le località di Palamagior e Pielungo. Nella valle di San Francesco d'Arzino ed anche vicino a Tramonti è rimasto abbandonato un enorme bottino. Nessuno ha il tempo di occuparsene. Sarebbe tornato utile alla 10ª Armata in avanzata verso sud.

A Tramonti e Gerchia il nemico ha perduto in tutto 18.000 uomini.

Le ricognizioni aeree ci informano che lunghe colonne si muovono verso ovest e sud attraverso l'alta valle del Piave e che nei pressi di

Feltre si è formato un enorme ingorgo. Le stesse informazioni ci giungono anche sulle colonne nella valle del Brenta. Dei bombardieri vengono mandati a sorvolare le valli per colpire le colonne.

È davvero il momento che Conrad attacchi. La data prevista è il 10. Purtroppo ha a disposizione solo cinque divisioni, ma almeno appoggiate da alcune batterie tedesche. Il nostro reparto operazioni si attende che il nemico finalmente organizzi una seria resistenza davanti a Vittorio Veneto. Se non lo farà verrà inseguito senza tregua attraverso Belluno e Feltre in direzione di Pederobba.

C'è anche un'altra notizia che ci mette in fibrillazione.

La mattina del 6 novembre il comandante del forte del Monte Festa, dopo una valorosa resistenza è ormai circondato, respinge un invito alla resa. Il giorno successivo, dopo aver fatto saltare i cannoni del forte, compie una sortita per sottrarre il presidio alla cattura. Il grosso della truppa in ritirata e con loro anche i feriti rimasti all'interno del forte con un ufficiale medico cadono tuttavia in prigionia degli *Jäger* tedeschi e della 5ª Compagnia di alta montagna della 94ª Divisione austro-ungarica.

Il grosso della 94ª Divisione austro-ungarica avanza attraverso Tredolo nell'alta valle del Tagliamento. La testa della 55ª Divisione austro-ungarica si sta avvicinando a Vittorio Veneto. Della 50ª Divisione sappiamo che ha superato Colle ed Arba e si dirige verso Conegliano.

Già ieri i distaccamenti avanzati della 12ª Divisione slesiana del gruppo Stein hanno raggiunto i ponti distrutti sul Livenza vicino a Fiaschetti, Sacile e Cavolano. Il grosso serra le file.

Nel pomeriggio i distaccamenti avanzati della 13ª Divisione austro-ungarica, che segue la 12ª, hanno cominciato l'attraversamento del ponte di Pontaiba che è stato rinforzato. L'*Alpenkorps* è ancora in attesa sulla riva orientale del fiume.

Al reparto operazioni siamo fiduciosi di poter intercettare ancora parecchie formazioni italiane in ripiegamento dalle Dolomiti e dalla Carnia. Tutto dipende dalla rapidità con cui si arriverà sulla direttrice Longarone-Belluno nell'alta valle del Piave.

Sembra che il nemico intenda formare un nuovo fronte dalla Valsugana attraverso il massiccio del Grappa fino al corso inferiore del Piave – così almeno fanno supporre le comunicazioni del servizio informazioni. La zona tra il Brenta ed il Piave è considerata il punto più critico.

Non ci sono ancora state segnalate divisioni inglesi o francesi in Lombardia.

I rifornimenti sono finalmente migliorati, le valli ora sono libere, il ponte militare vicino a Tolmino è terminato, le grandi salmerie hanno raggiunto la pianura. È molto importante perché ci attendiamo l'acuirsi della resistenza nemica. Disturbano gli occasionali attacchi aerei italiani sui ponti e sulle strade arretrati perché le nostre unità aeree e soprattutto quelle austriache sono troppo deboli per difenderli. Naturalmente mi interessa soprattutto il Battaglione da montagna württemberghese, mi informo e vengo a sapere che il battaglione ha superato Meduno e che durante l'avanzata ha affrontato una scaramuccia vicino a Redona ed ha catturato 20 ufficiali e 300 uomini di una retroguardia italiana. Solo uno stretto sentiero attraverso le rocce conduce a Forcella Clautana occupata dal nemico. Il generale Müller ha ordinato alla sua 43ª Brigata di attaccarla con il Battaglione da montagna württemberghese.

A valle pioveva, sui monti cadeva la neve. L'avanzata era guidata dal reparto Gössler del Battaglione da montagna württemberghese e dal I Battaglione del 26° Reggimento di fanteria slesiano. Dopo aver superato in serata il paese di Pecolat, il mattino del 7 hanno iniziato l'ascesa verso il passo (1.439 m). Gli italiani dominavano le alture circostanti e sparavano con artiglieria e mitragliatrici sulle vie d'accesso. Avanzare di giorno era impossibile. Tra il Monte La Gialina ed il Monte Resettùm (2.067 m) il nemico aveva formato anche una linea di sbarramento di 2 chilometri che attraversava diagonalmente il passo. Il reparto Rommel ricevette l'ordine di effettuare una manovra di aggiramento a sud del Monte Resettùm. Nonostante il grande impegno l'aggiramento sull'accidentato terreno montuoso non riuscì, non restava altro che attaccare di fronte il passo così importante.

Già in serata il reparto Rommel, dopo una faticosissima scalata, si è avvicinato senza farsi vedere a 600 metri dalla linea di sbarramento. Il capitano Gössler ed i suoi uomini, ben nascosti tra i mughi, erano in attesa circa alla stessa quota sull'altro lato della valle. Alcuni esploratori hanno perlustrato al buio il settore d'attacco. Con grande cautela sono state portate in posizione avanzata alcune mitragliatrici e si è organizzato il fuoco di copertura. Il grosso degli *Schützen* era in agguato 300 metri più indietro. A mezzanotte in punto Rommel ha ordinato a tutte le mitragliatrici di aprire rapidamente il fuoco per tenere a bada il presidio nemico. Voleva attaccare contemporaneamente la linea di sbarramento con bombe a mano e all'arma bianca, ma purtroppo c'è stato un disguido. La compagnia d'assalto è arrivata troppo tardi, il nemico si è ripreso ed ha sparato con tutto quello che aveva. Ci sono state delle perdite.

Così è fallito l'attacco a Forcella Clautana. Rommel riteneva inutile tentare ancora la notte stessa. Ha sospeso il combattimento, ha ritirato i suoi uomini ed ha lasciato in avanti solo truppe di copertura. Mentre discuteva la difficile situazione con il maggiore Sproesser è suonato il telefono: dalla prima linea informavano che gli italiani stavano sgomberando il passo. Incredibile!

Subito il reparto Gössler ha incalzato ed ha superato Forcella Clautana. Il Battaglione da montagna württemberghese ha proseguito verso Forcella Clautana e si sta ora avvicinando a Cimolais.

In un punto di raccolta sul Piave devono esserci già quattro brigate italiane. Si dice che se ne stia avvicinando un'altra, destinata specialmente alla difesa del Montello. Il generale Cadorna avrebbe visitato personalmente le linee di difesa costruite nel 1916 sul massiccio del Grappa, le postazioni per le batterie ed addirittura le riserve d'acqua – un segno che prevede di difendersi in questa zona.

Battaglia nell'alta valle del Piave e sul Livenza

Attualmente in Tirolo ci sono fitte nevicate e la temperatura è a meno 12 °C. Il nemico continua a ritirarsi su tutta la linea. Anche in Valsugana la resistenza cala sensibilmente. L'inseguimento in Val Cortella prosegue senza difficoltà con scontri vicino a Canal San Bovo. Le fortificazioni vicino a Vigo di Fassa sono state costrette alla resa.

Il servizio informazioni è venuto a sapere dagli abitanti che nella zona di Treviso sono comparsi inglesi e francesi, probabilmente distaccamenti in missione appartenenti a divisioni dell'Intesa. Questo avrà delle ripercussioni sulla situazione sul Piave.

Il tentativo di ripiegamento quasi ordinato dell'ala sinistra della 2ª Armata italiana, o almeno quello che ne rimane, è molto disturbato dalla nostra forte pressione. Alcune retroguardie sono costrette a cessare la resistenza anzitempo o vengono accerchiate e fatte prigioniere. Diverse divisioni italiane, molti reggimenti non hanno più informazioni e marciano senza saperlo verso la loro rovina. Solo i reparti più piccoli e le pattuglie a volte riescono a salvarsi attraverso i monti. L'ala destra della 2ª Armata italiana battuta e tutta la 3ª Armata davanti alle unità austro-ungariche dell'*Isonzoarmee* riescono invece a ripiegare in tempo ed ordinatamente e a ritirarsi dietro il Piave. La sera del 7 il grosso di tutte le divisioni italiane era arrivato dietro il Piave – solo le retroguardie lo attraversarono nella notte dall'8 al 9 novembre.

Il 7, una soleggiata giornata invernale, la 10ª Armata austro-ungarica ha fatto grandi progressi. Il suo obiettivo era penetrare nell'alta valle del Piave attraverso Vigo, Lorenzago e Pieve di Cadore. Alcuni distaccamenti avanzati sono già nei pressi di Perarolo vicino alla confluenza del Boite nel Piave. Più a est due brigate da montagna della divisione *Edelweiss* (Gruppo Hordt) si dirigono verso Tramonti attraverso l'alta valle del Meduna. Incontreranno presto le formazioni della 14ª Armata che hanno annientato la 36ª e la 63ª Divisione italiana che intendono avanzare assieme nella valle del Piave in direzione di Belluno-Feltre.

Intanto il gruppo nord della 22ª Divisione *Schützen*, con l'aggregato Battaglione da montagna württemberghese, ha superato Forcella Clautana. Il gruppo sud comandato dal colonnello Sloninka con il suo 2° Reggimento di fanteria bosno-erzegovese sta marciando direttamente su Ponte nelle Alpi.

Il generale Krafft von Dellmensingen spera che un rafforzamento della nostra ala destra avrà un effetto positivo sia sull'avanzata nell'alta valle del Piave che sull'attacco contro il corso centrale del fiume e che attraverso il massiccio del Grappa si riesca a scardinare tutta la linea del Piave. Per questo motivo von Below assegna tutto l'*Alpenkorps* al Gruppo Krauss che ora disporrà di tre forti divisioni (22ª Divisione *Schützen*, divisione *Jäger* tedesca e l'*Alpenkorps*). Si cerca di raggiungere Belluno già prima della 10ª Armata austro-ungarica avanzando sulla riva occidentale del Piave. La divisione *Edelweiss* rimane ancora con la 10ª Armata austro-ungarica.

A sud del Gruppo Krauss, il gruppo Scotti con la 50ª Divisione austro-ungarica prosegue la sua avanzata impetuosa verso ovest spostandosi ai margini delle montagne, più tardi si unirà ad esso anche la 1ª Divisione austro-ungarica. La 200ª Divisione riceve l'ordine di seguire mentre tutte le altre divisioni (la 5ª, la 4ª austro-ungarica e la 33ª) al comando del generale austro-ungarico Pfeffer rimangono di riserva nella zona di Udine.

L'obiettivo principale dell'ala destra della 14ª Armata è la conquista di Feltre. Si intende affidare al generale Krauss il comando unico delle operazioni nella zona di Feltre-Fonzaso, confine del Gruppo d'Armate Conrad e del Gruppo d'Armate del fronte sud-occidentale, perché si ritiene svantaggioso dividerlo tra le due armate. Il maggiore Jansen, in qualità di ufficiale di collegamento, sta raggiungendo il Comando Supremo del fronte sud-occidentale per regolare la faccenda ed anche per ottenere che tutte le forze che si liberano in pianura vengano immediatamente convogliate attraverso la val Pusteria a rafforzare l'ala sinistra del Gruppo Conrad. Ci sono stati duri scontri con le retroguardie vicino a Fiera di Primiero a sud del gruppo della Marmolada, in val Cordevole ed in val Boite ed anche nei pressi di Auronzo.

Arrivano nuove informazioni dal fronte.

Già il 7 la 94ª Divisione austro-ungarica ha dovuto affrontare duri combattimenti nei pressi del Passo della Mauria per avanzare da nord in direzione di Longarone. La 3ª Divisione *Edelweiss* da Cavazzo attraverso Tramonti è arrivata con la 27ª Brigata fino a Chievolis (più a sud) ed è capitata dietro la colonna nord della 22ª Divisione *Schützen* (43ª Brigata e Battaglione da montagna württemberghese) sulla strada per Claut.

Una colonna laterale della 98ª Brigata (2 battaglioni e mezzo) sta tentando di raggiungere direttamente Belluno su sentieri di montagna. Ha superato una formazione della 55ª Divisione austro-ungarica che tallonava davanti a sé un gruppo di Bersaglieri spingendoli in direzione di Barcis. I *Kaiserschützen* hanno travolto due battaglioni di Alpini, che con l'appoggio di artiglieria da montagna avevano opposto una dura resistenza sul Monte Lupo (a nord di Barcis). Sono stati presi molti prigionieri.

Anche in pianura va bene. La nostra 50ª Divisione austro-ungarica è avanzata rapidamente con la 15ª Brigata da montagna ai piedi dei monti sopra Polcenigo ed ha anche annientato un autoblindo con il tiro diretto di un cannone fatto avanzare. Ora la truppa sa come difendersi efficacemente da questi mezzi corazzati, precursori dei carri armati. La sua 3ª Brigata da montagna è ferma vicino a Polcenigo. Il nemico oppone ancora una dura resistenza sulle alture a nord delle sorgenti del Livenza, bisogna spezzarla.

Il distaccamento von Pappritz si è radunato vicino a Cavasso–Meduno ed è in movimento verso Flagogna, verrà impiegato in direzione di Vittorio Veneto.

Al momento gli slesiani, attorno a Sacile ed ai ponti sul Livenza, sono impegnati in un aspro combattimento contro numerose brigate, appoggiate da reggimenti di Cavalleria, da alcune batterie e da autoblindo.

Con una manovra avvolgente il II Battaglione del 62° Reggimento di fanteria, che ha attraversato il fiume più a sud, deve essere riuscito a conquistare Sacile. Gli italiani non sopportano gli accerchiamenti, questo è risaputo. Sono stati presi centinaia di prigionieri.

La perdita di Sacile costituisce un grande danno per il nemico ed è un gran vantaggio per noi perché avrà un effetto positivo sull'avanzata della 50ª Divisione che attraverserà il Livenza più a nord, vicino a Fiaschetti.

Il generale Stein fa prudentemente avanzare la sua 13ª Divisione *Schützen* austro-ungarica perché – come noi tutti – pensa di trovare resistenza sulla linea Vittorio Veneto-Conegliano.

Anche la 117ª Divisione di Hofacker ha dovuto conquistarsi faticosamente l'ulteriore avanzata verso ovest. Nonostante la notevole resistenza, alcuni reparti verso sera sono riusciti ad attraversare il Livenza vicino a Brugnera ed a formare una testa di ponte. Qui si è creato un brutto ingorgo perché alcune unità della 2ª *Isonzoarmee* (28ª e 57ª Divisione austro-ungarica) sono penetrate nella fascia di combattimento di Hofacker.

Gli svevi della 26ª Divisione, che seguivano, hanno ora raggiunto la zona tra Porcia e Pordenone.

Ci informano che anche le due armate dell'Isonzo hanno superato il settore Livenza.

Per il momento sui monti c'è ancora bel tempo, ma, come in pianura, presto ci sarà di nuovo brutto tempo e comincerà a piovere o a nevicare. I fiumi tornano ad ingrossarsi. Entro l'8 novembre si vedrà se gli italiani vogliono e possono opporre di nuovo una seria resistenza davanti a Vittorio Veneto.

Per quest'evenienza il Comando della 14ª Armata ha fatto avanzare l'artiglieria pesante e, nonostante tutte le difficoltà, il nostro ufficiale addetto ai rifornimenti Jochim è riuscito a portare munizioni per una giornata di violenti combattimenti. L'inseguimento è in corso dappertutto.

Abbiamo una comunicazione che nei pressi di Claut la 43ª Brigata (della 22ª Divisione) ha preso contatto con il Reggimento volontari

Schützen, che in val Settimana è sceso da nord nella conca di Claut-San Gottardo attraverso Sant'Antonio. L'avanguardia della divisione *Edelweiss*, che segue, è in marcia da Chievolis verso Forcella Clautana. Il gruppo sud della 22ª Divisione (colonnello Sloninka) stava salendo sul Piancavallo quando si è trovato improvvisamente in una fitta nebbia e nevischio che hanno reso impossibile l'orientamento. Hanno dovuto aspettare e si sono accampati all'aperto.

Il Comando della 14ª Armata decide un nuovo raggruppamento più adeguato alla situazione. Al generale Krauss viene assegnata la 50ª Divisione austro-ungarica, ma conserva anche la 55ª Divisione austro-ungarica che ha già impegnato su Farra d'Alpago, a nord del lago di Santa Croce, per alleggerire la difficile avanzata attraverso i monti della 22ª Divisione *Schützen*. La 1ª Divisione austro-ungarica è in marcia verso Feltre. L'*Alpenkorps* passa al Gruppo Scotti.

Senza dubbio l'avvenimento più importante del giorno 8 è la conquista di Vittorio Veneto ad opera della colonna sud della 50ª Divisione austro-ungarica e del II Battaglione del 18° Reggimento di Fanteria (55ª Divisione austro-ungarica), alle 9 del mattino. Le unità hanno subito proseguito la marcia verso Serravalle per arrivare a Valdobbiadene sul Piave attraverso la stretta depressione che passa per Follina. Finora la strenua resistenza dei reparti delle 48ª e 62ª Divisioni italiane sui tornanti della gola rocciosa di Revine Lago, tra il lago di Santa Croce in alto a nord ed il Lago Morto in basso a sud, ha impedito di entrare nella valle.

A sera il grosso della 55ª Divisione si è raccolto vicino a Ceneda. Intanto la 15ª Brigata da montagna (della 50ª Divisione austro-ungarica) ha definitivamente occupato Vittorio Veneto mentre la 3ª Brigata da montagna, ancora ostacolata dai ponti crollati, è rimasta un po' indietro. La Divisione *Jäger* tedesca è arrivata nella zona di Santa Lucia-Aviano nella Pedemontana.

Un distaccamento speciale della 55ª Divisione si sta dirigendo verso l'ansa del Piave (a nord di Belluno) per intercettare nei pressi di Polpet le unità italiane che rifluiscono e per mettere al sicuro i ponti a nord-ovest di Ponte nelle Alpi. Il nostro comandante dell'artiglieria fa avanzare dei pezzi a lunga gittata fino a Ponte per poter far fuoco sulle strade verso Longarone nella valle del Piave.

Vicino a Colle Umberto le retroguardie italiane di due divisioni si preparano al combattimento, ma vengono travolte. Il grosso delle divisioni si è rivolto verso sud ed attacca forti retroguardie nemiche della 3ª e 49ª Divisione (del VII Corpo d'Armata) sulla linea San Fior-Pianzano-Borgo.

Il nemico è stato preso contemporaneamente da nord e da sud, battuto e respinto così indietro che la sera stessa Conegliano è in mano nostra. La 13ª Divisione *Schützen* austro-ungarica ha raggiunto Orsago-Sacile. È evidente che le divisioni del generale Stein non sono più così lontane dal fiume Piave.

Alla 117ª Divisione del gruppo Hofacker è riuscito un colpo di mano sui ponti del Livenza vicino a Brugnera. Avanzando in due colonne verso il fiume Monticano, alle 15 ha attraversato con la colonna nord Campo-Cervaro e con la colonna sud Fontanelle. Nel settore di Monticano il nemico oppone ancora una debole resistenza. I 200 prigionieri provengono dai più diversi reggimenti della 49ª, della 64ª e della 67ª Divisione italiana a conferma della difficile situazione del nemico. Le numerose strade fatte saltare arrestano l'ulteriore avanzata.

Oggi la 26ª Divisione, che segue la 117ª Divisione, ha raggiunto Codognè. Dietro si muovono verso il Piave la 1ª Divisione austro-ungarica e la nostra 5ª Divisione.

Le due armate dell'Isonzo sono arrivate senza combattere nel settore di Monticano. La 28ª Divisione è davanti a Lutrano, la 57ª Divisione austro-ungarica davanti ad Oderzo.

Come corriere a Vittorio Veneto

Appena Vittorio Veneto è in mano nostra il primo scaglione del reparto operazioni vi si trasferisce per essere più vicino al fronte. Anch'io ho l'occasione di andare avanti. Come corriere del Comando della 14ª Armata devo accompagnare a Vittorio Veneto un colonnello austro-ungarico. Stabiliamo di incontrarci nel pomeriggio in una villa di Udine (una sede di comando dello Stato Maggiore austro-ungarico). Mi presento puntualmente, ma la partenza viene ritardata da un fatto davvero singolare.

Alcuni ufficiali austriaci sono in riunione in una stanza dell'edificio dove incontro anche il mio colonnello.

Mi sta dicendo che devo aspettare ancora un po' quando si apre la porta ed entra un baldanzoso generale austro-ungarico ancora giovane con il suo seguito. Sono nella nicchia della finestra e non può vedermi. Comincia subito a fare apprezzamenti arroganti e sprezzanti sui "*Daitschen*", nessuno riesce a metterlo in guardia. Sembra che la 14ª Armata non abbia contribuito per niente al magnifico successo che ci ha portato a Udine, sembra quasi che sia stata una comparsa. Si lamenta perché pare che i "*Daitschen*" si accaparrino sempre i migliori alloggi.

Non riesco ad ascoltare a lungo queste stupide fanfaronate, mi faccio avanti in modo che tutti possano vedere che sono un ufficiale tedesco, mi rivolgo al colonnello austro-ungarico e gli dico: "Signor colonnello, è evidente che i signori vogliono restare soli – aspetto giù" ed esco senza salutare. Il generale mi segue con lo sguardo senza dire una parola. Per il colonnello l'episodio è certamente molto penoso.

Il mio accompagnatore scende quasi subito e partiamo. Durante il viaggio tenta di cancellare la cattiva impressione, ma tace quando gli dico che la conversazione udita mio malgrado mi è sembrata molto interessante.

La strada per Codroipo non offre più sorprese, la conosco bene, ma per la prima volta attraversiamo il lunghissimo ponte in legno sul Tagliamento nei pressi della Delizia. Il breve tratto da Codroipo al fiume è indescrivibile. Dappertutto sono evidenti le tracce della catastrofe. Ci devono essere state scene terribili. Ci raccontano che la testata ovest del ponte era stata fatta saltare e che in alcuni punti il ponte aveva ceduto per il sovraccarico, ora di tutto questo non c'è più traccia. Superiamo il fiume ed andiamo in direzione di Pordenone, siamo preparati a tutto, dopo il Tagliamento dobbiamo attraversare anche il torrente Meduna, il Cellina ed infine il Livenza. Nei pressi di Sacile ci sono lunghe soste dovute non solo ai ponti crollati, ma anche alle strade distrutte dai bombardamenti ed intrise d'acqua. Perdiamo molto tempo, solo a mezzanotte arriviamo a Vittorio passando per San Vendemiano. Ringrazio, mi congedo e nell'oscurità comincio a cercare il distaccamento avanzato del nostro Comando alla testa del quale vi è il maggiore von Willisen. Non è certo facile, la villetta è nascosta in un parco di cipressi, palme, camelie e mimose. Il sentiero è segnato da siepi di bambù. La segnaletica del Comando d'Armata mi rende la ricerca più facile.

La proprietaria di questa affascinante villetta dai colori vivaci è una contessa Morosini, una bionda bellezza italiana alla quale sua Maestà era molto affezionato. Quando l'imperatore veniva in Italia non tralasciava mai di far visita alla raffinata signora. Questo rendeva tutta la faccenda più piccante. Una sentinella mi ferma, ma mi riconosce subito. Spiego che sono un corriere e che devo andare subito dal maggiore von Willisen, mi fa entrare. Mi accompagna in una stanza abbastanza grande, una specie di soggiorno o salotto. Alla luce incerta delle candele infilate nelle bottiglie riconosco alcuni ufficiali del nostro Stato Maggiore attorno ad un tavolo; c'è anche il maggiore von Willisen. Mi presento subito a lui e metto sul tavolo il mio pacchetto di carte e comunicazioni da Udine. Saluti molto cordiali. Willisen mi invita a sedermi. Sul tavolo ci sono coppe di frutta deliziosa, arance, fichi, uva. Sono riusciti a procurarsi anche delle mandorle. Gira anche del vino locale che hanno trovato in cantina. Poi von Willisen fa cenno di tacere. Il capitano von Feldmann (ufficiale di Stato Maggiore dell'artiglieria campale) ha scoperto nella stanza accanto un magnifico pianoforte a coda Erhardt ed ha iniziato a suonare. È un pianista provetto con un tocco perfetto. Veniamo avvolti da un'atmosfera magica. Tutti dimentichiamo la guerra ed ascoltiamo la musica. Esegue alcuni brani dalle *suite* inglesi di J. S. Bach. La scena mi ricorda i magistrali quadri di Menzel sul vecchio Fritz nella guerra dei Sette Anni.

Verso l'una si chiude e tutti vanno a letto. Ho chiesto di potermi trattenere per la notte ed un ufficiale d'ordinanza mi accompagna al secondo piano per assegnarmi un letto. Il mio conoscente mi offre il suo alloggio per la notte. Naturalmente resisto, ma mi dice che nella stanza c'è il telefono e quindi potrei fare anche il servizio notturno. Ingenuamente mi dichiaro subito disponibile. Apre una porta stretta ed entriamo in una stanza accogliente e di buon gusto, la camera da letto della contessa Morosini – verde con decori dorati e molti specchi, ma quasi senza addobbi alle pareti. Incantevole – semplicemente estasiante. Ed inoltre un enorme, largo letto. Accanto su una sedia c'è il telefono da campo. Scendo due gradini e scopro un *boudoir*. Il mio collega sorride. "Be' – dorma bene" – mormora e scompare in fretta.

Dopo le corse folli degli ultimi giorni dormirò in questo magnifico letto, quasi non ci posso credere. Mi spoglio e mi sprofondo comodamente nel morbido giaciglio dai soffici guanciali.

Ma, orrore, di dormire non se ne parla proprio. Il telefono suona in continuazione, trascorro la notte a prendere nota di un'ottantina di telefonate ed a scrivere comunicazioni sotto dettatura. Al mattino entra l'ufficiale d'ordinanza, sghignazza allegramente e con un sorriso soddisfatto prende tutta la pila di comunicazioni. Dobbiamo scorrerle subito perché alle 10 è già pronta un'auto per riportarmi ad Udine con carte ed altri documenti per il Quartier Generale. Il maggiore von Willisen mi dà anche degli incarichi speciali da trasmettere.

C'è un tempo da cani, diluvia, le condizioni delle strade peggiorano, diventano più molli, l'auto slitta leggermente o rimane bloccata nel fango. Le ruote girano a vuoto, spesso sprofondano fino all'asse nel terreno inzuppato e riusciamo a liberarci solo facendoci aiutare.

Lungo la strada superiamo colonne in marcia dell'*Alpenkorps* ed anche reparti della 200ª Divisione – una vista magnifica. Nonostante il tempo orribile, gli uomini sono di ottimo umore. Evidentemente la campagna italiana li diverte – finora ci sono state pochissime perdite.

Attraversiamo di nuovo l'infinito ponte sul Tagliamento e le rovine di Codroipo, a sera l'auto corre sul rettilineo attraverso Basagliapenta e Campoformido verso Udine.

Trovo una grande eccitazione, si è appena saputo che il reparto Rommel del Battaglione da montagna württemberghese è vicinissimo a Longarone. Raccontiamo di seguito i dettagli dei fatti drammatici di Longarone come Rommel stesso ci ha raccontato più tardi.

Rommel a Cimolais e Longarone

Tutto è iniziato il mattino dell'8 novembre. Il battaglione da montagna württemberghese avanza in direzione di Cimolais e della gola del Vajont. Per ordine del maggiore Sproesser, il reparto del capitano Gössler ha assunto l'avanguardia. Nei pressi de Il Porto c'è una breve scaramuccia. Il nemico (reparti della 26ª Divisione italiana) è costretto a ritirarsi verso nord-ovest. Il reparto Rommel (forte di 3 compagnie e di 1 compagnia mitraglieri) passa ora in testa. Subito dietro segue il I Battaglione del 26° Reggimento *Schützen* stiriano.

I ciclisti di Rommel – nascosti da alberi e cespugli – riescono a sottrarsi alla vista degli italiani sulle alture. Al tramonto Rommel ed i suoi uomini raggiungono il letto ghiaioso del torrente Cellina davanti a Cimolais, largo circa 100 metri. Il nemico sta ripiegando verso la gola del Vajont, dunque attraversano il torrente senza sparare ed occupano Cimolais. Qui il reparto, molto provato, si riposa. Il maggiore Sproesser segue con il grosso del Battaglione da montagna württemberghese. Sulle pendici dei monti circostanti, il Monte Lodina (1.996 m) ed il Monte

Cornetto (1.793 m), gli italiani stanno scavando febbrilmente delle trincee. Hanno costruito uno sbarramento diagonale sulla sella.

Verso mezzanotte il maggiore Sproesser, ovviamente su incarico del generale Müller, dà ordine al reparto Rommel di avanzare prima dell'alba attraverso il Monte Lodina per accerchiare da nord la postazione di sbarramento italiana. Contemporaneamente il reparto Gössler del Battaglione da montagna württemberghese, appoggiato da tre compagnie di *Schützen* stiriani, effettuerà una manovra a tenaglia a sud attraverso cima Ferrona (995 m), la forcella Simon (1.482 m) e dietro il Monte Zerten (1.882 m). Rommel chiede di cambiare l'ordine perché ritiene che i suoi uomini esausti non possano assumersi un tale compito sulla montagna rocciosa, gelata, in parte coperta di neve. Ottiene che solo una compagnia guidata da uno del posto effettui la manovra di aggiramento a nord, egli stesso con due compagnie e con la compagnia mitraglieri attaccherà frontalmente la linea sulla sella.

Rommel ordina una ricognizione della postazione di sbarramento, c'è un grande silenzio ed i suoi esploratori cominciano a sospettare che il nemico l'abbia sgomberata. Egli stesso, accompagnato da alcuni ciclisti, cavalca fino ad una piccola cappella nelle vicinanze del sentiero che conduce al passo quando improvvisamente il gruppetto viene investito da tutte le parti da un violento fuoco di mitragliatrici e di fucileria. Si riparano velocissimi nella cappella. Per fortuna non ci sono feriti. I cavalli ritornano al galoppo.

Dall'altra parte, vicino al passo di Sant'Osvaldo, un battaglione italiano difende una linea ben costruita che attraversa diagonalmente la strada e raggiunge i ripidi pendii e le alte pareti rocciose.

L'ala destra del battaglione italiano – come Rommel può vedere con il cannocchiale – è tenuta a bada da una fila di *Schützen* che si sono scavati dei ripari provvisori nel terreno. Questo è il punto debole della linea di sbarramento italiana e sul pendio del Monte Cornetto non si vedono nemmeno ostacoli di filo spinato davanti alla linea. Rommel decide di occupare con mitragliatrici pesanti un'altura 700 metri a nord-est di Cimolais (939 m), dalla posizione più elevata potrà tener a bada il nemico durante l'attacco. Fa aspettare al coperto la sua 2ª Compagnia e la compagnia mitraglieri. Improvvisamente, senza alcun accordo, quattro pezzi d'artiglieria da montagna austro-ungarici cominciano a battere la strada del passo. Non rientra nei piani di Rommel. Attraverso il maggiore Sproesser riesce a far cessare il cannoneggiamento. Alle 9 in punto tutte le mitragliatrici pesanti e leggere di colpo aprono il fuoco sulla linea di sbarramento italiana, concentrate particolarmente sulla sua ala destra dove i fucilieri italiani sono esposti alle raffiche quasi senza copertura. Poco dopo i primi italiani, prima uno alla volta e poi a piccoli gruppi, si riparano nelle trincee. Ma anch'esse si trovano sotto il fuoco battente proveniente dall'alto della montagna. Il presidio viene preso dal panico. I fuggiaschi vengono falcidiati.

Questo è il momento atteso da Rommel. Attacca con i suoi uomini, supera gli ostacoli, irrompe nella linea e prende prigioniero il resto del presidio. Pochissimi riescono a fuggire.

Non c'è tempo da perdere. Tempo – tempo – il tempo è la soluzione. Si deve stare alle calcagna dei fuggitivi, se possibile superarli.

Inizia una caccia selvaggia lungo la strada attraverso il paese di Erto e la gola del Vajont fino a Longarone. Certamente il nemico ha preparato la distruzione dei ponti nella gola, bisogna inseguirlo senza tregua per impedire che agisca.

Già alle 10.30 Rommel con alcuni *Schützen* supera San Martino. A cavallo ed in bicicletta il piccolo reparto avanzato incalza gli italiani in fuga attraverso Erto e Casso nella valle del Vajont. I ciclisti sulla strada scoscesa sono più veloci dei soldati a cavallo e formano la testa. Chi viene raggiunto riceve solo un cenno di deporre le armi e di sparire indietro.

Dopo Erto e Casso inizia la profonda gola del Vajont lunga tre chilometri e mezzo. Qui la situazione si fa critica perché la strada a circa 300 metri d'altezza è incassata nelle pareti di roccia, prima sul lato nord poi su quello sud, ed è provvista di tunnel e ponti. Molto in basso scorre l'acqua impetuosa del fiume Vajont. Un ponte di 40 metri passa sopra un affluente da una valle laterale. Il sottufficiale Fischer con alcuni uomini pedala a velocità folle sul ponte. Individua dei buchi e delle micce, si ferma e scende per tagliarle mentre i suoi gli sfrecciano davanti. Una violenta esplosione scuote l'aria, Fischer precipita nel fiume con il ponte, il fragore rimbomba nella valle. Rommel sente la detonazione. Che cosa sta succedendo più avanti? A circa 100 metri da lui gli italiani hanno fatto saltare il ponte secondario. Il corpo di Fischer giace sulle macerie. I suoi fucilieri ciclisti intanto continuano a correre sulla strada principale dall'altra parte, entrano in un tunnel buio nel quale si sono cacciati alcuni italiani, lo attraversano ed arrivano al ponte principale che attraversa la gola del Vajont. Non si vedono più. Davanti si sentono degli spari. Sul ponte del Vajont è in corso uno scontro. Rommel riesce a superare le macerie del ponte secondario fatto saltare, avanza di corsa verso il ponte principale, seguito da una parte dei suoi uomini. Tutti si devono mettere al riparo dietro la casetta del custode. Dall'altra parte si vede un camion italiano in fuga, evidentemente il gruppo degli artificieri. Anche sulla carreggiata di questo ponte si vedono i buchi con i cavi che portano alle cariche esplosive. Il sottufficiale Brückner, per ordine di Rommel, si lancia avanti, all'ultimo momento taglia le micce o le strappa dalle cariche.

Il ponte è salvo.

La caccia selvaggia continua senza sosta giù per la ripida strada a tornanti nella parete rocciosa. All'uscita della gola la strada forma una curva ad esse abbastanza grande verso sud. Non si spara più.

Verso le 11 Rommel con una decina dei suoi raggiunge l'uscita della gola del Vajont e guarda giù nell'aperta valle del Piave.

Che panorama! Sull'altra riva del fiume ad appena un chilometro, ai piedi di alte montagne c'è Longarone, immerso nella luce del sole. Ma Rommel vede anche uno spettacolo del tutto diverso, un'infinita, fitta fila di unità italiane di tutte le armi che si muove lentamente sull'ampia strada per Belluno. Longarone e la vicina Rivalta sono stracolme di soldati ed automezzi italiani. Non si è mai visto niente di simile. – È quasi incredibile. Migliaia e migliaia di soldati passano marciando in buon ordine sull'altra riva del fiume senza sospettare niente. Rommel ed il suo piccolo reparto avanzato si annidano nelle macchie di boscaglia sul pendio 100 metri a sud della strada. Cominciano subito a bloccare la strada a valle tra roccia e fiume con il fuoco di mitragliatrici e fucili. Colte di sorpresa, le colonne dall'altra parte si dividono. Una parte dei fuggitivi corre a sud, un'altra si ritira velocemente verso Longarone per trovare riparo dietro i muri delle case.

Ansimanti arrivano di corsa altri württemberghesi della 3ª Compagnia e rinforzano il fuoco del distaccamento avanzato. Ora però vanno in posizione anche le mitragliatrici italiane dall'altra parte, battono tutta la zona, ma non riescono a scoprire gli uomini di Rommel. Anche l'uscita della gola del Vajont e la strada verso Longarone sono sotto il tiro italiano.

C'è una brutta sorpresa. Un fuciliere ha notato ad appena 300 metri una compagnia italiana che sta scendendo lungo la ripida parete rocciosa dietro il distaccamento di Rommel. Rommel fa rapidamente portare in posizione una mitragliatrice ed affida ad alcuni fucilieri la resistenza contro il nuovo nemico alle sue spalle. Poi riflette un attimo, dà ordine di non sparare, perché chi venisse colpito inevitabilmente precipiterebbe. Non è quello che vuole. Urla agli italiani ignari di arrendersi. Terrorizzati, essi lasciano le armi, scendono fino alla strada e vengono presi prigionieri uno a uno senza danni.

Un terribile frastuono si diffonde improvvisamente lungo la valle del Piave: i ponti ad est di Longarone sono stati fatti saltare e le batterie nemiche sparano fuoco di sbarramento davanti alla gola del Vajont. Malgrado ciò alcuni fucilieri della 1ª Compagnia del Battaglione da montagna württemberghese riescono ad andare in posizione su una piccola altura sotto la curva della strada e, protetti dal fuoco di copertura, riescono anche a piazzare delle mitragliatrici nel vicino paese di Dogna. La strada a valle sull'altra riva del Piave è solo a 600-800 metri. Alcuni soldati tentano di attraversare il letto del fiume. Il nemico però mira su ogni uomo. Rommel si dirige verso Dogna e manda cinque pattuglie di esploratori a verificare le possibilità di attraversare il fiume. Le pattuglie spariscono una dopo l'altra. Per molto tempo non si hanno loro notizie.

Intanto il maggiore Sproesser con la compagnia esploratori ed il I Battaglione del 26° Reggimento *Schützen* è arrivato all'uscita della gola del Vajont. Arrivano i rinforzi.

Sotto Dogna il Piave scorre in molti rivi. Nonostante il fuoco sparso delle mitragliatrici italiane verso le 14 Rommel con una parte dei suoi uomini tenta di farsi strada su un vasto fronte attraverso il fiume in direzione di Pirago. Ma è impossibile, devono mettersi al sicuro sulla riva. Il tentativo fallisce, ma almeno l'attenzione del nemico è stata distolta dalle cinque pattuglie di esploratori. È importante. Chissà se almeno una riesce a trovare un guado. Si attende a lungo inutilmente. Infine Rommel invia altre due pattuglie comandate da due dei suoi ufficiali. Entrambi vengono subito feriti e si fermano.

Rommel ed il suo piccolo comando si annidano dietro un muro di pietre lungo il letto del fiume. Forse di notte si riesce ad attraversare – pensa. Il tempo passa. Intanto il maggiore Sproesser ha raccolto la sua forza all'uscita della gola del Vajont ed attende in agguato. Dispone addirittura di una batteria austro-ungarica di obici, ma a cosa serve se non ha munizioni!

Ecco che alle 15 qualcuno con il cannocchiale individua sull'altra riva alcuni soldati tedeschi vicino al paesino ed al castello di Faè. Possono essere solo uomini delle sue pattuglie di esploratori. Bloccano la strada. Anche Rommel con il suo binocolo se ne convince. Esattamente alle 15.30 compaiono sul letto del fiume moltissimi soldati italiani disarmati che tentano di raggiungere rapidamente la riva sud. Le batterie italiane aprono subito il fuoco, una parte è costretta a tornare di corsa a Faè. La situazione rimane estremamente tesa, ci vuole pazienza.

Al tramonto sull'altra riva del fiume vicino al vecchio sbarramento si vedono ancora prigionieri correre verso il Piave. È arrivato il momento di agire. Rommel fa alzare gli uomini che guadano il letto del fiume tenendosi per mano dove la corrente è più forte e raggiungono l'altra riva. Gelati e bagnati corrono verso Faè dove vengono accolti con grandi saluti dai colleghi delle pattuglie di punta. Una delle cinque – forte di appena 16 uomini – era riuscita per prima ad attraversare a nuoto il fiume circa un chilometro e mezzo sotto Pirago e ad avanzare verso l'antico castello di Faè – le altre avevano seguito rapidamente.

Subito la strada e la linea ferroviaria vengono bloccate, i fili del telefono vengono tagliati. Senza sosta il gruppetto cattura italiani ignari che si credevano già al sicuro, in tutto 50 ufficiali e 780 uomini! Non poco!

Gli ufficiali vengono rinchiusi al piano superiore del castello e sorvegliati attentamente da due uomini, di loro non ci si può fidare. La posizione è debole e minacciata da nord e da sud. Attraverso Dogna Rommel ottiene di rinforzo una compagnia del 26° *Schützen*. La impiega subito a sud di Faè a proteggere le spalle. Non può sperare in altri aiuti perché il reparto del generale Müller che deve effettuare l'aggiramento a nord e quello a sud del Battaglione da montagna württemberghese con il capitano Gössler non possono assolutamente arrivare prima di mezzanotte.

Probabilmente gli italiani tenteranno di sfondare nella valle del Piave. Per prevenirlo Rommel raccoglie tutti quelli che ha a disposizione e nell'oscurità avanza verso Pirago-Longarone.

In silenzio, il piccolo reparto si avvicina lentamente al paese. Improvvisamente gli italiani cominciano a sparare. Nello stesso momento purtroppo anche le nostre mitragliatrici piazzate a Dogna fanno fuoco sulla strada benché Rommel avesse mandato un portaordini per evitare il fuoco d'infilata da destra durante la sua avanzata. Dopo qualche tempo il fuoco cessa da entrambe le parti. Si aspetta ancora un po' – poi si prosegue. Dall'oscurità emergono le prime case di Pirago, nessuno spara, raggiungono il paese senza combattere ed attraversano il ponte in direzione di Longarone. Una batteria italiana spara alta sul distaccamento, nel letto del fiume.

Ma là – che cosa c'è? Cento metri prima delle prime case di Longarone si vede una striscia scura attraverso la strada – una barricata – uno sbarramento. Ancora pochi passi e Rommel si ferma, manda in posizione la sua mitragliatrice pesante. Dopo le raffiche vuole assaltare lo sbarramento. Improvvisamente gli italiani e le nostre mitragliatrici di Dogna ricominciano a sparare sulla strada. Davvero spiacevole, così è impossibile avanzare. Tutti cercano riparo dove possono. Ma ci sono delle perdite. Nel fossato della strada giace gravemente ferito il comandante della compagnia mitraglieri *Schützen*. Rommel ordina di ripiegare uno alla volta verso Pirago. Si può farlo solo nelle pause di fuoco. Lentamente il reparto arriva al riparo a Pirago e giunge anche Rommel. Per fortuna gli italiani nella notte sparano troppo alto.

Il fuoco delle mitragliatrici e dei fucili tace, ma ora si sente uno strano fruscio risuonare nella notte. Che cosa sta succedendo? Il rumore, un brusio di voci, diventa sempre più forte. Rommel sta con l'orecchio teso nella notte. Le grida si avvicinano. Lascia il suo nascondiglio, corre verso Pirago e raccoglie tutti gli uomini che incontra. Non sono molti. La massa scura si avvicina schiamazzando. Sono voci straniere – italiani. Vogliono arrendersi o sfondare? Chi può dirlo? Fa sparare alcuni razzi illuminanti per vedere chi arriva e individua delle figure che agitano fazzoletti. Ha ancora dei dubbi. Rommel con i suoi uomini si ritira. Lungo la strada riesce a raccogliere ancora 50 *Schützen* ed occupa alcune case 300 metri a sud di Pirago. Qui intende accogliere la schiera. Alcuni *Schützen* bloccano la strada, altri attendono dietro ai muri pronti a sparare. Tutti devono attendere il segnale di Rommel. È buio pesto. I razzi illuminanti sono finiti, non si vede a 50 passi, ma si nota che la massa è molto vicina. Rommel le grida di arrendersi. Lo schiamazzo diventa più forte. Ripete l'intimazione. – Nessuna reazione. – Improvvisamente un italiano spara. Subito risuona il suo segnale. Crepita una salva. Delle figure vacillano e cadono. Non c'è il tempo di ripetere, gli *Schützen* vengono sopraffatti e travolti dalla schiera di italiani che arriva di corsa. All'ultimo momento Rommel riesce a saltare un muretto di pietra ed a fuggire. Corre a rompicollo nella notte, salta i fossati e tenta di superare gli italiani che avanzano sulla strada. Dopo questo disastro deve assolutamente avvertire i suoi uomini a Faè e prepararli al combattimento. Per fortuna trova un viottolo, ora procedere diventa molto più facile. Il castello di Faè dista ancora circa 1.200 metri. Là nessuno ancora immagina cos'è accaduto. Rommel ce la fa, raggiunge Faè prima del nemico, forma subito una linea di difesa ai due lati del castello e della strada. Le alte mura offrono almeno un riparo. Sistema il suo posto di comando. La 3ª Compagnia del 26° *Schützen* stiriano, subito richiamata, ha appena rinforzato la linea di sbarramento quando la schiera degli italiani arriva a 200-300 metri. Rommel fa aprire il fuoco, la massa si blocca, rimane ferma per un istante poi le mitragliatrici italiane aprono il fuoco. I colpi crepitano nelle mura. La notte risuona di "Avanti!". Il nemico vuole sfondare.

L'ala sinistra degli *Schützen* si appoggia al pendio roccioso del Monte Degnon, la destra ad una vecchia segheria sul fiume. La linea di difesa è lunga circa 600 metri, ma con molti varchi. Vengono chiusi con gli ultimi uomini che arrivano di corsa. Rommel fa accendere dei fuochi per vedere quello che succede davanti. Poco dopo non solo la segheria, ma anche alcune capanne bruciano con alte fiamme. Il nemico spara all'impazzata, la situazione si fa sempre più tesa, aumenta il pericolo di venire travolti. Tutti lo sanno. Gli italiani impiegano altre mitragliatrici e continuano a risuonare gli incitamenti: "Avanti! Avanti!". Ma nessuno si alza per l'ultimo balzo. Il fuoco ininterrotto degli stiriani e dei württemberghesi tiene a bada il nemico. Ma quanto si può ancora resistere? Le munizioni stanno per finire. Che cosa fare? Nel castello ci sono centinaia di fucili catturati al nemico, le munizioni sono abbondanti. Nel bel mezzo del combattimento Rommel fa effettuare ai suoi uomini il cambio dell'arma, i fucili italiani con le munizioni passano di mano in mano fino alla linea di difesa. Si è interrotto anche il collegamento con il maggiore Sproesser. Di là non ci si può attendere aiuto.

Tutti aspettano tesi e pieni di incertezza. Verso l'una del mattino compare una pattuglia di esploratori e porta con sé centinaia di italiani prigionieri. Hanno raccolto i pochi fanti ancora per la strada ed informano che sul terreno antistante non ci sono più italiani.

Contro ogni aspettativa, alle 3 del mattino arriva dal fiume la 2ª Compagnia del Battaglione da montagna württemberghese. È la compagnia che sul Monte Lodina ha tentato l'aggiramento. Purtroppo arriva senza il suo amato comandante, il capitano Gössler, che è precipitato sulla roccia gelata ed è morto. Ora si può rinforzare la difesa e ci si può anche sbarazzare dei molti prigionieri mandandoli sull'altra riva del fiume. Appena in tempo perché c'è un nuovo violento attacco degli italiani, questa volta appoggiato da alcune batterie. I colpi di granata centrano i muri delle case e del castello provocando dei crolli. Colonne d'assalto escono dall'oscurità. Ne nasce un duro combattimento, ma il nemico non riesce a sfondare in nessun punto. Rommel non ha nemmeno bisogno di far intervenire la sua riserva. Dopo un quarto d'ora l'attacco fallisce nel sangue.

Il nemico desiste con gravi perdite e si ritira. Gli uomini di Rommel con le divise bagnate attendono, gelati. Le perdite sono dovute soprattutto al fuoco d'artiglieria.

Una pattuglia va a cercare una via d'accesso a Longarone diversa dall'aperta strada a valle. Trova un piccolo sentiero a nord della ferrovia. Tra la strada ed il fiume non c'è il nemico. Subito Rommel si mette in marcia con un'avanguardia per raggiungere Longarone attraverso il sentiero di aggiramento. La testa si sta silenziosamente avvicinando al ponte di Pirago quando questo viene fatto saltare. Dall'altra parte nessuno presidia la riva. I suoi uomini tentano allora di raggiungere l'altra sponda passando sulle macerie. Ci riescono. Mettono in posizione alcune mitragliatrici pesanti per proteggere l'ulteriore avanzata verso Longarone. La punta più avanzata sta raggiungendo la barricata alla luce della luna quando vede uno dei württemberghesi che se ne viene ciondolando sulla schiena di un mulo. Lo seguono centinaia di italiani che sventolano fazzoletti. Incredibile: è Schöffel, il sottotenente di Rommel. Fa parte di quelli che nella notte sono stati travolti e fatti prigionieri sulla strada per Pirago. Porta una comunicazione per il comandante tedesco davanti a Longarone: la dichiarazione di resa del presidio di Longarone, in lingua italiana. Esplodono grida di giubilo.

Rommel entra a Longarone marciando alla testa dei suoi uomini tra migliaia di soldati italiani. Tutti i tedeschi caduti nelle mani del nemico sono di nuovo liberi. I feriti vengono subito curati e portati via.

Non è del tutto chiaro se il comandante italiano abbia cessato la resistenza di propria iniziativa o se abbia obbedito alle intimazioni del maggiore Sproesser e degli austro-ungarici che si stava avvicinando a Longarone. Entrambi avevano inviato al comandante dei parlamentari con l'ordine di resa nel quale dicevano che un'intera divisione aveva accerchiato il presidio di Longarone, cosa che naturalmente non era assolutamente vera. Indifferente – Longarone era presa. Quasi un'intera divisione – più di 10.000 uomini – venne fatta prigioniera e vennero catturati 18 pezzi d'artiglieria. Un magnifico successo.

Ora anche il maggiore Sproesser con i suoi svevi e con gli *Schützen* stiriani entrava marciando a Longarone.

Nonostante i violenti combattimenti notturni le perdite furono molto inferiori a quanto ci si sarebbe potuto attendere (6 morti, 2 feriti gravi e 9 feriti leggeri).

Il maggiore Sproesser ed Erwin Rommel ricevettero entrambi l'onorificenza "*Pour le Mérite*" per la vittoria di Longarone.

Sul corso inferiore del Piave

Mentre a Longarone si svolgevano questi drammatici avvenimenti, la divisione *Edelweiss* proseguiva per Claut ed il mattino del 9 novembre la 55ª Divisione austro-ungarica stava già avanzando da Vittorio Veneto verso nord, ma non riuscì a superare la stretta vicino a Fadalto.

Nonostante le abbondanti nevicate ed il freddo pungente la colonna sud della 22ª Divisione *Schützen* (Sloninka) attraverso il passo del Piancavallo (1.650 m) a sud del Monte Cavallo (2.251 m) e del Monte Tremol (2.001 m) ha raggiunto nella calda luce del sole Tambre d'Alpago, dall'altra parte. La divisione *Jäger* tedesca è ancora ferma nella zona di Vittorio Veneto-Cordignano.

Il generale Krauss è arrivato a Vittorio Veneto da dove dirige le operazioni. I gruppi Stein e Scotti partono il 9. La 12ª Divisione ha superato il settore Soligo vicino a San Pietro di Feletto sulle colline a nord-ovest di Conegliano.

Dunque, nonostante il terreno favorevole, il nemico non ha approntato alcuna linea di resistenza vicino a Vittorio Veneto.

Oggi la 13ª Divisione *Schützen* con un distaccamento avanzato ha già raggiunto il Piave nel punto più vicino di fronte al Montello. Laggiù, nei pressi del fiume c'è stato un violento scontro. Sul ripido pendio del Montello sull'altra riva sono stati individuati opere di difesa campale e punti d'osservazione. Gli abitanti raccontano che il nemico già il 25 ottobre ha iniziato la fortificazione della sponda del Piave e del Montello. Ora là è sorto certamente un forte sistema di postazioni, ma la 13ª Divisione *Schützen* nella notte vuole tentare lo stesso un colpo di mano sul ponte di Nervesa (al margine sud-est del Montello).

L'*Alpenkorps* è arrivato ad Aviano. La 117ª Divisione si sta avvicinando con la colonna di destra ad una forte testa di ponte vicino a Susegana. Dietro ci sono un ponte ferroviario ed un ponte stradale. È in corso un duro combattimento. La colonna di sinistra è avanzata fino a Tezze dove ha subìto il fuoco violento di parecchie batterie italiane. Il 9 gli italiani, senza preoccuparsi delle perdite, alle 17 hanno fatto brillare tutti i ponti sul Piave.

La 26ª Divisione ha subito una sosta involontaria piuttosto lunga vicino a Brugnera, al ponte distrutto sul Livenza, ed è riuscita a raggiungere l'area tra Codognè e Calderano solo nella notte.

Lentamente la 1ª e 2ª *Isonzoarmee* marciano tra brevi scontri verso il corso inferiore del Piave.

La 200ª Divisione sta attraversando il Tagliamento nei pressi di Bonzicco per proseguire la marcia per Pozzo verso Pordenone. La 1ª Divisione austro-ungarica ha già raggiunto l'area tra Plasencis e Flaibano sulla riva sinistra del fiume. La 4ª Divisione austro-ungarica, la 33ª e la 5ª per ora rimangono ancora nella zona di Udine.

Tutto il primo scaglione del Comando della 14ª Armata è arrivato a Pordenone. Intanto il nostro servizio informazioni ha ricevuto notizie importanti: anche se il generale Foch è stato nominato Comandante in Capo di tutte le forze armate dell'Intesa, Cadorna, che dunque è il suo sottoposto, è riuscito ad imporre l'idea di tenere per ora la linea del Piave.

Due divisioni francesi e quattro inglesi sarebbero già arrivate nella zona di Verona, ma non sarebbero ancora state impiegate perché ci si attende un attacco del Gruppo d'Armate Conrad dal Tirolo. Il nostro reparto operazioni suppone che il trasporto di 10, 12 divisioni dell'Intesa richieda parecchie settimane, il nemico ha a disposizione solo una linea ferroviaria sulla costa ligure e la ferrovia attraverso il tunnel del Moncenisio in Lombardia. Si ritiene che per la fine di novembre un corpo sussidiario di circa 20 divisioni possa già essere in Veneto, pronto al combattimento. Comandante Supremo dell'armata ausiliaria anglo-francese sarebbe stato nominato il generale Mangin. Si dice che l'Intesa intenda mettere a disposizione circa 360.000 uomini e 400 pezzi d'artiglieria per assestare la situazione.

Bisogna passare molto rapidamente il Piave se si vuole raggiungere il settore del Brenta o magari l'Adige. Se l'attraversamento del corso inferiore del Piave dovesse essere impossibile si dovrà avanzare da nord a sud sulla riva occidentale del fiume attraverso il massiccio del Grappa. Non è un'idea piacevole.

Sul fronte dell'11ª Armata austro-ungarica del Gruppo d'Armate Conrad sembra che il nemico vicino ad Asiago cominci a ripiegare sulla linea di resistenza ad oltranza o d'Armata. Anche in Valsugana, a quanto si sente, la ritirata è proseguita.

Belluno-Feltre

Dopo il magnifico successo della 43ª Brigata *Schützen* a Longarone, il generale Müller ha subito messo in marcia la sua colonna nord verso Belluno, il Battaglione da montagna württemberghese può rimanere ancora a Longarone ad aspettare l'avvicinamento della divisione *Jäger* tedesca a cui è stato assegnato. A Longarone sono stati trovati grandi magazzini di vettovagliamento, per i soldati è una pacchia. Ricevono vitto eccellente e riposo ben meritato.

Dopo 24 chilometri di marcia forzata gli *Schützen* stiriani già alle 14 hanno raggiunto Belluno che sorge alta sul fiume in una posizione molto pittoresca. Il nemico aveva già lasciato la città. Alcuni abitanti hanno raccontato che formazioni italiane abbastanza grosse stanno cercando di ritirarsi attraverso la valle del Piave e che gli italiani sgomberano la conca di Feltre. L'ala destra del Gruppo Krauss nella sua rapida avanzata verso Feltre è capitata ora davanti all'ala sinistra della 10ª Armata austro-ungarica.

Nella notte tra il 9 ed il 10 novembre la colonna sud Sloninka ha respinto vicino a Busa un gruppo nemico ed ha salvato dalla distruzione il ponte di Farra d'Alpago sul torrente Tesa. L'aggregato 1° Reggimento *Kaiserschützen* ha spinto il nemico direttamente nelle mani della 55ª Divisione austro-ungarica, ma ha fatto anche 600 prigionieri.

Una grande sorpresa. Nella notte tra il 9 ed il 10 il nemico ha sgombrato le postazioni sul Monte Faverghera (1.610 m) ad ovest di Fadalto ed ha così liberato la via attraverso la fastidiosa stretta. Si è subito incalzato. Un ignaro battaglione di Bersaglieri marcia proprio in mezzo alla 26ª Divisione *Schützen*, che prontamente fa circa 800 prigionieri.

Intanto la 55ª Divisione austro-ungarica è arrivata nei pressi di Castion di fronte a Belluno. Purtroppo i ponti sul Piave di Ponte nelle Alpi, Cesana e Castion sono già stati fatti brillare. Anche la 50ª Divisione austro-ungarica ha raggiunto il Piave ed ha trovato il ponte di San Gervasio a sud di Belluno distrutto. Sul fiume è stata accolta da un violento fuoco d'artiglieria. Tentare l'attraversamento è un sicuro insuccesso perché il nemico dal Monte Tomba controlla ogni uomo. L'*Alpenkorps* al momento è distribuito su Vittorio Veneto, Serravalle e Cordignano.

Il vicino di sinistra, la 13ª Divisione *Schützen* austro-ungarica, è spiegata sulla riva orientale del fiume, ma non ha ancora tentato di passare perché ha individuato sull'altra riva alcune forti postazioni. Con la copertura dell'artiglieria forse sarà possibile raggiungere la riva occidentale nei pressi di Nervesa.

Anche la 117ª Divisione di Hofacker finora non ha rischiato colpi di mano, ma si è spiegata sulla riva ed ha preparato l'attraversamento programmato. La 26ª Divisione, che segue, ha trascorso la notte vicino a Capo di Mezzo e Francenigo.

La 22ª Divisione *Schützen* ora – è il 10 novembre – ha superato Belluno. Al momento nei pressi di Meano e Sedico sta cercando di bloccare le strade che scendono dalla valle del Cordevole per intercettare le truppe italiane che vogliono salvarsi attraverso la valle del Piave. Chi sfugge corre direttamente nelle mani della divisione *Edelweiss* che segue perché anch'essa ha lasciato dietro di sé Belluno ed è in marcia sulla riva destra del fiume. Come 'Gruppo Wieden' andrà a formare l'ala destra della nostra armata.

La 55ª Divisione austro-ungarica avanzava parallelamente sulla riva sinistra. Purtroppo ha trovato solo le macerie del ponte vicino a Cesana-Busche, il punto più stretto del fiume. Ora vuole risalire il fiume e tentare l'attraversamento del ponte di Mel. Il forte fuoco d'artiglieria impedisce di passare più a sud. Molto dipende dagli sviluppi nell'11ª Armata austro-ungarica.

Aumentano sempre più le unità che raggiungono il medio e basso corso del Piave. Nella notte dell'11 novembre la 12ª Divisione è riuscita a sfondare la testa di ponte vicino a Vidor ed ha preso prigionieri 35 ufficiali e 350 soldati. Purtroppo gli slesiani non sono però riusciti ad impedire la distruzione dell'importante ponte da Vidor a Barche-Rovigo davanti al Monte Collalto (496 m). Sulla riva del fiume si passa alla guerra di posizione. Le rive sono provviste di argini in pietra e ben fortificate. Il nemico dispone di un'artiglieria molto forte – affiancata anche da batterie francesi la cui presenza è dimostrata per la prima volta – e di eccellenti punti d'osservazione sul Monte Sulder (422 m) e sulle alture di Onigo (227 m).

Sul Piave si potrebbe inaugurare uno spiegamento abbastanza consistente di bombarde, idea alla quale pensiamo già da tempo. Sarebbe il primo in una guerra di solo movimento. In fondo è per questo che abbiamo reso mobili le formazioni bombarde e le abbiamo fatte condurre al seguito. Quasi ogni giorno assillo il barone von Rössing con quest'idea.

Non solo i generali Stein e Lequis, ma anche il Comando della 14ª Armata considerano seriamente l'eventualità di attraversare con un'azione di forza nella zona della 12ª e della 200ª Divisione. Si è disposta la rapida avanzata di tutta l'artiglieria, in pianura fino ai margini della montagna; il comando unico dell'artiglieria è stato affidato al generale von Berendt e nel settore montano al nostro colonnello austro-ungarico Schmidt. Ci sono grandi difficoltà nell'approvvigionamento delle munizioni per le batterie perché le vie di accesso sono ancora malridotte e la portata di molti ponti non è sufficiente.

Il 12 novembre il Comando Supremo ritiene ancora favorevole la situazione sul teatro di guerra italiano e propone di proseguire l'offensiva fino all'Adige. La 195ª Divisione tedesca sarà messa a disposizione del Gruppo d'armate Conrad. Attraverso Trento viene portata a Primolano. Per rafforzare la pressione sul fronte italiano verrà formato in val d'Astico o ad est del lago di Garda un Gruppo di combattimento di tre divisioni con comando tedesco.

È arrivato un nuovo ordine del Comando del fronte sud-occidentale. La 14ª Armata deve avanzare tra il Brenta ed il Piave contro il massiccio del Grappa, l'11ª Armata austro-ungarica del Gruppo d'armate Conrad deve dirigersi verso sud ad ovest del Brenta. L'obiettivo è quello di scardinare da nord tutta la linea del Piave. Di conseguenza von Below ordina al Gruppo Krauss di avanzare da Feltre a valle lungo la riva del fiume e di salire sui monti del massiccio del Grappa, contemporaneamente il Gruppo Stein ed il Gruppo Hofacker si apriranno a forza il passaggio sul fiume, rispettivamente vicino a Vidor e nei pressi di Nervesa.

Ricognizione sul Piave (12 novembre)

Al Quartier Generale sentiamo che l'attacco del 10 nei Sette Comuni è stato un mezzo insuccesso. Gli italiani si aspettavano il grande attacco, avevano sgomberato le prime linee lasciando solo gli avamposti ed avevano trasferito la linea di difesa principale alcuni chilometri più indietro. Le ricognizioni erano state insufficienti, il fuoco dell'artiglieria e delle bombarde austriache era caduto sulle due linee avanzate che erano state prese senza problemi, ma poi le colonne d'assalto cozzarono sulla linea di difesa principale (linea d'armata) completamente presidiata e tutto si arenò.

Ci sono anche delle buone notizie: dalle ore 22 Belluno e le alture ad ovest sono stabilmente in mano nostra, è in corso un'impetuosa avanzata verso Feltre.

È tempo di trasferirsi a Vittorio Veneto. Continuo ad insistere con il capo perché vengano impiegate le bombarde nella guerra di movimento sul Piave. Il barone von Rössing fa sua l'idea ed è anche d'accordo con il balzo in avanti. Il 13 novembre mettiamo insieme lo stretto necessario e, attraverso Pordenone-Sacile, andiamo a Vittorio Veneto. L'ufficio con l'aiutante rimane ancora ad Udine.

Vittorio Veneto è un'affascinante cittadina in antico stile italiano. Troviamo alloggio vicino al Quartier Generale nella casa dai colori vivaci di una famiglia veneziana. Quando a tarda sera bussiamo alla porta i domestici sono ancora molto intimiditi, ma a poco a poco si sciolgono. Regaliamo loro di tutto ed essi ci sorprendono con alcune bottiglie di vin santo, il migliore che io abbia mai bevuto. Poco dopo si mette in movimento anche la cucina e riceviamo anche un pasto caldo decente.

Il giorno dopo il tenente colonnello von Rössing ed il barone Krafft von Dellmensingen devono recarsi al gruppo Stein. Io li devo accompagnare.

Il mattino presto la nostra auto da Vittorio Veneto va verso nord attraverso la fatale stretta di Fadalto con la sua nuova imponente centrale elettrica, costeggia il lago di Santa Croce e gira nell'alta valle del Piave, pieghiamo poi a sud entrando nella zona montana ed infine raggiungiamo Refrontolo, che si trova in posizione elevata e permette una fantastica vista sulle lontane Prealpi. Ci fermiamo a lungo dietro il muretto di un cimitero affascinati dal magnifico paesaggio. Improvvisamente compare il generale von Stein e si unisce a noi. È la prima volta che lo vedo. Effettivamente è molto alto, quasi due metri, scarno – il tipo del montanaro bavarese – con occhi e capelli scuri e con i lunghi baffi che hanno ispirato il soprannome di “Gambero gigante”. Porta gli occhiali a stringinaso ed irradia un’allegra energia. Dopo brevi, cordiali saluti inizia un’interessante conversazione sulle possibilità di attraversare il Piave. Si parla anche dello spiegamento delle bombarde che dobbiamo preparare.

Al ritorno a Vittorio Veneto incontriamo con piacere il capitano Pagenstecher con il quale discutiamo subito i piani per lo spiegamento delle bombarde sul Piave. Ha portato con sé sul Piave le sue quattro compagnie, le ha tenute unite ed è entusiasta del nuovo incarico. Pagenstecher viene subito mandato a Conegliano a studiare la zona del fiume. Più tardi ci incontreremo là. Il nostro compito è prendere contatto con tutte le formazioni bombarde in avvicinamento disponibili, soprattutto con il 5° Battaglione. Non è affatto facile. In quel tempo il Comando della 14ª Armata aveva cercato inutilmente un trasporto pontoni in movimento ed infine aveva affidato la ricerca agli aerei. Anche il barone von Rössing, che all’inizio era titubante, ora è convinto del grande spiegamento di bombarde sul Piave. Già il 15 novembre facciamo una grande ricognizione in prima linea. Attraverso Conegliano raggiungiamo Susegana.

Il nome “Conegliano” non mi è nuovo – mi torna in mente il maestro Cima da Conegliano della scuola veneziana, un contemporaneo di Veronese, che amava una pittura sfarzosa.

Attraversiamo una zona collinare tra ulivi, cipressi, paesini pittoreschi e ville sparse simili a castelli. Conegliano è piena di palazzi antichi molti dei quali sembrano in rovina. La maggior parte degli edifici è dipinta a colori vivaci ed irradia un’allegra serenità. A Susegana Pagenstecher aspetta già con due dei suoi ufficiali delle unità bombarde. Ci troviamo nella fascia di combattimento della 26ª Divisione di fanteria. Lasciamo l’auto ed andiamo a piedi fino alla chiesa di Canareggio sul Piave senza venire disturbati dal nemico, poi proseguiamo lungo la riva fino a Marcadela e più su fino alla piccola chiesa di San Daniele (231 m) per vedere meglio dall’alto la riva del Piave nella zona del Montello.

Al momento regna una pace profonda. Sporadicamente da qualche parte cadono delle granate o esplodono isolati colpi di fucileria. Anche se il nemico può vedere perfettamente tutta la regione, riusciamo a muoverci liberamente protetti da arbusti o alberi. Pagenstecher sa già destreggiarsi bene nella zona. Vediamo i ponti di Nervesa, il ripido pendio del Montello di fronte e con il binocolo riusciamo anche ad individuare singoli avamposti italiani. Sulla riva dalla nostra parte ci sono piccole gole frastagliate e crepacci che si possono ben utilizzare come nascondiglio per i pontoni. Le postazioni utilizzabili per le bombarde non mancano. Lungo un avvallamento raggiungiamo un'altura così ben controllata che dobbiamo strisciare uno a uno tra gli ulivi fino ad una fattoria. Ci hanno detto che questo è il posto d'osservazione dell'artiglieria con la migliore visuale su tutto il settore del Montello. Qui una famiglia di contadini vive come in tempo di pace. In giro ci sono tacchini, polli e maiali. Quando entriamo nella stanza principale della casa ci si offre un quadretto a dir poco idilliaco. In alto, su una scala, è appollaiato un osservatore dell'artiglieria, un cannocchiale a forbice sistemato attraverso il tetto, gli occhi sulle lenti, in una mano una coscia di tacchino e nell'altra una bottiglia di vino rosso. Sotto è seduto un telefonista che sgranocchia una magnifica pannocchia di granturco, un terzo uomo mescola deliziato in un paiolo di rame nel quale si vedono nuotare zampe di gallo e pezzi di carne in un brodo profumato. Questi ragazzi sono capitati nel paese della cuccagna. L'hanno meritato. Ci accolgono molto cordialmente, ci aggiornano, ma ci invitano anche ad essere della partita. "Signor tenente – si serva, c'è così tanto qui, non ce la facciamo a mangiare tutto". Qui stanno magnificamente, dicono, la guerra così per loro può durare ancora un pezzo.

Rimango a lungo seduto al cannocchiale a forbice a studiare la riva del Montello. Anche il barone von Rössing sale sulla scala. Dopo una robusta preparazione delle bombarde e dell'artiglieria, si può tentare di passare. Ci sediamo attorno al paiolo e mangiamo di gusto mentre discutiamo i dettagli dello spiegamento dell'artiglieria. Bisogna formare dei gruppi di bombarde nella zona di Vidor, vicino a Falzè e Nervesa di fronte al Montello. Molto soddisfatti, nella tarda serata torniamo a Vittorio Veneto e cominciamo subito a sviluppare i nostri progetti all'interno delle programmazioni generali dei gruppi Stein e Hofacker. Ora quasi ogni giorno arrivano a Vittorio Veneto anche altri Stati Maggiori speciali, come l'ufficiale di Stato Maggiore dell'artiglieria campale, il comando aerostatico con Müller-Klemm, Werner, Simon e molti altri colleghi che conosco.

Pagenstecher sta già organizzando delle batterie volanti di bombarde ben nascoste di fronte al Montello, ma non è ancora autorizzato a sparare.

Nei giorni seguenti siamo tutti in giro a radunare le formazioni bombarde e ad assegnarle nelle zone loro destinate sulla riva del Piave. A fine mese lo spiegamento delle bombarde sarà terminato.

FASE FINALE

I combattimenti sul massiccio del Grappa

Pensiamo che il massiccio del Grappa sia difeso dall'XVIII e dal IX Corpo d'Armata italiano con sei, sette divisioni.

Secondo i piani, il Gruppo Krauss avanzerà dalla linea di base Fonzaso-Feltre verso sud. Il generale Krauss è a Feltre. Probabilmente il nemico opporrà una dura resistenza con un forte appoggio d'artiglieria sull'ottima linea principale del 1916/17 che dal Col della Berretta-Monte Asolone-Monte Pertica-Monte Meatte attraverso il Grappa scende al Monte Pallone ed al Monte Tomba fino a Pederobba sul Piave. Le divisioni francesi ed inglesi che nel frattempo sono arrivate nelle retrovie – a quanto sappiamo si tratta di sei divisioni francesi e cinque inglesi – rinforzeranno tatticamente e moralmente le spalle dei difensori. L'analisi delle più recenti foto in sequenza fornite dai nostri aerei mostra che le postazioni italiane nella zona del Grappa sono molto più forti di quanto supposto finora. Si spera comunque che la zona montana antistante il massiccio vero e proprio sia ancora libera dal nemico. Questo vale soprattutto per il Monte Tomatico (1.594 m) a sud di Feltre ed il Monte Santo (1.532 m), per il Monte Peurna (1.381 m) che sale da Seren e che attraverso una dorsale porta al Fontana Secca (1.608 m) e per la catena montuosa del Monte Roncone (1.164 m) che si eleva a sud di Fonzaso-Arten. Si tratta di tre catene montuose e creste che salgono alla parte superiore del massiccio del Grappa e che formano un altopiano triangolare delimitato dalla cima del Grappa, dal Monte Pallone e dal Fontana Secca. Con un'altezza media di 1.600 metri esse costituiscono un'impressionante fortezza antemurale naturale.

Ad ovest del Monte Peurna e del Fontana Secca tra il Brenta ed il Piave si trova la profonda depressione della val Stizzon. Dall'altra parte del Monte Roncone corre la val Cismon che dopo il passo scende in ripidi tornanti nella valle del Brenta vicino a Corlo.

I pendii meridionali del massiccio del Grappa sono provvisti di buone strade, ma sul lato nord ci sono scarse vie nelle valli e solo sentieri sulle cime. Tutta la zona è per lo più brulla, rocciosa, accidentata ed al momento gelata ed innevata. È facile da difendere e molto difficile da attaccare perché praticamente non ci sono possibilità di aggiramento. Con poche eccezioni sulle catene montuose non c'è neppure spazio sufficiente per lo spiegamento di una unità. Si è costretti ad avanzare in piccoli gruppi su strette dorsali con ripidi pendii.

A tutte le difficoltà del terreno e del tempo si aggiungono anche le cattive notizie comunicate dagli agenti. Tra queste l'importante informazione che il XVIII Corpo d'Armata italiano ha messo rapidamente in marcia verso il massiccio del Grappa tre divisioni fresche (la 15ª, la 56ª e la 51ª Divisione), rinforzeranno la linea principale in cresta e presidieranno la zona montana antistante fino al Monte Ronco ed al Monte Tomatico. Ci sarà una gara per il possesso della vetta. In questi giorni parecchie pattuglie di esploratori avevano riferito che il monte esplorato era libero da nemici, ma poi, nonostante ci si fosse messi rapidamente in marcia, in alto si era incappati in unità italiane appena arrivate che aprivano il fuoco, ora sappiamo il perché. Intanto il Gruppo Krauss si prepara ad avanzare verso sud.

La 55ª Divisione austro-ungarica rimane ferma a sud-est di Feltre-Villapaiera, i suoi ciclisti sono già nei pressi di Carpen nella valle del Piave. Una metà della 22ª Divisione *Schützen* è ferma nella conca vicino ad Arten, Caupo, Rasai e Seren, all'ingresso della val Stizzon ad ovest del Monte Tomatico; l'altra ha raggiunto Santa Giustina non lontano da Meano, mentre nella zona attorno a Fonzaso la divisione *Edelweiss*, all'ala destra, è pronta ad avanzare contro il Monte Cismon. La divisione *Jäger* tedesca è arrivata fino a Cordevole e la 50ª Divisione austro-ungarica ha occupato Vas sulla riva orientale del fiume.

Il generale Krauss deve prendere una decisione difficile: in queste condizioni è meglio avanzare attraverso le valli del Cismon e del Brenta, la valle del Piave ed eventualmente anche la valle dello Stizzon che si trova in mezzo, inchiodare il nemico sui monti ed aggirarlo o condurre l'assalto principale contro il massiccio del Grappa attraverso le catene montuose ai lati della val Stizzon? Teme – e non a torto – di riuscire ad avanzare solo molto lentamente sui monti o addirittura di rimanere impigliato, mentre una rapida avanzata attraverso le valli, soprattutto attraverso la valle del Piave aprirebbe la via per la pianura.

Intende sfruttare l'effetto sorpresa nelle valli anche se non può avere l'appoggio massiccio delle bombarde e dell'artiglieria. Ci sarà dunque un attacco di sola fanteria, in ogni caso è previsto l'intervento efficace di alcuni pezzi d'artiglieria da montagna.

Che cosa scegliere? Attaccare i monti, avanzare solo a valle o le due cose contemporaneamente? Su questo problema di fondo le personalità guida del Gruppo Krauss hanno opinioni diverse, soprattutto il generale Krauss ed i generali Müller e von Wieden che manifestano dei dubbi sugli attacchi a valle. La situazione non sarebbe paragonabile con quella di Tolmino e Plezzo. Fanno notare che i valichi rocciosi ed i molti tunnel ferroviari e stradali nella valle del Piave facilitano la difesa del nemico che ha a disposizione una forte artiglieria, e che inoltre le alture sulle valli sono occupate dal nemico. Si dichiarano a favore di un attacco in montagna con consistenti forze. Il generale Müller propone di condurre l'attacco principale alla cima del Grappa attraverso il Monte Prassolan ed il Monte Pertica. Purtroppo le obiezioni arrivano troppo tardi, il generale Krauss ha già scelto, ha diramato l'ordine d'attacco a valle lungo il Piave e non vuole cambiare più niente. Nell'ordine si dice che il 14 novembre il 1° Corpo austro-ungarico deve avanzare verso sud, il gruppo von Wieden (divisione *Edelweiss* e 43ª Brigata *Schützen*) avanzerà attraverso la val Cismon e da Cismon, attraverso la valle del Brenta, attaccherà Bassano. Con una colonna laterale salirà sul Monte Roncone e sul Monte Pertica e raggiungerà in cresta la cima del Grappa per scendere in direzione di Crespano Veneto. Un distaccamento più piccolo deve essere inviato a prendere il Monte Asolone.

La 22ª Divisione *Schützen* (senza la 43ª Brigata) sarà di riserva nella zona Farra-Mugnai. La Divisione *Jäger* tedesca deve rilevare la 55ª Divisione austro-ungarica ed avanzare di slancio nella valle del medio Piave per prendere Pederobba. Avrà l'appoggio dall'artiglieria delle batterie della 50ª Divisione austro-ungarica sulla riva orientale. L'obiettivo è superare la dorsale del Monte Pallon e del Monte Tomba per sfondare in pianura. Di conseguenza il generale Krauss pone come baricentro la sua ala sinistra nella valle del Piave a svantaggio dei monti dove la resistenza può ritardare le operazioni. Contemporaneamente l'11ª Armata austro-ungarica deve avanzare con la 9ª Brigata da montagna ad ovest del Brenta ed arrivare alle spalle dei difensori attraverso il confine orientale dei Sette Comuni.

Riuscirà? Questo è il dilemma.

Comincia l'attacco sul massiccio del Grappa

Il 13 in montagna cadevano ancora pioggia e neve, ma nella notte del 14 ci fu una schiarita. Iniziò un freddo pungente che gelò rocce e sentieri.

Nel primo mattino del 14 von Wieden attaccò frontalmente il Monte Roncone (1.164 m) con la sua 43ª Brigata *Schützen,* fiancheggiata da un battaglione del 59° Reggimento di fanteria della Divisione *Edelweiss*, mentre il 26° Reggimento *Schützen* saliva dalla val Stizzon verso il Monte Peurna (1.368 m). Contemporaneamente due battaglioni della 55ª Divisione austro-ungarica, fanti carinziani e bosniaci, si aprirono la via verso il Monte Tomatico ed il Monte Santo.

Il colonnello conte Zedtwitz, invece, guidò la 38ª Brigata nella valle del Piave. Fino a Carpen la seguì da vicino la 26ª Brigata. Qui la prima assieme al battaglione d'assalto Graeve durante la giornata riuscì ad avanzare fino a Santa Maria ed a prendere il paese e la stazione. Il nemico si era abilmente annidato nei tunnel ferroviari e dietro le barriere di roccia e, dalle quote occidentali 1.178 e 1.093, aveva sbarrato la strada a valle con fuoco di mitragliatrici ed artiglieria. Ci furono notevoli perdite.

Sui monti non andava bene, l'avanzata sul Monte Roncone a sud di Arten creava già grandi difficoltà. Lassù un battaglione italiano si difendeva con valore ed ostinazione. Lo stesso avveniva sul Monte Peurna e sul Monte Sassumà, entrambi occupati e tenuti da unità da montagna fatte arrivare rapidamente (circa sei compagnie con artiglieria). Sul Monte Tomatico si era stabilito il battaglione Alpini Val Cismon che naturalmente conosceva molto bene la regione e cercava di respingere ogni attacco. Nidi di mitragliatrici scavati nella roccia e ben piazzati crearono grandi difficoltà ai nostri *Schützen.* Gli *Schützen* stiriani con il colonnello von Pasetti riuscirono a prendere il Monte Sassuma, ma davanti al Monte Tusno ogni attacco per il momento fallì.

I risultati di questo giorno d'attacco furono poco soddisfacenti, molto inferiori alle aspettative. Ora anche il principe Schwarzenberg era diventato scettico sull'avanzata nella valle del Piave prima di aver preso le montagne, ma il generale Krauss rimase fermo sui suoi programmi attribuendo gli scarsi successi del 14 novembre ad imperizie tattiche più che a carenze del piano di base.

Per sbloccare la situazione, il generale Rudolf Müller il 15 decise di impiegare forze maggiori ed affidò l'attacco al comandante più esperto, il maggiore generale von Merten. Avanzarono contro il Col di Prai ed il Monte Pertica. Secondo gli ordini, due battaglioni del 59° Reggimento con artiglieria da montagna vennero dirottati sul Monte Asolone. In caso di successo la 217ª Brigata avrebbe tentato di sfondare verso Valstagna. L'avanzata venne appoggiata da un attacco della vicina 9ª Brigata da montagna della 11ª Armata austro-ungarica ad ovest del Brenta e da un'avanzata attraverso l'altopiano dei Sette Comuni.

Il generale Krauss continuava a sperare in progressi decisivi nella valle del Piave, ma ora era diventato scettico sullo sfondamento nella valle del Brenta. Il baricentro delle sue operazioni continuava ad essere sull'ala sinistra del suo gruppo.

Al Comando della 14ª Armata la situazione sembrava molto confusa e difficile. Il maggiore von Willisen venne mandato a Feltre per avere maggiori chiarimenti. Durante il colloquio il generale Krauss difese il suo attacco a valle. Von Willisen insisté perché si avanzasse sui monti con forze molto maggiori di quanto non fosse stato finora. Il nostro reparto operazioni fino a quel momento non aveva idea di quanto poche fossero le unità impegnate nell'avanzata sui monti. Ora tutto cambiò.

Il 15 il 59° Reggimento di fanteria austro-ungarico riuscì a sfondare in val Cismon e, attraverso Rocca, a prendere con sorprendente rapidità il paese di Cismon, già nella valle del Brenta. Nonostante il violento fuoco dell'artiglieria italiana anche il I Battaglione del 4° Reggimento *Kaiserjäger*, dopo un duro combattimento, riuscì ad occupare il Col di Baio (1.204 m). Si dovette rinunciare ad attraversare le famigerate gallerie nella valle del Brenta perché era necessario l'impiego di artiglieria pesante.

Anche il maggiore generale von Merten ebbe successo. Con il 3° Reggimento *Schützen* stiriano tentò di prendere il Monte Roncone e di avanzare in cresta. A sera il Monte Fredina (1.311 m) ed il Monte Cismon erano in mano ai suoi uomini. Erano davanti al Monte Prassolan (1.481 m).

L'ala sinistra del gruppo von Wieden intanto si avvicinava al Fontana Secca con il 26° Reggimento *Schützen* stiriano. Al mattino alcuni reparti della 55ª Divisione austro-ungarica riuscirono ad occupare il Monte Tomatico ed il Monte Santo e a fare 500 prigionieri. La colonna del colonnello Wolff raggiunse il Monte Peurna ed entrò in contatto con l'ala sinistra del gruppo von Wieden.

Poco soddisfacente rimaneva la situazione nella valle del Piave. La 38ª Brigata senza l'appoggio dell'artiglieria non riusciva a passare sul Rocca Cisa (781 m) e sul Monte Cornella. I due monti dominano completamente l'accesso alla conca di Alano-Quero.

Ma com'era la situazione in pianura il 15? I generali Stein e Lequis preparavano un'azione di forza per attraversare il Piave in tre punti diversi. La 12ª Divisione tedesca doveva attaccare sul fiume vicino a Vidor e la 13ª Divisione *Schützen* vicino a Falzè e Miano.

Nella notte tra il 14 ed il 15 nei pressi di Vidor alcuni genieri tentarono di raggiungere l'altra riva con pontoni a pieno carico. Nell'oscurità riuscirono ad arrivare vicinissimi all'altra sponda senza essere notati, ma poi il nemico se ne accorse e cominciò a sparare all'impazzata. I pontoni vennero ridotti ad un colabrodo e si inabissarono nelle acque impetuose. Il tentativo fallì con perdite ingenti. La rischiosa impresa era costata più di 250 uomini tra i quali circa 80 genieri. Il comandante dell'artiglieria della 12ª Divisione venne gravemente ferito al suo posto d'osservazione.

Anche la 13ª Divisione *Schützen* austro-ungarica non ebbe fortuna. Non si cedette, ma vennero proibiti tentativi improvvisati e senza abbondante preparazione di artiglieria e di bombarde.

Il generale Krauss ordinò alla sua 55ª Divisione austro-ungarica di sfondare il 16 nella conca di Alano-Quero. Una volta raggiunte Quero ed Alano, la Divisione *Jäger* tedesca avrebbe assunto il comando per assaltare le spalle del Monte Tomba, la 22ª Divisione *Schützen* doveva sfondare a Pederobba.

Lo spiegamento dell'artiglieria sulla riva orientale iniziò già il 15. Si cercò di portare le batterie il più vicino possibile al fiume per sfruttarne tutta la gittata. L'approvvigionamento delle munizioni creò di nuovo grandi difficoltà.

Al generale Krauss venne assegnata di rinforzo la 94ª Divisione austro-ungarica della 10ª Armata che fu disponibile a Belluno solo il 18. La riserva d'armata era costituita dalla 4ª Divisione austro-ungarica ad Aviano, dalla 33ª austro-ungarica a Cordenons e dalla 5ª Divisione tedesca nei pressi di Azzano Decimo. In seguito la 4ª Divisione sarebbe stata spostata nell'area Primolano-Tezze a disposizione del Gruppo di Armate Conrad. La 35ª Divisione austro-ungarica del gruppo d'armate Boroević passò alla 14ª Armata e si portò a Cordignano.

Sua Maestà l'Imperatore Guglielmo visita di sorpresa il 12° Reggimento Granatieri della 5ª Divisione tedesca a Pasiano vicino a Pordenone. Von Below l'ha raggiunto, noi non abbiamo visto l'Imperatore.

Ore decisive sul Monte Pertica

Le operazioni del 16 novembre fanno parte degli avvenimenti drammatici della campagna italiana. Sui monti si è concentrata di nuovo una tensione senza pari.

Inizialmente la 217ª Brigata di fanteria a.u. è riuscita a prendere la località di Collicello nella valle del Brenta. Dopo Collicello la valle diventa sempre più stretta e qui i nemici hanno opposto una strenua resistenza. Nonostante sforzi eroici gli austriaci non sono riusciti ad avanzare oltre San Marino. Con le poche batterie da montagna a disposizione – solo cinque – per ora non c'è niente da fare contro questa strettoia naturale ben fortificata. Il 59° Reggimento di fanteria austro-ungarico, più a est, è comunque riuscito a conquistare il monte La Sorde (1.069 m) e nella mattinata del 17 vi ha piazzato due batterie da montagna in posizione estremamente favorevole che possono intervenire sia nella valle del Brenta che contro il Monte Asolone ed il Col della Berretta.

Fatti più decisivi avvennero al reparto von Merten che era salito sui monti con quattro battaglioni (tre battaglioni del 3° Reggimento *Schützen* ed un battaglione del 4° Reggimento *Kaiserjäger*) ed attraverso il Monte Prassolan avanzava contro l'importante Monte Pertica. Alle 9 il battaglione del capitano Andics del 3° *Schützen* era riuscito ad occupare il Monte Prassolan (1.481 m) ed a prendere prigioniero il comandante del 149° Reggimento di fanteria italiano (Brigata Trapani), con 1.100 uomini. Proviamo ad immaginare gli avvenimenti successivi.

La compagnia del tenente Lorenzoni del 3° *Schützen* sale subito in cresta a quota 1.484. Grande stupore – niente spari – la vetta non è occupata! Rimanendo sempre in cresta il tenente si precipita verso il Monte Pertica. Anche là non ci sono italiani. La cima viene occupata senza combattere.

Dal Monte Pertica gli uomini vedono ad appena due chilometri e mezzo, sulla cima del Grappa dall'altra parte, moltissimi soldati italiani che scavano alacremente. Gli *Schützen* guardano increduli, il nemico non si è accorto di nulla. L'obiettivo di tutto l'attacco è a portata di mano davanti ai loro occhi.

Dalle alture al di là del Brenta i camerati austro-ungarici hanno seguito attentamente l'avanzata del battaglione attraverso il Monte Prassolan e la quota 1.484 verso il Monte Pertica ed attendono con ansia la comparsa dei primi *Schützen* sulla cima del Grappa. Attendono inutilmente. Perché?

All'improvviso il tenente Lorenzoni viene raggiunto dall'ordine del suo comandante di battaglione di ritirarsi a quota 1.484 e sul Monte Prassolan. Il comandante ritiene che il battaglione sia disperso in una zona troppo vasta e la compagnia Lorenzoni sia troppo avanti, isolata. Non vuole che resti esposta da sola al pericolo di un attacco di sorpresa del nemico o all'accerchiamento. Non conosce l'importanza fatale del suo ordine per tutta l'offensiva?

Intanto il colonnello Tenner sale personalmente a quota 1.484. Arriva lassù alle 10,30, capisce subito che si tratta di un'occasione unica per raggiungere la vetta del Grappa e fa avanzare immediatamente i suoi per occupare il Monte Pertica. – Troppo tardi. – Gli *Schützen* risalgono subito sul Monte Pertica, ma quando si avvicinano alla vetta vengono accolti da un fuoco furibondo e costretti a terra. Gli italiani si sono resi conto dell'enorme pericolo che correva tutta la linea del Grappa ed hanno inviato subito forze ingenti sul Monte Pertica.

Sono bastate appena due ore per modificare completamente la situazione favorevole ed annientare tutte le speranze. Per il momento il colonnello Tenner si è dovuto accontentare del possesso del Monte Prassolan e di quota 1.484.

Purtroppo in questi momenti decisivi anche il comandante del Gruppo von Merten non è ancora arrivato sui monti ad infondere nuovo impulso all'attacco. Arriverà a quota 1.484 solo nel primo mattino del 17. La vetta del Grappa, così vicina, rimane indisturbata.

La sfortuna dell'uno è la fortuna dell'altro come sempre in guerra. Chi non avrebbe augurato un successo sul Grappa ai magnifici *Jäger* tirolesi e agli *Schützen* stiriani.

Purtroppo il 16 l'attacco del reparto Wolff contro il Monte Peurna (1.381 m) ed il Monte Avien (1.165 m) è fallito. Si sono fermati lì davanti.

Non molto lontano il 26° *Schützen* austro-ungarico ed alcuni reparti del Battaglione da montagna württemberghese che seguiva hanno attaccato nelle stesse ore il Fontana Secca. Si sono avvicinati moltissimo alla linea in cresta, ma non sono riusciti a prenderla e si sono riparati alla bell'e meglio nel freddo gelido del brullo pendio roccioso.

Nella valle del Piave sono già andate in posizione parecchie batterie della 55ª Divisione austro-ungarica e della divisione *Jäger* tedesca. Pezzi d'artiglieria della 50ª Divisione austro-ungarica sparano dalla sponda orientale del fiume, ma non possono colpire i pezzi d'artiglieria italiani in alta montagna, le distanze e le differenze di quota sono troppo grandi. Non sono ancora disponibili batterie per il combattimento a distanza e mortai pesanti.

Il generale Krauss, piuttosto adirato, è andato personalmente fino a Santa Maria nella valle del Piave ed ha verificato che il programmato attacco della divisione Schwarzenberg non è ancora iniziato. Finora tutte le puntate per sfondare attraverso Santa Maria sono fallite. Il principe Schwarzenberg sembra molto scettico. Il capitano Graeve, comandante del battaglione d'assalto germanico aggregato, però, mantiene il suo ottimismo e nella notte vuole tentare di sfondare a Quero, nonostante il violento fuoco difensivo. Il suo piano è in sintonia con le intenzioni del comandante di Gruppo che dà la sua approvazione.

Il capitano Graeve ha ragione. Nell'oscurità il suo esperto battaglione d'assalto riesce ad arrivare vicino a Quero e poco dopo mezzanotte espugna il paese pesantemente bombardato. La 36ª Brigata austro-ungarica segue subito nella valle.

Si può sperare di prendere l'ultimo sbarramento davanti alla pianura, la dorsale del Monte Tomba. Al principe Schwarzenberg viene assegnata anche la Divisione *Jäger* tedesca trasferita a Quero la notte stessa, pronta all'attacco alle pendici del Tomba.

Mentre il generale Krauss ritorna a Feltre, anche la 22ª Divisione *Schützen* si spinge a Quero, ma alcuni reparti vengono inviati verso ovest ad occupare il Monte Cornella sulla conca di Quero-Alano.

Il colonnello Mihailić con i suoi bosniaci del 2° Reggimento, appoggiati dai lanciafiamme del battaglione d'assalto Graeve, attacca senza indugio il monte e alle 8 del mattino riesce a prenderlo assieme al Monte Cisa (1.100 m), fa anche 2.400 prigionieri. Un'azione decisiva.

Mentre è in corso l'attacco la divisione *Jäger* tedesca cerca disperatamente di farsi strada attraverso l'intasata valle del Piave. Il reggimento più avanzato (von Pappritz) raggiunge Quero solo alle 17, il grosso segue molto più tardi, in giornata non è più possibile intraprendere niente. L'attacco attraverso il Monte Tomba viene spostato al 18.

Non si può più contare sulla sorpresa, come aveva sperato il generale Krauss. Gli uomini se ne accorgono dal pesante fuoco d'artiglieria di ogni calibro sulle strade e sulle località di Alano, Quero, Campo e Colmirano nella conca. Soprattutto la stretta di Quero è sotto un fuoco massiccio.

Secondo gli ordini, le tre divisioni (Divisione *Jäger* tedesca e Battaglione da montagna württemberghese, 22ª Divisione *Schützen* e 55ª Divisione austro-ungarica) il 18 sarebbero dovute avanzare fino alla linea Tomba-Vettorazzi (ad ovest di Pederobba) ed alla collina di Curogna per creare un varco verso la pianura. Gli *Jäger* tedeschi in particolare avevano il compito di sfondare la 'linea di difesa' italiana dal Monte Pallone (1.215 m), alla cresta ad est-Monfenera (854 m), lungo il Monte Tomba (868 m) e quota 757 fin giù verso Sengie. Dio sa che non è una cosa facile perché questa linea di combattimento principale è ben costruita, perfettamente controllata ed è anche dominata da una forte artiglieria (circa 60 pezzi) sul Monte Pallone e sul Monte Meatte.

Dalla sponda orientale del fiume il gruppo Scotti, ora diretto vicino del Gruppo Krauss, sosterrà l'attacco con reparti dell'*Alpenkorps* e della 50ª Divisione austro-ungarica.

Già la sera del 17 la 200ª Divisione tedesca aveva rilevato sul fiume la nostra 12ª brandenburghese. Vicino a Ciladon si è riusciti a costruire una passerella sul fiume che si può utilizzare per attraversare. Dei monti a nord-ovest del Grappa già il 17 la Casera Magnola è caduto nelle mani del I Battaglione del 59° Reggimento (divisione *Edelweiss*). Ora gli uomini sono proprio davanti alla principale linea di difesa italiana sul Col della Berretta, difesa da larghi reticolati senza interruzioni.

Le notizie sull'attacco del gruppo d'armate Conrad non sono buone. L'offensiva si trascina, non si avanza, manca lo slancio.

I nostri genieri ferroviari riescono a portare ad Udine il primo treno di munizioni. Si lavora alacremente alla costruzione della tratta sul Tagliamento per Pordenone, Sacile.

Il Monte Tomba (18 novembre)

La 55ª Divisione austro-ungarica del principe Schwarzenberg, esausta, è stata rilevata dalla Divisione *Jäger* tedesca.

Purtroppo già mentre le truppe si schieravano ai piedi del Tomba ci sono state delle vittime, l'operazione si è svolta sotto un violento fuoco d'artiglieria giorno e notte. Alcuni colpi sono caduti sulle colonne in marcia.

Attualmente nella conca di Quero c'è la 26ª Brigata da montagna austro-ungarica (55ª Divisione *Schützen*) nei pressi di Alano-Campo – il suo distaccamento avanzato è vicino a San Lorenzo ai piedi del massiccio del Grappa. L'oscurità non offre protezione, gli italiani hanno collocato sulle alture circostanti moltissimi riflettori che di notte illuminano tutta la conca di Quero ed i pendii del Tomba.

Da Uson il Battaglione da montagna württemberghese è stato impiegato contro il Fontana Secca ed il Monte Spinoncia per proteggere i fianchi ed alleggerire l'attacco sul Tomba. Fortunatamente i württemberghesi con abili deviazioni sono riusciti ad attraversare la conca di Quero senza lamentare perdite. Attraverso il Monte Spinoncia ed il Fontana il maggiore Sproesser dovrebbe poi proseguire in direzione del Monte Solarol, del Monte Valderoa e del Grappa, se possibile.

Il battaglione procede in due colonne. La meridionale al comando di Rommel sale direttamente sulle montagne. Le pattuglie di ufficiali che Rommel ha inviato in ricognizione sul Monte Spinoncia informano che il nemico non ha ancora occupato l'altura antistante di quota 1.100. Il reparto si è messo subito in movimento per raggiungerla. L'informatore – sottotenente Walz – ha sorpreso lungo la strada 150 italiani che dormivano in una baracca e con la pistola in pugno li ha catturati in blocco e li ha portati subito con sé.

La massiccia torre rocciosa della cima dello Spinoncia è così ripida ed incombente che senza una sufficiente preparazione dell'artiglieria non si può prendere frontalmente dalla Punta Zoc. Purtroppo non è possibile aggirarla perché le valli ai lati del monte sono troppo profonde e formano delle gole quasi intransitabili.

La colonna settentrionale attraverso la stretta valle di Tegorzo ed il piccolo villaggio montano di Schievenin è arrivata al Fontana Secca con la 26ª Brigata da montagna. Ora austriaci e *Jäger* svevi sono davanti alla principale linea italiana sul pendio nord.

Nelle prime ore del mattino del 18 i battaglioni tedeschi della divisione *Jäger* si aprono la strada sui pendii del Tomba. Nelle zone più basse il monte è ancora ricoperto di cespugli ed alberi – per lo più castagni e querce – che permettono di nascondersi, ma più in alto è spoglio, solo alcune piccole rugosità e pieghe del terreno offrono riparo alla vista.

Dai fianchi ed in parte anche da tergo il nemico riversa sugli *Jäger* che salgono granate e shrapnel. Li colpisce anche frontalmente con un pesante fuoco difensivo. Non c'è da meravigliarsi se ci sono state delle perdite.

Nei pressi di Monfenera-est reparti della 26ª Brigata da montagna hanno preso le postazioni italiane di prima linea ad ovest del Tomba (854 m), ma non sono arrivati più avanti. Il reggimento Bettendorf ha espugnato le postazioni in cresta da quota 710 a 715. Gli *Jäger* della Guardia verso le 11 hanno attraversato le doppie barriere di filo spinato, hanno fatto irruzione nelle trincee e le hanno travolte, ma la linea principale retrostante sul pendio meridionale del Tomba ed anche la cima vera e propria del Tomba (868 m) sono rimaste irraggiungibili.

Il reggimento von Bibra ha impiegato la sua 8ª Compagnia *Jäger* della riserva sull'ala sinistra in prima linea. Vicino al paesino di Sengie sulla riva del fiume la resistenza del nemico è stata accanita, l'attacco è costato molte perdite. Non si è riusciti a conquistare di slancio il paese ed a sfondare verso Pederobba. Le mitragliatrici nemiche erano sistemate in gallerie nella roccia e l'artiglieria italiana aveva concentrato un fitto fuoco di sbarramento proprio in questa zona critica tra il fiume e la strada a valle. Solo nella notte, all'arrivo degli *Jäger* bavaresi di rinforzo, si è riusciti almeno ad occupare Sengie.

Nuovo raggruppamento

Il risultato dell'attacco sul Monte Tomba ed in montagna appariva piuttosto deludente. Il nemico aveva impiegato truppe valorose, la sua resistenza era molto più forte e meglio organizzata di quanto ci si fosse aspettato o si fosse temuto. Nonostante i violenti contrattacchi riuscimmo comunque a mantenere le posizioni conquistate.

Il cannoneggiamento di giorno e di notte rendeva difficile l'approvvigionamento di munizioni, di vettovaglie ed anche d'acqua. La situazione era critica soprattutto perché le alture decisive (il Monte Spinoncia ed il Fontana Secca) non erano ancora in mano nostra. Il generale von Below intervenne con decisione ordinando di prendere il Monte Spinoncia, il Col dell'Orso, il Fontana Secca e soprattutto il

Monte Pallone per dare efficacia all'attacco nella valle del Piave. Dispose anche un nuovo raggruppamento che sollevasse il Gruppo Krauss dall'attacco nella valle del Piave e gli permettesse di concentrarsi completamente sull'attacco contro le alture dominanti.

Vennero stabilite le fasce di combattimento del Gruppo Krauss e del Corpo Tutscheck di nuova formazione. La zona di combattimento di Krauss con la divisione *Edelweiss*, la 94ª, la 22ª Divisione ed il Battaglione da montagna württemberghese andava ora dal Brenta al Tomba. Il Corpo Tutscheck si trovava vicino alla Divisione *Jäger* tedesca ad est ed all'*Alpenkorps*, dietro alla 55ª Divisione austro-ungarica – che ora facevano parte del Gruppo Scotti – ed arrivava fino a Sengie sul Piave. Al di là del fiume la 50ª Divisione austro-ungarica difendeva la riva nella zona di Funer (con il ponte) vicino a San Vito e Valdobbiadene. Scendendo lungo il fiume seguivano il Gruppo Stein con la 200ª Divisione, la 13ª Divisione austro-ungarica, dietro la 12ª Divisione, ed il Gruppo Hofacker con la 26ª e la 117ª Divisione. Questo nuovo raggruppamento sarebbe durato tre giorni, non potevamo certo permettere che trascorressero inattivi.

La situazione sul Monte Tomba era spiacevole ed era comprensibile che il generale Krauss facesse pressioni perché ci si impadronisse quanto prima delle alture del massiccio del Grappa, ma la sua insistenza provocò attacchi affrettati contro il Col della Berretta, il Col dell'Orso ed il Monte Pertica destinati all'insuccesso. Venne presa solo la località della Forseletta.

Il generale Wieden voleva attaccare il 19 con la 216ª Brigata ed il Gruppo Merten. L'artiglieria della 18ª Divisione austro-ungarica avrebbe fornito appoggio dall'altra riva del Brenta. I preparativi però non vennero ultimati in tempo e si dovette spostare l'azione al 21. La divisione *Edelweiss* teneva la linea Termine in val del Brenta, quota 1.127, Casera Magnola, Casera Cima. Nel frattempo vennero aumentate le forze impiegate.

La 25ª Brigata della 94ª Divisione austro-ungarica raggiungeva la val Stizzon e da Boffa ai piedi del Monte Prassolan iniziava a salire sul Col dell'Orso. A sera raggiunse quota 1.618 e 1.570 (a sud-ovest del Col dell'Orso), arrivò vicinissima alle postazioni in cresta italiane ma dovette fermarsi.

Con un'azione audace due battaglioni del 1° Reggimento *Kaiserschützen*, assieme al Battaglione da montagna württemberghese ed all'artiglieria da montagna, riuscirono finalmente a prendere la postazione in cresta sul Fontana Secca. Vennero presi prigionieri alcuni ufficiali italiani e 200 uomini. Il reparto Rommel del Battaglione da montagna württemberghese intanto aveva raggiunto ed occupato la casera di quota 1.100 appena sotto alla vetta rocciosa del Monte Spinoncia.

Nello stesso giorno ci fu un successo sorprendente.

Alle 9 del mattino il cadetto Kassan del 3° Reggimento *Schützen* con pochi uomini aveva effettuato un colpo di mano estremamente audace contro la cima del Monte Pertica. Era riuscito a cogliere di sorpresa gli italiani, ad occupare la postazione in vetta ed a tenerla fino all'arrivo del suo battaglione. Per tutto il giorno gli italiani, provenendo dal Grappa e dal Monte Asolone, attaccarono furiosamente per riconquistare il Monte Pertica – fortunatamente senza successo. Frattanto la 22ª Divisione *Schützen* si spingeva fino a 50 metri dalle postazioni sul Col della Berretta. I violenti contrattacchi vennero respinti.

La Divisione *Jäger* tedesca formava ora l'ala destra del Gruppo Tutscheck. Il 21 il generale Kleinhenz che comandava l'*Alpenkorps* diede ordine di espugnare le postazioni principali sul Monte Tomba con l'appoggio dei reparti del 4° Reggimento di fanteria bosno-erzegovese rimasti indietro e del 26° Reggimento *Schützen*. Vennero impiegati anche il II (Graeve) ed il III (Goerne) battaglioni d'assalto tedeschi.

Dopo un violento e breve cannoneggiamento dell'artiglieria alle 5.25 si lanciarono in avanti e stanarono con i lanciafiamme le postazioni italiane a quota 715. Poi le trincee vennero travolte da due lati con accaniti combattimenti corpo a corpo.

Durante tutto l'attacco la nostra artiglieria cercò di tenere a bada le batterie nemiche sul Monte Pallone. Alle 8 il 26° Battaglione *Jäger* della Riserva riuscì a prendere anche le postazioni nella zona di quota 752 e gli *Jäger* del 1° Battaglione della Riserva strapparono agli italiani la cima del Monte Tomba, la quota 868. Vennero presi prigionieri 14 ufficiali e 400 uomini e vennero catturati 5 pezzi d'artiglieria, 15 bombarde e molte mitragliatrici.

Alle 10 un veemente contrattacco italiano ebbe successo, la cima fu perduta un'altra volta. Mezz'ora dopo tuttavia fu di nuovo in mano nostra. Le postazioni del nemico verso ovest fino a Monfenera-est ora erano nostre. L'immane fuoco d'artiglieria ci causò purtroppo molte perdite. Il combattimento corpo a corpo nelle trincee del Monte Tomba costò la vita a molti valorosi.

La battaglia fu particolarmente dura perché, secondo le affermazioni dei prigionieri, nello stesso momento anche gli italiani si preparavano ad attaccare.

I nostri uomini furono costretti a fermarsi parecchi giorni nelle postazioni raggiunte, cosa davvero amara in questa condizione. Ora dominava di nuovo la guerra di posizione con tutti i suoi orrori. Non si parlava più di inseguimento.

Ora l'*Alpenkorps* impiegava sul Tomba le sue due compagnie bombarde, la 174ª G e 175ª G che soffrirono molto sotto il fuoco dell'artiglieria nemica.

Difficoltà

Il giorno dopo il 3° Reggimento *Schützen* sul Monte Pertica venne rilevato dalla 57ª Brigata da montagna (della 94ª Divisione austro-ungarica). Rommel assunse il comando del Battaglione da montagna württemberghese sul Fontana Secca perché il maggiore Sproesser era stato destinato al comando di settore.

Sul Fontana Secca il Battaglione da montagna württemberghese era subito dietro al 1° Reggimento *Kaiserschützen* in attesa che questo avanzasse vittorioso in direzione del Monte Solarol, purtroppo inutilmente. Non si riusciva ad andare avanti e Rommel quindi non poteva sfondare verso il Grappa attraverso il Col dell'Orso, come era nelle sue intenzioni. Ed ecco che giunse la notizia che la vicina 25ª Brigata da montagna austro-ungarica faceva grandi progressi. Rommel chiese al suo comandante di settore di aggregarsi a questa Brigata per tentare l'attacco al Col dell'Orso.

Il permesso venne accordato, ma ci fu un'inutile discussione con la 22ª Divisione *Schützen* che si sentiva piantata in asso.

Su richiesta del maggiore Sproesser il Battaglione da montagna württemberghese venne separato dalla 22ª Divisione *Schützen* e scese in val Stizzon per unirsi all'avanzata della 25ª Brigata da montagna che però era ferma davanti al Col dell'Orso. Poco dopo il Battaglione da montagna württemberghese ricomparve al Fontana Secca che ora rientrava nella fascia di combattimento della Divisione *Jäger* tedesca.

Il fallito tentativo di passare vicino a Vidor costrinse a raccogliere l'artiglieria delle divisioni ed anche l'artiglieria d'armata sotto un unico comando e a studiarne un impiego più sensato. Una parte dell'artiglieria pesante d'armata era già stata consegnata al fronte occidentale. Dietro il fronte erano sorte molte difficoltà. Il vettovagliamento della truppa era assicurato dai prodotti locali e dai molti depositi che facevano parte del bottino, ma il rifornimento di munizioni era difficile. La ferrovia arrivava già fino a Pordenone, si lavorava per portarla fino a Sacile, ma mancavano le colonne di camion per trasportare più avanti le batterie. Le unità austro-ungariche usavano gli automezzi per portare via l'enorme bottino invece che per provvedere al munizionamento. La carenza di munizioni era sensibile soprattutto nel Gruppo Krauss che riceveva la maggior parte dei proiettili attraverso il Gruppo d'Armate Conrad, anch'esso a corto di munizioni; ci furono dei contrasti.

Le truppe austriache erano indubbiamente rifornite peggio delle nostre. Gli intendenti a quanto pare avevano cose più importanti da fare. Capitò addirittura che alcune divisioni austro-ungariche vennero fermate per mancanza di vettovaglie. Si fecero molti commenti amari. Anche sua Eccellenza von Below nelle sue memorie espresse molto apertamente le sue critiche.

Lo stesso giorno – il 23 – il I Battaglione del 14° Reggimento di fanteria austro-ungarico dopo un breve ma imponente fuoco di artiglieria pesante riuscì a impossessarsi delle famigerate gallerie di Termine nella valle del Brenta ritenute imprendibili. Questo ridiede speranza, soprattutto quando, tre giorni dopo, la divisione *Edelweiss* riuscì ad espugnare il Col della Berretta. Purtroppo non riuscì a tenerlo, in seguito alle violente controffensive degli italiani la cima andò nuovamente perduta. Si decise allora di non fare più tentativi con mezzi insufficienti e di preparare un attacco programmato.

Le riserve della 14ª Armata vennero fatte avvicinare. Da Aviano la 4ª Divisione austro-ungarica marciò verso l'ala sinistra nella zona Conegliano-Tezze. La 33ª Divisione austro-ungarica raggiunse Feltre-Arten. La nostra 5ª Divisione si raccolse attorno a Vittorio Veneto. A nord la 94ª Divisione austro-ungarica, attraverso Belluno, si diresse verso l'ala destra vicino a Fonzaso-Arten.

In aiuto di Conrad il Comando Supremo tedesco aveva inviato di rinforzo in Italia la 195ª Divisione che, attraverso Fonzaso, doveva raggiungere Feltre. La 33ª Divisione austro-ungarica le veniva incontro sulla stessa strada e questo naturalmente provocò notevoli disagi, ingorghi e molta confusione. Il Comando della 14ª Armata inviò a Feltre un ufficiale dello Stato Maggiore per mettere ordine. Questi intervenne con decisione, fece presidiare tutte i bivi stradali da ufficiali tedeschi e attraverso la val Cismon condusse la 195ª Divisione a Primolano perché il Gruppo d'armate Conrad aveva comunicato l'intenzione di attaccare il 1° dicembre nella zona del Monte Meletta.

Abbiamo nuove informazioni sul nemico. Pare che abbia aggiunto alle sue unità 14-16 divisioni dell'Intesa, di cui 12-13 sarebbero concentrate nella zona del Brenta. In prima linea però non sono stati notati ancora francesi o inglesi, le loro unità non sono impiegate. I nostri radiotelegrafisti riescono ora a captare parecchie stazioni radio francesi al di qua del Brenta. Un Comando d'Armata francese si trovava a Vicenza.

Il 24 l'Imperatore Carlo, il Capo di Stato Maggiore austro-ungarico Arz von Straussenburg, il generale Krauss ed Otto von Below si incontrarono vicino a Feltre per discutere la situazione. L'Imperatore ed il generale Arz von Straussenburg erano piuttosto scettici sulla possibilità di proseguire l'offensiva mentre i nostri comandanti intendevano continuare. Si decise di attraversare il Piave attorno al 30 novembre con un'azione di forza combinata con una nuova avanzata di Conrad ed un pesante attacco contro il massiccio del Grappa, e nonostante l'arrivo delle divisioni ausiliarie dell'Intesa.

Lo spiegamento delle nostre bombarde sul Piave

La 200ª Divisione (Gruppo Stein) vicino a Vidor e la 13ª Divisione *Schützen* austro-ungarica nei pressi di Falzè tenteranno di attraversare in forze il Piave. Hofacker con la 26ª Divisione cercherà di passare a Miano-Marcatelli di fronte al Montello. Nei punti scelti il fiume è relativamente stretto, non più di 100-200 metri, mentre in altri posti, ad esempio a nord del Montello, il Piave ha una larghezza di 2-3 chilometri. La riva sul lato del Montello è ripida e ricca di cespugli ed alberi. La sponda ripida dall'altra parte fornirà una buona protezione a chi lo attraversa.

Non è facile far avanzare rapidamente tutte le unità bombarde. Il battaglione di Wandelsleben è già stato consegnato al fronte occidentale, il 5° battaglione (Buddeberg) invece ha attraversato il Tagliamento. Il maggiore Buddeberg si è addirittura trascinato dietro tutte le sue bombarde pesanti (come anche la 5ª Compagnia, Spiess). Pagenstecher con le sue unità è impegnato in prima linea sul Piave di fronte al Montello. Con il munizionamento non va molto bene. Al momento abbiamo a disposizione circa 30 colpi per ogni bombarda media, molti di più per le leggere. Naturalmente si cerca di garantire l'approvvigionamento, ma le strade in cattivo stato (soprattutto nei pressi di Sacile) ed i ponti non ancora completamente ripristinati rallentano l'avvicinamento delle munizioni. Tatticamente le bombarde disponibili vengono impiegate come sull'Isonzo, a batterie a seconda degli obiettivi, questo facilita il posizionamento in parallelo ed il tiro di aggiustamento. I piani prevedono che lo spiegamento venga completato entro il 5 dicembre, il giorno dell'attacco. Poiché si tratta di fatti eccezionali ritengo utile dare alcuni dettagli.

Il battaglione Pagenstecher ha portato in posizione dirimpetto alla punta est del Montello 6 bombarde medie della 117ª Compagnia puntate contro i capisaldi avanzati sull'altra riva. In un secondo momento sposteranno il fuoco sulle alture di Campagnole. Inoltre Pagenstecher fa battere le gole sulla riva da 8 bombarde medie della 95ª Compagnia e da 8 medie della 26ª Compagnia. Si aggiungono anche 8 mortai leggeri dei reparti reggimentali.

Risalendo il fiume, ci sono due Gruppi di Compagnie bombarde: 6 pezzi dell'8ª Compagnia della Guardia e 8 medie della 426ª Compagnia faranno fuoco sulle postazioni italiane sulla riva e su particolari capisaldi di fronte a Mina e Casale Mercatelli. Là ci sono due gole abbastanza profonde che scendono al Piave. Nel fiume c'è un banco di sabbia, il posto migliore per avanzare.

Un Gruppo bombarde secondario è stato formato di fronte a Nervesa. È composto da 4 medie e 3 leggere e serve da diversivo.

Il tenente Spiess dispone di 3 Gruppi bombarde. Tre del primo Gruppo hanno preso posizione vicinissime alla riva dietro una fattoria, in giardini idilliaci, con aiuole di fiori, palme, ulivi e cipressi. A sud di queste, vicino a Vidor, sono nascoste 2 bombarde pesanti, 2 medie e 3 leggere.

Il secondo Gruppo è formato da 8 bombarde medie e 5 leggere, il terzo Gruppo da 2 pesanti, 4 medie e 3 leggere. Spiess con i due Gruppi bombarderà le forti postazioni e gli ostacoli sull'altra sponda del fiume vicino a Barche. Per aumentare l'efficacia del tiro ne ha organizzato la distribuzione sfruttando tutte le possibilità di fuoco d'infilata. Le traiettorie in parte si incrociano.

Il maggiore Buddeberg con le sue 4 Compagnie del 5° Battaglione bombarde forma 2 Gruppi mitragliatrici contro la punta nord del Montello. Il Gruppo nord è composto dalla 1ª, dalla 2ª e dalla 4ª Compagnia, il Gruppo sud solo dalla 3ª Compagnia L'installazione delle bombarde vicino a Capo di Villa è piuttosto difficoltosa.

Il suo Gruppo nord dispone di 3 pezzi pesanti, 9 medi e 4 leggeri vicino a Falzè; 4 medi sono nel cimitero del paese. Il loro fuoco si concentra contro il margine nord del Montello. Il Gruppo sud, forte di 8 pesanti, 9 medi e 4 leggeri, è sulla riva tra Rosta e Jacur e fa fuoco sulle postazioni italiane sulla sponda del fiume a nord-ovest di Campagnole. Pare che dall'altra parte siano stati individuate bombarde e mitragliatrici francesi, ma non lo crediamo.

Con grande tensione attendiamo l'inizio dell'imponente fuoco a tappeto delle bombarde sul Piave. Con energia ferrea le formazioni hanno completato lo spiegamento sul fiume, ma all'ultimo momento c'è una grande sorpresa: il 3 dicembre l'impresa viene annullata! La delusione è profonda, tanta fatica per nulla.

Già il 24 novembre 1917 si era tenuto vicino a Feltre un incontro segreto tra Sua Maestà l'Imperatore Carlo e il Comando della 14ª Armata. Il nostro Stato Maggiore aveva poi elaborato un promemoria della situazione sul fronte italiano trasmesso sia all'arciduca Eugenio che al generale Ludendorff. Si doveva decidere se accontentarsi della linea del Piave, e quindi cessare l'offensiva, o proseguire nel tentativo di raggiungere l'Adige. Molti argomenti importanti andavano a sostegno di questa ipotesi. Finora la 14ª Armata e le due Armate dell'Isonzo erano riuscite a raggiungere successi schiaccianti con perdite minime. Su tutto il fronte italiano all'inizio dell'offensiva c'erano in totale 2 milioni di uomini, 1.200.000 dei quali solo ad est del Tagliamento (dunque alla 12ª Armata, Zona Carnia, alla 2ª e 3ª Armata) comprese tutte le riserve (secondo le annotazioni di von Pohl, austro-ungarico, di Krafft von Dellmensingen e di Monticone).

Dal 24 ottobre al 20 novembre il nemico aveva perduto 800.000 uomini (secondo altre fonti quasi 1.000.000), tra i quali erano annoverati (secondo Monticone) 10.000 morti, 30.000 feriti, 265.000 prigionieri ed inoltre circa 300.000 dispersi e sbandati. Per il resto mancano indicazioni.

Dei 6.918 pezzi d'artiglieria dell'Esercito italiano 3.152, dunque quasi la metà, facevano parte del nostro bottino, tra questi in particolare molti pezzi pesanti, mortai, cannoni a lunga gittata rimasti sulle vie della ritirata. Ad essi si aggiungevano 1.732 bombarde fino 40 cm di calibro, 3.000 mitragliatrici, 300.000 fucili. C'erano state colossali perdite di materiale. Questa vittoria superava di gran lunga quella di Tannenberg, ma non aveva l'importanza strategica fatale della battaglia nella Prussia orientale.

D'altro lato il generale Cadorna era riuscito a formare sul Piave una nuova linea di resistenza ordinata dietro la quale ora c'erano 12 divisioni dell'Intesa. Dal fronte occidentale erano arrivati di rinforzo piloti di aerei da combattimento francesi ed inglesi e si era cercato di bilanciare le perdite dell'artiglieria italiana con circa 400 pezzi d'artiglieria campale. Il fronte italiano, inoltre, si era molto accorciato. C'erano le premesse per prevedere una resistenza molto maggiore ad ogni tentativo di avanzata nel Veneto. Si doveva decidere se nelle condizioni attuali valesse la pena di continuare l'offensiva, se fosse giustificato un ulteriore sacrificio di sangue, per di più per interessi particolari austriaci. Il nostro comando non era molto favorevole.

C'era poi da aggiungere che l'offensiva del gruppo d'armate Conrad aveva deluso, che non era stata raggiunta la pianura e che quindi non si riusciva neanche a scardinare la linea del Piave ed a costringere il nemico a ritirarsi dietro l'Adige. Il superamento del Grappa e dello sbarramento del Tomba non avrebbe certo significato che gli italiani sarebbero stati costretti a ripiegare dietro l'Adige. Per raggiungere questo obiettivo sarebbe stato necessario impiegare altre divisioni tedesche sullo scenario di guerra italiano. Anche questo non era nelle intenzioni del Comando Supremo tedesco che era molto preoccupato per la situazione nelle Fiandre ed era interessato a riavere quanto prima le sette divisioni tedesche della 14ª Armata. La battaglia decisiva sarebbe stata sul fronte occidentale – si pensava – non in Italia.

Una cosa però si voleva ad ogni costo: raggiungere linee di difesa migliori di quelle finora esitenti e perciò era necessario tenere il settore avanzato Monte Grappa, Monte Spinoncia, Fontana Secca e Col dell'Orso.

Su incarico del Comando della 14ª Armata il capitano Fehr, nostro secondo ufficiale di Stato Maggiore, si recò a Monaco passando per Trento per illustrare i particolari del promemoria e per informare personalmente attraverso il ministero della guerra bavarese il Comando Supremo Tedesco ed in particolare il generale Ludendorff.

Anche l'arciduca Eugenio non rimase inattivo. Il 29 novembre presentò l'istanza ufficiale di cessare la grande offensiva. Il Comando Supremo austro-ungarico a Baden vicino a Vienna si disse d'accordo, ma pretese contemporaneamente di migliorare la linea di difesa nella zona del Grappa. A ragione si pensava di non poter tenere a lungo la dorsale del Tomba finché i monti rimanevano in mano nemica. Questa circostanza determinò tutte le operazioni successive.

Da questo momento il nostro Comando lasciò l'amministrazione del Friuli all'alleato austriaco. Da allora, nonostante gli organi di controllo, fiorì la borsa nera di tutte le merci carenti: tessuti, sapone, seta ed altro. In molte unità austro-ungariche delle armate dell'Isonzo si notarono fenomeni di degrado. Le retrovie erano piene di saccheggiatori e disertori che a volte si riunirono in bande. Molti contadini vennero vessati – ci furono anche degli omicidi. Furono necessari interventi energici per mantenere l'ordine.

In tutto il Friuli vennero raccolti tutti gli utensili di rame disponibili, paioli, tegami ecc., bronzi e campane perché di questi metalli c'era un gran bisogno per le corone di forzamento delle granate.

DI NUOVO AL FRONTE

I combattimenti finali sul Fontana Secca, sul Monte Spinoncia, Monte Valderoa, Monte Solarol e Col dell'Orso nel dicembre 1917

La decisione di cessare l'offensiva non significava ancora la fine dei combattimenti e riguardava solo il fronte del basso Piave perché sui monti, soprattutto sul massiccio del Grappa, si doveva lottare ancora aspramente per migliorare le linee di difesa. In un modo o nell'altro bisognava eliminare la situazione impossibile sul Monte Tomba e nella conca di Quero-Alano.

Ci fu un nuovo raggruppamento. La 200ª Divisione ricevette l'ordine di attraversare il Piave sul ponte di Vas e di salire sul Fontana Secca. Al suo posto ai piedi del monte subentrò la 1ª Divisione austro-ungarica. La nostra 5ª Divisione andò al Gruppo Krauss sul medio Piave. La 26ª e la 200ª Divisione formarono il Corpo von Wedel. Sul Piave si effettuò uno scaglionamento in profondità.

La divisione *Edelweiss* venne sostituita dalla molto più debole 4ª Divisione austro-ungarica. Il Battaglione d'assalto tedesco Goerne venne trasportato sul fronte occidentale.

La situazione nella conca di Quero-Alano non era migliorata – anzi – il nemico stava utilizzando munizioni a gas in abbondanza e con i nebbiogeni rendeva più difficile il tiro d'aggiustamento delle nostre batterie. Aerei inglesi attaccavano spesso i nostri palloni frenati sul Piave, alcuni vennero abbattuti.

La 195ª Divisione tedesca non venne più impiegata e fu trasferita. Le nostre 12ª e 26ª Divisione iniziarono la marcia di ripiegamento per essere trasportate in patria.

Ora si dovevano cambiare anche le postazioni delle nostre bombarde.

Il 5° Battaglione, i reparti delle compagnie bombarde ed i reparti dell'*Alpenkorps* vennero impiegati sul Monte Tomba sotto un unico comando. Avevamo anche intenzione di formare un Gruppo bombarde nella zona del Fontana Secca al comando del tenente Spiess composto dalla 5ª, dalla 173ª G e dal reparto reggimentale della 5ª Divisione.

Il tenente Spiess richiese la mia presenza per organizzare il difficile spiegamento delle bombarde sul Fontana Secca e sul Monte Spinoncia. Ci fu qualche difficoltà perché il barone von Rössing intendeva affidarmi il comando delle bombarde sul Monte Tomba, ma per accontentare Spiess, assegnò l'incarico all'attivo tenente del genio Heuschkel, il più noto comandante di bombarde di *Ober-Ost*, (Comando del fronte orientale).

L'ufficiale, biondo e slanciato, sprizzava energia ed audacia noncurante. Il barone von Rössing l'aveva fatto venire proprio perché vedesse l'impiego delle bombarde in montagna. Dopo il suo arrivo a Vittorio Veneto ebbi con lui una lunga conversazione sulle bombarde in generale e specialmente sulle difficoltà e sui vantaggi del loro impiego in montagna. Mi mostrò i suoi piani di distribuzione del fuoco in Russia dai quali era evidente che cercava di garantirsi il successo con uno spietato ammassamento delle forze e la concentrazione sui punti di sfondamento. Semplicemente disponeva di bombarde di ogni calibro in serie una accanto all'altra, le faceva mettere in parallelo ed assegnava ad ogni pezzo 10-20 metri del fronte nemico. Andava giù di brutto, come suol dirsi. I suoi piani non mostravano finezze nella distribuzione del fuoco che sfruttassero le condizioni balistiche. In Russia forse non erano necessarie, in montagna però erano indispensabili. Cercai di spiegarglielo e di dimostrarlo aiutandomi con i nostri piani per la distribuzione del fuoco sull'Isonzo. In un'altra conversazione a Feltre, al 5° Battaglione bombarde al quale era stato assegnato, esposi a lui ed al maggiore Buddeberg le mie esperienze in montagna, l'utilizzo delle condizioni balistiche di volta in volta più favorevoli e di tutte le possibilità di tiro d'infilata, spiegai loro tutte le difficoltà di tiro in montagna, il calcolo del consumo di munizioni quando si spara contro un pendio in salita o in discesa. Entrambi sembravano molto impressionati ed il maggiore mi chiese di mettergli per iscritto in privato queste esperienze; glielo promisi volentieri.

A Vittorio Veneto ci fu un momento di grande gioia. Il tenente colonnello von Rössing ottenne l'ordine degli Hohenzollern. Ci congratulammo di cuore. Modesto come sempre, mi disse: "Sa – si arriva ad un'età in cui queste cose non contano più –".

Queste parole mi hanno fatto una profonda impressione perché io sono ancora ben lontano da tanta saggezza.

Già il 3 dicembre comincia il mio viaggio di avvicinamento alla media valle del Piave per raggiungere la 5ª Compagnia bombarde.

Nel freddo pungente l'auto procede da Vittorio verso nord lungo il lago di Santa Croce e a Ponte nelle Alpi gira nell'alta valle del Piave verso Belluno. Seguiamo il fiume fino a Feltre. I ponti crollati ci costringono ad alcune soste, una volta in un punto poco profondo dobbiamo anche attraversare il letto del fiume con notevoli difficoltà. Alcuni genieri lavorano ad un ponte di legno. Ci muoviamo tra camion carichi di munizioni che bloccano continuamente la strada. Con il buio raggiungiamo Feltre. Dopo una breve visita al 5° Battaglione si prosegue subito. Da qualche parte nella valle del medio Piave trovo infine la 5ª Compagnia ed il tenente Spiess. Saluto cordiale nella cerchia dei suoi ufficiali.

Al mattino presto ci informiamo della situazione presso l'ufficiale di Stato Maggiore della 5ª Divisione, maggiore Osius, un uomo eccellente con il quale finora Spiess ha lavorato molto bene, e riceviamo istruzioni di massima sull'impiego delle bombarde per l'attacco nella zona del Fontana Secca, in direzione del Monte Solarol, del Valderoa e del Monte Spinoncia. L'obiettivo è l'avvicinamento alla cima del Monte Grappa. Con un gruppo sud si intende superare in due azioni distinte il Monte Spinoncia, la cima a stella e la cima a piramide e con un gruppo nord attraverso il Fontana Secca si vuole espugnare il Col dell'Orso ed il Monte Meatte rimanendo sulla stretta cresta gelata ed arrivare dietro il famigerato Monte Pallone. C'è poco tempo, Spiess ed io quindi ci mettiamo in cammino per la prima ricognizione già nella notte dal 4 al 5 dicembre. Vogliamo attraversare ancora nell'oscurità la conca di Quero.

Dappertutto sul Piave le truppe sono accampate negli avvallamenti e in piccole tende nonostante il freddo ed il vento fastidioso. È appena arrivata in prima linea una batteria di mortai Skoda da 30,5 cm motorizzata e va in posizione a valle. Una vista magnifica.

Quero è costantemente sotto il pesante fuoco dell'artiglieria italiana, i riflettori frugano tutta la conca. L'aria è irrespirabile ed alziamo istintivamente il bavero del cappotto. Superiamo la stretta pericolosa e giriamo subito nella stretta valle del Tegorzo per raggiungere i pochi modesti casolari del paesino di Schievenin. Qui si è annidata la 22ª Divisione *Schützen*. Chiediamo una guida per salire sul Fontana Secca attraverso il Monte Tas. Quando i colleghi austriaci sentono che vogliamo organizzare uno spiegamento di bombarde lassù scuotono la testa increduli.

"Che ne pensa, Spiess", gli dico. "Qui si dovrebbe allestire un deposito di rifornimenti per i trasporti in montagna". Sceglie subito un energico ufficiale della sua compagnia e lo incarica di organizzare il trasporto delle bombarde e delle munizioni utilizzando in parte i suoi uomini ed in parte ausiliari assegnati dalla 5ª Divisione e le colonne delle salmerie austro-ungariche assegnate alla 5ª e 200ª Divisione germanica. È una benedizione che il nemico non possa controllare Schievenin.

Comincia la salita al Fontana Secca. Guidati da uno *Schütze* stiriano ci arrampichiamo lungo un interminabile sentiero roccioso a zigzag. A me non pesa, ma Spiess deve fare delle pause. Nella valle molto sotto di noi c'è solo il paesino di Schievenin che scompare lentamente alla vista.

Nella prima luce del mattino passiamo davanti ad una batteria da montagna austro-ungarica andata in posizione due giorni prima tra le rocce appena sotto la cresta del Monte Tas. Per non congelare gli uomini sono stati costretti a scaldare dei sassi, li avvolgono in carta di giornale e li mettono nelle loro piccole tende.

Superiamo la cresta ed arriviamo sul pendio meridionale del monte perfettamente visibile al nemico. Si fa più chiaro, dobbiamo affrettarci per non incappare nel fuoco diretto. La prima luce del mattino ci offre uno spettacolo grandioso: giù in fondo si spalanca la gola del Calcino con il mormorio delle sue acque che si versano nella conca di Alano. Davanti a noi c'è il massiccio del Monte Spinoncia e del Monte Pallone, dietro la cima del Grappa. Dall'alto vediamo anche il brullo Monte Tomba in tutta la sua estensione fino al Piave e siamo abbastanza alti per poter guardare anche giù nella pianura. Le anse del Piave fino al mare sono ancora velate dalla nebbia, ma possiamo seguirle lungo la catena dei 20 palloni frenati sulle due rive che si librano sulla foschia. Davanti al Montello colpisce la grande quantità di caligine e fumo sulla campagna. Là evidentemente sono accampate delle divisioni francesi ed inglesi. Una sottile striscia argentea luccica in lontananza nei primi raggi di sole, il mare, l'Adriatico libero dalla nebbia. Si distinguono delle piccole isole nere. Che cosa saranno? – Prendo il binocolo e riconosco Murano, le lagune di Venezia – addirittura il campanile e le chiese della celebre città, è fantastico. Nonostante il pericolo di venire scoperti dalle sentinelle italiane – lo Spinoncia è a soli 1.200 metri – ci fermiamo ancora un po', affascinati dalla bellezza del paesaggio.

Il sentiero ci porta vicinissimi lungo la cresta. C'è una nuova sorpresa: improvvisamente ci troviamo tra monti in fiamme. Ricorda il Walhalla. Da innumerevoli punti, dalle gole e dalle cime dei monti nuvole di fumo biancastro salgono verso il cielo. Avvicinandoci ci accorgiamo che l'erba secca tra le rocce ha preso fuoco per i colpi di granata e continua a bruciare lentamente.

Camminando in cresta verso nord scorgiamo sotto il cocuzzolo del Fontana un avvallamento ed arriviamo ad una baracca dove alloggia lo Stato Maggiore del 2° Reggimento *Kaiserschützen*. Là incontriamo il comandante e colleghi gentilissimi e disponibili. Quando ci facciamo riconoscere come ufficiali del reparto bombarde sono tutti felicissimi per il gradito aiuto. Ci danno subito delle carte precise con l'indicazione delle postazioni sul Fontana e sul Monte Spinoncia, sulla cima a stella e quella a piramide. Un ufficiale ci accompagnerà per il resto della ricognizione.

Saliamo assieme il pendio nord del Fontana Secca fino alla cima, brulla e gelata. Qui i *Kaiserschützen* che alcuni giorni prima avevano preso il monte con reparti del Battaglione da montagna württemberghese giacciono per così dire sulle nude rocce. I lavori di fortificazione su queste rocce indurite dal gelo sono quasi impossibili. Freddo gelido accompagnato da un pungente vento da nord che soffia sui pendii e sulla cresta. Ci sono stati alcuni casi di congelamento. Oltre la cresta e più in basso si dovrebbero vedere bene le postazioni italiane a quota 1.222 e 1.260 davanti al Monte Fontanel. Al momento non vediamo nulla perché ci avvolge la nebbia. Appena davanti alla linea ci sono ancora alcuni italiani caduti che non si sono potuti recuperare. Al riparo di un masso rimaniamo in cresta ad attendere che la visibilità migliori. Finalmente la luce irrompe abbagliante dallo strato di nubi e foschia. Ora individuiamo molto chiaramente le postazioni nemiche più in basso e localizziamo ogni dettaglio. Sono piene di Alpini che lavorano agli ostacoli di filo spinato fuori dalle trincee protetti dalla nebbia. Quando si rischiara inizia il fuoco degli *Schützen*. Rapidissimi gli uomini si ritirano nelle trincee terminate.

Il possente attacco contro il Monte Spinoncia, il Monte Solarol, il Valderoa ed il Col dell'Orso avverrà l'11 dicembre. Da Schievenin i trasporti devono superare circa 1.000 metri di dislivello. Ora abbiamo informazioni sufficienti sulla posizione, torniamo indietro in fretta per cercare postazioni adatte ai pezzi medi e leggeri per battere la cima a stella e quella a piramide sul Solarol, il Valderoa ed il Monte Fontanel. Il posto più favorevole è il Monte Tas perché ci sono gruppi di rocce sparsi adatti all'allestimento di postazioni relativamente protette. Ma non basta ancora perché si deve prendere anche il Monte Spinoncia. Dal Monte Tas esploriamo con i binocoli il cono roccioso dal quale siamo separati dalla profonda valle del Calcino. Là i Granatieri della Guardia l'11 devono espugnare il Monte Spinoncia, rimanendo in cresta devono salire poi a quota 1.208 e 1.397 fino al Monte Pallone; 5 pezzi leggeri di questo reggimento andranno in posizione dall'altra parte sul pendio verso il Monte Spinoncia ed apriranno alla punta d'assalto la via per le trincee italiane davanti alle rocce della vetta.

Mentre studio con il binocolo le trincee davanti alla cima dello Spinoncia mi viene l'idea che forse dal Monte Tas è possibile sparare d'infilata sopra la valle fino all'altra parte e prendere addirittura la linea in vetta. Rapidamente tiro fuori dall'astuccio il compasso, misuro la distanza sulla carta e grido a Spiess:

"Ecco – guardi, di qui possiamo raggiungere direttamente il Monte Spinoncia". – "Con l'osservazione diretta possiamo far cadere il fuoco dei nostri pezzi leggeri davanti alla fanteria all'attacco e raggiungere la cima. Dobbiamo stabilire anche un collegamento telefonico e con segnali luminosi con l'altra parte".

Spiess è felicissimo, non aveva pensato a questa possibilità.

Così nasce il piano di distribuzione del fuoco sul Monte Tas, una cosa unica.

Ne sappiamo abbastanza, scendiamo di corsa lungo gli stretti sentieri e la sera arriviamo di nuovo a Schievenin. La 22ª Divisione *Schützen* viene subito informata del nostro piano di spiegamento delle bombarde, ma sono molto scettici. Lo considerano impossibile. Noi invece siamo fermamente convinti che con l'appoggio necessario si possa realizzare. Per il 10 bisogna procurare sul Monte Tas 4 pezzi medi e 15 leggeri con sufficienti munizioni. Non è una faccenda da poco, lo sappiamo tutti. Dobbiamo farcela perché l'artiglieria ha altri compiti da assolvere. Solo una batteria può partecipare al bombardamento delle trincee in prima linea, tutto il peso della responsabilità ricade sulle bombarde.

Molto provati arriviamo a Schievenin dove ci attende la nostra auto. Comincia il viaggio di ritorno nella notte buia lungo una strada così stretta che una macchina in senso inverso non passa. La valle del Tegorzo non è visibile per il nemico perciò gli uomini accampati qui possono accendere il fuoco. Attorno ardono i ceppi. Figure imbacuccate sono raccolte attorno alle fiamme per scaldarsi. I fucili sono raggruppati a piramide. Alla luce tremolante si riconoscono ai lati del torrente mezzi militari di ogni tipo. In mezzo ci sono i pezzi di una batteria di obici pesanti che improvvisamente comincia a sparare. Le salve rimbombano nella notte. Si vede il fuoco d'uscita balenare abbagliante, si sente la detonazione, poi il tuono rotola attraverso la valle e si frange sulle pareti rocciose attorno. Migliaia e migliaia di piccoli fuochi brillano dalle rocce fino al Fontana Secca.

Vicino a Quero dobbiamo di nuovo attraversare il fuoco di sbarramento italiano. Stanno cadendo delle granate, attraversiamo velocemente e scompariamo nella valle del Piave. Dopo mezzanotte raggiungiamo il Quartier Generale del Corpo Wedel. Il maggiore Osius si è già ritirato, ma non c'è niente da fare, dobbiamo disturbarlo, gli mandiamo un'ordinanza e chiediamo di potergli parlare un momento. Ci fa andare nella sua stanza, dice solo di essere comprensivi e non accendere la luce. Così, seduti al buio, lo informiamo sulla situazione e sui piani per lo schieramento delle bombarde sul Monte Tas. Stanchissimo, ma con voce chiara dà la sua approvazione. Ora sappiamo a che punto siamo e possiamo metterci subito al lavoro.

La 5ª Divisione di fanteria ci dà ogni appoggio. Inoltre dal 2° Reggimento *Kaiserschützen* riceviamo tutta la 13ª Compagnia che con sforzi eroici e fedele cameratismo ci aiuta a trasportare i pezzi medi e le munizioni sul Monte Tas. Gli *Schützen* sanno quale aiuto sono le bombarde. Le salmerie austriache della 5ª e 200ª Divisione collaborano.

Ci sono incidenti e feriti. Il fatto più grave è la caduta di un pezzo medio durante il trasporto sul pendio roccioso del Monte Tas. Gli uomini non sono riusciti più a trattenerlo ed è caduto sulle pareti rocciose fin giù nella gola del Calcino. Fortunatamente non ha trascinato nessuno nella caduta.

In tutto abbiamo formato tre gruppi. Il Gruppo "Fontana" composto da 3 pezzi leggeri della 173ª Compagnia G avrebbe dovuto battere il cocuzzolo a stella per preparare l'attacco della 200ª Divisione, ma purtroppo non riusciamo a trasportare i suoi pezzi. Il Gruppo "principale", centrale alla Stalla di Tas a quota 1.200 metri, composto dal Gruppo "gola nord" (2 pezzi medi, 4 leggeri e 2 leggeri di riserva) deve entrare in azione contro le postazioni italiane di quota 1.220 e 1.260 in direzione del Monte Fontanel. Il Gruppo "rocce nord" (2 medi, 4 leggeri e 2 leggeri di riserva) deve far tacere la linea principale a sud di quota 1.222 e di Stalla Cinespa, i pezzi leggeri accerchieranno d'infilata la postazione in vetta del Monte Spinoncia (1.303 m) e i pezzi medi la Casera Spinoncia. Tutto il Gruppo "rocce" (5 pezzi leggeri reggimentali) coprirà i camminamenti tra Casera Spinoncia e la vetta sparando dunque sopra la profonda gola della val Calcino. Il nostro punto d'osservazione principale viene allestito sul Monte Tas.

Quando arriviamo alla 5ª Compagnia, alloggiata in alcuni casolari sul fiume, fa un freddo cane. Per non congelare ci rintaniamo nella stalla o rimaniamo in cucina davanti al fuoco. Tuttavia il morale, sostenuto anche da alcune bottiglie di vino, è alto.

Intanto le quattro compagnie del 5° Battaglione, nonostante il fuoco d'artiglieria nemico, da Valdobbiadene tentano di avanzare sulla riva orientale del Piave in direzione di Segusino-Vas-Scalon. Per evitare rumori le ruote sono state avvolte nella paglia. Poco dopo il battaglione va in posizione sul Monte Tomba.

Nel corso del 4-5 dicembre il grosso della 5ª Divisione arriva al Gruppo Krauss. Molte delle sue unità devono subito occupare le postazioni che la 22ª Divisione *Schützen* ha abbandonato anzitempo.

Mentre prepariamo l'attacco, il gruppo d'armate Conrad ad ovest del Brenta nel periodo dal 4 all'8 dicembre ha fatto buoni progressi. Con l'appoggio dell'artiglieria della divisione *Edelweiss* è riuscito ad espugnare il Sasso Rosso nella zona del massiccio della Meletta e a fare 9.000 prigionieri.

Sul Piave la 200ª Divisione viene rilevata dalla 55ª Divisione austro-ungarica e marcia verso il Corpo Wedel. Viene sull'ala destra del fronte Fontana. La 50ª Divisione austro-ungarica viene rilevata sul Monte Tomba. Al suo posto va l'*Alpenkorps*. Nella zona del Monte Tomba per la prima volta sono comparsi dei Francesi (unità della 64ª, della 65ª e della 47ª Divisione *Chasseurs*). Il loro comando generale è a Castelfranco.

L'11 dicembre verrà attaccato anche il Monte Tomba. Per quella data il nostro spiegamento deve essere ultimato. La 4ª Armata ha ceduto al Gruppo Conrad batterie di mortai pesanti di rinforzo. Ne è valsa la pena perché improvvisamente nella zona della val Frenzela e della valle del Brenta si ottiene un grande successo. I nostri riescono a fare 5.000 prigionieri. Il successo provoca nuove discussioni tra i Gruppi Krauss e Conrad che litigano per la distribuzione delle munizioni d'artiglieria ed anche per determinate batterie di fiancheggiamento.

Sul Tomba le prospettive si fanno più cupe perché è stata localizzata in linea una divisione francese, la 47ª *Chasseurs*. Intendiamo comunque attaccare il Tomba, ma solo se riusciremo ad eliminare l'artiglieria nemica sulle due cime del Pallone (1.469 e 1.503 metri).

Bombardieri italiani hanno colpito le valli attorno a Feltre.

Il 9 la 200ª Divisione da Rasai-Porte Villago raggiunge la linea Fontana Secca e rileva la 94ª Divisione austro-ungarica e la 22ª *Schützen*. La 5ª Divisione ha ceduto all'*Alpenkorps* le sue postazioni sul Tomba ed è salita al Monte Spinoncia ed al Fontana Secca.

Viene diramato l'ordine d'attacco per l'11 dicembre contro la cima del Monte Spinoncia, contro il Monte Solarol, il Valderoa con il cocuzzolo a stella ed a piramide ed il Col del Orso. Si spera che il Gruppo in avanzata attraverso lo Spinoncia possa collegarsi con il 4° Reggimento *Jäger* (200ª Divisione) che avanza contro il Col dell'Orso.

Nel periodo di preparazione accadde di tutto. Grazie all'appoggio di batterie pesanti ad ovest del Brenta la 4ª Divisione austro-ungarica riuscì a fare buoni progressi sul Col della Berretta ed a conquistare terreno in direzione del Monte Asolone. Arrivò fino a quota 1.576 che riuscì a tenere resistendo ai violenti contrattacchi con l'appoggio tattico di alcuni aerei. 17 ufficiali e 755 uomini caddero prigionieri. Alcuni prigionieri italiani dissero di essere stati gettati in battaglia il giorno prima. Ci furono dei contrattacchi anche sul Monte Pertica e sul Berretta. Vennero respinti.

L'attacco sul Monte Spinoncia, sul cocuzzolo a stella ed a piramide del Monte Solarol, Valderoa e sul Col dell'Orso (11 dicembre 1917)

Con grande fatica i nostri ed i *Kaiserjäger* hanno portato 12 bombarde leggere e 4 medie sul Monte Tas e 5 leggere a Casera Spinoncia con tutte le munizioni. Purtroppo non è sempre stato possibile osservare la necessaria protezione contro i proiettili esplosi in canna, non avevamo tempo. Subito dietro al Gruppo “gola” ed al Gruppo “roccia” abbiamo allestito il punto d’osservazione principale a Stalle del Tas, al riparo di una roccia. I Gruppi bombarde sul Monte Tas dispongono di collegamento telefonico, quello sullo Spinoncia solo di segnali luminosi.

Reparti della 200ª Divisione (4° Reggimento *Jäger*) avanzeranno attraverso la cresta del Fontana Secca verso il Col dell’Orso, un battaglione della 22ª Divisione *Schützen* attaccherà il Monte Valderoa, mentre l’8° Reggimento Granatieri della Guardia al di là della gola del Calcino deve espugnare la vetta dello Spinoncia per avanzare attraverso il Monte Solarol in direzione del Monte Meatte e del Grappa.

È ancora buio quando Spiess ed io partiamo da Schievenin per occupare in tempo il punto d’osservazione principale ed il posto di comando. Purtroppo il cambiamento del tempo rende più difficile tutta l’azione. Il 10 avevamo ancora un freddo gelido, ora soffia lo scirocco. In alcuni punti del fronte, soprattutto al Fontana Secca, il mattino dell’11 cala una fitta nebbia. Tuttavia con la prima luce riusciamo ad individuare abbastanza bene il profilo dello Spinoncia dall’altra parte. Solo il Fontana rimane ancora a lungo avvolto da nebbia e foschia.

Poco dopo le 7 un aereo tedesco compare sul massiccio del Grappa ed inizia a girare tranquillamente. Guiderà il fuoco dell’artiglieria. Sulla cima è caduta della neve fresca ed i punti d’impatto sul terreno spoglio si individuano benissimo, questo facilita molto il tiro d’aggiustamento. Verso le 7.15 l’artiglieria inizia i tiri d’aggiustamento, li seguiamo con grande attenzione. Ora le prime granate dei mortai Skoda da 30,5 cm si conficcano sul Monte Meatte e sulla cima del Monte Pallone. Anche sul Col dell’Orso cadono i primi tiri di prova. Dall’altra parte sullo Spinoncia regna ancora una calma assoluta.

Nella prima luce del mattino dal fianco vediamo ogni dettaglio sulla cresta dello Spinoncia quando i nostri pezzi medi e leggeri dei diversi gruppi cominciano i tiri d’aggiustamento. Hanno inquadrato rapidamente i loro obiettivi. Il fuoco è ben impostato. Ora osserviamo le compagnie di un battaglione dell’8° Granatieri della Guardia che cominciano a prepararsi, protette dietro la roccia. Alcuni ufficiali si sono spinti molto in avanti e con il binocolo osservano la zona d’attacco. In direzione del Solarol, del Valderoa e del Fontana Secca la visibilità continua ad essere cattiva, ma sufficiente per un accurato tiro d’aggiustamento. Naturalmente siamo un po’ preoccupati perché l’artiglieria italiana sul Meatte e sul Pallone può centrarci con facilità e colpirci duramente. Le nostre bombarde si trovano per così dire libere sul terreno tra rocce sparse, quassù non si può fare in altro modo.

Di colpo alle 8 comincia il fuoco d'efficacia di tutte le bombarde e dell'artiglieria. Un possente frastuono rotola attraverso le valli. Due pezzi medi sparano sulle postazioni davanti al Monte Fontanel, altri due della 5ª Compagnia battono le trincee sul punto d'irruzione alla Casera Spinoncia davanti alla cima del monte. Tutti i pezzi leggeri ora fanno fuoco sui loro obiettivi, una parte di essi sulla cima rocciosa dello Spinoncia stesso.

Inizia anche il fuoco del Gruppo "Spinoncia" (5 pezzi leggeri) sulle postazioni in prima linea davanti alla Casera Spinoncia, vediamo chiaramente i punti d'impatto. Quattro dei nostri pezzi leggeri mandano le loro bombe d'infilata sopra la val Calcino nelle trincee antistanti la cima rocciosa. La cima del Monte Spinoncia, 1.303 metri, è avvolta dal fumo della pioggia delle bombe che si dilegua lentamente. Lassù la guarnigione si è acquattata nelle trincee, nessuno si fa vedere.

Ininterrottamente le nostre bombe esplodono nelle postazioni nemiche. Ora con il cannocchiale a forbice vediamo del movimento tra le truppe d'assalto, avanzano nelle postazioni d'uscita. Alcuni soldati guardano incuriositi le postazioni italiane dall'altra parte. Ed ecco una forte detonazione vicina. – Che cosa succede? Spaventati ci informiamo: un'esplosione in canna di una bombarda leggera. Ci sono un morto e parecchi feriti. Viene subito ordinato di impiegare una leggera di riserva. Alle 8.45 tutte le bombarde sparano con il massimo del fuoco. Sul Monte Spinoncia la neve già da molto è polverizzata, il cocuzzolo è diventato nero. Attendiamo tesi il segnale per lo spostamento del tiro.

Poco prima delle 9 vediamo sullo Spinoncia dall'altra parte la fanteria che si mette in movimento. Prima compare davanti alle rocce una punta d'assalto di pochi uomini. Gli uomini salgono tranquilli sul cocuzzolo roccioso – senza nessuna fretta. Possiamo vedere uno ad uno, per così dire ogni bottone dei calzoni – mentre il fuoco delle bombarde leggere continua a battere le trincee di prima linea. Le medie ora tacciono per ordine di Spiess. Solo quando la punta d'attacco arriva a circa 50 metri dalle trincee il fuoco d'infilata viene spostato in modo che si muova davanti agli *Schützen*.

L'azione si svolge con estrema precisione e senza che il nemico disturbi. Solo l'artiglieria italiana ha risposto al nostro fuoco efficace. Non sembra aver capito bene da dove spariamo, la posizione dei nostri

Gruppi bombarde non è stata individuata – almeno finora, anche il nostro punto d'osservazione rimane nascosto al nemico.

Il Gruppo "Spinoncia" ha appena spostato in avanti il fuoco, ora le sue bombe cadono sull'altopiano in vetta. Con estrema tensione seguiamo l'attacco della fanteria. Nelle trincee italiane di prima linea non si muove niente. Il primo *Schütze* tedesco si avvicina al bordo della trincea più avanzata, sale sulla scarpata e fa un cenno. Ora vediamo degli italiani con le mani alzate, si arrendono. I prigionieri vengono tranquillamente mandati indietro e gli uomini avanzano verso valle lungo il pendio appena al di sotto della vetta. Le compagnie dell'8° Reggimento Granatieri della Guardia stanno lasciando una dopo l'altra le postazioni d'uscita per l'attacco e seguono l'avanguardia ad una certa distanza. Il fuoco dei nostri pezzi leggeri continua a muoversi davanti alla prima ondata fin dove arriva la gittata.

Anche le riserve cominciano ora la salita sull'altro lato della cresta rocciosa. L'azione difensiva finora è quasi completamente assente, evidentemente tutta la guarnigione è acquattata nelle trincee in cerca di riparo dal fuoco dei nostri pezzi.

Improvvisamente la compagnia all'assalto si trova in una situazione molto pericolosa, la cima dello Spinoncia non può venire espugnata dalla Casera, il massiccio roccioso è troppo ripido e troppo alto. I Granatieri non possono fare altro che aggirare l'imponente torrione per prenderlo da dietro e per riuscirci devono avanzare allo scoperto lungo il pendio al di sotto della rupe. Una raffica di mitragliatrice li può centrare in qualsiasi momento.

Non succede niente, gli italiani non osano alzare le teste dalle trincee e sparare – il fuoco dei nostri pezzi è troppo preciso e vicino al cocuzzolo. Gli uomini dell'avanguardia scompaiono uno dopo l'altro alla nostra vista, le compagnie d'assalto seguono sul pendio.

C'è una brutta sorpresa. Sulla rupe dello Spinoncia si vede improvvisamente un lampo, un cannone spara sulle nostre postazioni e sul nostro punto d'osservazione, tanto che qualche volta dobbiamo andare al riparo dietro la roccia. Distanza appena 1.300 metri. Non sappiamo se ci sono state delle perdite. Intanto attendiamo che ai nostri pezzi venga dato il segnale di cessare il fuoco.

Ed ecco che – poco prima delle 10 – salgono in cielo dei segnali luminosi, il nostro fuoco smette subito. Quasi contemporaneamente però cessa di sparare anche il cannone dall'altra parte. Con il binocolo fisso attentamente il posto dove dovrebbe essere – e non credo ai miei occhi: delle mani alzate. Evidentemente i serventi al pezzo hanno fatto fuoco fino all'ultimo minuto e poi sono stati travolti dai nostri. Nella postazione in vetta dello Spinoncia individuiamo degli elmetti. Finalmente siamo riusciti a prendere il monte quasi senza perdite.

Dall'altra parte ora l'intero battaglione d'assalto si dirige verso ovest. Si vedono alcuni gruppi in cresta che scendono verso il Monte Meatte.

Purtroppo non avanzano più perché il nemico si è svegliato, si è ripreso dallo shock e con truppe fresche contrattacca violentemente per riconquistare lo Spinoncia. L'attacco viene respinto. Il Monte Meatte però rimane in mano italiana.

Lo Spinoncia è un successo, ma l'attacco della 200ª Divisione contro il Monte Fontanel non riesce. La 200ª Divisione non si presenta in tempo dopo la conclusione del tiro efficace e così il II Battaglione dell'8° Reggimento Granatieri della Guardia attende inutilmente il successo che dovrebbe permettergli l'avanzata. Sulla cresta del Fontana Secca non si avanza verso il Col dell'Orso.

Il tiro efficace si trascina, le munizioni scarseggiano, c'è una pausa spiacevole che il nemico sfrutta. Alle 11 l'effetto principale del fuoco dei nostri pezzi scema, gli italiani si riprendono. Il battaglione chiede ancora una volta un breve tiro efficace. Diamo fondo agli ultimi colpi. Poi finalmente comincia l'attacco sul Monte Fontanel – naturalmente troppo tardi. Riusciamo ancora a prendere le postazioni italiane in prima linea a quota 1.360, ma non andiamo oltre.

Non siamo certo lieti di questo ritardo, anzi siamo molto delusi, se avessimo attaccato al momento giusto avremmo potuto farcela.

Lentamente la battaglia si spegne, mentre il nostro aereo continua i suoi giri solitari sul massiccio del Grappa. Non è ancora del tutto chiaro perché la 200ª Divisione non abbia attaccato al momento giusto, probabilmente a causa della nebbia sul Fontana Secca, non certo perché ai soldati mancasse il coraggio.

Arriva un nuovo ordine: non dobbiamo smontare le bombarde, ma mantenerle in posizione, si vuole ripetere l'attacco.

Il fiasco dell'11 lascia rabbia ed insoddisfazione. Perciò la 200ª Divisione il 13 ripeté l'attacco contro la trincea a stella che blocca l'accesso dal Fontana al Col dell'Orso. Purtroppo anche questo attacco non ha fortuna, l'ala destra si blocca. La 5ª Divisione riesce comunque ad avvicinarsi al Monte Valderoa. Vengono presi 1.000 prigionieri.

Riteniamo che la difficoltà del terreno sia stata la causa del nuovo fiasco della 200ª Divisione. Pochi riuscirono ad avanzare sulla cresta ripida con il rischio di precipitare e per di più sotto il fuoco proveniente dal cocuzzolo a piramide che dovevano conquistare. Dal Fontana gli uomini dovettero prima scendere di corsa, salire poi verso il cocuzzolo piramidale che infine venne preso con un audace assalto alla baionetta. I pezzi d'artiglieria da montagna trovati lassù vennero subito girati verso il nemico.

Il vicino – la 4ª Divisione austro-ungarica – intanto prendeva quota 1.331, l'88° Reggimento il Col Caprile ed il 49° Reggimento quota 1.292, gli uomini catturarono 69 ufficiali e 2.300 soldati!

Purtroppo ci sono state delle perdite – soprattutto a causa del gas! Sono caduti un comandante di Brigata e due comandanti di reggimento. Per la prima volta tra i prigionieri ci sono alcuni russi con la divisa italiana. È un enigma come siano capitati qui.

Molto spiacevole in questi giorni è la comparsa di pezzi da 21 centimetri che dominano tutta la val Stizzon fino a Seren. Le batterie sono da qualche parte sull'altopiano del Grappa. Il nemico dispone di buone strade sui monti.

Nello stesso giorno arriva un ordine per me, devo ritornare subito a Vittorio Veneto per fare un rapporto più preciso al Comando d'Armata. Mi congedo dalla magnifica 5ª Compagnia.

La sera stessa un camion mi porta con sé. Nel viaggio notturno nella valle del Piave attraverso Feltre-Belluno su strade ghiacciate piene di ostacoli di ogni tipo si gela nonostante i cappotti pesanti.

In un punto dove l'acqua è bassa dobbiamo attraversare di nuovo il letto del fiume. Completamente assiderati raggiungiamo Vittorio Veneto verso le 5 del mattino.

Corro subito al nostro alloggio, trovo il portone aperto, in silenzio mi infilo nella mia stanza, accendo una candela e comincio a spogliarmi. Improvvisamente si apre la porta: mi appare davanti una figura con una lunga camicia da notte bianca, gli occhiali a stringinaso, un lungo Virginia in bocca: il mio superiore, barone von Rössing! Chi ha mai avuto il privilegio di vedere un superiore di grado elevato in un simile abbigliamento!

Mi ha sentito arrivare. È curioso, gli devo raccontare subito tutte i fatti importanti sul Fontana Secca e sul Monte Spinoncia. Decide che il mattino dopo andremo subito dal maggiore von Willisen al quale farò rapporto sull'attacco fallito.

E così è. Il Capo dell'Ufficio Operazioni si irrita parecchio. Mi ordina di scrivere subito una relazione al Comando della 14ª Armata sull'attacco del Corpo Wedel dell'11, 12 e 13 contro il Monte Valderoa ed il Solarol, il gruppo piramidale ed il cocuzzolo a stella in base alla mia personale osservazione. In essa sono indicati i motivi dell'insuccesso.

Nonostante tutto la 200ª Divisione il 15 deve avanzare di nuovo contro il Monte Solarol. Appena preso il monte, la 5ª Divisione con il suo 52° Reggimento deve espugnare il Monte Meatte.

Per la realizzazione di questo piano Spiess effettua un nuovo raggruppamento dei suoi pezzi. Con la 173ª Compagnia, ora disponibile lassù, forma un Gruppo "Fontana" con 3 pezzi leggeri sul pendio nord del monte, un Gruppo "rocce" con 5 pezzi leggeri sul margine est di quota 1.222, un Gruppo "stella" con altri 5 pezzi leggeri al punto 1.260 ed infine un Gruppo "Spinoncia" a sud della cima. Non può più impiegare le bombarde medie.

Purtroppo l'attacco deve venire spostato al 17 perché il munizionamento non viene completato a causa del maltempo. I sentieri rocciosi in alto sono gelati ed i nostri animali da soma ed i cavalli non hanno ramponi.

Ora anche il Battaglione da montagna württemberghese è impiegato di nuovo nella zona del Fontana Secca ed attaccherà. Il reparto Rommel riesce a strappare al nemico il cocuzzolo a stella. Tuttavia non riesce a sfondare fino al Monte Solarol perché il cocuzzolo piramidale resiste.

Combattimenti finali

Nel periodo successivo ci fu una lotta accanita per il possesso delle alture del massiccio del Grappa.

I vicini austro-ungarici riuscirono ad espugnare la quota 1.383 Ca' d'Anna, ma la persero subito di nuovo in seguito ad un violento contrattacco della 59ª Divisione italiana impiegata da poco. Il 18, il 7° Reggimento carinziano riuscì a prendere il Monte Spiedon ed il Monte Asolone ed anche il 4° Reggimento di fanteria, della 60ª Divisione austro–ungarica, riuscì a riconquistare il Monte d'Anna. Caddero prigionieri 78 ufficiali e 2.800 uomini.

Dall'11 dicembre il Gruppo Krauss ha preso prigionieri 270 ufficiali (tra i quali 7 ufficiali di stato maggiore) ed 8.150 uomini.

Il nemico il 20 attacca di nuovo le quote 1.331 e 1.440 a sud del Monte Pertica e le postazioni nei pressi del Monte Solarol, ma viene respinto. Fallisce anche un tentativo di riconquista del Monte Asolone.

Ora l'*Alpenkorps* è stato rilevato e marcia verso il Tagliamento dove lo attendono 4 settimane di riposo. Anche la 200ª Divisione prepara il suo trasferimento.

Ancora una volta, il 23, gli austro-germanici registrarono un eccezionale successo. Vennero presi il Col del Rosso ed il Monte di Val Bella e con una manovra avvolgente venne raggiunta la linea Asiago-Brenta, a nord di Valstagna, che doveva essere completata come linea principale di difesa. Vennero fatti 25.000 prigionieri.

Intanto a Vittorio Veneto trascorrevamo una tranquilla festa di Natale con un vin santo molto dolce, – troppo dolce, che ci regalò un orribile mal di testa per quasi tre giorni.

Prevedendo le conseguenze della festa due insolenti caccia inglesi il 25, di primo mattino, attaccarono il campo d'aviazione e le tende del nostro reparto aviazione, da 30 metri di altezza trapassarono le tende con raffiche di mitragliatrice. Bruciarono due aerei, quasi tutti gli altri vennero danneggiati. Inoltre i ragazzi si portarono via due palloni frenati. Abbattere i palloni divenne quasi uno sport sul fronte del Piave. Un inglese si accanì tanto che penetrò nel pallone e si dovette tirarlo fuori dall'aereo distrutto gravemente ferito.

Il 26 riceviamo la notizia che il comandante della 175ª Compagnia bombarde leggere sul Tomba non è più in grado di assolvere il suo compito a causa delle gravi ferite riportate. Propongono che sia io a sostituirlo al comando della compagnia, ma il barone von Rössing rifiuta di farmi avanzare di nuovo sul Tomba visto che la compagnia si ritira con l'*Alpenkorps*. Devo attendere ed assumerne il comando solo nella marcia di ritorno. E questo è l'ordine che ricevo.

La faccenda ha un retroscena. Già da tempo l'ufficiale dello Stato Maggiore del reparto bombarde aveva l'impressione che all'*Alpenkorps*, a differenza che in altre divisioni, ad esempio nella 5ª Divisione, non si comprendessero i vantaggi delle bombarde utilizzate come artiglieria di appoggio per il combattimento ravvicinato. Ci si serviva delle due compagnie quasi come di compagnie del Genio, non come arma autonoma.

Ora avrei avuto l'incarico di insegnare alle compagnie bombarde ed ai reparti reggimentali i nuovi metodi di puntamento e la tecnica di aggiustamento del tiro, ma soprattutto dovevo tentare di migliorare l'uso tattico delle bombarde in generale. "Il suo compito non sarà certo facile", dice il capo.

Si avvicina il momento di salutare il barone von Rössing che torna con il suo Stato Maggiore a Strasburgo, al Gruppo d'Armate Albrecht.

Il mattino del 26 mi congedo da lui come prescritto. Mi saluta molto cordialmente. È stato davvero un piacere poter collaborare con quest'uomo eccellente, intelligente e saggio.

Parto subito per raggiungere già prima del torrente Meduna la 175ª Compagnia in marcia di ritorno. Colgo l'occasione per presentarmi alla Brigata di fanteria ed ai comandanti di reggimento dell'*Alpenkorps*, illustrare il mio compito speciale e chiedere sostegno. Soprattutto il cavaliere von Epp mi accoglie con grande cortesia e sta ad ascoltare le mie spiegazioni con grande comprensione. Promette di aiutarmi.

Il 27 il comando del nostro settore passa al Gruppo d'Armate Conrad. Tutti i reparti tedeschi ancora impiegati vengono ritirati dal fronte. Con grande fatica vengono riprese anche le batterie pesanti prestate a Conrad.

Il Monte Tomba viene perduto

Aumentano i segnali che il nemico sta preparando una grande controffensiva contro il Monte Tomba. Nella notte tra il 29 ed il 30 vengono quindi bombardate le postazioni italiane di retrovia ed anche le città di Padova, Castelfranco, Treviso ed i loro campi d'aviazione. Alcune pattuglie francesi hanno evidentemente accertato che non ci sono più unità tedesche a difesa del Monte Tomba sostituite dalla 50ª Divisione austro-ungarica. Il 30 la 47ª Divisione francese dopo un fuoco breve, ma violento attacca di sorpresa tutto il fronte del Tomba. Le truppe da montagna travolgono la 3ª Brigata da montagna austro-ungarica e prendono il Tomba.

Contro la pericolosa avanzata si gettano il 7° *Jäger* della riserva e due battaglioni di *Kaiserschützen*. All'ultimo momento il Battaglione da montagna württemberghese che difende il fianco destro sul ripido pendio del Monte Pallone e del Monte Spinoncia si trova esposto al grave rischio di venire accerchiato. Per fortuna si riesce ad impedirlo.

Dopo questo sensibile rovescio il Comando decide di rinunciare alla riconquista del monte anche perché la conca di Quero è stata nuovamente contaminata con il gas. Si ritorna alla linea di difesa sulle catene montuose a nord della conca Quero-Alano che viene consolidata.

Ritorno al fronte occidentale

Sotto il mio comando la 175ª Compagnia marcia ora a tappe verso San Foca-Vivaro, attraversa il torrente Meduna, raggiunge Gradisca-Bonzicco, passa il Tagliamento sul lungo ponte di legno ricostruito. Al di là del fiume, che adesso non è più in piena, giriamo verso nord ed attraverso Dignano arriviamo a Vidulis, un paesino sul fiume. Rimaniamo acquartierati lì per un mese. Gli uomini si riposano nonostante gli esercizi, i corsi, l'allenamento e le esercitazioni di tiro di tutte le formazioni dei reparti bombarde dell'*Alpenkorps* sul Tagliamento. Visitiamo le fabbriche di seta, vediamo come si dipanano i bozzoli, come si filano i primi brillanti fili giallo oro mentre le ragazze al posto di lavoro cantano o pregano tutto il giorno e ci osservano curiose. C'è una grande pace.

Il generale Scotti ha assunto il settore di combattimento del generale von Tutscheck e due giorni più tardi il nostro Comandante in capo Otto von Below, dopo la brillante vittoria, lascia il teatro di guerra italiano. Il Comando della 14ª Armata viene sostituito da quello della 6ª Armata austro-ungarica dell'arciduca Giuseppe, il Gruppo Hofacker dal Comando Generale IV austro-ungarico. La 44ª Divisione ha rilevato la Divisione *Jäger* tedesca. L'arciduca Eugenio si era ritirato del tutto, la guida del comando del fronte sud-occidentale venne assunta dal generale Boroević, e questo ci sorprese.

Seguì il 10 febbraio l'ordine di trasferirci sul fronte occidentale. Attraverso Udine iniziammo la marcia con tappe giornaliere di 20-30 chilometri in direzione di Gorizia fino a Prvačina, la stazione di imbarco. In silenzio passammo l'altura del Podgora ed attraversammo il Carso desolato con i resti delle vecchie postazioni.

A Prvačina naturalmente non funzionava niente. La nostra tradotta non c'era, mancavano le rampe per caricare gli automezzi e le bombarde. Con grande spreco d'energia e di voce riuscii a spuntarla con l'ufficiale comandante la stazione, a far mettere insieme un treno e ad organizzare il trasporto.

Addobbati con bandiere prese agli italiani, in quattro giorni attraversammo l'Austria, la Baviera, la Svevia fino a Saarburg ed arrivammo all'acquartieramento a Dolovingen.

Certo tutti i soldati tedeschi della 14ª Armata che lasciavano lo scenario di guerra italiano erano convinti che con il ritiro delle sette divisioni tedesche tutto il Friuli e mezzo Veneto prima o poi sarebbero andati perduti.

Tutti avevamo la sensazione che non sarebbe stata sicuramente colpa dei magnifici *Schützen* e *Jäger*, ma esclusivamente del comando e del disordine dietro il fronte. E così fu.

Il 14 giugno 1918 una grande offensiva austriaca fallì e diede il via ad una controffensiva italiana che condusse alla vittoria di Vittorio Veneto ed all'armistizio con l'Austria-Ungheria il 3 novembre. Il comando austriaco non tenne conto dei tempi di resa diversi delle due armate, anzi non se ne curò, e le truppe austro-ungariche in Friuli deposero le armi troppo presto. Gli italiani ne approfittarono subito, travolsero il nemico disarmato e presero prigionieri più di 300.000 austriaci. Davvero una prova favolosa.

Ritornò il comandante ferito della 175ª Compagnia ed a Dolovingen riassunse il comando della sua compagnia. Io stesso chiesi all'ufficiale di Stato Maggiore di poter comandare di nuovo la mia vecchia, tanto esperta 312ª Compagnia sull'Hartmannsweilerkopf e mi fu subito concesso.

Non rimanemmo a lungo sul monte, fummo rilevati ed andammo a nord con la 7ª Divisione *Schützen* di cavalleria, impiegati nelle grandi battaglie difensive vicino a Cambrais, Monchy-Bapaume sul Kemel a Bourlonwald e nelle Fiandre.

Molto depressi assistemmo allo scioglimento dei battaglioni e delle compagnie ed all'assegnazione degli uomini alle unità del Genio e di fanteria. Piccoli reparti di bombarde leggere vennero lasciati ai reggimenti e mandati allo sbaraglio nella grande battaglia. Anche la 312ª Compagnia venne sciolta e l'Autore ebbe il comando di uno di questi reparti di un'unità *Schützen* di cavalleria in forza di reggimento. Così la nostra squadra combatté nelle Fiandre, sulla Lys, vicino a Menuin, Halluin, nei pressi di Derlicke e Kortirck fino alla amara fine.

SCHIERAMENTO DI BATTAGLIA DELLE FORMAZIONI AUSTRO-GERMANICHE ALLE ORE 0 DEL 24 OTTOBRE 1917

14ª ARMATA GERMANICA (dal Monte Rombon a Log)

Comandante: gen. di fanteria Otto von Below
Capo di Stato Maggiore: ten. gen. Konrad Krafft von Dellmensingen
Capo dell'ufficio operazioni: magg. Ludwig Wilhelm von Willisen
Quartiermastro generale: magg. Jochim
Comandante dell'artiglieria: magg. gen. Richard von Berendt

GRUPPO KRAUSS (I CORPO D'ARMATA AUSTRO-UNGARICO) (dal Rombon al Krn)

Comandante: gen. di fanteria Alfred Krauss
Capo di Stato Maggiore: col. Eduard Primavesi
Comandante dell'artiglieria: col. Andreas von Reutter

Unità non indivisionate a disposizione del Comando di Gruppo:
- 1 batteria d'istruzione su cannoni da 10,4 cm.
- 7 batterie artiglieria pesante campale (5 batt. obici da 15 cm., 2 batt. cannoni da 15 cm.)
- 1 ½ batterie bombarde da 24 cm.
- 4 compagnie aviazione

Unità germaniche non indivisionate a disposizione del Comando di Gruppo:
- 1 battaglione genio (battaglione lanciagas)
- 1 reparto aeronautico

3ª Divisione di fanteria austro-ungarica *(Edelweissdivision)*
Comandante: magg. gen. Heinrich Wieden von Alpenbach
Capo di SM: magg. Artur Fischer

216ª Brigata di fanteria: col. August Spiess von Braccioforte
59° Regg. fanteria (I, II, IV batt.), I batt. / 4° Regg. *Tiroler Kaiserjäger*
217ª Brigata di fanteria: col. Friedrich Mollinary von Sekowa
3° Regg. *Tiroler Kaiserjäger* (I, II, IV batt.), 14° Regg. fanteria (I, II, IV batt.)

Comandante dell'artiglieria: magg. gen. Alois Adler
- 9 batterie artiglieria da montagna (6 batt. cannoni da 7,5 cm.(1), 3 batt. obici da 10 cm.(2))
- 10 batterie artiglieria campale (4 batt. cannoni da 8 cm.(3), 6 batt. obici da 10 cm.)
- 1 batteria artiglieria pesante campale (cann. da 10,4 cm.)
- 3 batt. obici pesanti campali da 15 cm.(4)
- 5 pezzi di vario calibro in postazione fissa in caverna, 1 obice da 10 cm. 1 mortaio da 15 cm.
- 2 batterie bombarde con 26 pezzi

3 reparti fotoelettriche
3 compagnie speciali del genio

1) una batteria in azione presso la 22ª Divisione *Schützen*
2) una batteria in azione presso la 55ª Divisione di fanteria
3) in azione presso la 22ª Divisione *Schützen*
4) di cui una in azione presso la 22ª Divisione *Schützen* e un'altra presso la 55ª Divisione di fanteria

22ª Divisione *Schützen* austro-ungarica
Comandante: magg. gen. Rudolf Müller
Capo di SM: magg. Alois Watzka

43ª Brigata *Schützen*: magg. gen. Eduard von Merten
3° Regg. *Schützen* (I, II, III batt.), 26° Regg. *Schützen* (I, II, III batt.)

98[a] Brigata *Schützen*: col. Adolf Sloninka von Holodow
I Regg. *Kaiserschützen* (I, II, IV batt.), II Regg. *Kaiserschützen* (I, II, IV batt.)

Comandante dell'artiglieria: col. Leonhardt
- 8 batterie artiglieria da montagna (6 batt. cannoni da 7,5 cm., 2 batt. obici da 10 cm.([1]))
- 4 batterie artiglieria campale (cannoni da 8 cm.)([2])
- 4 batterie artiglieria pesante campale (1 batt. cann. da 10,4 cm., 3 batt. obici da 15 cm.)
- 6 batt. obici campali da 10 cm.([3])
- 15 pezzi di vario calibro in postazione fissa in caverna
- 3 pezzi tra mortai e cannoni da 15 cm.
- 2 1/4 batterie bombarde (43 bombarde pesanti e medie)
- 1 sezione telemetria

3 compagnie del genio

Truppe germaniche distaccate:
2 batterie bombarde (8 bombarde pesanti, 16 medie)

---

[1]) di cui 1 batteria cannoni in azione presso la Divisione *Edelweiss*, 3 batterie cannoni e 2 di obici presso la 55[a] Divisione
[2]) in azione presso la 55[a] Divisione
[3]) di cui una batteria in azione presso la Divisione *Edelweiss* e una presso la 55[a] Divisione

55[a] Divisione di fanteria austro-ungarica
Comandante: magg. gen. principe Felix zu Schwarzenberg
Capo di SM: magg. Rudolf Lukanc von Savenburg

26[a] Brigata da montagna: col. Egon Zeidler-Daublesky von Sterneck
4° Regg. fanteria bosno-erz. (I, II, V batt.), 7° Regg. fanteria (I, III, IV batt.)

38[a] Brigata di fanteria: col. conte Franz Zedtwitz
2° Regg. fanteria bosno-erz. (I, III, IV batt.), II batt. / 7° Regg. ft., IV batt. / 4° Regg. fanteria bosno-erzegovese.

8ª e 11ª Compagnia d'alta montagna
55° Battaglione d'assalto
1 pattuglia montata del III squadrone di marcia del 14° Reggimento Dragoni

Comandante dell'artiglieria: col. Franz von Stering
- 10 batterie artiglieria da montagna (7 batt. cannoni da 7,5 cm.(1), 3 batt. obici da 10 cm.)
- 5 batt. miste obici campali da 10 cm.(2), 2 batt. campali cann. da 10,4 cm.(3), 4 batt. obici pesanti campali da 15 cm.(1)
- 13 pezzi di vario calibro in postazione fissa in caverna
- 1 sezione telemetria

2 batterie bombarde (16 bombarde pesanti e medie)
2 plotoni bombarde leggere
5 plotoni mortai medi di accompagnamento
4 plotoni lanciafiamme
15 reparti fotoelettriche
3 compagnie del genio

1) di cui una batteria in azione presso la Divisione *Edelweiss*
2) 4 batterie in azione presso la 22ª Divisione *Schützen* e una presso la Div. *Edelweiss*
3) una batteria in azione presso la Divisione *Edelweiss* e una presso la 55ª Divisione

Divisione *Jäger* germanica
Comandante: col. Georg von Wodtke
Capo di SM: magg. von Westernhagen

5ª Brigata di fanteria(1): col. Georg von Wodtke
Comando 4° Reggimento Dragoni
Battaglione Riserva *Jäger* della Guardia, Battaglione Riserva *Schützen*
Comando 2° Reggimento Ulani
2° Battaglione *Jäger,* 1° Battaglione Riserva *Jäger*
Comando 8° Reggimento Cavalleggeri bavaresi
8°, 20°, 21° Battaglione Riserva *Jäger*

3 battaglioni d'assalto (su 2 compagnie e una di mitragl.)([2])
Battaglione da montagna württemberghese (su 6 compagnie)([3])

Comandante dell'artiglieria: magg. von Lochow
24° Reggimento artiglieria campale (6 batt. cannoni, 3 batt. obici campali leggeri)
- 3 batterie obici campali leggeri

2 compagnie bombarde (con 24 pezzi tra pesanti e medie)
1 compagnia del genio

[1]) i cui battaglioni sono strutturati su 4 compagnie più 2 compagnie mitragliatrici
[2]) al 24 ottobre ancora presso il Gruppo d'Armate Conrad, in Trentino
[3]) distaccato all'*Alpenkorps* bavarese

GRUPPO STEIN (III CORPO D'ARMATA BAVARESE)
(dal Krn a Sveta Marija)

Comandante: tenente gen. Hermann von Stein
Capo di Stato Maggiore: ten. col. von Haack

Unità non indivisionate a disposizione del Comando di Gruppo:
- 1 reparto telemetrico d'artiglieria
- 8 unità contraeree
- 1 compagnia del genio
- 1 reparto aerostatico

50ª Divisione di fanteria austro-ungarica
Comandante: magg. gen. Karl Gerabek
Capo di SM: ten. col. Franz Jünger

3ª Brigata da montagna: col. Ludwig Tlaskal von Hochwall
IV batt. / 30° Regg. ft, IV / 33°, II / 46°, IV / 80°, 25° Batt. *Jäger*,
155° Batt. *Landsturm*, 12ª Compagnia d'alta montagna
15ª Brigata da montagna: col. Wilhelm Koschak
I, II batt. / 1° Regg. fanteria bosno-erz., II / 18° Regg. ft., IV/ 37°, I / 61°

50° Battaglione d'assalto
IV Squadrone e Squadrone mitragliatrici dei *Kaiserschützen* tirolesi a cavallo

Comandante dell'artiglieria: col. Alfred Mazza
- 13°Regg. art. da montagna (4 batt. cannoni da 7,5 cm., 2 batt. obici da 10 cm.)
- 29°Regg. artiglieria campale (4 batt. cannoni da 8 cm.)
- 29°Regg. obici campali (6 batt. obici da 10 cm.)
- 29°Regg. artiglieria pesante campale (1 batt. cannoni da 10,4 cm., 3 batt. obici da 15 cm.)
- 2 batt. obici da montagna da 10 cm., 1 batt. campale cann. da 8 cm., 1 batt. obici campali da 10 cm., 1 batt. campale cann. da 10,4 cm., 4 batt. campali obici da 15 cm., 1 batt. mortai da 15 cm.
- 6 pezzi di vario calibro in postazione fissa in caverna
- 1 sezione telemetrica

6 plotoni bombarde di vario calibro
2 reparti fotoelettriche
2 compagnie del genio

Truppe germaniche distaccate:
- Reparto aviazione n. 2
- 5° Battaglione bombarde (8 pesanti, 24 medie)
- 2 compagnie bombarde (8 pesanti, 16 medie)
- 1 compagnia del genio

12. Divisione di fanteria germanica
Comandante: magg. gen. Arnold Lequis
Capo di SM: cap. Höring

24ª Brigata di fanteria: col. Megede
23°, 62°, 63° Reggimento fanteria
3 reparti mitraglieri da montagna (18 mitragliatrici pesanti)
IV Squadrone / 2° Regg. Ulani

3 compagnie del genio

Comandante dell'artiglieria: col. Nehbel
- 21° Reggimento artiglieria campale (6 batt. cannoni, 1batt. obici leggeri)
- 94° Battaglione artiglieria da fortezza (1 batt. cannoni da 10 cm., 2 batt. obici campali pesanti)
- 7° Regg. art. da montagna austro-ungarico (3 batt. cannoni da 7,5 cm., 2 batt. obici da 10 cm.)
- 2 batterie austro-ungariche artiglieria campale (cann. da 8 cm.)
- 2/3 batteria austro-ungarica obici campali (obici da 10 cm.)
- 2 batterie austro-ungariche artiglieria pesante campale (cann. da 10,4 cm.)
- 2 batterie austro-ungariche obici pesanti campali (obici da 15 cm.)

12ª Compagnia bombarde (4 bombarde pesanti, 8 medie)
2 reparti mitraglieri da montagna (12 mitragliatrici pesanti)
1 plotone fotoelettriche
1 reparto aeronautico
1 reparto aerostatico

Alpenkorps
Comandante: magg. gen. Ludwig von Tutschek
Capo di SM: magg. Koethe

1ª Brigata *Jäger* bavarese: magg. gen. von Kleinhenz([1])
1°, 2° Reggimento bavarese fanteria della Guardia,
Reggimento *Jäger* bavarese
2 reparti mitraglieri da montagna (12 mitragliatrici pesanti)

2 compagnie del genio
1 plotone fotoelettriche

Truppe distaccate:
- 2° Battaglione armi leggere (*Musketenbataillon*)
- Battaglione württemberghese da montagna (6 compagnie fanteria, 3 cp. mitragliatrici pesanti)
- 4 reparti mitraglieri da montagna (24 mitragliatrici pesanti)
- 1 compagnia austro-ungarica del genio

Comandante dell'artiglieria([2]): ten.col. Herold

- 204° Reggimento artiglieria campale (4 batt. cannoni, 5 batterie obici leggeri)
- 6ª Sezione artiglieria da montagna (2 batt. cannoni, 1 batt. obici)
- 43° Battaglione artiglieria da fortezza (1 batt. cannoni da 10 cm., 2 batt. obici campali pesanti)
- 4ª Sezione artiglieria da montagna (3 batt. cannoni)
- 68° Reggimento (sassone) artiglieria campale (6 batt. cannoni, 1batt. obici leggeri)
- 2 $^{1}/_{2}$ batterie austro-ungariche artiglieria campale (cannoni da 8 cm.)
- 6 $^{1}/_{3}$ batterie austro-ungariche obici campali (obici da 10 cm.)
- 3 batterie a.-u. artiglieria pesante campale (cannoni da 10,4 cm.)
- 10 batterie a.-u. artiglieria pesante campale (obici da 15 cm.)
- 2 batterie mortai (germaniche) da assedio
- 2 batterie austro-ungariche mortai (1 da 30,5 cm. e 1 da 38 cm)

11° Battaglione bombarde (8 pesanti, 24 medie)
3 compagnie bombarde (12 pesanti, 24 medie)
1 plotone fotoelettriche
2 compagnie del genio

[1]) Reggimenti su 3 battaglioni, 3 cp. mitragliatrici, 3 compagnie bombarde leggere

[2]) Comprensiva delle batterie distaccate

117. Divisione di fanteria germanica
Comandante: magg. gen. Seydel
Capo di SM: cap. Boehm

233ª Brigata di fanteria: magg. gen. von Weise
157° Reggimento fanteria, 11°, 22° Reggimento fanteria della riserva
I Squadrone / 8° Reggimento Corazzieri

Comandante dell'artiglieria([1]): ten.col. Budisch

- 233° Reggimento artiglieria campale (6 batt. cannoni, 3 batt. obici leggeri)

- 11° Battaglione (bavarese) artiglieria da fortezza (1 batt. cannoni da 10 cm., 2 batt. obici campali pesanti)([2])
- 6 batterie austro-ung. artiglieria da montagna (5 batt. cann. da 7,5 cm., 1 batt. obici da 10 cm.)

117ª Compagnia bombarde (4 pesanti, 8 medie)
1 plotone fotoelettriche
2 compagnie del genio

[1]) Comprensiva delle batterie distaccate
[2]) In azione presso l'*Alpenkorps*

GRUPPO BERRER (LI CORPO D'ARMATA GERMANICO)
(da Sveta Marija a Santa Lucia di Tolmino compresa)

Comandante: tenente gen. Albert von Berrer
Capo di Stato Maggiore: ten. col. von Heymann

Unità non indivisionate a disposizione del Comando di Gruppo:
- 1 reparto telemetrico d'artiglieria
- 8 unità contraeree con armi di vario calibro
- 1 reparto aeronautico
- 1 reparto aerostatico

26ª Divisione germanica di fanteria (württemberghese)
Comandante: ten. gen. Eberhard von Hofacker
Capo di SM: cap. Hahn

51ª Brigata di fanteria: magg. gen. Haas
119° Reggimento Granatieri, 121°, 125° Reggimento di fanteria
II Squadrone/ 19° Reggimento Ulani
155° Batt. *Landsturm*
12ª Compagnia d'alta montagna

Comandante dell'artiglieria([1]): col. Erlenbusch

- 29° Reggimento artiglieria campale (6 batt. cannoni, 3 batt. obici leggeri)([2])
- II Battaglione / 5° Reggimento artiglieria da fortezza (1 batt. cannoni da 10 cm., 2 batt. obici campali pesanti)([2])
- 26° Reggimento austro-ungarico artiglieria da montagna (3 batt. cannoni da 7,5 cm., 2 batt. obici da 10 cm.)

26ª Compagnia bombarde (4 pesanti, 8 medie)([2])
1 plotone fotoelettriche
2 compagnie del genio

---

[1]) Comprensiva delle batterie distaccate
[2]) In azione presso la 200ª Divisione di fanteria

200ª Divisione germanica di fanteria
Comandante: magg. gen. Hans von Below
Capo di SM: cap. Wietersheim

2ª Brigata *Jäger*: col. Lehmann
3°, 4°, 5° Reggimento *Jäger*
II Squadrone / 1° Reggimento Ulani
6 reparti mitraglieri (36 mitragliatrici pesanti)

1 compagnia bombarde da montagna (12 pezzi medi)
2 compagnie del genio
1 plotone fotoelettriche

Truppe distaccate:
- 1° battaglione armi leggere (*Musketenbataillon*)
- 1 Reparto aeronautico

Comandante dell'artiglieria([1]): ten. col. Gerstenberg
- 257° Reggimento artiglieria campale (3 batt. cannoni, 6 batt. obici leggeri...)([2])
- 2ª Sezione artiglieria bavarese da montagna (2 batt. cannoni, 1 batt. obici)
- 54° Battaglione artiglieria da fortezza (1 batt. cannoni da 10 cm., 2 batt. obici campali pesanti)

- 7ª Sezione artiglieria da montagna (2 batt. cannoni, 1 batt. obici)
- 2²/₃ batterie austro-ungariche artiglieria campale (cannoni da 8 cm.)
- 9 batterie obici campali leggeri
- 3 batterie austro-ungariche obici campali (obici da 10 cm.)
- 1 batteria austro-ungarica artiglieria campale (cannoni da 13 cm.)
- 10 batterie a.-u. artiglieria pesante campale (obici da 15 cm.)
- 4 batterie mortai da assedio
- 2 batterie obici pesanti (da 38 cm)
- 2 mortai austro-ungarici da 15 cm. in postazione fissa in caverna

---

¹) Comprensiva delle batterie distaccate

²) 3 batterie obici distaccate presso la Divisione *Jäger*

GRUPPO SCOTTI (XV CORPO D'ARMATA AUSTRO-UNGARICO) (da Santa Lucia di Tolmino a Log)

Comandante: ten. maresciallo Karl Scotti
Capo di Stato Maggiore: col. Robert von Pohl

Unità non indivisionate a disposizione del Comando di Gruppo:
- 1 batteria contraerea
- 1 compagnia speciale del genio
- 7 plotoni bombarde (4 da 8 cm, 3 da 9 cm.)

Truppe germaniche distaccate:
- 2 unità contraeree
- 1 reparto aerostatico

1ª Divisione di fanteria austro-ungarica
Comandante: ten. maresciallo Josef Metzger
Capo di SM: ten. col. Adolf Zimmer

7ª Brigata da montagna: col. Raimund von Budiner

II batt. / 5° Regg. ft, IV / 53°, II / 66°, III / 86°, 3° Batt. *Jäger* bosno-erzeg.,

22ª Brigata da montagna: col. Gustav von Hellebronth

VI batt. / 4° Regg. fanteria bosno-erzeg., 17°, 31° Batt. *Jäger*, I,II batt. / 37° Regg. *Schützen*

1ª Compagnia d'assalto divisionale

Comandante dell'artiglieria: col. Johann Gallistel
- 7 batterie da montagna (6 batt. cannoni da 7,5 cm., 1 batt. obici da 10 cm.)
- 9 batterie artiglieria campale (cannoni da 8 cm.)
- 15 batterie obici campali (obici da 10 cm.)
- 4 batterie artiglieria pesante campale (obici da 15 cm.)
- 1 batteria mortai da 30,5 cm.

1 reparto fotoelettriche
2 compagnie del genio

Truppe germaniche distaccate:
3 batterie artiglieria campale

5ª Divisione di fanteria germanica
Comandante: magg. gen. von Wedel
Capo di SM: magg. Osius

10ª Brigata di fanteria: col. von Jena

8°, 9° Reggimento Granatieri, 52° Reggimento di fanteria
III Squadrone / 3° Reggimento Ussari

Truppe distaccate:
- 2 reparti mitraglieri da montagna (12 mitragliatrici pesanti)

Comandante dell'artiglieria[1]: magg. gen. von Reitzenstein
- 15 batterie artiglieria campale (12 batt. cannoni, 3 batt. obici leggeri)
- 67° Battaglione artiglieria da fortezza (1 batt. cannoni da 10 cm., 2 batt. obici campali pesanti)

- 6 batterie austro-ungariche da montagna (4 batt. cannoni da 7,5 cm., 2 batt. obici da 10 cm.)
- 3 batterie austro-ungariche artiglieria campale (obici da 10 cm.)
- 7 batterie austro-ungariche artiglieria pesante campale (2 batt. cannoni da 10,4 cm., 5 batt. obici da 15 cm.)
- 2 batterie mortai da assedio
- 1 batteria austro-ungarica mortai da 30,5 cm
- 1 reparto aeronautico

5ª Compagnia bombarde (4 pesanti, 8 medie)([2])
1 plotone fotoelettriche
2 compagnie genio

---

[1]) Comprensiva delle batterie distaccate
[2]) In azione presso la 50ª Divisione austro-ungarica

RISERVE D'ARMATA

4ª Divisione di fanteria austro-ungarica (tra Idrija e Cerkno)
Comandante: ten. maresciallo Rudolf Pfeffer
Capo di SM: magg. Eugen von Gayer

7ª Brigata di fanteria: col. Adolf von Köckh
88° Regg. fanteria (I, II, III, IV batt.), 99° Regg. fanteria (II, III, IV batt.)
8ª Brigata di fanteria: col. Eduard Hospodarž
8° Regg. fanteria (I, II, IV batt.), 49° Regg. fanteria (I, II, IV batt.)
4° Battaglione d'assalto
II Squadrone / 15° Regg. Dragoni

Comandante dell'artiglieria: col. Johann von Antony
- 4 batterie artiglieria campale (cannoni da 8 cm.)([1])
- 6 batterie obici campali (obici da 10 cm.)([2])
- 4 batterie artiglieria pesante campale (1 batt. cannoni da 10,4 cm. 3 batt. obici da 15 cm.)([3])

1 compagnia del genio
1 battaglione bombarde (4 bombarde da 12 cm., 4 da 20 cm.)
2 reparti fotoelettriche

[1]) A disposizione della 1ª Divisione di fanteria austro-ungarica
[2]) 3 batterie a disposizione della 1ª Divisione di fanteria a.u. e 3 a disposizione della 200ª Divisione di fanteria germanica
[3]) A disposizione della 5ª Divisione di fanteria germanica

13ª Divisione *Schützen* austro-ungarica (attorno a Sebrelje)
Comandante: ten. maresciallo Franz Kalser von Maasfeld
Capo di SM: magg. Franz Bartoš

25ª Brigata *Schützen*: col. von Bolzano
1° Regg. *Schützen* (I, II, III batt.), 24° Regg. *Schützen* (I, II, III batt.)
26ª Brigata *Schützen*: col. von Zygadlowicz
14° Regg. *Schützen* (I, II batt.), 25 Regg. *Schützen* (I, II, III batt.)

Comandante dell'artiglieria: col. von Bogusz
- 4 batterie artiglieria campale (cannoni da 8 cm.)
- 6 batterie obici campali (obici da 10 cm.)
- 3 batterie artiglieria pesante campale (1 batt. cannoni da 10,4 cm. 2 batt. obici da 15 cm.)
- 4 pezzi contraerei da 8 cm.

1 battaglione bombarde (4 bombarde da 12 cm., 4 da 20 cm.)
1 reparto fotoelettriche (ripartito tra i reggimenti *Schützen*)
2 compagnie del genio

33ª Divisione di fanteria austro-ungarica (presso Zali Log)
Comandante: magg. gen. Artur Iwanski von Ivanina
Capo di SM: magg. August von Pitreich

65ª Brigata di fanteria: magg. gen. Franz von Mor-Merkl
19° Regg. fanteria (I, II, III, IV batt.), 26° Regg. fanteria (I,II,

III, IV batt.)

66ª Brigata di fanteria: col. Carl Magerl von Kauffhaim

12° Regg. fanteria (I, II, III batt.), 83° Regg. fanteria (I, II, III, IV batt.)

III Squadrone / 4° Regg. Ussari

Comandante dell'artiglieria: col. Alois Cziharz
- 4 batterie artiglieria campale (cannoni da 8 cm.)
- 6 batterie obici campali (obici da 10 cm.)([1])
- 4 batterie artiglieria pesante campale (1 batt. cannoni da 10,4 cm. 3 batt. obici da 15 cm.)([1])

1 batteria bombarde (6 bombarde tra medie e pesanti)
1 reparto fotoelettriche

[1]) A disposizione della 1ª Divisione di fanteria austro-ungarica

Singole formazioni germaniche non indivisionate

6 batterie artiglieria d'assedio e campale (cannoni da 15 cm.)
3 unità telemetriche e fonotelemetriche
2 unità contraeree
12 compagnie del genio
2 reparti aeronautici
3 squadriglie caccia aerea
1 reparto aerostatico

DIVISIONI ASSEGNATE ALLA 14ª ARMATA NEL CORSO DELL'OFFENSIVA

35ª Divisione di fanteria austro-ungarica (al Gruppo Stein dal 1.12.1917)
Comandante: ten. maresciallo Eugen von Podhoránszky
Capo di SM: magg. Alfred Schilhanek

69ª Brigata di fanteria: col. Joseph Guha

62° Regg. fanteria (II, III batt.), 64° Regg. fanteria (I,II, V batt.)
70[a] Brigata di fanteria: magg. gen. Gustav Funk
1 batt. misto / 51° Regg. ft., 63° Regg. fanteria (I, II, III, batt.)
Compagnia d'assalto divisionale
½ II Squadrone / 11° Regg. Ussari

Comandante dell'artiglieria: col. Erich von Sostarić
- 5 batterie artiglieria campale (cannoni da 8 cm.)
- 4 batterie obici campali (obici da 10 cm.)
- 4 batterie artiglieria pesante campale (1 batt. cannoni da 10,4 cm. 3 batt. obici da 15 cm.)

3 compagnie tecniche varie specialità

94[a] Divisione di fanteria austro-ungarica
(al Gruppo Krauss dal 16.11.1917)
Comandante: ten. maresciallo Eugen Lawronski von Plöcken
Capo di SM: ten. col. Karl Brendl

25[a] Brigata da montagna: col. Konstantin Wasserthal von Zuccari
III batt. / 18° Regg. fanteria, 8°, 30° Batt. *Feldjäger*,
Battaglione misto *Feldjäger*
10° Batt. *Landsturm*, 1[a], 5[a] Compagnia d'alta montagna
57[a] Brigata da montagna: col. Albert Watterich
I, II batt. / 26° Regg. ft. *Landsturm*, V batt. / 7° Regg. fanteria
VI batt. / 2° Regg. *Tiroler Kaiserjäger*, 6[a], 7[a], 9[a], 10[a], 33[a] Compagnia d'alta montagna
94° Battaglione d'assalto
¼ III Squadrone / 4° Regg. Dragoni

Comandante dell'artiglieria: col. Joseph Mostböck
- 24 batterie da montagna (17 batt. cannoni 7,5 cm., 7 batt. obici da 10 cm.)

2 compagnie genio

195ª Divisione di fanteria germanica
(dal 26.11 al 2.12.1917 riserva d'armata)
Comandante: magg. gen. von Hofmann
Capo di SM: cap. Kaempfe

101ª Brigata di fanteria della riserva: col. Schmidt
6°, 8° Reggimento *Jäger* (6 battaglioni)
233° Regg. fanteria della riserva
II Squadrone / 14° Reggimento Ulani

Comandante dell'artiglieria: ten. col. von Uthmann
- 9 batterie artiglieria campale (6 batt. cannoni, 3 batt. obici leggeri)

175ª Compagnia bombarde (10 bombarde tra pesanti e medie)
1 plotone fotoelettriche
2 compagnie genio

SCHIERAMENTO DI BATTAGLIA DEI CORPI DELLA 2ª ARMATA ITALIANA DISLOCATI TRA IL ROMBON E LA BAINSIZZA ALLE ORE 0 DEL 24 OTTOBRE 1917

2ª ARMATA

Comandante: ten. gen. Luigi Capello
Capo di Stato Maggiore: col. brig. Silvio Egidi
Comandante dell'artiglieria d'Armata: magg. gen. Giuliano Ricci

A disposizione del Comando d'Armata:
- 1 squadrone di cavalleria (23° Regg. Cavalleggeri Umberto I)
- 2 battaglioni R. Guardia di Finanza
- 33 battaglioni di marcia della fanteria
- 7 reparti d'assalto
- 1 raggruppamento d'artiglieria antiaerea
- 1 raggruppamento bombarde medie
- 5 battaglioni del genio (varie specialità)
- 8 compagnie e 2 sezioni tecniche
- 3 battaglioni del genio di Milizia territoriale
- 4 squadriglie aeree da ricognizione
- 8 sezioni aerostatiche

IV CORPO D'ARMATA
(dal Monte Rombon a Dolje)

Comandante: ten. gen. Alberto Cavaciocchi
Capo di S.M.: col. Giorgio Boccacci

Unità a disposizione del Comando di Corpo d'Armata:
- 2 squadroni di cavalleria (14° Regg. Cavalleggeri di Alessandria)
- 1 plotone e 1 sezione Carabinieri Reali
- Comando 2° Raggruppamento Alpini: col. brig. Luigi Sapienza

- Comando VII Gruppo Alpini: col. Umberto Mautino
  (batt.ni Val Leogra, Bicocca, Valle Stura)([1])
- Comando artiglieria di Corpo d'Armata: gen. Ladini
  (5 raggruppamenti batterie d'assedio, 1 ragg. artiglieria da montagna, 1 ragg. bombarde)
- Comando artiglieria settore Rombon: magg. Pellegri
- 2 compagnie Genio pontieri
- 2 compagnie trasmissioni
- 1 squadriglia aerea
- 1 compagnia R. Guardia di Finanza

[1]) In corso di trasferimento dal Trentino. Il mattino del 24 ottobre presente solo il "Val Leogra"

50ª Divisione
Comandante: magg. gen. Giovanni Arrighi
Capo di S.M: magg. Carlo Ferrero

Brigata "Friuli": col. Giovanni Sirombo
- 87°-88° Reggimento di fanteria

Brigata "Foggia": col. brig. Francesco Pisani
- 280° Reggimento di fanteria

II Gruppo Alpini: ten. col. Arturo Pugnani
- batt.ni Ceva, Mondovì, Monviso, M.Argentera([1])

Truppe del M.Rombon: col. Alfredo Cantoni
- battaglioni Alpini Borgo San Dalmazzo, Saluzzo, Dronero
- I battaglione dell'88° Reggimento fanteria

24 compagnie mitragliatrici
6 batterie artiglieria da campagna
1 batteria artiglieria da montagna
2 batterie e 4 sezioni bombarde (medie e pesanti)
3 compagnie Genio zappatori
vari reparti tecnici e trasmissioni

[1]) Batt. Alpini Mondovì e M. Argentera a disposizione del Comando di C.d'A. per impiego tattico (riserva di Corpo)

43ª Divisione
Comandante: ten. gen. Angelo Farisoglio
Capo di S.M: magg. Carlo Fettarappa

Brigata "Genova": col. brig. Francesco Torre
- 97°-98° Reggimento di fanteria
Brigata "Etna": col. brig. Odoardo Famea
- 223° Reggimento di fanteria
9° Reggimento Bersaglieri([1])
Comando 5° Raggruppamento Alpini: col. brig. Clemente Perol
V Gruppo Alpini: col. Vittorio Magliano
- batt.ni Val Chisone, Monte Albergian, Belluno
- 3 plotoni guide alpine

6 compagnie mitragliatrici
7 batterie artiglieria da campagna([2])
6 batterie artiglieria da montagna([2])
1 batterie e 2 sezioni bombarde (medie e pesanti)
2 compagnie Genio zappatori
1 compagnia Genio minatori
vari reparti tecnici e trasmissioni

[1]) Riserva di Corpo d'Armata
[2]) 10 batterie in trasferimento da Thiene

46ª Divisione
Comandante: ten. gen. Giulio Amadei
Capo di S.M: col. Ugo Stefani

Brigata "Caltanissetta": col. brig. Vincenzo Ponzi
- 147°-148° Reggimento di fanteria
Brigata "Alessandria": col. brig. Costantino Bruno
- 155°- 156° Reggimento di fanteria
Brigata "Etna": col. brig. Odoardo Famea
- 224° Reggimento di fanteria
2° Reggimento Bersaglieri([1])

29 compagnie mitragliatrici
1 compagnia lanciafiamme
20 batterie artiglieria da campagna
5 batterie artiglieria da montagna
16 batterie bombarde (medie e pesanti)
3 compagnie Genio zappatori
1 plotone Genio minatori
vari reparti tecnici e trasmissioni

[1]) Riserva di Corpo d'Armata

34ª Divisione
Comandante: magg. gen. Luigi Basso
Capo di S.M: ten. col. Claudio Trezzani

Brigata "Foggia": col. brig. Francesco Pisani
- 281°-282° Reggimento di fanteria
Brigata "Potenza": col. brig. Luigi Amantea([1])
- 271°- 272°-273° Reggimento di fanteria

15 compagnie mitragliatrici
3 compagnie Genio zappatori

[1]) In trasferimento dal Friuli. Non impegnata all'inizio dell'offensiva dalla 34ª Divisione

XXVII CORPO D'ARMATA
(da Dolje a Breg)

Comandante: ten. gen. Pietro Badoglio
Capo di S.M.: ten. col. Giulio Pellegrini

Unità a disposizione del Comando di Corpo d'Armata:
- 2 plotoni e 2 sezioni Carabinieri Reali
- X Gruppo Alpini: col. Filippo Salvioni
  (batt.ni Vicenza, M.Berico, Morbegno)
- 1 squadrone di cavalleria (6° Regg. Lancieri Aosta)

- Comando artiglieria di Corpo d'Armata: col. Cannoniere (3 raggruppamenti d'assedio, 1 artiglieria pesante campale, 1 artiglieria da montagna, 3 raggruppamenti bombarde)
- 5 compagnie Genio zappatori
- 2 compagnie tecniche
- 1 squadriglia aerea
- 1 compagnia R. Guardia di Finanza

19ª Divisione
Comandante: magg. gen. Giovanni Villani
Capo di S.M: col. Giulio de' Medici

Brigata "Taro": col. brig. Enrico Danioni
- 207° - 208° (2 battaglioni) Reggimento di fanteria
Brigata "Spezia": col. brig. Carlo Gianinazzi
- 125°- 126° Reggimento di fanteria([1])
Brigata "Napoli": brig. gen. Emilio Maggia
- 75°- 76° Reggimento di fanteria
Battaglione Alpini Val d'Adige

1 battaglione di Milizia Territoriale
26 compagnie mitragliatrici
2 sezioni lanciafiamme
17 batterie artiglieria da campagna
2 batterie bombarde([2])
3 compagnie Genio zappatori, 1 plotone minatori
reparti tecnici trasmissioni

[1]) Il 23 ottobre 2 battaglioni sostituiti da 2 battaglioni Alpini del X Gruppo
[2]) Senza munizioni

65ª Divisione
Comandante: magg. gen. Guido Coffaro
Capo di S.M: ten. col. Carlo Geloso

Brigata "Belluno": col. brig. Giulio Corradi
- 274° - 275° (2 battaglioni) Reggimento di fanteria
Brigata "Roma": magg. gen. Vincenzo Rossi
- 79°- 80° Reggimento di fanteria

10 compagnie mitragliatrici
7 batterie artiglieria da campagna
3 batterie artiglieria da montagna
1 batteria d'assedio
1 batterie bombarde medie
7 compagnie Genio zappatori
1 sezione da ponte
1 sezione trasmissioni

22ª Divisione
Comandante: magg. gen. Giambattista Chiossi
Capo di S.M: col. Tommaso Robba

Brigata "Pescara": col. brig. Carlo Garcea
- 211° - 212° Reggimento di fanteria

10 compagnie mitragliatrici
1 sezione lanciafiamme
4 batterie artiglieria da campagna
4 batterie artiglieria da montagna
2 sezioni bombarde
3 compagnie Genio zappatori
1 sezione trasmissioni

64ª Divisione
Comandante: magg. gen. Vittorio Fiorone
Capo di S.M: ten. col. Ezio Rosi

Brigata "Belluno": col. brig. Giulio Corradi
- 275° (1 battaglione) - 276° Reggimento di fanteria
Brigata "Taro": col. brig. Enrico Danioni
- 208° (1 battaglione) Reggimento di fanteria

8 compagnie mitragliatrici
1 sezione lanciafiamme
1 sezione lanciatorpedini

15 sezioni pistole-mitragliatrici
8 batterie artiglieria da campagna
2 batterie artiglieria da montagna
1 batteria bombarde medie
3 compagnie Genio zappatori
1 sezione trasmissioni

Riserva di Corpo d'Armata

Brigata "Puglie": col. brig. Tullio Papini
- 71° - 72° Reggimento di fanteria

20 compagnie mitragliatrici

VII CORPO D'ARMATA
(in seconda schiera dal Matajur al Globočak)

Comandante: magg. gen. Luigi Bongiovanni
Capo di S.M.: col. Rodolfo Bianchi d'Espinosa

Unità a disposizione del Comando di Corpo d'Armata:
- 2 squadroni di cavalleria (29° Regg. Cavalleggeri di Udine)
- 2 compagnie trasmissioni
- 1 squadriglia aerea

62ª Divisione
Comandante: magg. gen. Giuseppe Viora
Capo di S.M: col. Aldo Maggioni

Brigata "Salerno": brig. gen. Ottavio Zoppi
- 89° - 90° Reggimento di fanteria
IV Brigata Bersaglieri: magg. gen. Renato Piola Caselli([1])
- 14°- 20° Reggimento Bersaglieri

IV Reparto d'assalto

10 compagnie mitragliatrici
4 batterie artiglieria da campagna

---

[1]) In fase di schieramento tra il 23 e il 24 ottobre

3ª Divisione
Comandante: ten. gen. Ettore Negri di Lamporo
Capo di S.M: col. Arturo Fusco

Brigata “Elba”: col. brig. Gaetano Spiller
- 261° - 262° Reggimento di fanteria
Brigata “Arno”: magg. gen. Renato Rosso
- 213° - 214° Reggimento di fanteria
Brigata “Firenze”: brig. gen. Alberto Rovelli([1])
- 127° - 128° Reggimento di fanteria

8 compagnie mitragliatrici
3 compagnie Genio zappatori

---

[1]) A disposizione del Comando di Corpo d’Armata

REFERENZE FOTOGRAFICHE

Le fotografie provengono dagli Archivi:

Bayerisches Hauptstaatsarchiv – Kriegsarchiv, München: 3, 19, 38, 39, 40,
Bundesarchiv, Koblenz: 1, 2, 5, 23, 32,
Dolomitenfreunde-Verein, Kötschach – Mauthen: 11, 13, 16, 33, 35, 37,
Hauptstaatsarchiv, Stuttgart: 6, 20,
Österreichisches Staatsarchiv, Wien: 4, 7,

e dalle Collezioni:

Sergio Chersovani, Gorizia: 29, 30, 36, 41, 42, 43, 44, foto di copertina,
Manfred Rommel, Stuttgart: 21,
Editrice Goriziana, Gorizia: 8, 9, 10, 12, 14, 15, 17, 18, 22, 24, 25, 26, 27, 28, 31, 34.

BIBLIOGRAFIA

Barone, E.: La battaglia di Caporetto e la ritirata sul Piave in: La Vita italiana a VII 1919 vol. XIV, pag.161.

Below v., Otto, Gen. der Inf. (1917 Chef der 14. Armee): Tagebuchaufzeichnungen, Original.

Bernardi, M.: Dal Tagliamento al Piave. Ottobre, novembre 1917. Roma, Carra 1921.

Bohmard, A.: Das K.-Bayr.-Leib.-Reg. München. Verlag Bayr. Kriegsarchiv. 1925.

Bibliothek für Zeitgeschichte: Weltkriegsbücher. Stuttgart Nr. 72360.

Breitenbacher, M.: Das Alpenkorps 1914-1918. Berlin, Schlegel Verlag, 1939.

Cavaciocchi, A.: Caporetto e il IV Corpo d'Armata in: Corriere della Sera 1919, 8 settembre.

Caviglia, E.: Der Durchbruch am Isonzo in: Deutscher Offiziersbund Jg. 1926.

Caviglia, Enrico, Maresciallo d'Italia: "La dodicesima Battaglia: Caporetto". A. Mondadori 1933.

Fadini, Francesco: "Caporetto dalla parte del vincitore (mit Original-Tagebuch Otto V. Belows). Vallecchi-Firenze 1974.

Farisoglio, Angelo, Generalleutenant Comm.: Erinnerungen (1917/18). Orig.-Manuskript im Hauptstaatsarchiv Stuttgart. Deutsche Übersetzung (MI/II Büschel 957).

Feichtmeiser, J.: Nachtgefechte, Kap. 4.: Durchbruch bei Flitsch und die Erstürmung des Mte. Stol. 1917 in: Militwissenschaftl. Mittl. 1926, Heft 3/4.

Gatti, Angelo: "Caporetto dal diario di guerra inedito". Società editrice il Mulino. Bologna 1965.

Glaise-Horstenau, E.: Flitsch-Tolmein in: Militwissenschaftlichen Mittl. 1927, Heft 9/10.

Händel-Mazzetti, E.: Die erste Verteidigung des Mte. Grappa im November 1917 in: Militwissenschaftl. Mittl. 1927, Heft 9/10.

Heinrici, Paul: "Ehrenbuch der Pioniere". Abschnitt Minenwerfer. W. Kolk-Verlag, Berlin 1922.

Hermanny-Miksch, R.: Die Durchbruchsschlacht bei Flitsch im Oktober 1917, Heft II, Tirol 1924.

Heydendorff, Walter, Major a. D.: Die Rolle der Tagliamento-Befestigungen. Militwissenschaftl. und techn. Mitteilungen. Wien 1915-1917. 1934, Bd. 65389.

Hoch, Bruno - Gollwitzer, K.: "Jäger vor". Munchberg-Verlag. Drechsler 1936.

Hofacker v., Gen.-Lt. a. D.: "Die Krise der italienischen Armee im Oktober 1917". Milit. Wo.-Bl. Nr. 12. 1921.242.

Hübner, A.: Die zwölfte Isonzoschlacht etc. Wien. Karl Harbaner Verlag 1918.

Jochim, Th.: Das Einstellen der deutsch-österreichischen Offensive - 12. Isonzo-Schlacht -am Piave 1917 in: Offiziersbund, Ig. 1927.

Kaiser, J.: Zur Tagliamento-Schlacht in: Österr.-Wehr-Ztg. 1922, Nr. 5.

Killian, Hans, Prof. Dr. (ehem. Lt. d. Res.): "Totentanz auf dem Hartmannsweilerkopf". Vowinckel-Verlag, Neckargemünd. 1971.

Killian, Hans (ehem. Lt. d. Res., z. B. beim Stomin 3 der 14. Armee): Aufzeichnungen 1917/18 von der Durchbruchsschlacht in den "Julischen Alpen" (unveröffentlicht).

Krafft v. Dellmensingen, Gen. d. Art. a. D., ehem. Chef des Generalstabes der 14. Armee 1917: "Der Durchbruch am Isonzo". Bd. I und II (aus del Reihe der Schlachten des I. Weltkrieges). Oldenburg-Verlag Berlin 1926.

Krafft v. Dellmensingen, K.: "Die Krise der italienischen Armee 1917". Milit. Wo.-Bl. Nr. 31, 1922. 666.

Krauss, Alfred, k. u. k. Gen. der Inf. (Führer des k. u. k. I. Korps 1917): "Das Wunder von Karfreit". I. F. Lehmann-Verlag München/Berlin. 1933.

Monticone, Alberto: "La battaglia di Caporetto". Edit. Studium. Roma 1955.

Paulus, K.: Oberst i. R.: Das Bayr. Jäger-Reg. I. München. Verlag des Bayr. Kriegsarchivs. 1925.

Pohl, Ritter v., zit. nach dem Bericht der ital. Untersuchungs-Kommission. Militwissenschaftl. und techn. Mitteilungen. 1922. Heft 44.952.

Oertel, W.: Vom lsonzo zur Piave (Der Vormarsch in Oberitalien. Stuttgart. Frankschе Buchhandlung 1918.

Redl, L.: Die Tagliamentoforcierung bei Camino etc. in: Militwissenschaftl. Mttl. 1923, Heft 5/6.

Reich, Albert u. Reich, Karl: Gegen Italien (Bildwerk). Sonderausgabe A. Reich, München 1951.

Rommel, Erwin, Oberstlt., später Generalfeldmarschall (ehem. Oberlt. im WGB. 1917). "Infanterie greift an". Ludwig Voggenreiter-Verlag Potsdam. 1937.

Schemfil, V., Gen.-Major a. D.: Der Fall des Montemaggiore bei der Herbstoffensive gegen Italien 1917". Militwissenschaftl. und techn. Mitteilungen. Wien 1934. Bd.65. 518.

Schittenhelm, Helmut: Wir zogen nach Friaul. K. Thienemanns Verlag Stuttgart.

Schreiberhofen, Major Max. o.: "Deutsche Truppen an der italienischen Front". Illustrierte Zeitung Nr. 3880. S. 854. 1917.

Schubert F.: Die Verfolgung über den Tagliamento bis zur Piave in: Militwissenschaftl. Mttl. 1927, Heft 9/10.

Schwarzleitner, Chl.: Tagliamentoforcierung bei Cornino. Militwissenschaftl. Mttl. 1922, Heft 5, desgl. Heft II/12.

Schwarzleitner, Chlodewig, k. u. k. Oberstlt.: "Die Krise der italienischen Armee 1917". Milit. Wo.-Bl., Nr. 25.1921.533.

Schwarzleitner, Chlodewig, Oberstlt. i. R.: "Die Krise der 3. italienischen Armee und die Ereignisse am unteren Tagliamento. Militwissenschaftl. und techn. Mitteilungen Wien 1923. Heft 1/2. 30.

Soffici, A.: La ritirata del Friuli, Firenze. Vallecchi, 1920.

Spiess, Theodor, Major beim Stab II Marine-Art.-Abt. (ehem. Führer der MWK. 5. 1917: “Minenwerfer im Großkampf”. J. F. Lehmann-Verlag München/Berlin. 1933.

Sproesser, Th.: Die 12. Isonzo-Schlacht 24.-27. X. 1917. Stuttgart, Höflinger 1926.

Sproesser, Major a. D. (ehem. Komm. des WGB. 1917): Geschichte des Württembergischen Geb.-Batl”.

Thomas Rudolf: Die Verfolgung über den Tagliamento bis zum Piave in: Dtsch. Offiziersbund, Jg. 1927.

Ufficio Storico S.M.E.: L’Esercito italiano nella grande guerra (1915-1918), vol. IV, le operazioni del 1917. Roma 1967.

Veith, G.: Die Isonzo-Verteidigung vom Falle von Goerz bis zur Eroberung von Karfreit in Militwissenschaftl. Mttl. 1932, Heft 7/8.

Volpe, G.: Ottobre 1917, Dall’lsonzo al Piave, Milano, Roma - Libreria d’Italia, 1929.

Waline, Pierre: “Les crapouillots 1914-1918”. “Naissance, vie et mort d’une Arme". Charles Lavauzelle u. Co., Paris 1965.

Weber, Fritz: lsonzo 1915, 1916, 1917. (3 Bde.). Kollitsch Verlag Klagenfurt, Wien 1933.

BIBLIOGRAFIA CONSULTATA PER LA REDAZIONE DEI COMMENTI ALLE FOTO E PER LO "SCHIERAMENTO DI BATTAGLIA" IN APPENDICE

A.A.V.V., *Ehrenbuch unserer Artillerie – Band II –*, Reichsbund der Artillerievereinigungen Österreichs, Wien 1935-1936

A.A.V.V., *Tagliamento 1914-1919 – Storia militare dei ponti sul fiume Tagliamento nella Grande Guerra* – Tiliaventum, Quaderni – Nr.2 - 2004, Associazione Storica Tiliaventum, Udine 2004

Asprey, Robert B., *L'alto comando tedesco*, Rizzoli, Milano 1993

Bucciol, Eugenio, *Il Veneto nell'obiettivo austro-ungarico – L'occupazione del 1917-18 nelle foto dell'Archivio di guerra di Vienna,* Edizioni Canova, Treviso 1992

Cappellano, Filippo, *L'artiglieria austro-ungarica nella Grande Guerra*, Gino Rossato Editore, Novale (VI) 2001

Del Bianco, Giuseppe, *La guerra ed il Friuli*, Del Bianco Editore, Udine 1952

Fadini, Francesco, *Caporetto dalla parte del vincitore. Il generale Otto von Below e il suo diario inedito,* Mursia, Milano 1992

L'Esercito italiano nella grande guerra (1915-1918) – volume IV, le operazioni del 1917 – tomo 3°, bis, ter, Ufficio Storico S.M.E., Roma 1967

Österreich-Ungarns letzter Krieg 1914-1918 – Band VI, Verlag der militärwissenschaftlichen Mitteilungen, Wien 1930

Klavora, Vasja, *La croce Blu – Ottobre 1917, l'attacco con i gas a Plezzo Alto Isonzo 1915-1917*, Nordpress Edizioni, Chiari (BS) 2002

Klavora, Vasja, *Schritte im Nebel – Die Isonzofront Karfreit/Kobarid-Tolmein/Tolmin 1915-1917*, Hermagoras/Mohorjeva, Klagenfurt-Ljubljana-Wien 1995

Krafft von Dellmensingen, Conrad, *Der Durbruch am Isonzo – Teil I, II*, Stalling Verlag, Oldenburg – Berlin 1926

Krafft von Dellmensingen, Conrad, *1917 Lo sfondamento dell'Isonzo* – a cura di Gianni Pieropan, Arcana Editrice, Milano 1981

Schaumann, Walther, *Die Bahnen zwischen Ortler und Isonzo 1914-1918*, Bohmann Verlag, Wien 1991

Schaumann, Gabriele und Walther, *Unterwegs zwischen Save und Soča – Auf den Spuren der Isonzofront 1915-1917,* Hermagoras/Mohorjeva, Klagenfurt-Ljubljana-Wien 2002

Schindler, John R., *Isonzo – Il massacro dimenticato della Grande Guerra*, Libreria Editrice Goriziana, Gorizia 2002

Silvestri, Mario, *Caporetto – Una battaglia e un enigma*, Arnoldo Mondatori editore, Milano 1984

Silvestri, Mario, *Isonzo 1917,* Arnoldo Mondatori editore, Milano 1976

Von Cramon, Général A., *Quatre ans au Grand Quartier Général austro-hongrois, pendant la guerre mondiale comme représentant du G.Q.G. allemand,* Payot & Cie, Paris 1922

Fonti biografiche diverse, fascicoli, manuali e pubblicazioni diverse, relative ad armamenti.

1. Angelo Visintin	*L'Italia a Trieste* L'operato del governo militare italiano nella Venezia Giulia 1918-19
2. Gian Luigi Gatti	*Dopo Caporetto* Gli ufficiali P nella Grande guerra: propaganda, assistenza, vigilanza
3. Roberto Spazzali	*Epurazione di frontiera* Le ambigue sanzioni contro il fascismo nella Venezia Giulia 1945-1948
4. Christa Zöchling	*Haider* Luci e ombre di una carriera
5. Peter Jung	*L'ultima guerra degli Asburgo* Basso Isonzo, Carso, Trieste 1915-1918
6. Franco Cecotti	*"Un esilio che non ha pari"* 1914-1918 Profughi, internati ed emigrati di Trieste, dell'Isontino e dell'Istria
7. Almerigo Apollonio	*Dagli Asburgo a Mussolini* Venezia Giulia 1918-1922
8. Albert Pethö	*I servizi segreti* *dell'Austria-Ungheria*
9. Giorgio Rochat	*Gli arditi della Grande Guerra* Origini, battaglie e miti
10. Qiao Liang Wang Xiangsui A cura del Generale Fabio Mini	*Guerra senza limiti* L'arte della guerra asimmetrica fra terrorismo e globalizzazione

11. Marco Mondini	*Veneto in armi* Tra mito della nazione e piccola patria 1866-1918
12. John R. Schindler	*Isonzo* Il massacro dimenticato della Grande Guerra
13. John W. Gordon	*Dietro le linee di Rommel* L'altra guerra nel deserto delle truppe speciali britanniche
14. Lawrence Sondhaus	*Franz Conrad von Hötzendorf* L'anti Cadorna
15. Hanns Schneider-Bosgard	*Bandenkampf* Resistenza e controguerriglia al confine orientale
16. Roberto Spazzali	*... L'Italia chiamò* Resistenza politica e militare italiana a Trieste 1943-1947
17. Alice Schalek	*Isonzofront*
18. Ernst Jünger	*Scritti politici e di guerra* *1919-1933* Volume I 1919-1925
19. István Deák	*Gli Ufficiali della monarchia asburgica* Oltre il Nazionalismo
20. Erwin Rommel A cura del Generale Fabio Mini	*Fanteria all'attacco* Dal fronte occidentale a Caporetto

21. James S. Corum	*Le origini del Blitzkrieg* Hans von Seeckt e la riforma militare tedesca 1919-1933
22. Ernst Jünger	*Scritti politici e di guerra* *1919-1933* Volume II 1926-1928
23. Donald Gurrey	*La guerra segreta nell'Italia liberata* Spie e sabotatori dell'Asse 1943-1945
24. Gunther E. Rothenberg	*L'esercito di* *Francesco Giuseppe*
25. Hans Killian	*Attacco a Caporetto*

Finito di stampare
nel mese di luglio 2017
per conto della Leg edizioni Srl Unipersonale
presso la Tipografia Sartor, Pordenone